100

| 한국장로교총회창립 100주년기념 표준주석 |

고린도후서

박흥순 지음
대한예수교장로회총회교육자원부 편

한국장로교출판사

발간사

본 주석서는 대한예수교장로회총회의 신앙과 신학 이념을 따라 평신도와 신학생, 목회자와 신학 교수들이 성경을 바르게 이해하도록 도움을 주는 데 그 목적이 있다.

대한예수교장로회 교단은 1934년 희년에 즈음하여 성경전서 주석의 간행을 총회에서 결의한 바 있다. 그리하여 1937년부터 총회표준주석(1937년, 「욥기」, 「시편」, 「잠언」, 「전도서」, 「아가」 ; 1939년, 「로마서」, 「고린도전 · 후서」, 「갈라디아서」)이 간행되기 시작하였다. 그러나 제2차 세계대전의 발발과 일제강점기의 한국 교회 탄압으로 주석 발간 사업은 일시 중단되었다. 1945년, 해방은 되었으나 38선으로 남북이 분열되고, 1950년 6 · 25한국전쟁의 비극을 겪어야 했다. 1953년, 휴전된 후 총회표준주석 사업이 재개되어 1954~1957년(1954년, 「이사야」 ; 1955년, 「요한복음」 ; 1956년, 「창세기」 ; 1957년, 「레위기」, 「민수기」)에 출판이 있었으나, 1959년에 교단의 분열로 오늘에 이르기까지 총회표준주석 사업은 불가한 형편이었다.

대한예수교장로회 제90회기(2005) 총회는 총회창립 100주년(2012)기념 사업의 일환으로 교단 신학의 정체성 확립과 한국장로교회의 신학적 표준을 제시할 총회표준주석을 출판하기로 결의하고, 총회 산하 신구약성경 신학자들에게 집필을 위촉하게 되었다.

2005년 12월 한국장로교총회창립 100주년기념 표준주석편찬위원회가 조직된 후 집필 원칙을 정하고 집필자를 선정하여, 그 원칙에 충실할 것을 서약하게 하였다. 지난 7년 동안 집필자들의 깊은 기도와 연구의 산고 끝에 이제 그 실체가 드러나 장로교 총회표준주석이 출판되었다. 편찬위원회는 수 차례 모임을 갖고 50여 명에 이르는 많은 집필자들을 격려하고 집필 목적과 방향 제시를 수시로 하여 주석서의 통일성과 진정성을 유지하게 하였다. 집필된 원고가 제출된 경우, 검독위원회가 총회의 신학과 신앙에 맞는 주석을 출판하기 위해 내용을 수정 또는 추가할 것을 요청하기도 하였다.

이 주석서가 빛을 보기까지 집필자는 물론이고, 총회교육자원부 김치성 총무와 한국장로교출판사의 수고가 있었고, 전국 교회들의 기도 지원이 있었다. 무엇보다도 출판비 및 연구비 전액을 이름 없이 지원해 준 교회가 있었다. 이에 독자 여러분과 함께 하나님께 찬양을 드리며, 이 일에 헌신하신 분들께 감사를 드린다.

유사 이래 성경보다 더 긴 세월 동안 연구되고 읽혀진 책은 없다. 그렇기 때문에 해석 방법도 시대와 지역에 따라 다양하게 나타났다. 에스라 시대까지 거슬러 올라가서 사용된 미드라쉬(Midrash) 주해 방법부터 시작하여 중세의 종교개혁자들과 현대 비평주의자들의 해석 방법 등 수많은 해석학적 이해가 있어 왔고, 여러 언어로 번역되어 하나님의 말씀인 성경은 읽혀졌다. 그러나 하나님의 말씀은 (해석자들이나 번역자들에게) 매이지 않는다(딤후 2 : 9). 성경 주석가와 번역자들은 자기 시대와 문화 속에서 어떤 전제(presupposition)를 갖고 성경을 읽기 때문에 언제나 해석의 한계가 있음을 인정할 수밖에 없다. 그런 의미에서 본 주석서도 예외는 아닐 것이다. 그럼에도 불구하고 본서는 그 한계를 최소화시키기 위해 다양한 신학적 입장, 다른 해석들, 교회사적 해석들, 지리적 상황을 포함하려고 노력했다.

우리의 전제는 신구약성경 66권이 하나님의 영감으로 특별 계시된 말씀이라는 대한예수교장로회의 신앙고백을 준거(準據)로 했다. 그러므로 본서는 집필자 자신의 신앙고백과 신학도 내포되었지만, 그보다 총회의 신앙과 신학의 표준적 입장에서 성경을 주석한 것이다. 즉, 사도신경, 웨스트민스터신앙고백서, 장로교신앙고백을 따르는 개혁주의 신학과 신앙 전통을 따른 것이다.

집필을 하는 데 있어서 학문적 깊이를 외면할 수는 없으나 목회자나 평신도가 성경을 이해하는 데 도움을 주기 위해 설교를 위한 묵상을 삽입하기도 하였다. 그러나 각 권의 기록자, 기록 연대, 문학적 특징, 책의 목적 등을 설명하는 개론적 연구를 할 때에는 그것이 학문적 연구에 꼭 필요하다고 여겨지는 경우에 한하여 최근 많은 성경학자들이 사용하는 비평적 방법도 가설(假說)로는 소개하였으나 결론은 따르지 않았다. 그것이 교회의 신앙적 지도를 위한 적절한 방법은 아니기 때문이다.

영감으로 된 하나님의 말씀인 성경의 해석은 성령의 조명이 가장 중요한 조건이다. 따라서 본서의 집필자들은 종교개혁자들이 채택했던 문법적, 역사적, 신학적 원리를 주된 해석 방법으로 채택하고, 기도하면서 하나님의 계시된 말씀의 원의를 알기 쉽게 해석하려고 힘썼다. 외래어 사용은 가급적 줄이되 히브리어나 헬라어와 같은 원어를 반드시 읽어야 할 경우에는 음역화해서 누구나 원어의 발음으로 읽게 했다. 각주(脚註)도 가급적 줄이되 문장 뒤에 참고로 넣었다. 또한 각 절이 아닌 단락별로 주해를 하여 전체적 파악을 도왔다.

주석 앞에는 대한성서공회가 출판한 개역개정 성경(4판)을 단락별로 제시했다. 히브리어 성경은 BHS(Biblia Hebraica Stuttgartensia)를, 헬라어 성경은 United Bible Societies가 출판한 The Greek New Testament(4thed)를 각각 원문으로 채택하여 사용하였다. 특히 개역개정 성경의 번역에 대한 문제가 있다는 의견을 총회가 받아들여 본 편찬위원회에 수정 의뢰를 하였고,

집필자들이 원문을 바로 번역하여 대한성서공회에 제시함으로 수시 교정 제도를 따라 수정하도록 했다.

우리의 생명이시며 찬양의 대상이 되신 우리 주 예수 그리스도를 계시하시고, 하나님의 공의와 사랑을 그의 십자가를 통하여 실현시켜 우리를 구원하신 하나님의 깊은 뜻을 알게 해 주는 신구약성경을 더 많은 사람들이 더 깊이, 더 분명하게 이해하고, 믿게 하기 위하여 대한예수교장로회총회 창립 100주년을 기하여 한국 교회와 세계 교회 앞에 겸손한 자세로 이 주석을 내어 놓는다.

"내가 온 것은 양으로 생명을 얻게 하고 더 풍성히 얻게 하려는 것이라" (요 10 : 10b).

Soli Deo Gloria!

한국장로교총회창립 100주년기념
표준주석편찬위원회
위원장 **이 종 윤**

추천사 1

할렐루야! 2012년은 대한예수교장로회(통합)총회가 창립 100주년을 맞이하는 해입니다. 총회가 창립된 이후 1세기가 지난 지금까지 우리 한국 교회를 세계가 주목할 만큼 눈부시게 성장할 수 있도록 도와주신 에벤에셀의 하나님께 모든 찬송과 영광과 감사를 드립니다.

이와 같은 한국 교회의 놀라운 부흥 가운데서도 마음 한구석에 늘 안타까움이 자리하고 있었는데, 그것은 바로 우리 한국 교회만의 권위 있는 주석이 없다는 사실이었습니다. 현재 목회현장에서 사용되는 우리말 주석들은 대부분 오래되었거나 현대의 한국 교회 상황에 맞지 않는 서구 교회의 해석, 또는 성서학 전문가들의 주석이 아닌 짜깁기식 주석이 대다수를 차지합니다.

이러한 현실 가운데 이번 총회창립 100주년기념사업의 일환으로 본 교단에서 「한국장로교총회창립 100주년기념 표준주석」을 출간하기로 결의하고, 주석서를 출간하게 된 것은 대단히 자랑스럽고 의미 있는 일이 아닐 수 없습니다.

이번 「표준주석」의 출판으로 한국 교회는 이전보다 더욱 '개혁주의 신학과 신앙 전통'을 따르는 성경 해석의 기초를 확립하게 될 것이며, 많은 목회자들이 이 주석서를 통해 하나님의 말씀에 중심을 둔 목회를 실천할 수 있을 것으로 기대합니다. 더 나아가 이 「표준주석」은 한국 교회의 신앙을 더욱 견고히 하는 성경 해석의 표본이 될 것입니다.

아무쪼록 이번 「표준주석」 출간을 계기로 우리 한국 교회가 당면한 갖가지 위기를 극복하고 더욱 하나님 말씀으로 충만하여, 평화통일은 물론 주님의 지상명령인 땅끝까지 복음을 전하는 사명을 보다 잘 감당하는 교회로 거듭나게 되기를 기대하며, 한국의 모든 교회와 성도님들께 자랑스럽게 이 주석서를 추천하는 바입니다. 샬롬!

장로회신학대학교
전 총장 **장 영 일**

추천사 2

「한국장로교총회창립 100주년기념 표준주석」의 발간을 축하합니다. 한국 교회 역사에서 중요한 자리를 차지하고 있는 「총회표준주석」은 한국 교회에 큰 영향을 끼친 박윤선 박사님께서 박형룡 박사님을 도와 「표준주석」의 고린도후서 주석 집필에 참여하면서 평생을 주석 집필에 헌신하게 했던 뜻깊은 주석이었습니다.

그러나 그동안 중단되었던 표준주석 사업을 재개함에 있어 편집위원장 이종윤 목사님이 밝힌 대로 성경이 성령으로 영감된 정확 무오한 하나님의 말씀이라는 분명한 신앙고백 위에 집필토록 하였다는 편집 원칙을 통해 「표준주석」의 맥을 잇고자 하는 의지를 보여 줍니다.

이런 맥락에서 비평적 성서연구가 교회의 신앙적 지도에 적합하지 않다는 인식을 가지고 전통적인 개혁주의 해석 방법을 채택할 뿐만 아니라 복음적이고 목회적인 관심을 드러낸 점도 환영할 만한 일입니다. 또한 성경 자체에 대한 전문적인 지식뿐만 아니라 한국 교회와 성도를 체험적으로 알고 있는 성경학자들이 오랜 기도와 연구 끝에 발간하였다는 점도 높이 사고 싶습니다.

아무쪼록 본서가 많은 이들에게 풍성하고 깊이 있는 신학적 성찰을 제공하는 귀한 책이 되길 소망합니다.

합동신학대학원대학교

전 총장 **성 주 진**

고린도후서
차 례

고린도후서

서 론

A. 고린도의 상황, 역사, 사회 구조

B. 고린도 교회의 설립과 발전

C. 고린도후서의 특징

D. 고린도 교회에 있는 바울의 적대자들

서 론

A. 고린도의 상황, 역사, 사회 구조

고린도의 상황이나 역사 그리고 사회 구조에 대한 이해는 고린도 교회 성도들을 적절하게 파악하기 위해서 필수적이다. 그리스의 수도 아테네에서 서쪽으로 83km 내려가면 펠로폰네소스(Peloponnesos) 반도 초입에 현대 고린도가 있고, 거기서 서남쪽으로 6km 더 내려가면 고대 고린도 유적이 있다. 고린도 자체는 항구 도시가 아니지만 북쪽과 동쪽에 두 항구를 끼고 있었다. 북쪽 고린도 만에는 레카이온 항구가 있어 아드리아 해로 통했고, 동쪽 사론 만에는 겐그레아 항구가 있어 에게 해로 통했다. 이처럼 고린도는 육로로는 남북으로 통하는 통로요, 해로로는 동서로 통하는 교통의 요충지로서 무역 중심지가 되어 상업이 번창했다(정양모 1997, 65). 교통의 요충지면서 무역의 중심지로 유명했던 고린도가 경제적으로 부유했을 뿐만 아니라 온갖 종류의 사람들이 모이는 장소였던 것은 당연하다. 고린도는 농산물이 부족하였으나 다른 지역에서 생산된 작물을 수입함으로 문제를 해결하였다. 이 생산물들은 배를 통하여 동방으로부터 로마까지 운반되었으며, 지협으로 그리스 중심부에 반입되었다(Wire 2001, 23). 이와 같은 지리적 특성은 고린도라는 지역의 중요성과 함께 경제적으로 번성할 수 있었던 조건을 보여 준다. 고린도는 상당히 다양한 인종들이 서로 섞여 있었고, 그 결과 여러 종교들을 신봉하고 있었을 것임에 틀림없다.

고린도는 무역으로 인해 부유해졌으며, 많은 선원들이 항상 상주하는 것으로 유명했다. 상인들이 많이 모인 고린도는 고상하고 고급스런 창녀들로 유명해졌다. 고린도는 또한 고린도산 청동이라고 이름 붙은 금속 합금으로도 유명했는데, 이것은 금, 은과 구리나 청동을 합금한 것이었다. 끝으로 고대의 다른 중요한 헬라 도시들처럼 고린도는 경기를 개최했는데, 피티아 제전과 올림피아 경기와 같이 고린도 지협경기(Isthmian Game)를 정기적으로 개최하여 많은 군중을 끌어들였다(Achtemeier et. al. 2004, 399).

고린도는 주전 146년 로마에 의해 파괴되었다가 주전 44년에 줄리어스 시저에 의해서 재건되었다. 이 도시는 급성장하여 카이사르 아우구스투스가 주전 27년에 그리스 수도로 삼게 된다(Perrin · Duling 1991, 278). 이 지역은 토지가 비옥하지는 않았지만 경제적 이점이 대단했다. 그곳은 남북으로는 육지와 연결되어 있고 동서 양 옆구리에 바다를 끼고 있어서, 북쪽과 남쪽을 잇는 육로를 관장하고 있었을 뿐만 아니라 동서를 뚫는 고린도 운하가 개통되기까지는 양 해로를 연결하는 요충지였다. 경제적으로나 군사적으로 고린도는 유리한 조건에 있었다.

B. 고린도 교회의 설립과 발전

바울서신과 사도행전에 근거해서 얻은 연대기에 의하면, 예루살렘 사도회의 이후 유럽 선교에 나선 바울은 마게도냐의 데살로니가에서 베뢰아와 아덴을 거쳐 주후 50년 초에 고린도에 도착해서 얼마 동안 그곳에 머물며 교회를 설립했음이 확실시된다(박익수 2001, 258).

바울이 처음으로 고린도에 도착했을 때, 그리스도인들은 이미 브리스가와 아굴라라고 하는 유대인 부부의 집에서 모임을 가지고 있었던 것 같다. 사도행전 18 : 1~17에는 브리스가와 아굴라를 로마로부터 추방당한 자들이라고 소개한다.

바울은 아테네를 떠나 고린도에 당도해서 18개월 동안 머물렀는데, 그는 거기에 기독교 공동체를 설립했다. 교회를 설립한 후 한 번 더 고린도 교회를 방문했던 바울은 서로 분열하고, 다투고, 복음을 받아들이기 이전의 생활로 돌아간 성도들에게 권면할 필요성을 느꼈다. 또한 바울의 사도로서의 권위와 자격에 도전하는 적대자들로부터 영향을 받은 고린도 교회 성도들에게 실질적이고 엄격한 가르침을 제시할 필요성을 가졌다. 바울이 고린도를 떠난 후 그들에게 쓴 경고의 편지(고전 5 : 9)를 통해 새로운 인물들이 교회 안으로 들어왔고 교회 안에는 새로운 쟁점들이 부상하였음을 추정할 수 있다. 고린도후서는 바울과 고린도 교회 사이의 골이 더욱 깊어졌다는 점을 보여 준다(10－12장). 고린도 교회에 속한 상당수는 기독교 신앙공동체와는 매우 다른 삶과 행동의 기준을 가진 이교세계로부터 왔을 것이다. 따라서 그리스도인으로서의 삶과 행실과 연관된 온갖 문제들이 교회 내에 발생하는 것은 놀랄 일이 아닐 것이다.

C. 고린도후서의 특징

고린도후서는 바울이 고린도전서에 이어 다시 고린도 교회에 보낸 편지인 것은 명백하다. 고린도후서를 기록할 때 바울은 마게도냐에 있었다(2 : 13 ; 7 : 5). 고린도후서는 아마 고린도전서가 쓰인 지 약 1년 후인 주후 55년이나 56년에 기록되었을 것이다(Achtemeier et. al. 2004, 422). 고린도에 보낸 서신은 매우 다양한 가치와 문화 속에서 살아가는 사람들에게 예수 그리스도의 복음을 선포하면서 바울이 부딪치게 된 여러 문제들에 대한 통찰력을 잘 보여 준다. 바울은 고린도를 수차례 방문하였고 그곳에 있는 그리스도인들과 여러 차례 서신을 교환하였는데, 그중의 일부가 신약성경에 보존되어 있다. 고린도후서는 바울과 고린도 그리스도인들 사이에 존재했던 복잡한 관계를 보여 준다.

> 어떤 사회 집단이든 거기에는 권위에 관한 문제가 있기 마련이다. 책임은 누가 맡는가? 또 책임 맡을 사람은 누가 결정하는가? 집단과 개인은 어떤 원칙에 의해서 결정을 내리는가? 분쟁은 누가 중재하는가? 집단이 베풀 수 있는 관용의 한계와 구성원의 추방은 누가 결정하는가? 집단의 내부 혹은 외부로부터 지도층에 대한 도전이 일어날 때 그 집단은 지도층의 적법성 여부를 어떻게 가리는가? 집단이 지켜야 할 규범은 어떻게 결정하며 그 규범은 어떻게 집행되어야 하는가? 갈등이나 분열이 발생할 때 어떤 방식으로 화해에 도달하는가? 바울의 대부분의 서신, 특히 고린도 교회에 보낸 두 편의 긴 서신에서 다루어지고 있는 문제들이 바로 이와 같은 문제들이다(Kee 1992, 346).

고린도후서는 사도 바울의 모든 편지들 중에서 가장 사적인 편지라고 할 수 있다. 이 편지의 목적은 바울 자신에 대한 오해를 시정하고, 교회 내부에 있는 다양한 문제를 해결하기 위해서 지시하고 권면하기 위함이었다. 고린도후서를 구성하고 있는 단편적 편지 모음은 정확하게 확정하기가 어렵고, 날짜를 자세히 밝힌다거나 주제를 분석하고 구조화하기 어렵다. 고린도후서는 바울의 생애에서 가장 어두웠던 시기를 보여 준다. 그는 굴욕적 실패를 경험했고, 짓누르는 좌절을 맛보았으며, 그의 인격과 그의 복음, 복음 전파 방법에 대하여 혹독한 비난을 받았다. 그러나 그는 풍파에 시달리면서도 침착함을 잃지 않았다(Marrow 2000, 220).

본서는 그 통일성이 의심받고 있다. 학자들은 어휘, 어조, 내용상의 단절 등을 이유로 본서 가운데는 다음과 같이 바울의 여러 편지들이 함께 모여져 있다고 생각한다. 바울은 여러 번 고린도에 편지를 썼다. 고린도전서 5：9에서 언급하고 있는 것처럼, 고린도전서를 쓰기 전에 이미 바울은 고린도에 편지를 보냈다. 따라서 고린도후서를 하나의 통일된 서신으로 묶는 것이 적절하지 않다고 주장하는 주석가들이 있다. 고린도후서는 여러 단편들이 묶여진 것이라는 주장에 근거해서 사도직과 복음에 대한 첫 번째 변호의 서신(2：12－6：13； 7：2－4), 눈물의 서신(10－13장), 화해의 서신(1：1－2：11； 7：5－16), 성도들을 위한 헌금에 대한 서신(8－9장)으로 분류한다(박익수 2001, 362). 그러나 고린도후서가 통일된 하나의 편지로 기록되었다고 보는 것이 적절하다. 우리는 본서의 통일성을 의심하지 않는다. 단지 본서가 단번에 기록된 것이 아니고 시간이 허락되는 대로 기록되었다고 본다면 '상황적 서신'이라고 할 수 있다(최흥식 2007, 16). 다시 말해서 고린도후서는 덜 체계적인 편지이며, 주제 전개의 흐름이 가끔 단절된다든지, 같은 편지의 앞부분에서 다루어진 내용이 다시 언급되는 점 등으로 미루어 여러 단계에 걸쳐 구술된 것임에 틀림없다(Kee 1992, 386).

고린도후서의 주제는 '환난'이다. 고린도후서는 바울의 변명과 항의로 구성되어 있으며, 극히 감정적이며, 바울의 적나라한 인간성을 엿볼 수 있다. 바울은 고린도후서에서 신상에 관한 발언을 많이 한다. 특히 고린도 교회에

침입하여 바울의 사도직을 부정하고 도전하는 적대자를 상대로 논쟁을 벌이는 10~13장에서 자신의 과거 행적과 현재의 심경을 거침없이 토로한다. 따라서 고린도후서야말로 바울의 인간성과 사도관을 살피는 데 더없이 좋은 보고이다.

D. 고린도 교회에 있는 바울의 적대자들

고린도후서에 나타난 바울의 가르침은 그의 적대자들의 공격에 대한 반격에서 잘 나타난다. 바울의 적대자들의 이름은 어디에서도 언급되지 않는다. 고린도후서에서 바울이 염두에 두고 있는 적대자들은 다른 바울서신의 적대자들과는 성격이 다르다. 많은 학자들이 바울의 적대자가 유대 그리스도인들이라고 주장한다. 이들은 고린도후서 3 : 1, 5 : 16, 11 : 22~23을 근거로 예루살렘 교회로부터 파견된 사람들로서 예루살렘 사도들의 권위에 힘입어 활동하는 사람들이라는 것이다. 분명한 것은 적대자들의 정체와 그들의 가르침을 밝힌다는 것은 아마도 가장 어려운 문제이다. 하지만 적대자는 고린도에 와서 고린도 신앙공동체로 하여금 그들의 사고방식을 따르도록 만들었다. 또한 적대자의 주장은 바울의 가르침과는 다른 것이었다. 그들은 고린도 교회 성도들이 바울의 가르침을 반대할 뿐만 아니라 바울을 미워하도록 하는 데도 성공을 거두었다(Marrow 2000, 222).

바울의 적대자들이 유대그리스도인이라고 추정해 볼 수 있다. 이들은 자신들의 능력이 바울보다 우월하다고 자랑한다. 신비한 체험이나 계시를 자랑하면서 그것으로 자신들의 사도의 권위와 자격을 주장했던 것처럼 보인다. 이들은 또한 교회로부터 재정적 지원을 받는 것이 정당하다고 주장하며 이를 요구했던 것처럼 보인다. 이들은 바울이 고린도 교회를 떠난 후에 고린도에 찾아와서 다른 복음을 전했던 사람들이다. 적대자들의 정체는 불확실하지만 첫째로 그들은 자신들의 주장을 옹호하기 위하여 예루살렘 교회가 발부한 추천서를 가지고 와서 추천서가 없는 바울의 사도직은 거짓된 것이라고 주장했다. 둘째로 적대자들은 자신들을 히브리인이요, 이스라엘 사람이며, 아브라함의 자손이며, 그리스도의 일꾼이라고 주장했다. 셋째로 바울의 적대자들은 자신들의 사도적 권위와 능력의 소유를 자랑하며, 동시에 바울은 능력이 없고 사도로서의 자격과 권위가 없다고 공격하였다. 넷째로 적대자들은 선교사로서 교회로부터 부양받는 일을 당연하게 생각했으며, 오히려 부양을 받지 않는 바울을 공격했다.

바울은 적대자들로 인해 교회의 상황이 심상치 않음을 느끼고 다시 고린도 교회로 찾아갔는데 이것이 두 번째 방문이다(13 : 2). 고린도 교회 성도들 가운데 상당수가 적대자의 편에 서서 바울을 모욕하고 사도로서의 자격을 의심했다. 이에 바울은 에베소로 돌아와 편지를 쓰고 권면한다. 적대자들은 바울 모르게 고린도 신앙공동체에 들어온 거짓 사도들이다. 그들의 우두머리는 부재중인 바울을 모욕하고 있었고, 그 집단은 아가야 지역에 대한 예루살렘의 선교 관할권을 주장했다. 고린도 사람들은 사도들의 주장의 정당성을 평가할 그들 나름의 기준을 발전시켜 나갔다. 그리고 거짓 사도들은 이러한 기준들을 만족시킬 수 있었다. 그들은 추천서를 이용하여 매우 거만하게 행동했을 뿐만 아니라 환상과 계시를 본다고 공언했으며, 지식을 소유하고 있고, 영감을 받아 말을 한다고 장담했다.

고린도후서는 고린도전서와 더불어 고린도 교회에 들어온 바울의 대적자들이 어떤 자들인지, 그들로 인해 어떤 문제와 사건들이 일어났으며 그 문제들이 어떻게 해결되었는지, 거기에 대해 바울은 어떻게 설명, 변명, 항의, 간청, 책망, 비난, 해명을 했는지, 주후 1세기 중반 바울과 고린도 교회와의 관계를 보여 주는 중요한 서신이다. 고린도후서는 주관적인 글이며 바울의 대적자들에 대한 변명의 글이기 때문에 바울의 개인적이고 자서전적인 내용이 많다(박수암 2007, 275).

고린도후서가 다루고 있는 주요 문제는 바울의 사도적 권위의 유효성과 관계된다. 그것은 그리스도 안에서 확증된 하나님의 방법이 바울의 사도적 사역에서 나타난 것과 같이 세상의 방법과는 다르다는 것이다. 여전히 세상의 방법에 집착하고 있는 사람들은 위험을 무릅쓰고 그리스도와 사도적 메시지에 나타난 하나님의 참된 능력을 부인하는 것이나 다름없다(Achtemeier et. al. 2004, 430). 본서의 신학은 바울의 경험과 밀접하게 연결되어 있다. 이 신학은 반항적인 회중과 다른 선교사들의 반대를 배경으로 발전되어 나간다. 무엇보다 이것은 경험에서 비롯하여 발전된 고난의 신학이다. 이 서신의 서두에서 암시된 고난의 경험은 바울에게 심오한 영향을 미쳤음이 분명하다(Marshall 2006, 370).

제 I 부

화해의 편지

고린도후서 1 : 1~2 : 11

A. 서언(1 : 1-11)

B. 고린도 방문 계획 연기(1 : 12-2 : 11)

| 고린도후서 1 : 1~2 : 11 |

화해의 편지

A. 서언(1 : 1－11)

1. 문안의 인사(1 : 1－2)

1하나님의 뜻으로 말미암아 그리스도 예수의 사도 된 바울과 형제 디모데는
고린도에 있는 하나님의 교회와 또 온 아가야에 있는 모든 성도에게 2하나님
우리 아버지와 주 예수 그리스도로부터 은혜와 평강이 있기를 원하노라

[1 : 1] 바울은 고린도후서에서 고린도에 있는 교회와 성도들에게 편지를 보내는 이유를 분명하게 밝힌다. 문안의 인사를 통해서 보여 주는 중요한 주제는 바울의 사도적 권위의 문제와 교회의 본질이 무엇인가를 질문하는 것이다. 바울의 사도적 권위는 서신의 나머지 부분에서 계속적으로 제기되는 뜨거운

주제이다. 또한 바울이 제시하고 있는 교회의 본질이 하나님께서 구별하여 세우신 백성과 부르심을 받은 거룩한 공동체와 밀접하게 연관되어 있음에 주목해야 한다.

1~2절은 바울 당시의 그리스-로마 편지 양식을 따라 보내는 사람들, 받는 사람들, 문안 인사의 순서로 이루어져 있다. 편지를 보내고 있는 바울은 자신의 정체성에 대해서 '사도'(아포스톨로스, apostolos)라는 용어를 사용하고 있다. 바울은 자신의 사도직이 누구의 선택이나 추천에 의해서가 아니라, 하나님의 뜻에 따라 된 것임을 강조한다. 이것은 그동안 고린도 교회 안에서 그의 사도적 권위가 지속적인 도전을 받아 왔음을 반영한 것이다. 사도로서의 자의식을 강하게 지니고 있는 바울은 그에게 주어진 사명이 하나님의 뜻에 의한 것이라고 강조함으로써 자신의 삶의 근거를 하나님과 밀접하게 연관시킨다. 바울이 사도로서의 자의식을 거듭 강조하는 이유는 무엇일까? 이것은 바울을 반대하고 적대하는 사람들을 향한 반박(11 : 13 참조)과 함께 그리스도 예수의 사도라는 자신의 자의식을 표현하기 위해서이다(Martin 2007, 99-100). 고린도후서는 사도로서의 강한 자의식과 열정을 표현하는 바울의 심정을 가장 강렬하게 보여 준다.

바울과 함께 고린도 교회에 문안하고 있는 디모데를 '형제'(아델포스, adelphos)로 부르고 있는 것에서 위계나 서열을 초월한 동역의 관계를 추정할 수 있다. 디모데는 바울이 가장 신뢰하는 동역자들 가운데 한 사람이고, 바울 서신들 속에 등장하는 어떤 사람들보다 자주 언급되고 있는 바울의 충실한 동역자이다(고전 4 : 17 ; 16 : 10-11 ; 고후 1 : 19). 바울이 고린도 교회 성도들에게 보내는 편지에서 디모데의 이름을 언급하는 이유는 무엇일까? 고린도 교회 성도들과 디모데가 특별한 관련이 있음을 추정해 볼 수 있다. 바울은 디모데의 명예 혹은 지위를 재확인하려는 의도에서 문안의 인사에 그의 이름을 포함시키고 있는 것이다. 이러한 바울의 디모데에 대한 태도를 통해서 동역의 의미를 점검해 볼 수 있다.

바울의 편지를 받는 사람들은 고린도에 있는 하나님의 교회와 온 아가야에 있는 모든 성도들이다. 여기서 주의해야 할 점은 '하나님의 교회'(에클레시아 투 테우, ekklesia tou Theou)와 '성도들'(토이스 하기오스, tois hagios)은 동의어라는 것이다(박익수 1999, 431). 고린도에 있는 교회가 하나님의 교회라는 점을 강조함으로써 교회의 기원, 존재, 그리고 권위의 근원이 하나님께 있음을 분명히 밝힌다. 교회라는 표현은 초기 기독교 신앙공동체의 자기 이해를 나타내는 것이다. 교회로서의 기독교 신앙공동체는 세상의 다른 집단들과는 구별되는 공동체라는 자의식을 가지고 있었다. 교회는 장소와 수신자와는 상관없이 하나님께서 그리스도의 복음을 통해 불러 모은 공동체이다. 또한 성도들은 교회를 의미하는데, 곧 하나님에 의해 선택받고 부름 받아 거룩해진 사람들이다. 그리고 하나님을 위해 살도록 하나님께서 구별해 놓은 사람들을 뜻하는 것으로, 그리스도인들을 가리키는 표현이다. 하나님의 교회와 성도들을 지칭하는 용어가 그리스도인을 포괄적으로 나타내고 있다는 점을 기억할 필요가 있다.

> 그리스도인을 가리키는 명칭으로 사용된 형용사적 명사 하기오스(hagios)는 구약성경에 그 뿌리를 두고 있다. 이 명사는 '구별하다'(qadash, 카다쉬)를 의미하는 히브리어에서 나온 것인데, 〈칠십인역〉에서는 그 히브리어의 어근을 하기오스(hagios)라는 형용사적 형태로 옮겨 놓았다. 성도들은 이중적인 의미에서 구별된 자들이다. 소극적으로는 악으로부터의 구별이 존재하고, 적극적으로는 하나님과 하나님을 섬기는 일에 대한 헌신이 존재한다(Martin 2007, 103).

하나님의 교회와 성도들은 모두 그리스도인을 가리키는 전문용어이다. 구약성경에서 하나님의 백성으로서의 정체성을 갖고 있었던 이스라엘 백성과 마찬가지로 신약성경에서는 하나님께서 구별하신 거룩한 사람들의 모임과 공동체를 지칭하는 것이다. 바울은 고린도 교회 성도들에게 편지를 보내면서 그들이 하나님께서 구별하여 세운 하나님의 백성인가를 질문하도록 요청하고 있다.

[1:2] 바울은 2절에서 고린도 교회 성도들에게 문안하면서 그리스도교의 전형적 인사법인 '은혜'(카리스, charis)와 '평화'(에이레네, eirene)라는 표현을 사용한다. 바울은 이 두 단어를 사용하여 전형적인 표현법을 쓰고 있다(롬 1:7; 고전 1:3; 갈 1:3; 빌 1:2; 골 1:2; 살전 1:1; 살후 1:2; 몬 1:3; 참조 엡 1:2).

바울이 사용한 '은혜'라는 단어는 모든 그리스도인의 존재 근거인 하나님의 신적인 행위이다. 은혜는 하나님께서 주시는 선물로 그리스도인의 정체성을 나타내는 중요한 덕목이다. 왜냐하면 은혜는 예수 그리스도 안에서 행하신 하나님의 구원행위와 연관되기 때문이다. 바울은 은혜라는 용어를 인간의 연약함과 대조되는 하나님의 강함을 표현하는 개념으로 사용하고 있다(12:9)는 점에서 하나님의 전적인 은혜를 의지하는 바울의 태도를 엿볼 수 있다. '평화'는 하나님의 구원행위의 결과이며, 인간이 허락받은 전적으로 행복한 상태를 뜻한다. 평화는 안정이나 위로함을 넘어서 하나님과의 관계 회복을 의미하는 중요한 덕목이다. 따라서 바울은 문안 인사를 통해 교회에 주어진 은혜와 평강(평화)은 하나님 아버지와 주 예수 그리스도에 의해서 주어진다는 것을 분명히 하고 있다.

2. 하나님께 감사(1:3-11)

3찬송하리로다 그는 우리 주 예수 그리스도의 하나님이시요 자비의 아버지시요 모든 위로의 하나님이시며 4우리의 모든 환난 중에서 우리를 위로하사 우리로 하여금 하나님께 받는 위로로써 모든 환난 중에 있는 자들을 능히 위로

> 하게 하시는 이시로다 5그리스도의 고난이 우리에게 넘친 것같이 우리가 받
> 는 위로도 그리스도로 말미암아 넘치는도다 6우리가 환난당하는 것도 너희가
> 위로와 구원을 받게 하려는 것이요 우리가 위로를 받는 것도 너희가 위로를
> 받게 하려는 것이니 이 위로가 너희 속에 역사하여 우리가 받는 것 같은 고난
> 을 너희도 견디게 하느니라 7너희를 위한 우리의 소망이 견고함은 너희가 고
> 난에 참여하는 자가 된 것같이 위로에도 그러할 줄을 앎이라 8형제들아 우리
> 가 아시아에서 당한 환난을 너희가 모르기를 원하지 아니하노니 힘에 겹도록
> 심한 고난을 당하여 살 소망까지 끊어지고 9우리는 우리 자신이 사형 선고를
> 받은 줄 알았으니 이는 우리로 자기를 의지하지 말고 오직 죽은 자를 다시
> 살리시는 하나님만 의지하게 하심이라 10그가 이같이 큰 사망에서 우리를 건
> 지셨고 또 건지실 것이며 이후에도 건지시기를 그에게 바라노라 11너희도 우
> 리를 위하여 간구함으로 도우라 이는 우리가 많은 사람의 기도로 얻은 은사
> 로 말미암아 많은 사람이 우리를 위하여 감사하게 하려 함이라

바울은 자신과 동료들이 과거에 경험했던 하나님의 은혜에 감사하면서 고난과 위로의 상호연관성에 주목한다. 바울은 수없이 많은 고난뿐만 아니라 도저히 감당하기 어려울 정도의 심한 고난으로 죽음을 직면하게 된다. 그러나 이러한 순간에도 하나님께서 주시는 위로라는 특별한 힘을 통해서 견딜 수 있었다고 고백하는 바울은 고린도 교회 성도들이 이와 같은 위로를 동일하게 경험하기를 기대한다.

> 그러한 끊임없는 경험으로부터 이교 세계 속에서 환난과 시험을 견딜 수밖에 없었던 그의 교회들과의 유대감이 바울에게 생겨났다. 바울은 수많은 환난을 통과해 나가면서 자기와 더불어서 하나님의 위로를 받고 그 위로를 다른 사람들에게 나누어 주는 법을 배우는 성도들의 소명을 자신의 소명과 결합시킨다(Martin 2007, 108).

바울과 그의 동료들이 직면했던 고난은 하나님께서 주시는 위로를 경험할 수 있는 통로가 되었고, 바울과 동료들은 고난 중에 있는 교회와 그 성도들이 고난과 위로의 상호연관성을 경험할 수 있도록 제안한다.

[1 : 3-4] 3절에서 '찬송하리로다'(율로게토스, eulogetos)로 시작하고 있는 표현은 구약성경에서 자주 사용하고 있다. 이 용어는 회당 예배 중에 이스라엘의 하나님께 찬송을 올려 드릴 때 사용했던 표현을 차용해 온 것으로 추정해 볼 수 있다. 이스라엘의 하나님을 찬양하는 유대교 찬양문을 '우리 주 예수 그리스도의 하나님'이라는 그리스도교 형태의 표현으로 변형시켜 사용하고 있다. 바울이 찬송하며 감사를 드리는 하나님께서는 '자비의 아버지'이시며, '모든 위로의 하나님'이시다.

바울이 사용한 '자비'(오이크티르모이, oiktirmoi)라는 의미의 헬라어 단어는 바울 특유의 언어이며, 거의 대부분(롬 12 : 1 ; 고후 1 : 3 ; 빌 2 : 1 ; 히 10 : 28 ; 예외는 골 3 : 12) 복수로 사용되었다. 아마도 그것은 〈칠십인역〉에서 사용된 히브리어 복수(라하밈, rahamim)를 번역하여 사용했기 때문일 것이다(Barrett 1986, 90-91). '자비의 아버지'라는 표현을 통해서 바울은 자신의 답답하고 고통스러운 상황에서 건짐을 받게 된 것은 순전히 하나님의 자비와 사랑에 의한 것이라고 강조하고 있는 것이다. 바울과 그의 동료가 직면했던 수많은 고난과 위험에도 불구하고 하나님의 자비를 찬양할 수 있었던 까닭은 하나님께서 그들에게 위로를 베풀어 주시기 때문이다. '모든 위로의 하나님'이라는 표현에서 알 수 있는 것처럼, 자비라는 하나님의 내적 속성으로부터 외적 행위로 한 걸음 더 발전시킨 것이라고 할 수 있다.

3절에서 사용된 '위로'(파라클레시스, paraklesis)라는 용어는 고린도후서에 자주 사용될 뿐만 아니라 중요한 구약성경 구절에서도 사용된다(사 40 : 1 ; 51 : 3, 12, 19). 구약성경에서 메시야적 전문용어로 사용되었던 '위로'라는 용어를 다시 사용하고 있다는 측면에서 바울은 위로와 구원이 자신에게만 국

한된 행위라고 보지 않는다. 오히려 총체적인 메시야적 구원과 위로로 보았다고 추정해 볼 수 있다.

> 바울은 자신이 처했던 환난과 구원받았던 경험의 배경 속에서, 구약성경이 약속한(사 40 : 1 ; 51 : 3, 12, 19) 이스라엘의 '위로자'로서의 메시야적 구원에 바울 자신이 동참하고 있다는 뉘앙스를 지닌 '위로'(히브리어로 니함 〈niham〉)를 강조하고 있다(Martin 2007, 109).

다시 말해서 '위로'라는 말은 마음의 안정과 위안을 준다는 단순한 의미를 넘어서, '구원'이라는 보다 큰 뜻으로 이해하는 것이 필요하다. 하나님께서 사도 바울을 모든 환난에서 구원하시고 위로하시는 까닭은 위로의 삶이 모든 환난 가운데 있는 사람들을 위로할 수 있는 선순환(유승원 2007, 138) 구조로 발전해야 한다는 깊은 뜻이 숨겨져 있다. 다시 말해서 고난과 환난 가운데 하나님의 위로를 체험한 바울은 환난당하고 있는 다른 사람들을 위로할 수 있는 힘을 하나님께로부터 받음으로써 바울과 고린도 교회는 신앙의 연대감을 형성할 수 있는 것이다.

[1 : 5-7] 바울은 5~7절에서 고난과 위로의 밀접한 연관성에 대해서 강조한다. 바울은 고난이 넘치는 것처럼 위로도 넘친다고 표현하고 있다. 고난과 위로가 '넘친다'(페리세우에이, perisseuei)는 표현은 상상할 수 없이 고통스러운 고난과 그에 상응하는 놀라운 위로를 추정할 수 있게 한다. 바울은 자신이 겪은 고난을 견딜 수 있었던 힘의 근거로 그리스도의 고난을 이야기한다. 그는 자신이 당하는 고난을 통해서 그리스도의 고난을 경험할 뿐 아니라 그리스도의 고난을 통해서 활동하시는 하나님의 구원을 체험하고 있는 것이다. 따라서 우리는 그리스도의 고난과 바울의 고난, 그리고 고린도 교인들을 포함한 모든 그리스도인들의 고난이 서로 연관되어 있음을 인식할 필요가 있다.

다시 말해서 바울은 그가 고난을 받는 이유를 그리스도인을 위로하고 구원을 얻도록 하려는 하나님의 섭리로 이해한다. 그리고 고린도 교인들을 포함한 모든 그리스도인을 위로하기 위해서 고난을 받은 바울은 또한 자신을 통해서 그리스도인들이 위로를 얻을 수 있는 힘과 비결을 발견하도록 권고한다. 6절에서 바울은 그가 경험했던 이 위로로 인해서 고린도 교인들도 고난을 견딜 수 있는 '힘을 얻게'(에네르구우메네스, energoumenes) 된다고 강조한다. 결국 바울은 고난과 위로라는 용어를 반복해서 사용함으로써 사도로서의 직무가 위로를 전달하는 통로임을 자각하고 있다.

고난을 당하는 그리스도인에게 위로와 구원을 전달하는 사도로서의 직무를 인식하게 된 바울은 7절에서 고린도 교인들을 향한 견고한 소망을 말한다. 바울이 확고한 소망을 가질 수 있는 이유는 고린도 교인들이 고난에 참여하는 것처럼 위로에도 참여하는 사람들이라는 것을 '안다'(에이도테스, eidotes)고 확신하기 때문이다. 바울은 자신이 그리스도의 고난을 통해서 위로를 받고 고난을 견딜 수 있는 힘을 가진 것처럼, 고린도 교인들이 바울이 당하는 고난에 참여함으로써 위로에도 참여하게 될 것을 분명하게 기대한다. 고난과 위로에 '참여하는 사람들'(코이노노이, koinonoi)은 함께 나누는 삶, 다른 사람의 고난과 기쁨에 동참하는 삶으로 그리스도 안에서의 '교제'(코이노니아, koinonia)를 실천하는 사람들이다.

바울이 고난과 위로라는 개념을 통해서 고린도 교회 성도들과의 강력한 연결고리를 만들고 있는 것은 그리스도인이 하나님께서 공급해 주시는 힘과 용기를 통해서 살아가는 사람들이라는 점을 선언하는 것이다. 수많은 고난을 당하면서 위로를 외칠 수 있었던 특별한 힘은 바로 바울과 그의 동료들이 고난 중에서 자비와 위로를 베푸시는 하나님을 경험했기 때문이다.

[1 : 8-11] 바울은 8~11절에서 '고난과 위로의 선순환'(유승원 2007, 138)의 이유를 소개한다. 8절에서 바울은 아시아에서 당했던 고난을 고린도 교인들이

“모르기를 원하지 아니한다.”라고 표현하면서 꼭 알기를 바란다는 뜻을 간곡하게 전달하고 있다. 아시아는 지금의 터키 지방을 가리키는 것으로 바울이 주로 활동했던 에베소 지역이라고 추정할 수 있다. 고난과 위로의 연관성을 강조했던 앞의 언급에 대한 구체적인 상황을 보도하고 있지만, 바울과 그의 동료들이 직면하고 경험했던 극심한 고난이 무엇인지는 분명하게 알 수 없다.

8~9절에서 바울이 “힘에 겹도록 심한 고난을 당하여 살 소망까지 끊어지고 우리는 우리 자신이 사형 선고를 받은 줄 알았으니”라고 표현함으로써 바울과 그의 동료들이 경험했던 환난의 심각성을 추정하도록 한다. 바울과 그의 동료들이 직면했던 고난이 얼마나 심각했으면 ‘힘에 겹도록’이라는 단어에 ‘심한’(카트 휘페르볼렌, kath hyperbolen)을 덧붙이고 있다. 바울이 사용하고 있는 ‘힘에 겹도록’(에바레테멘, ebarethemen)이라는 뜻의 헬라어는 마치 짐을 너무 많이 실은 배처럼 위태로운 상황과 극심한 고난을 나타낸다. 바울과 그의 동료들이 당한 고난이 무엇인지 정확하게 알 수는 없지만 죽음의 문턱에까지 이르렀던 경험이었음을 암시한다.

바울과 그의 동료들이 직면한 죽음의 위협, 곧 ‘사형 선고’(토 아포크리마 투 타나투, to apokrima tou thanatou)는 절망적 상황 속에서 자신들의 한계를 깨닫게 된 순간을 표현한다. 바울이 직면한 위험과 고난은 육체적인 것이었지만 그가 깨닫게 된 것은 영적인 것이었다. 죽음의 문턱에서 가까스로 살아난 바울은 그가 당한 고난에서 스스로 벗어나려고 노력했지만 결국 한계를 발견하고 하나님만을 의지하게 되었다고 강조한다. 극심한 고난과 위험에서 바울과 그의 동료를 구원해 주신 분은 ‘죽은 자를 다시 살리시는 하나님’이시라는 것을 고백하고 있는 것이다. 하나님께서 이같이 위협적인 상황에서 구원하시리라는 확신은 과거의 경험에서 비롯된다. 바울은 이전에 자신과 그의 동료들을 구원해 주셨던 하나님께서 미래에도 구원해 주실 것을 기대한다(10절). 이어서 바울은 자신의 사역을 수행하기 위해서 고린도 교회 성도들의 중보 기도를 요청한다(11절). 그는 고린도 교회 성도들의 중보 기도로 인해서 하나님께서 긍휼을 베풀어 주시고 그 결과 많은 사람들이 하나님께 감사를 표현할 수 있게 될 것을 기대한다. 이와 같은 모습은 바울과 고린도 교회 성도들과의 상호연관성을 보여 주는 것이다.

고난과 위로의 관계는 육체적 영역을 영적인 영역으로 확장시켜 주는 상호성을 지닌다. 위협적인 고난으로 인해서 바울과 그의 동료들은 죽음의 문턱에 이르게 되었지만 자비와 위로의 하나님께서 그들을 구원하심으로 바울과 그의 동료를 알고 있는 사람들이 하나님께 감사하며 찬송을 올려 드릴 수 있다. 사형 선고와 이같이 큰 사망에서 능히 건지시고 구원해 주신 하나님의 은혜는 고린도 교회 성도들의 중보 기도의 결과이기도 하다.

설교를 위한 묵상

그리스도인으로서의 자의식

고린도 교회를 비롯해서 많은 교회에 편지를 쓰고 권면하는 바울은 그 자신이 어떤 존재인가라는 분명한 정체성과 자의식을 가지고 있다. 그가 고린도 교회와 온 아가야의 성도들에게 자신을 소개하면서 사도라는 정체성과 자의식을 표현하는 것은 참으로 놀랍다. 예수 그리스도의 복음과 하나님의 말씀을 전파하는 사역을 수행하면서 수없이 많은 죽을 고비와 고통을 받았음에도 불구하고, 사도라는 직분이 갖는 의미를 소중하게 간직하는 바울의 모습은 지금 여기(here and now)에서 목회 사역을 담당하는 목회자를 비롯하여 그리스도인으로서 살아가는 모든 성도들에게 커다란 도전이 된다. 사도와 그리스도인으로서의 자격은 모두 개인적 의지와 노력과는 상관없이 하나님께로부터 비롯된다는 것을 고백하는 것이 중요하다. 바울은 그 자신이 그리스도 예수의 사도가 된 것은 전적으로 하나님의 뜻이라고 고백한다. 언제나 모든 사역의 중심에 하나님의 뜻에 대한 질문이 있었고, 그 응답에 걸맞은 실천을 수행했던 것을 알 수 있다. 바울은 자신이 하나님의 뜻대로 그리스도 예수의 사도가 되었다고 고백하는 동시에 예수께서 삶과 가르침을 통해서 보여 주신 것을 선포하고 가르치고 실천한다. 한국 교회의 목회자와 성도는 스스로 질문해야 한다. 하나님의 뜻대로 신앙하고, 사역하고, 살아가고 있는가를 거듭해서 묻고 또 물어야 하는 것이다. 그리스도 예수께서 보여 주셨던 삶과 가르침을 실천하기 위해서 어떤 노력을 하는지 성찰해야 한다.

사도라는 자의식을 가진 바울은 동료 디모데를 형제라고 부르면서 동역자라는 수평적 관계를 유지하는 것을 볼 수 있다. 사도는 하나님과 예수 그리스도의 복음을 선포하고 가르치는 사역을 위한 직분이다. 또한 위계적인 관계보다는 수평적 관계를 통해서 하나님의 뜻을 구체적으로 실천하는 직분인 것이다. 사도라는 직분과 마찬가지로 그리스도인이라는 호칭은 예수 그리스도를 믿는 사람이라는 의미이다. 하나님의 은혜로 선택되어 하나님 나라를 위한 사역을 담당할 수 있는 자격과 특권을 제공받은 것이다. 따라서 바울과 디모데가 사도와 복음전도자로서 살아가는 동시에 그리스도인으로서의 정체성을 지니고 있었다는 것은 틀림이 없다. 바울은 디모데를 형제라고 부르고, 고린도 교회의 성도를 동일한 그리스도인이라고 강조한다. 마찬가지로 한국 교회의 목회자와 성도는 하나님께로부터 부여받은 직분에 따라 각각의 사역을 담당하는 동시에 모두가 하나님의 백성이며 그리스도인이라는 정체성을 가져야 한다.

바울이 하나님의 뜻대로 그리스도 예수의 사도가 되었다고 고백하는 것은 문안 인사를 마무리하면서 은혜와 평화를 간구하는 것에서 그 근거를 찾아볼 수 있다. 은혜는 하늘로부터 주어지는 선물이며 평화는 완전하게 행복한 상태인데, 모두가 하나님과 예수 그리스도로부터 비롯된다. 사도와 그리스도인으로 살아갈 수 있는 근거는 하나님과 예수 그리스도의 은혜이다. 전적으로 하나님의 뜻대로 직분과 사명을 받았다고 말할 수 있는 것 또한 은혜를 경험한 사람들만이 할 수 있는 고백이다. 따라서 사도와 그리스도인, 그리고 성도로서 살아가는 힘의 원천이 바로 은혜인 것이다. 한국 교회와 그리스도인은 하나님께로부터 비롯되는 은혜를 경험해야 한다. 동시에 그와 같은 은혜는 인간의 어떤 의지나 노력과는 전혀 관계가 없다는 것을 깨달아야 한다. 하나님의 은혜를 인정하고 하나님의 뜻을 찾고 실천하며 살아가는 것이 바로 그리스도인으로서의 자의식이다.

이와 같은 자의식을 가진 그리스도인은 고난과 위로의 선순환 관계를 항상 주목하게 된다. 하나님의 뜻대로 하나님의 은혜를 통해서 사도가 된 바울은 그가 직면했던 고난을 위로와 연결시킨다. 셀 수 없이 많은 고난을 당하고, 심지어 죽을 고비에서도 견딜 수 있었던 것은 바로 그 고난 가운데 위로를 주시는 하나님이 계시기 때문이다. 고난과 위로의 상호성 혹은 선순환 관계는 고린도 교회와 성도뿐만 아니라 한국 교회와 그리스도인에게도 커다란 위로가 된다. 바울과 그의 동료들이 직면했던 고난이 하나님의 위로를 경험하는 또 다른 통로라고 말하는 것이 신앙고백이다. 하나님의 뜻대로 그리스도 예수의 사도가 되었다고 고백하는 근거는 하나님의 은혜로 값없이 구원을 얻고 직분과 사명을 받았기 때문이다. 따라서 예수 그리스도의 복음과 하나님의 말씀을 선포하고 가르치는 사역 때문에 당하는 고난은 하나님의 뜻을 실천하는 과정인 것이다. 그렇다고 위로를 받기 위해서 고난을 당해야 한다는 의미는 아니다. 이것이 바로 고난과 위로의 선순환 관계라고 할 수 있다. 하나님의 백성이며 그리스도인으로서 살아간다고 해서 고난이 없는 것은 아니다. 그런데 중요한 것은 바로 고난을 바라보는 태도이다. 수없이 많은 고난과 죽음 앞에 직면할 때 그리스도인은 고난을 넘어서 위로를 주시는 하나님을 바라볼 수 있어야 한다. 바울은 바로 그와 같은 점을 강조하는 것이다. 따라서 그리스도인은 고난을 당할 때 또한 위로를 경험할 수 있다고 고백하는 사람이다.

B. 고린도 방문 계획 연기(1 : 12－2 : 11)

1. 바울의 확신(1 : 12－22)

12우리가 세상에서 특별히 너희에 대하여 하나님의 거룩함과 진실함으로 행
하되 육체의 지혜로 하지 아니하고 하나님의 은혜로 행함은 우리 양심이 증
언하는 바니 이것이 우리의 자랑이라 13오직 너희가 읽고 아는 것 외에 우리가
다른 것을 쓰지 아니하노니 너희가 완전히 알기를 내가 바라는 것은 14너희가
우리를 부분적으로 알았으나 우리 주 예수의 날에는 너희가 우리의 자랑이
되고 우리가 너희의 자랑이 되는 그것이라 15내가 이 확신을 가지고 너희로

두 번 은혜를 얻게 하기 위하여 먼저 너희에게 이르렀다가 16너희를 지나 마
게도냐로 갔다가 다시 마게도냐에서 너희에게 가서 너희의 도움으로 유대로
가기를 계획하였으니 17이렇게 계획할 때에 어찌 경솔히 하였으리요 혹 계획
하기를 육체를 따라 계획하여 예 예 하면서 아니라 아니라 하는 일이 내게
있겠느냐 18하나님은 미쁘시니라 우리가 너희에게 한 말은 예 하고 아니라 함
이 없노라 19우리 곧 나와 실루아노와 디모데로 말미암아 너희 가운데 전파된
하나님의 아들 예수 그리스도는 예 하고 아니라 함이 되지 아니하셨으니 그
에게는 예만 되었느니라 20하나님의 약속은 얼마든지 그리스도 안에서 예가
되니 그런즉 그로 말미암아 우리가 아멘 하여 하나님께 영광을 돌리게 되느
니라 21우리를 너희와 함께 그리스도 안에서 굳건하게 하시고 우리에게 기름
을 부으신 이는 하나님이시니 22그가 또한 우리에게 인치시고 보증으로 우리
마음에 성령을 주셨느니라

[1 : 12–14] 하나님께 감사를 올려 드렸던 바울은 이제 12~14절에서 자신의 말과 행동을 변호한다. 고린도 교회 성도들이 바울을 오해하고 비난하고 있는 내용에 대해서 구체적으로 언급하지는 않는다. 하지만 바울은 솔직하고 진실하게 자신의 입장을 설명하고 설득하고 있다.

> 바울은 고린도에 다른 분위기가 조성되고 있거나 혹은 조성되었다는 것을 알았음에 틀림이 없다. 그리고 자신이 경솔하고 변덕스럽다고 해서, 또한 편지를 쓸 때와 말할 때, 행동할 때가 각기 다르다는 이유로 그곳에서 비난받고 있다는 사실도 알고 있었다. 고린도에는 바로잡아야 할 무엇인가가 있었는데, 그는 그것을 바로잡고자 노력한다(Barrett 1986, 103).

바울이 고린도 교회의 문제를 바로잡기 위해서 고린도 교회 성도들이 익숙하게 사용하는 용어들을 사용한다. 바울은 '지혜', '양심', '자랑'과 같은 개

념들을 언급하면서 그의 진심을 표현한다. 고린도 교회 성도들을 향해서 변명하며 진심으로 나타내려고 했던 것은 아마도 바울이 고린도 교회를 방문하겠다고 약속했지만 여러 가지의 사정으로 인해서 방문하지 못했던 상황에 관한 것이다. 바울의 글이나 말 혹은 행동이 경솔하고, 변덕스럽고, 신뢰할 수 없다고 여겼던 고린도 교회는 바울의 사도적 권위까지 인정하지 않으면서 비난하고 반대했을 것이다.

바울은 자신을 비난하고 대적하는 고린도 교회 성도들을 향해서 자신의 글과 말, 그리고 행동이 신뢰할 수 있는 '거룩함과 진실함'을 지닌다고 강조한다. 그는 그 주된 근거로서 '하나님의 은혜'를 제시한다. 하나님의 뜻으로 사도가 된 바울은 하나님의 은혜로 행하게 되었고, 이것이 바로 바울이 자랑할 수 있는 중요한 힘이라고 말하는 것이다. 자신의 신실함과 진실함을 주장하는 근거로 바울이 사용한 '자랑'(카우케마, kauchema)은 하나님의 성품대로 행하는 것이다. 바울은 고린도에 보낸 둘째 편지에서 자랑이라는 어근을 가진 단어들을 30회 사용하고 있다. 이것은 바울의 다른 서신들과 비교해 볼 때 압도적으로 많은 수치이다. 바울이 고린도후서에서 이러한 용어를 사용하는 분명한 이유가 있다. 바울은 고린도 교회 성도들이 사용하는 '자랑'이라는 용어의 잘못된 사용을 경계하면서 그의 말과 행동을 자랑할 수 있는 분명한 근거를 보여 주려고 의도한 것이다.

> 바울이 고린도의 상황에서 (그가 보기에는) 그릇된 방식으로 자랑하는 사람들을 다루어야만 했음을 보여 준다. 어느 정도로는 무의식적인 반작용에 의해서, 또 어느 정도로는 일을 바로잡기 위해서 바울은 자랑(혹은 '영광 되게 하다', '뽐내다'-영어로 이 말을 일관성 있게 번역하기란 힘들다.)이라는 단어를 자주 사용하게 되었다. 이것이 가장 타당한 설명으로 보인다. 바울이 자랑하는 근거는 그의 행동의 진실성과 순수성이다(Barrett 1986, 104).

고린도 교회의 성도들과 바울의 적대자들이 자신들의 지혜를 자랑했음을 암시하는 단어는 12절의 '육체의 지혜'(엔 소피아 사르키케, en sophia sarkike)라는 표현이다. 인간의 지혜가 지닌 한계와 위험성을 지적하면서 바울이 사용한 '육체'라는 용어는 하나님이 아닌 것에 대한 과도한 집착을 의미한다. 자기 자신에게 집착하는 인간적인 것 혹은 세상적인 것을 모두 포괄하는 용어로 사용된 '육체의 지혜'는 '하나님의 은혜'(엔 카리티 테우, en chariti theou)에 대립되는 표현이다. 바울은 자신의 글과 말 그리고 행동이 자기 자신에게 집착하는 인간적이며 육적인 지혜에서 비롯된 것이 아니라 전적으로 하나님의 은혜에 바탕을 둔 것이라고 강조한다. 따라서 바울이 자랑이 갖고 있는 위험성에도 불구하고 자랑의 근거로 하나님의 은혜를 제시하는 것은 주목할 만하다.

바울이 '육체의 지혜'가 아니라 '하나님의 은혜'로 행하고 있음을 증언하는 것은 바로 '양심'(쉬네이데시스, syneidesis)이라는 용어이다. 고린도 교회에서 유행하고 있던 '양심'이라는 표현을 사용함으로써 바울은 그의 말과 행동이 거룩하고 진실하다고 항변하는 것이다(Martin 2007, 126). 이외에도 바울은 '양심'이라는 단어를 4 : 2과 5 : 11에서 고린도 교회 성도들을 설득할 때 사용하는데, 이 용어는 자기 자신으로부터 거리를 두고, 자신의 성격과 행동에 대해 객관적으로 관찰할 수 있는 인간의 능력을 뜻한다. 스스로를 들여다볼 수 있는 힘이라는 뜻으로 '양심'이라는 용어를 사용한 바울은 고린도 교회 성도들이 즐겨 사용하는 표현을 통해서 자신의 글과 말 그리고 행동의 진실함을 강조한다. 바울의 이러한 진실함을 객관적으로 판단하도록 하는 근거는 '육체의 지혜'가 아니라 '하나님의 은혜'이다. 고린도 교회 성도들은 '하나님의 은혜'에 근거하여 양심에 호소하는 바울의 신실함과 진실함에 귀를 기울여야 한다. 13절에서 바울은 고린도 교회 성도들에게 보낸 이전 편지를 언급하면서 속이려는 의도가 없음을 거듭 강조한다. 아마도 바울이 비난을 받았던 이유는 고린도 교회를 방문하겠다는 약속을 지키지 못한 것에 대한 오해 때문이었을 것이다.

> 바울은 원래 고린도를 두 번 방문하고자 하는 계획을 가지고 있었다. 하나는 그가 마게도냐로 올라가는 길에 고린도를 거쳐 가면서 방문하고자 했던 것이었고, 하나는 그가 마게도냐에서 예루살렘으로 가는 길에 고린도를 거쳐 가면서 방문하는 것이었다(고전 16 : 5 – 7). 그러나 이러한 바울의 계획은 고린도 교회의 사정 악화와 그의 쓰라린 중간 방문(2 : 5 ; 7 : 12 ; 12 : 21)으로 인해 깨졌고(1 : 23 ; 2 : 1), 그리하여 고린도 교회 내에는 바울은 약속을 지키지 않는 자, 믿을 수 없는 자라는 비난이 생겨났다. 그는 말로만 고린도 교인들을 만나고 싶어 하지, 사실은 고린도 교인들을 피하려 한다는 것이다(박수암 2007, 295 – 296).

고린도 교회를 방문하겠다는 바울의 약속은 지켜지지 않았다. 따라서 고린도 교회 성도들은 바울을 비난하며 오해했을 것으로 추정할 수 있다. 13~14절을 통해서 바울은 지금의 몰이해 혹은 부분적 이해가 미래에는 온전히 이해될 것이라는 확신을 보여 준다. 고린도후서는 숨겨진 의미나 복선이 있는 글이 아니라고 강조하는 것이다. 바울은 시간적 대비, 즉 지금과 우리 주 예수의 날을 분명하게 대조시킨다. 또한 '완전히'와 '부분적으로'라는 표현을 통해서 자신의 신실함과 진실함을 거듭 나타낸다. 비록 지금은 부분적으로 알고 이해하기 때문에 오해하고 비난하지만 우리 주 예수의 날에는 하나님의 은혜로 바울의 진심을 '온전하게'(에오스 텔루스, eos telous) 이해하게 될 것이다. 바울이 '우리 주 예수의 날'이라고 표현한 미래는 구약성경의 묵시문학적 의미 또는 유대인의 종말론적 개념이다(김판임 1999, 84 ; 박익수 1999, 451 ; 박수암 2007, 297 ; Barrett 1986, 108). 바울은 우리 주 예수의 날에 하나님의 행위가 더 이상 감추어지지 않고 온전하게 드러남으로써 자신의 진심이 증명될 것을 기대한다. 그날이 오면 고린도 교회 성도들은 바울의 성실함과 진실함을 온전하게 이해하게 될 것이고, 서로를 믿고 의지하고 자랑하는 회복된 관계를 만들게 될 것이다. 이와 같은 이해를 중심으로 고린도후서 1 : 12~14을 표현하면 다음과 같다.

> 내 양심을 걸고 말하건대 나는 당신들을 대할 때 오직 거룩함과 진실로만 했음을 자부할 수 있습니다. 다른 인간적 꼼수는 전혀 없습니다. 오직 하나님의 은혜에 충실했습니다. 당신들에 대한 내 마음은 일관되게 변함이 없습니다. 주님께서 다시 오실 때 여러분과 제가 서로를 주님 앞에서 자부할 수 있는 관계가 되는 것 외에 다른 생각은 없습니다(유승원 2007, 141).

[1 : 15-17] 고린도 교회를 향해서 자신의 확신을 전하는 바울의 심정은 비장해 보인다. 고린도 교회 성도들에게 보낸 편지와 말, 그리고 행동이 거짓이나 속임수가 없이 진실하다고 말하면서 자신의 진심을 믿어 달라고 호소하는 바울의 아픈 마음을 엿볼 수 있다.

15절에서 바울은 '두 번 은혜'(듀테란 카린, deuteran charin)라고 표현하면서 고린도 교회를 두 번 방문할 계획을 가지고 있었다고 밝힌다. 고린도 교회를 방문하고 성도들과 만나는 것이 '은혜'(카리스, charis)라고 표현하는 까닭은 고린도 교회 성도들과의 만남이 은혜와 기쁨이 넘치는 시간이 될 것이라는 기대와 확신이 있기 때문이다. 또한 이와 같은 만남이 모두에게 기쁨을 제공한다는 측면에서 선물과 같은 은혜인 것이다.

16절에 의하면 바울이 계획한 두 번의 고린도 방문은 에베소에서 고린도를 거쳐서 마게도냐로 갔다가 다시 돌아가는 길에 마게도냐에서 고린도를 거쳐서 유대로 돌아가는 여정이었다. 마게도냐에서 유대로 가는 일반적 여정은 해로를 따라서 바로 가는 것이 정석이었지만, 바울은 고린도를 방문하여 고린도 성도들과의 만남을 통해서 기쁨을 선물로 제공해 주고 싶었던 것 같다. 하지만 어떤 사정이 있었는지, 혹은 어떤 상황에 직면했는지 정확하게 알 수는 없지만 두 번의 고린도 방문 계획을 취소할 수밖에 없었다. 아마도 고린도 교회 성도들은 이 일련의 과정을 오해하고 비난하면서 바울이 자신만의 판단으로 경솔하게 말하고 행동한다고 공격했을 것이다.

17절에서 바울은 고린도 방문 계획과 취소가 결코 '경솔'(테 엘라프리아, te elaphria)하거나 '육체'(카타 사르카, kata sarka)를 따라 계획하고 결정한 것이 아니라고 강조한다. 바울이 '경솔'과 '육체'로 표현한 것은 고린도 교회 성도들이 바울의 편지와 말, 그리고 행동에 대한 오해와 비난을 요약한 것이다. '경솔'하다는 말은 변덕스럽다는 뜻을 가지고 있으며 '육체'를 따랐다는 단어는 세상적이고, 인간적인 동기에 의해서 판단하고, 결정하고, 행동했다는 뜻이다. 고린도 교회 성도들은 바울이 '경솔'하고 '육체'를 따라서 행동하는 사람이기 때문에 "예 예"라고 긍정적으로 말했다가 곧바로 "아니라 아니라"라고 부정적으로 말하는 이중적 태도를 지녔다고 비판하는 것이다. 바울이 무슨 이유로 고린도 교회의 방문을 취소하게 되었는지 분명하게 알 수 없지만, 고린도 교회 성도들이 비난과 오해를 감수하더라도 고린도 교회를 위해서 더 좋은 선택과 결정을 내려야 했다고 말하는 바울의 변명은 처절하다.

[1 : 18–22] 18~22절에서 바울은 자신의 신실함과 진실함을 증언하기 위해서 다양한 방법을 통해서 진술한다. 그 주된 목적은 자신의 사도직을 변호하는 것이다. 에베소에서 고린도를 거쳐서 마게도냐로 이동하면서 복음을 전한 바울은 그리스도 예수의 사도라는 정체성을 매우 소중하게 여겼다. 그리스도 예수의 사도로서 편지를 쓰고, 말을 전하고, 행동하는 바울은 경솔하고 변덕스럽게 행동할 수 없으며 육체를 따라서 인간적으로 판단할 수 없었음에 틀림이 없다.

바울의 신실함과 진심을 뒷받침해 줄 가장 강력한 근거는 바로 18절의 "하나님은 미쁘시다"(피스토스 데 호 테오스, pistos de ho theos)라는 신학적 선언이다. '미쁘시다'(피스토스, pistos)는 신실하다는 뜻으로, 언약을 지키는 하나님의 성품을 표현하는 것이다. 바울은 하나님의 신실함(고전 1 : 9 ; 10 : 13 ; 살전 5 : 24 ; 살후 3 : 3)과 증인으로서 하나님(고후 1 : 23 ; 11 : 31 ; 롬 1 : 9 ; 빌 1 : 8 ; 살전 2 : 5, 10)을 언급함으로써 일종의 맹세의 뜻으로 사용하는 것을 발견할 수 있다. 고린도 방문 계획을 취소할 때 인간적이고 세상적인 이유 때문에 취소 결정을 한 것이 아니다. 바울은 이것을 보증할 수 있는 증인으로 하나님의 신실함을 제시함으로써 그 자신을 변호한다. 고린도 교회 성도들이 하나님께서 언약을 지키시는 분이라는 점을 믿는다면 바울 자신의 사도직과 사명을 보증하는 하나님의 신실함을 근거로 자신을 믿어 달라고 호소할 수 있는 것이다.

바울은 19절에서 신실함의 또 다른 근거로 바울과 그의 동료들이 고린도 교회 성도들에게 전한 복음의 신실함을 제시한다. 고린도 교회 성도들이 기쁘게 받아들였던 복음은 하나님의 아들, 예수 그리스도에 관한 복음이다. 예수 그리스도 안에서 하나님의 약속이 성취되었다는 것을 믿고 고백하는 성도라고 한다면 바울이 전한 복음에 근거한 신실함을 믿게 될 것이다.

> 복음을 전하는 사람이나 또는 날마다의 삶 속에서 복음을 증거하는 사람의 성품은 당연히 복음에 의해 영향을 받아야 한다. 만약 우리가 그리스도 안에서 하나님의 은혜에 올바르게 반응한다면 신뢰도를 포함한 이러한 모습은 우리의 삶 가운데 나타나야 한다. 하나님께서는 단순히 신실하실 뿐만 아니라, 사랑이 많으시고 우리를 돌보아 주신다. 우리의 삶에서도 이런 것들이 보여야 할 것이다. 바울의 주장은 타당하다(Best 2005, 45).

바울은 자신과 동료들이 그들이 전한 복음의 신실함에 반응하면서 살았던 것처럼, 고린도 방문을 계획할 때와 마찬가지로 고린도 방문을 취소할 때에도 전적으로 하나님의 뜻에 근거해서 판단하고 결정했다고 항변한다. 20절에서 바울은 "하나님의 약속은 얼마든지 그리스도 안에서 예가 되니"라고 말한다. 구약성경에서 제시한 하나님의 약속이 예수 그리스도 안에서 성취되었다고 표현함으로써 하나님의 신실함을 다시 강조하는 것이다. 구약성경에 나타난 하나님의 약속이 그리스도 안에서 이루어졌다는 점을 바울은 그의 편지들에서 표현해 왔다(롬 1 : 3 ; 9 : 5 ; 11 : 26 ; 갈 3 : 16).

바울과 그의 동료들이 고린도 교회에 전한 복음은 구약성경에서부터 이어진 하나님의 아들 예수 그리스도에 관한 것으로 하나님을 통해서 성취되었다. 약속을 지키시는 하나님의 신실함에 근거해서 복음을 전했던 바울이었기 때문에 그에 대한 오해와 비난, 그리고 험담은 옳지 않다고 항변한다. 이와 같은 하나님의 신실함에 대한 반응으로 적합한 것은 우리가 "아멘" 하여 하나님께 영광을 돌리는 것이라고 말한다.

19절에서 언급된 '예'(나이, nai)와 20절의 '아멘'(아멘, amen)은 동일한 의미를 가진 단어들이다. '예'가 헬라 그리스도인을 위한 용어라고 한다면, '아멘'은 유대 그리스도인을 위한 단어라고 할 수 있다. 기독교 신앙공동체는 유대교의 예배의식에서 사용되었던 '아멘'을 즐겨 사용했던 흔적을 발견할 수 있다. 바울은 축복선언 끝(롬 15 : 33 ; 갈 6 : 18 ; 빌 4 : 23)이나 찬양문 끝(롬 1 : 25 ; 9 : 5 ; 11 : 36 ; 16 : 27 ; 갈 1 : 5 ; 빌 4 : 20)에서 사용하고 있는 것을 볼 수 있다. 하나님께서 구약성경에서 약속된 언약을 예수 그리스도 안에서 성취하고 있다는 것을 기독교 신앙공동체가 '예'와 '아멘'으로 대답하고 있다고 바울은 말한다. 이와 같은 복음에 대한 하나님의 신실함은 바울과 그의 동료가 행하고 있는 사역이 신실하다고 확증하는 것이다.

21절과 22절을 통해서 바울은 하나님의 사도라는 분명한 자의식을 선언한다. 그는 자신이 고린도 교회 성도들과 밀접하게 연관된 존재라는 점을 밝히면서 '우리를 너희와 함께 그리스도 안에서 굳건하게 하시는' 하나님의 성품을 말한다. 하나님의 뜻으로 그리스도 예수의 사도가 된 바울은 고린도 교회 성도들과 함께 하나님의 신실함을 증명하는 존재로 살고 있다. 따라서 고린도 교회 성도들이 하나님의 신실함을 믿고 고백하는 신앙공동체라고 한다면 하나님께서 증인이 되셔서 보증하고 있는 바울의 사도로서의 사명 또한 신뢰해야 한다는 뜻이다. 바울은 그의 사도로서의 자의식을 위해서 세 가지의 중요한 용어, '기름을 부으신', '인치시고', '보증으로'를 사용한다. 첫째로 바울은 '기름을 부으신'이라는 용어로 자신의 자의식을 설명한다. 바울과 그의 동료, 그리고 고린도 교회 성도들에게 '기름을 부으신'(크리사스, krisas)이는 신실하신 하나님이다. 바울은 '그리스도'(크리스토스, Kristos), 즉 기름 부음을 받은 자와 '기름을 붓다'(크리사스, krisas)라는 표현을 통해서 단어의 유희를 보여 준다. 다시 말해 예수 그리스도의 사도로서 활동하는 바울은 자신이 결코 육체에 근거한 판단이나 인간적인 결정으로 행동하지 않는다는 점을 하나님께서 보증하신다는 것이다. 신실하신 하나님께서 바울과 그의 동료들에게 사명을 맡기시기 때문에 신뢰해야 한다.

바울이 그의 사도로서의 자의식을 나타내 주는 두 번째 증거는 하나님께서 '인치신다'(스프라기사메노스, sphragisamenos)는 것이다. '인친다'는 말은 합법적인 소유주에게 속해 있는 재산이라는 뜻을 갖는 상업용어이다. 하나님께서 '인치신다'라는 표현을 통해서 바울과 그의 동료들이 하나님의 소유라는 표를 마음에 가지고 있다는 것이다. 그리스도인이 하나님의 소유라는 것을 분명하게 보여 줄 수 있는 표시로 도장을 찍는다는 뜻이다. 바울은 자신이 하나님께 소속되어 있다는 선언을 통해서 고린도 교회 성도들이 그를 비난하고 험담할 수 있는 근거를 차단하려는 것처럼 보인다.

사도로서의 분명한 정체성을 가진 바울은 이제 세 번째 용어로 그와 그의 동료를 보증하는 성령을 언급한다. 바울이 여기에서 사용하는 '보증'(톤 아르라보나, ton arrabona)은 지불해야 할 전체 금액의 계약금 일부를 뜻하는 것으로, 계약이 틀림없이 이행될 것이라는 보증을 의미한다. 바울과 그의 동료들의 마음에 성령을 주셔서 보증하신다는 것은 하나님께서 그들과의 계약을 이행할 것임을 분명하게 보여 주는 것이다. 신실하고 언약을 지키시는 하나님께서 바울과 그의 동료들에게 사명을 주시고, 하나님의 소유로서 인장을 찍

으시고, 마음에 성령을 주셔서 보증해 주시는데 어떻게 이들에게 인간적인 결정이나 세상적인 판단을 할 수 있을까? 하나님의 신실함을 믿고 고백하는 성도들이라면 바울이 하나님의 뜻을 따라서 사도로서의 사명을 수행하고 있다는 점을 인정해야 하는 것이다.

2. 고린도 방문 계획 변경(1 : 23－2 : 4)

> 23내가 내 목숨을 걸고 하나님을 불러 증언하시게 하노니 내가 다시 고린도에 가지 아니한 것은 너희를 아끼려 함이라 24우리가 너희 믿음을 주관하려는 것이 아니요 오직 너희 기쁨을 돕는 자가 되려 함이니 이는 너희가 믿음에 섰음이라 2:1내가 다시는 너희에게 근심 중에 나아가지 아니하기로 스스로 결심하였노니 2내가 너희를 근심하게 한다면 내가 근심하게 한 자밖에 나를 기쁘게 할 자가 누구냐 3내가 이같이 쓴 것은 내가 갈 때에 마땅히 나를 기쁘게 할 자로부터 도리어 근심을 얻을까 염려함이요 또 너희 모두에 대한 나의 기쁨이 너희 모두의 기쁨인 줄 확신함이로라 4내가 마음에 큰 눌림과 걱정이 있어 많은 눈물로 너희에게 썼노니 이는 너희로 근심하게 하려 한 것이 아니요 오직 내가 너희를 향하여 넘치는 사랑이 있음을 너희로 알게 하려 함이라

[1 : 23－24] 바울은 이제 본격적으로 고린도 방문을 취소한 이유를 설명한다. 그는 고린도 교회 성도들과 바울의 대적자들이 비난하는 것처럼, 세상적인 의도로 경솔하게 결정한 것이 아니라는 점을 분명하게 나타내며 고린도를 방문할 것을 약속했음에도 불구하고 지키지 못했던 까닭에 대해서 설명했다.

23절에서 바울은 자신의 진정성을 증언해 줄 분으로 '증인으로서 하나님'(마르튀라 톤 테온, martyra ton theon)을 언급한다. 하나님을 증인으로 모실 정도로 바울은 하나님의 뜻에 의해서 판단하고 결정했다고 강조하는 것이다. 바울은 자신의 진정성을 강조할 때마다 하나님을 증인으로 모시고 맹세

하는 장면을 찾아볼 수 있다(롬 1 : 9 ; 빌 1 : 8 ; 살전 2 : 5, 10). 하나님을 증인으로 부르는 바울의 이와 같은 태도는 그의 전 존재와 삶 전체를 두고 진심으로 말하고 있음을 보여 준다. 삶과 죽음을 주관하시는 하나님께서 증인이 되셨다니 얼마나 큰 확신과 자신감의 표현인가! 하나님의 뜻에 의해서 예수 그리스도의 사도가 된 바울은 그의 사역과 여정을 언제나 하나님의 은혜 안에서 결정하고 있다고 표현하는 것이다. 바울이 '목숨'(프쉬켄, phsychen)을 걸고서 맹세하는 것은 그의 말과 행동이 거짓이라면 하나님께서 처벌하실 것이라는 의미를 포함한다. 목숨을 걸고서 하나님을 증인으로 모시는 모습에서 바울의 열정과 확신을 발견할 수 있다.

> 하나님께서 모든 생명을 낱낱이 알고 계신다고 고백하는 바울의 습관이다. 이 어구의 취지는 그가 여행 계획을 바꾼 이유를 명확히 말함으로써 모든 의혹이 해소되기를 간절히 바라고 있다는 것이다. 바울이 이전에 약속했던 것과는 달리 고린도를 다시 찾지 않기로 한 것은 고린도 교인들, 즉 '너희를 아끼려는' 것이었다(Barrett 1986, 150).

자신의 목숨을 걸고 하나님의 증언을 요구하기까지 하는 바울은 고린도 방문을 취소하고 약속을 지키지 못한 까닭이 고린도 교회 성도들을 위한 배려라고 주장한다. 23절에서 바울이 고린도 교회 성도들을 '아낀다'(페이도메노스, pheidomenos)라고 표현한 말에서 바울의 개인적이고 이기적인 결정으로 방문을 취소한 것이 아니라 고린도 교회의 정황에 근거해서 신중하게 판단한 것이라는 점을 알 수 있다. 바울이 고린도 교회 성도들을 진심으로 아끼고 사랑하고 있다는 것은 '너희 믿음을 주관하려는 것'이 아니라 오히려 '너희 기쁨을 돕는 자가 되려 함'이라는 24절의 표현에서 발견할 수 있다. 이와 같은 바울의 표현은 사도로서의 자의식을 표현한다. 하나님의 뜻으로 사도가 된 바울이기에 고린도 교회 성도들이 하나님께서 원하시는 믿음의 사람으로 살아가도록 돕는 역할을 담당하는 것이다. 사도로서 고린도 교회를 위해 바울이 할 수 있는 일은 신앙공동체가 주 안에서 굳게 서도록 섬기는 것이다.

바울은 고린도 교회 성도들의 '믿음'을 주관하고, 지배하고, 통제하려는 것이 아니라, 그들이 하나님께서 주시는 '기쁨'(카라, chara)을 누리도록 함께 일하는 일꾼과 동역자라는 점을 분명하게 밝힌다. 고린도 교회 성도들과 바울은 동역자이기 때문에 서로 협력해야 한다고 제안한다. 바울과 고린도 교회 성도들이 동역자이고, 협력자라고 한다면 바울이 고린도 교회의 방문을 취소하고, 약속을 지키지 못한 이유에 대한 진심과 진정성을 충분히 이해할 수 있으리라는 기대가 내포되어 있다.

[2 : 1] 바울은 1절에서 고린도 교회의 방문 계획을 취소한 이유를 분명하게 설명한다. 바울과 고린도 교회 성도들이 누리는 기쁨을 계속해서 유지하려는 의도라는 것이다. 바울이 고린도 교회를 방문하게 될 경우에 기쁨이 아니라 '근심'(뤼페, lype)하도록 만들 수 있었기 때문이다. 그래서 바울은 고린도 교회 성도들을 아끼는 마음에서 방문 계획을 취소한 것이다.

[2 : 2-4] 2~4절은 바울이 편지를 써서 고린도 교회 성도들을 권면하는 이유를 설명한다. 2절에서 바울은 적대자를 '근심하게 한 자'(호 뤼포우메노스, ho lypoumenos)라고 표현하는데, 그는 고린도 교회의 성도가 아니라 외부에서 온 사람이라고 추정할 수 있다. 바울의 진심을 오해하고 그의 진정성을 비난하는 사람들이 있다고 할지라도 바울과 고린도 교회 성도들은 존재의 본질을 공유하는 친밀한 관계였다. 그래서 3절의 "너희 모두에 대한 나의 기쁨이 너희 모두의 기쁨인 줄 확신함이로라"라는 표현에서 알 수 있는 것처럼 하나님께서 주시는 기쁨을 공유하는 관계라는 것이다. 바울과 고린도 교회가 존재의 본질을 공유하고 기쁨을 함께 나누는 관계라고 한다면 외부에서 온 바울의 적대자의 주장으로 인해서 바울을 오해하고 비난하는 것은 있을 수 없는

일이다. 하지만 고린도 교회 성도들은 바울이 고린도 방문 계획을 취소하고 약속을 지키지 않았기 때문에 바울의 진심을 의심하고 있었다. 하지만 바울은 고린도 교회 안에서 바울의 진정성을 비난하는 사람들이 일부 있었다고 할지라도 그와 고린도 교회 성도들 대부분은 공동의 기쁨을 나누는 관계였다는 점을 지속적으로 강조한다. 고린도 교회 성도들을 사랑하는 바울의 마음은 4절에서 발견할 수 있다. '마음에 큰 눌림과 걱정'(폴레스 틀립세오스 카이 쉬노케스 카르디아스, polles thliphseos kai synoches kardias)으로 '많은 눈물'(폴론 다크뤼온, pollon dakryon)을 흘리면서 편지를 썼다고 말하는 모습에서 바울의 내적인 심정을 들여다볼 수 있다. 강한 어조로 편지를 쓰고 있는 바울은 고린도 교회 성도들을 근심하게 하거나 아프게 하려는 것이 목적이 아니다. 오히려 아끼고 사랑한다는 애절함을 표현하고 있다.

> 지금 고린도 교회 성도들은 자신들이 정당하게 대우하지 못했던 바울에게서 끊임없는 사랑과 확신을 보게 되는데, 이것은 그들에게 유익하기는 하지만 고통스러운 일이었다. 중상 행위를 한 것은 고린도를 방문했던 사람이었던 같다. 그리고 바울의 슬픈 편지의 내용은 단지 추측할 수 있을 뿐이지만 거기에는 고린도 사람들이 실제로 바울의 적대자를 지지했고, 앞으로도 계속 지지하리라는 것을 결코 믿을 수 없다는 확신과 자신은 아직도 고린도 사람들을 사랑한다는 내용이 담겨 있었을 것이다(Barrett 1986, 126).

바울은 고린도 교회를 향한 열정과 애정 그리고 깊은 사랑을 가지고 있었다. 비록 고린도 교회 성도들이 외부에서 온 사람의 선동과 중상모략에 의해서 자신의 진심과 신실함을 왜곡하고 오해하고 있을지라도 고린도 교회 성도들을 향한 '넘치는 사랑'을 확신한다. 그런 점에서 바울은 자신과 고린도 교회 성도들과의 관계는 기쁨과 슬픔을 함께 공유하는 친밀한 관계라는 점을 밝히고 있는 것이다. 바울은 고린도 교회에 보낸 편지로 성도들을 근심하게 하고 아프게 하려는 의도가 있었던 것이 아니라, 그들을 향한 극진한 사랑을 나타내려 했던 것이다.

3. 용서를 권면함(2 : 5–11)

[5]근심하게 한 자가 있었을지라도 나를 근심하게 한 것이 아니요 어느 정도
너희 모두를 근심하게 한 것이니 어느 정도라 함은 내가 너무 지나치게 말하
지 아니하려 함이라 [6]이러한 사람은 많은 사람에게서 벌 받는 것이 마땅하도
다 [7]그런즉 너희는 차라리 그를 용서하고 위로할 것이니 그가 너무 많은 근심
에 잠길까 두려워하노라 [8]그러므로 너희를 권하노니 사랑을 그들에게 나타내
라 [9]너희가 범사에 순종하는지 그 증거를 알고자 하여 내가 이것을 너희에게
썼노라 [10]너희가 무슨 일에든지 누구를 용서하면 나도 그리하고 내가 만일 용
서한 일이 있으면 용서한 그것은 너희를 위하여 그리스도 앞에서 한 것이니
[11]이는 우리로 사탄에게 속지 않게 하려 함이라 우리는 그 계책을 알지 못하는
바가 아니로라

[2 : 5–6] 고린도 교회 성도들을 향한 바울의 배려와 사랑은 그를 반대하고 적대했던 사람에 대한 용서를 요청하면서 다시 한번 더 빛을 발한다. 바울이 고린도 방문을 취소하고 약속을 지키지 못하도록 원인을 제공했던 인물이 등장한다. 바울에 대항하고 심지어 고린도 교회 성도들을 선동하려고 시도했던 인물의 처우와 연관해서 바울의 목회적 태도는 신앙공동체의 지향점을 보여준다. 5절에서 바울은 자신을 적대했던 사람이 '근심하게 한 자'(티스 레뤼페켄, tis lelypeken)라고 언급한다. 바울을 근심하게 할 뿐만 아니라 고린도 교회 성도들을 근심하게 했던 인물이 바로 '근심하게 한 자'이다.

바울은 위반자의 이름이나 그가 어떤 죄를 지었는지, 또는 무슨 벌이 그에게

가해졌는지 밝히고 있지 않다. 고린도 교인들은 아마도 이 사건에 대해 잘 알고 있었을 것이다. 그 사람이 바울의 가르침을 공격함으로 간접적으로 바울을 공격했을 수는 있지만, 이 사건은 아마도 바울 개인에게 행해진 어떤 잘못은 아닐 것이다(Best 2005, 52).

외부에서 온 적대자는 바울이 세상적인 판단과 이기적인 관점으로 경솔하게 말하고 행동한다고 비난했다. 이와 같은 비난은 바울의 사역을 오해하고 심지어 모욕하는 것이었다. 바울에 대한 인신공격은 그의 가르침이나 복음의 내용까지 위협할 수 있는 심각한 반대였을 것이다. 따라서 바울은 자신에 대한 개인적 반대를 넘어서 고린도 교회 성도들을 근심하도록 하는 반대였다고 말하는 것이다.

바울은 5절에서 적대자가 바울을 근심하게 할 뿐 아니라 '너희 모두를 근심하게 한 것'이라고 말하면서 바울과 고린도 교회 성도들이 분리될 수 없는 하나의 공동체임을 강조한다. 바울은 지속적으로 고린도 교회의 일치와 하나됨에 대해서 언급함으로써 사도로서의 그의 사명에 집중한다. 고린도 교회를 향한 애정을 가지고 있던 바울은 자신을 반대하고 자신이 전했던 복음과 가르침에 대항하는 적대자가 고린도 교회 성도들의 마음을 또한 괴롭게 할 것을 염려했다.

6절에서 고린도 교회의 대다수 성도들은 바울의 적대자에게 충분한 '벌'을 내렸다. 바울 그 자신뿐만 아니라 고린도 교회 성도들을 근심하게 만들었던 그 사람은 '벌' 혹은 처벌을 받는 것이 당연하다는 뜻이다. 그런데 '벌' 혹은 처벌로 번역되어 사용된 헬라어(에피티미아, epitimia)는 본래 꾸짖거나 책망의 뜻에 더 가깝다. 고린도 교회의 대다수 성도들이 바울의 적대자에게 '충분한'(이카논, ikanon) 비난이나 책망을 했다는 것을 알 수 있다.

[2 : 7-8] 7절에서 바울은 이제 고린도 교회 성도들에게 근심하게 만들었던

그 사람을 용납하고 용서하고 받아들이라고 권면한다. 왜냐하면 바울을 반대하고 대항했던 그 사람은 고린도 교회와 성도 대다수로부터 충분한 책망과 꾸지람을 받았기 때문이다. 그렇기 때문에 책망의 시기는 지나고 용서하고 위로할 때가 되었다고 말하는 것이다. 바울은 '차라리'(말론, mallon)라고 표현하면서 적대자에 대한 태도가 바뀌고 있음을 나타낸다. 바울은 고린도 교회 성도들이 바울의 적대자에 대한 충분한 책망과 꾸짖음으로 신앙공동체의 질서를 유지하게 되었기에 용서와 위로를 통해서 그 적대자를 용납함으로써 복음의 위대함을 나타내길 기대했던 것이다.

> 교회가 잘못을 뉘우치는 자를 용서하고 사랑을 베푸는 것은 그리스도인의 생활 강령이다. 이는 예수 그리스도께서 우리 죄를 위해 죽으셨다는 그리스도인의 신앙고백에 상응하는 삶의 방식이다. 잘못을 뉘우치는 자를 용서하고 사랑을 나타내는 일이란 구체적으로 그를 교회에 받아 주는 것을 의미한다(김판임 1999, 96).

바울 자신을 대적했을 뿐만 아니라 고린도 교회 성도들을 근심하게 함으로써 신앙공동체의 근간을 흔들었던 적대자였음에도 불구하고 충분한 책망과 꾸짖음의 과정으로 훈계하고 권면하는 것은 매우 중요하다. 신앙공동체의 상당수가 주도적으로 적대자를 책망한 후에 그는 자신의 잘못을 뉘우치고 인정했을 것이다. 아마도 그 적대자는 고린도 교회 성도들의 마음을 아프게 만들고, 근심하게 했던 그의 잘못으로 인해서 많이 근심하며 자책했을 것이다. 그렇기 때문에 바울은 7절에서 적대자를 용서하고 위로할 필요를 설명하면서 그가 너무 많은 근심에 잠길까 염려한다고 말한다. 충분한 책망을 받은 적대자가 심한 슬픔에 빠지고 그리스도인으로서의 자의식을 포기할지도 모른다는 바울의 사도로서의 배려가 엿보인다.

신앙공동체는 언제든지 갈등하고 대립할 수 있는 가능성이 있지만 잘못과 실수에 대한 충분한 책망과 꾸짖음의 과정 후에는 용서와 위로를 통해서 신앙공동체를 건강하게 유지할 필요를 발견하게 된다. 고린도 교회 성도들에게 책망과 꾸짖음을 받았던 바울의 적대자를 용서하고 위로함으로써 심한 근심에 빠지지 않도록 하기 위해서는 신앙공동체의 '사랑'(아가페, agape)을 나타내야 한다. 바울은 8절에서 고린도 교회 성도들에게 이미 그들이 경험했던 사랑을 그들에게 나타내라고 권면한다. 용서와 위로, 그리고 사랑의 확증을 요청하고 권면하는 까닭은 근심하게 만든 적대자에 대한 관심을 보이는 것이다. 하지만 궁극적으로 고린도 교회 성도들에 대한 깊은 애정에서 비롯되었다는 것을 발견할 수 있다.

[2 : 9-11] 9~11절에서 바울은 용서해야 하는 이유에 대해서 설명한다. 바울이 고린도 교회 성도들에게 편지를 보냈던 까닭은 '범사에 순종하는지 그 증거를 알아보기 위한 것'이었다고 말한다. 바울을 모욕하고 비난하고 오해하도록 만들었던 '근심하게 하는 자'를 어떻게 처리한 것인가와 같은 처리과정에 주목했던 본래의 의도는 고린도 교회 성도들이 바울이 전한 복음과 가르침에 순종하는가를 확증하기 위한 것이었다. 바울의 적대자에 대한 책망과 꾸짖음으로 충분한 벌이 내려졌으므로 이제는 그를 용서함으로써 건강한 신앙공동체의 유지를 위한 실천에 동참할 것을 제안한다. 그렇지만 바울은 적대자에 대한 치리를 고린도 교회 성도들에게 강요를 하기보다는 전적으로 위임한다.

10절에서 바울은 "너희가 무슨 일에든지 누구를 용서하면 나도 그리하고"라고 말하면서 고린도 교회 성도들과 바울의 친밀한 연관성을 강조한다. 용서를 제안하고 권면하는 바울의 진정한 목적은 근심하게 만든 적대자에 대한 처리를 넘어서 고린도 교회 성도들을 향한 깊은 애정에 있는 것이다. 바울이 강조하고 싶은 용서에 대한 가르침은 신앙공동체 안에서 잘못과 실수를 저질렀던 사람을 책망할 필요가 있다는 것과 그 사람이 뉘우치고 돌아선다면 화해함으로써 그리스도인으로서 책임이 있는 행동을 나타낼 필요가 있다는 것이다. 바울은 그 자신뿐만 아니라 고린도 교회 성도들의 용서와 화해의 근거를 '그리스도 앞에서'라는 용어로 서술한다. 자신의 진정성과 신실함을 증명하기 위해서 하나님을 증인으로 모셨던 1 : 23에서와 마찬가지로 바울은 화해와 용서를 위한 증인으로 그리스도를 모시고 있다. 바울이 자신을 근심하게 만들었던 적대자를 용서하고 또한 고린도 교회 성도들에게 그 사람을 용서하라고 요구하는 까닭이 바울 자신을 위한 것이 아니라 고린도 교회를 위한 행동이라는 점을 밝히는 것이다.

바울이 고린도 교회 성도들에게 용서를 권면하는 보다 중요한 이유는 11절에서 "사탄에게 속지 않게 하려 함"이라고 언급하는 것에서 찾아볼 수 있다. 바울을 대적하고 고린도 교회 성도들에게 혼란을 주었던 적대자가 그의 잘못을 인정하고 슬픔에 잠겨 있을 때, 사탄은 그가 근심과 슬픔에 빠져서 헤어나올 수 없도록 만든다는 것이다. 교회와 신앙공동체 안에서 잘못한 사람들을 용서하고 위로하지 않는다면 지나친 근심에 빠져서 사탄의 계책에 빠질 가능성이 있다는 뜻이다. 교회 내에서 잘못을 저질렀던 사람이 지나친 죄의식과 죄책감에 빠지는 것을 경계할 뿐 아니라 그리스도인의 발에 덫을 놓고 잡으려는 사탄의 '계책'(노에마타, noemata)을 인식할 필요가 있는 것이다.

고린도 교회 성도들에게 용서를 권면하고 또한 요청하는 바울의 목회적 태도를 통해서 교회와 신앙공동체 안에서의 용서와 화해의 가능성과 중요성을 모두 발견할 수 있다. 신앙공동체 내에서 잘못과 실수를 한 사람들을 용서할 수 있는 근거는 이미 우리가 하나님께 받은 용서에 있다. 용서와 화해를 통해서 그리스도 앞에서 회복된 그리스도인은 잘못을 저지르고 근심하게 만들었던 사람들을 회복하도록 돕는 힘을 가지고 있는 것이다. 용서와 화해는 사탄이 가장 두려워하는 덕목일 것이다. 잘못하고 실수한 사람들이 교회 내에서 회개하고 돌아설 수 없도록 지나친 죄의식과 죄책감을 갖도록 만들며, 용서의 가능성이 없다고 인식시키려는 사탄의 계책에 맞서서 용서와 화해의 가르침을 실천하는 것은 무엇보다 중요하다.

■■ 설교를 위한 묵상

하나님의 은혜와 신실함에 근거한 확신

사도로서 사역을 담당하는 바울뿐만 아니라 고린도 교회 성도들이 삶의 근거로 삼아야 하는 것은 하나님의 은혜다. 예수 그리스도의 사도가 될 수 있는 것은 전적으로 은혜라고 고백하는 바울은 고린도 교회 성도들을 만나는 것 또한 은혜라고 말한다. 하나님의 은혜로 살아가는 것은 육체의 지혜로 살지 않겠다는 선언이다. 바울은 고린도후서를 통해서 육체의 지혜나 외적인 자랑이 아니라 하나님께서 주시는 은혜만을 자랑한다. 여기에서도 바울은 사도의 사역을 수행하는 동시에 고린도 교회 성도들과의 만남에서도 하나님의 은혜가 중요한 삶의 근거라고 고백한다. 은혜에 주목하는 바울의 태도는 지금 한국 교회의 목회자와 성도들에게 매우 중요한 안목을 제안한다. 하나님의 은혜로 사역하고 살아간다면 외모나 겉모습을 자랑하는 태도가 얼마나 어리석고 육체적 지혜를 의지하는 것인가를 깨닫게 되기 때문이다.

또한 바울은 하나님께서 미쁘시다고 고백하면서 신실함에 의지한다. 하나님께서는 신실하고 진실하신 분이기 때문에 진심 어린 답변과 응답을 해야 한다고 주장하는 것이다. 진실하고 정직하고 신실한 것이 당연하다고 말하겠지만 바울에게 있어서 신실하신 하나님께서 자신의 사역을 보증해 주시는 것이 아주 중요했다. 여기에 또한 육체의 지혜나 인간적 자랑을 하지 않고 하나님께 의존하는 바울의 태도를 발견하게 된다. 사도로서 신실하고 정직하지 않다면 하나님의 신실함을 의존할 수 없을 것이다. 한국 교회의 목회자와 성도들도 하나님의 신실함에 의존하며, 그들의 사역과 삶의 자리에서 하나님께서 미쁘시다는 고백이 흘러나와야 할 것이다.

제 Ⅱ 부

고린도 교회와 바울의 사도직

고린도후서 2 : 12~7 : 16

A. 바울의 합법적 사도직(2 : 12 – 3 : 18)

B. 사도의 직분(4 : 1 – 5 : 10)

C. 화해의 직분(5 : 11–6 : 13)

D. 우리는 살아 계신 하나님의 성전(6 : 14–7 : 1)

E. 디도가 전해 준 고린도 교회의 기쁜 소식(7 : 2–16)

| 고린도후서 2 : 12–7 : 16 |

고린도 교회와 바울의 사도직

A. 바울의 합법적 사도직(2 : 12–3 : 18)

1. 그리스도의 향기(2 : 12–17)

12내가 그리스도의 복음을 위하여 드로아에 이르매 주 안에서 문이 내게 열렸
으되 13내가 내 형제 디도를 만나지 못하므로 내 심령이 편하지 못하여 그들을
작별하고 마게도냐로 갔노라 14항상 우리를 그리스도 안에서 이기게 하시고
우리로 말미암아 각처에서 그리스도를 아는 냄새를 나타내시는 하나님께 감
사하노라 15우리는 구원받는 자들에게나 망하는 자들에게나 하나님 앞에서
그리스도의 향기니 16이 사람에게는 사망으로부터 사망에 이르는 냄새요 저
사람에게는 생명으로부터 생명에 이르는 냄새라 누가 이 일을 감당하리요
17우리는 수많은 사람들처럼 하나님의 말씀을 혼잡하게 하지 아니하고 곧 순

전함으로 하나님께 받은 것같이 하나님 앞에서와 그리스도 안에서 말하노라

[2 : 12-13] 12~13절은 고린도 교회 성도들에게 용서와 화해를 요청하는 앞의 단락과의 분명한 단절을 나타낸다. 또한 14절 이하에서 새롭게 전개하는 주제와의 연관성도 없는 것처럼 보인다. 그러나 바울이 본격적으로 사도의 직분에 관한 의미를 서술하고 있다는 측면에서 12~13절은 14절의 단락과의 관계 안에서 설명할 수 있다.

12~13절에서 바울은 드로아(Troa)에서 복음을 전하는 사역에 큰 결실을 맺게 되었다는 것을 서술하면서 그의 동역자인 디도(Titus)를 언급한다. 고린도후서에서 디도라는 이름은 8회 나온다(2 : 13 ; 7 : 6, 13, 14 ; 8 : 6, 16, 23 ; 12 : 18). 바울이 드로아에 간 이유나 디도와의 약속에 관해서 분명하게 알 수 있는 것은 거의 없다. 단지 바울이 드로아를 거쳐서 마게도냐로 향했다는 것을 알 수 있을 뿐이다. 드로아는 소아시아의 항구 도시로서 소아시아와 마게도냐를 오갈 때 들르거나 머물게 되는 도시였다. 바울이 드로아에서 '그리스도의 복음'을 전파하기 위해서 머물렀고 '주 안에서 문이 열리는' 좋은 결과를 얻었다고 서술함으로써 그리스도 예수의 사도로서의 사명을 감당하는 모습을 발견하게 된다. 드로아와 디도에 대해서 언급하는 이 편지만으로는 바울이 드로아에서 디도를 만나기로 약속을 했다고 추측할 수 있는 것은 아무것도 없다. 오히려 고린도 교회를 방문했던 디도의 소식이 궁금했던 바울이 디도를 만나기 위해서 마게도냐로 향해서 떠났다는 것이 더 설득력이 있다.

그리스도의 복음을 전파했던 바울의 선교 사역은 상당한 결실을 거두었다. 그런 가운데 바울이 고린도 교회의 소식에 더 많은 관심과 애정을 가지고 있었다는 점은 부인할 수 없다. 바울은 드로아에서 디도를 만날 수 없었던 상황을 "내 심령이 편하지 못하여"(아네신 토 프뉴마티 무, anesin to pneumati mou)라고 표현하면서 당시 자신이 마음이 불편하고 불안한 상태였다고 말한다. 바울은 편안하지 않은 마음 때문에 드로아에서 복음을 전파하는 사명에

집중할 수 없었다. 드로아에서 복음을 받아들였던 성도들에게는 섭섭한 이야기겠지만 바울은 고린도 교회 성도들에게 그의 온 관심을 집중하고 있었던 것이다. 바울의 이와 같은 행동이 적절한 것인가라는 판단에 앞서서 고린도 교회 성도들을 향한 바울의 목회적 관심과 책임이 그를 압도하고 있었다고 할 수 있다(Martin 2007, 163).

12~13절의 서술을 통해서 바울과 디도의 만남이 이루어지지 않았음을 알 수 있다. 바울이 디도에게 어떤 사명을 주었고, 디도는 그것을 어떻게 수행했고, 바울과 디도가 어디에서 만나기로 약속했으며, 언제 어떻게 만났는지는 알 수 없다. 하지만 분명한 것은 바울이 드로아를 포함해서 고린도와 마게도냐의 전역에서 그리스도의 복음을 전파하기 위해서 선교여행을 하고 있다는 점이다. 바울과 그의 동역자들이 복음을 전하면서 소아시아와 마게도냐 그리고 아가야 지방으로 이동하고 있음을 언급하고 있는 것은 결국 바울 사도 직분과 밀접하게 연관된다.

[2 : 14] 14절에서 바울은 하나님께 감사와 찬양을 드리면서 새로운 단락으로 이동한다. 12~13절에서 고린도 방문 계획을 취소한 이유를 설명하면서 고린도 교회 성도들을 권면하고 위로했던 바울은 디도와의 약속이 제대로 이루어지지 않아서 마음이 편안하지 않았다. 바울은 드로아에서 복음 전파를 마친 후 디도를 만나기 위해서 급하게 마게도냐로 떠났다고 말한다. 바울이 디도와의 만남에 관해서 계속해서 써 내려갈 것을 기대했을 독자들의 예상과는 달리 14절에서 하나님께 감사하며 찬양하는 표현을 대하면서 어리둥절할지도 모른다. 이와 같이 다른 주제로 전환하는 이유에 대해서 살펴볼 필요가 있다. 첫 번째 가능성은 고린도후서의 편지를 수집하고 정리하고 편집하는 과정의 결과라고 생각해 볼 수 있다. 다른 한편 바울이 의도적으로 주제를 갑자기 바꾸었다고 볼 수도 있다. 이러한 두 주장 가운데 어떤 것이 더 신빙성이 있는지에 대해서는 여전히 논쟁의 여지가 있다(김광수 2007, 57).

바울의 합법적 사도직의 주제에서 볼 때 편집의 결과라는 주장보다는 주제를 바꾸어서 사도의 직분에 대한 논의를 확장하고 있다고 주장할 수 있다. 결국 사도의 직분이라는 주제 아래에서 문맥과 구절의 연관성을 살펴보는 주석상의 문제로 보는 것이 더 적절할 것이다. 바울은 2 : 14~7 : 16의 단락을 통해서 사도로서의 자의식에 관해 이야기한다. 하나님의 뜻으로 그리스도 예수의 사도가 된 바울이 그의 사도직을 어떻게 이해하고 있는지에 대해 이 단락에서 소개하고 있는 까닭을 살펴보는 것은 매우 중요하다.

14절에서 바울은 하나님께 감사를 드리고 찬양을 올리는 이유를 서술한다. 이것은 17절까지의 내용을 모두 포괄적으로 살펴보는 것이 이 구절을 적절하게 이해하기 위해서 유익하다. 바울과 그의 동역자들은 적대자와는 달리 하나님으로부터 비롯된 사도의 직분을 수행하고 있다는 점을 밝힌다. 고린도후서의 문안 인사에서 선언하는 것처럼, 바울은 하나님의 뜻으로 그리스도 예수의 사도가 되었다는 자기 인식을 명확하게 표현한다. 바울이 언급하는 "하나님께 감사하노라"라는 표현은 두 가지의 감사 내용을 포함한다. 첫째, 항상 우리를 그리스도 안에서 이기게 하는 것에 대한 감사와 찬양이며, 둘째, 우리로 하여금 각처에서 그리스도를 아는 냄새를 나타내시는 것에 대한 감사와 찬양이다. 이 두 가지 감사와 찬양의 내용은 바울이 이해하는 사도의 직분을 밝히는 중요한 단서이다.

14절을 올바로 이해하기 위해서는 '이기게 하다'(트리암뷰온티, thriam-beuonti)라는 동사를 적절하게 고찰해야 한다. 이 단어는 전쟁에서 승리하고 개선한 장군의 승리를 축하한다는 의미로 사용되거나, 공중 앞에 보이고 알린다는 의미로 해석할 수도 있다. 바울이 전쟁에서 승리한 로마의 장군이 길가에 늘어선 시민들의 환호 속에 그의 병사들을 이끌고 포로들과 전리품을 뒤따르게 할 때 사용했던 단어를 사용하는 이유는 무엇일까? 바울이 여기에서 '그리스도 안에서 이기게 하시는' 하나님께 감사하는 것은 이와 같은 세상의 방법과는 다른 역설이 숨어 있다. 바울과 그의 동역자들이 이길 수 있도록 하는 힘은 전적으로 하나님의 은혜라는 믿음이 바탕이 되고 있다. 바울이 믿고 의지하는 하나님과 바울이 선포하는 그리스도의 복음은 전쟁과 싸움을 통해서 얻어지는 로마의 승리와는 전혀 다른 은혜의 영역에 속한 것이다. 따라서 바울과 그의 동역자를 항상 이기게 하시는 하나님께서는 그들이 하나님의 사람들로서 사명을 수행하도록 모든 사람들에게 보이고 알리고 계시는 것이다. 바울은 바로 이 점을 하나님께 감사하고 찬양한다.

14절에서 바울은 '그리스도를 아는 냄새를 나타내시는' 하나님께 감사한다고 말한다. 바울이 언급한 '그리스도를 아는 냄새'라는 표현은 '이기게 하시는'이라는 동사와 연관해서 해석할 때, 전쟁에서 승리한 개선장군의 행진에서 향을 피우는 것을 연상하게 해 준다. 하지만 의미와 결과는 전혀 다른 것이라는 점을 분명하게 밝힌다. 바울과 그의 동역자들이 전하려는 복음은 그리스도를 통해서 나타난 하나님에 관한 지식이다(박익수 1999, 91). 그리스도를 아는 냄새를 '나타낸다'(파네룬티, phanerounti)고 표현하면서 바울과 그의 동료들은 그리스도를 아는 지식을 퍼뜨리는 것이었다. 여기에서 사용한 '지식'(그노시스, gnosis)이라는 용어를 포함해 고린도후서에서 '지식'이 긍정적 의미로 사용되는 것을 주목할 필요가 있다(2 : 14 ; 4 : 6 ; 6 : 6 ; 8 : 7 ; 10 : 5 ; 11 : 6 참조). 바울이 항상 이길 수 있도록 하는 하나님의 승리는 전쟁과 싸움을 통해서 얻어지는 로마 제국의 승리와는 전적으로 다른 역설적인 승리로, 바울과 그의 동역자들이 전파하는 그리스도의 복음을 통해서 얻어지는 생명에 관한 소식을 의미하는 것이다.

[2 : 15–16] 15~16절에서 바울은 그리스도를 아는 냄새를 통해서 얻게 되는 두 가지의 상반된 결과에 대해서 서술한다. 구원과 멸망, 생명과 죽음이라는 뚜렷한 구분은 제의 또는 희생 제사와의 연관성을 밝히는 신학적 근거에서 찾을 수 있다. 바울이 14절과 16절에서 사용한 '냄새'(오스메, osme)와 15절에서 서술한 '향기'(유오디아, euodia)라는 용어가 어떤 의미를 담고 있는가를 규

정하게 될 때 바울의 신학적 의도를 파악할 수 있다. 전쟁과 싸움에서 승리한 로마 제국의 개선장군이 행진할 때 향을 피우고 승리를 자축하는 것과는 대조적으로 바울과 그의 동역자들이 선포하는 그리스도의 복음은 하나님께 드리는 희생 제사라는 의미를 내포한다. 그리스도의 복음을 전파하는 사도의 직분을 담당하는 바울과 그의 동료들은 '하나님 앞에서 그리스도의 향기'라고 그들의 자의식을 표현한다. 이것은 그들의 지향점이 오직 하나님을 기쁘시게 해 드리는 제의적 의미를 갖는다는 것을 보여 준다. 다시 말해 바울과 그의 동역자들은 선교 여행을 통해서 복음을 전파하는 그들의 사역이 하나님께 드리는 제사로서의 의미를 갖는다고 인식한 것이다.

15절에서 바울이 언급한 '향기'는 향기로운 제물 혹은 희생 제물을 태울 때 퍼지는 여호와께 향기로운 냄새를 의미한다. 이 용어는 구약성경에서 희생을 표현할 때 사용되었기 때문에 희생을 통한 구원의 의미가 전파되는 것에 주목해야 한다. 하나님을 기쁘시게 하기 위해서 올려드리는 제사와 마찬가지로 바울이 전파하는 그리스도의 복음은 하나님께서 주시는 구원에 이를 수 있도록 이끄는 것이다.

> 사람들은 바울이 뜻했던 바를 "사도들은 하나님 앞에서 그리스도의 희생으로부터 나온 연기이며, 그 연기는 십자가에서 전해진 하나님을 아는 지식에까지 이르게 되자 세상에 퍼졌다."라고 이해함으로써 그 표상을 완성시킬 수밖에 없었던 것 같다. …… 바울의 선교가 이루어지는 곳에서는 그리스도의 희생의 연기가 피어오른다. 그것은 하나님에게까지 이르며, 하나님을 매우 기쁘게 한다. 그리고 동시에 사람들에게 진리를 전한다(Barrett 1986, 139-140).

여기에는 그리스도의 복음을 전파하는 바울의 사역이 바로 하나님께 바치는 희생 제물을 태우는 향기로운 냄새라는 사도로서의 자의식이 잘 반영되어 있다. 바울은 하나님의 뜻에 의해서 그리스도의 사도가 되었다는 분명한 자기 인식을 갖는다. 사도로서의 강한 자의식을 갖는 바울은 그가 전파하는 그리스도의 복음을 듣고 받아들이는 사람들의 반응이 중요하다고 강조한다. 바울이 전한 복음은 그리스도의 희생을 나타내는 향기로서 '구원받는 자들'과 '망하는 자들' 모두에게 동일하게 나타나지만 그 결과는 전혀 다르다. 복음에 대한 반응과 수용의 태도에 따라서 생명과 사망이 결정되기 때문이다. 그리스도 예수의 사도로서 바울이 전하는 복음을 듣는 사람들의 반응에 따라서 생명과 죽음의 결과를 얻게 된다는 것은 놀라운 선언이다. 바울은 복음이 구원받은 사람들에게는 생명의 약속을 제시하지만 망하는 사람들에게는 죽음을 확인하는 것으로 양면성을 지닌다는 점을 밝힌다(이상근 1969, 277).

그리스도의 복음을 전파하는 사도로서의 사역이 듣는 사람들을 생명과 죽음으로 이끌 수 있다면 누가 그와 같은 사명을 올바로 수행할 수 있는 것일까? 16절에서 바울은 "누가 이 일을 감당하리요"라고 질문하면서 사도의 직분이 갖는 소중함을 지적한다. 생명과 죽음의 길로 이끌 수 있는 복음 전파의 사명을 누가 감당할 수 있는가라는 질문이다. 그러면 바울이 16절에서 언급하는 '감당'(히카노테스, hikanotes)이라는 단어가 무엇을 의미하는가? '감당'이라고 번역된 이 용어는 자격, 자질, 역량의 의미를 갖는 것으로, 그 권한이 누구로부터 비롯되었는가를 질문해야 한다. 바울은 하나님의 뜻대로 사도가 되었으므로 자신을 비롯한 그의 동역자들이 감당할 수 있는 사명이라는 점을 역설적으로 표현한다. 사도로서의 자격에 문제제기를 하는 적대자를 향해서 바울은 사도로서의 강한 자의식을 나타내고 있는 것이다.

[2 : 17] 바울이 그리스도 예수의 사도로서 강한 자기 인식을 강조하는 까닭은 17절에 등장하는 적대자와 밀접하게 연관된다. 바울은 고린도후서에서 그의 적대자들이 누구인지 명확하게 밝히지 않지만 당시 이 서신을 받은 고린도 교회 성도들은 적대자들을 분명하게 인식하고 있었을 것이다. 바울은 그들을 '하나님의 말씀을 혼잡하게' 하는 사람들이라고 지칭한다. 하나님의 말씀을

'혼잡하게 함'(카페류온테스, kapeleuontes)이라는 표현의 의미를 적절하게 파악한다면 바울의 적대자가 저지른 잘못이 무엇인가를 알게 된다.

'혼잡하게 하다'라는 뜻으로 번역된 이 동사는 신약성경에서 유일하게 여기에서만 소개되며(hapax legomenon), 물을 타서 질을 떨어뜨리거나 과도하게 이익을 취하는 것을 모두 의미한다(Barrett 1986, 144). 상인들이 포도주에 물을 섞어 팔아서 포도주의 맛과 질은 떨어지고, 물이 섞인 포도주의 양이 늘어나서 이득을 더 얻을 수 있었음을 충분히 예측할 수 있다. 바울은 고린도 교회 성도들을 현혹시킬 뿐만 아니라 바울이 전한 복음과는 다른 가르침을 전파하는 적대자를 강하게 비판하는 것이다. 이러한 비판은 하나님의 말씀을 혼잡하게 만드는 바울의 적대자들이 하나님의 말씀을 팔아먹는 장사꾼으로서 그리스도의 복음을 자신들의 생계 수단으로 이용한다는 지적이다. 고린도에 편지를 쓰고 있는 바울의 상황과 지금 이 시대의 상황 사이에는 많은 유사점이 있음을 발견할 수 있다. 그리스도의 복음의 본질적인 의미와 가치를 찾으려는 노력보다는 소비자지상주의에 물든 기독교의 모습은 과도한 이윤과 이득을 얻기 위해서 포도주에 물을 섞어서 맛과 질을 떨어뜨리는 혼잡하게 하는 사람들과 유사한 측면이 있다. 하나님의 말씀에 잡다한 세상의 지식과 방법을 혼합하게 될 때 엄청나게 부정적인 결과를 초래하게 될 것이다.

바울은 이처럼 하나님의 말씀으로 장사를 하려는 사람들과 자신을 분명하게 구별한다. 바울의 적대자들이 누구인지, 어떤 신앙적 배경을 가졌는지 알 수 없지만 자신들의 이득과 유익을 위해서 하나님의 말씀으로 장사를 하려는 사람들이라는 것은 명백하다. 바울이 강하게 비판하는 것은 적대자들의 탐욕과 그것을 통해서 얻게 될 이득보다도, 그들이 복음을 왜곡하고 다른 가르침을 퍼뜨린다는 점이다. 그리스도 예수의 사도로서의 분명한 자의식을 가지고 있는 바울은 자신의 신실함을 다시 강조한다.

그리스도의 복음을 전파하는 바울의 신실함의 근거는 '순전함'(에일리크리네이아, eilikrineia)이다. 이것은 햇빛에 비추어 보아서 판단하는 것처럼 하나님과 그리스도의 빛에 비추어 검증된 모습인 것이다. 하나님의 신실함에 근거한 바울과 그의 동역자들은 '하나님께 받은 것같이 하나님 앞에서와 그리스도 안에서' 복음을 선포한다는 점에서 적대자들과 결정적으로 대조를 보이는 것이다. 바울은 하나님께 보냄을 받은 그리스도 예수의 사도이기 때문에 하나님의 사람처럼 말하고 행동한다는 뜻이다. 하나님의 말씀으로 장사를 하고, 자신들의 이득을 위해서 말씀을 팔고 있는 적대자들과는 달리 바울은 전적으로 하나님의 신실함과 순전함에 근거해서 복음을 전파하고 있다고 선언한다. 이와 같은 분명한 구분을 통해서 바울은 그리스도 예수의 사도로서의 자의식을 밝히는 동시에 그가 전한 복음의 중요성에 집중하는 것이다.

2. 새 언약의 일꾼(3 : 1-6)

> 1우리가 다시 자천하기를 시작하겠느냐 우리가 어찌 어떤 사람처럼 추천서를
> 너희에게 부치거나 혹은 너희에게 받거나 할 필요가 있느냐 2너희는 우리의
> 편지라 우리 마음에 썼고 뭇 사람이 알고 읽는 바라 3너희는 우리로 말미암아
> 나타난 그리스도의 편지니 이는 먹으로 쓴 것이 아니요 오직 살아 계신 하나
> 님의 영으로 쓴 것이며 또 돌판에 쓴 것이 아니요 오직 육의 마음판에 쓴 것
> 이라 4우리가 그리스도로 말미암아 하나님을 향하여 이 같은 확신이 있으니
> 5우리가 무슨 일이든지 우리에게서 난 것같이 스스로 만족할 것이 아니니 우
> 리의 만족은 오직 하나님으로부터 나느니라 6그가 또한 우리를 새 언약의 일
> 꾼 되기에 만족하게 하셨으니 율법 조문으로 하지 아니하고 오직 영으로 함
> 이니 율법 조문은 죽이는 것이요 영은 살리는 것이니라

[3 : 1] 그리스도 예수의 사도로서의 분명한 자의식을 갖고 있는 바울은 자신과 그의 동료들이 수행하고 있는 사역의 정당성에 관해서 다시 한번 더 강력하게 주장한다. 3 : 1에서 바울이 주목하는 '추천서'(쉬스타티콘 에피스톨론,

systatikon epistolon)라는 용어는 바울이 처한 상황을 짐작하게 한다. 고린도 교회 성도들에게 그리스도 예수의 복음을 선포하며 권면하는 그의 자격에 대한 의문을 제기하는 사람들이 있었음을 추정할 수 있다.

바울이 편지를 쓰는 중요한 이유 가운데 하나가 사도로서의 자격 시비에 대해서 설득이나 변호를 하기 위함이다. 따라서 이 점에서 추천서의 문제는 바울과 고린도 교회 모두에게 뜨거운 감자라 할 수 있다. 바울이 문제를 제기하는 것이 추천서 자체에 관한 것이 아니라는 점은 분명하다. 왜냐하면 바울은 그 당시의 관례에 따라 추천서가 필요하다는 것을 알고 있으며, 때로는 추천서를 써 주기도 했기 때문이다. 추천서가 지닌 긍정적 의미를 전적으로 부인하려는 의도는 아니지만 바울은 고린도 교회 성도들을 혼란스럽게 만들었던 '어떤 사람들'의 추천서가 지닌 부정적 측면을 비판하는 것이다. 추천서를 가지고 고린도 교회 성도들에게 나타난 '어떤 사람들'은 바울의 적대자, 거짓 사도라고 규정할 수 있다(박익수 1999, 100 ; 이상근 1969, 278 ; 박수암 2007, 311). 이들은 바울의 자격에 의문을 제기하는 동시에 바울이 전한 복음과 다른 가르침을 제시했을 가능성이 많다. 바울의 적대자에 대해서 바울이 직접적으로 말하지는 않지만 다음과 같이 추정해 볼 수 있다.

> 바울이 늘 그들을 염두에 두고 말한 것을 보면, 그들은 고린도 교회에서 그에 대해 여러 가지로 비판하고 있었던 것으로 보인다. 바울에 대한 그들의 비판은 여러 가지로 제기되었다. 즉, 바울은 이랬다저랬다 하는 변덕스러운 사람, 무능하고 언제나 자기의 문제들을 피해 달아나는 사람, 하나님의 능력을 지녔다는 표시를 아무것도 보여 주지 못하는 사람, 그리고 그의 사역에 관하여 추천해 줄 유력한 사도가 없는 사람이라는 것이다(김광수 2007, 58).

고린도 교회에 들어온 거짓 사도로서 바울의 적대자로 추정할 수 있는 사람들이 누구인지를 분명하게 규정할 수는 없다. 하지만 바울은 자신을 그들과 철저하게 구분하면서 사도로서의 자의식을 세워 나가고 있음이 분명하다. 추천서와 관련해서 바울은 두 가지의 수사학적 질문을 던지면서 바울이 처한 상황을 설명한다. 1절에서 바울은 "우리가 다시 자천하기를 시작하겠느냐"라고 질문하는 동시에 "우리가 어찌 어떤 사람처럼 추천서를 너희에게 부치거나 혹은 너희에게 받거나 할 필요가 있느냐"라고 묻는다. 이와 같은 수사학적 질문은 중요한 주제에 대한 강한 부정을 이끌어 내기 위한 것이라는 점을 주목할 수 있다. 바울은 고린도 교회 성도들을 향해서 자신의 사도로서의 자격을 스스로 주장할 필요가 없다고 반문하면서, 추천서를 가지고 온 사람들과 추천서를 받아 가려는 사람들과는 달리 자신은 사도로서의 분명한 자의식을 가지고 있다고 강조한다.

[3 : 2] 적대자들은 바울이 추천서가 없다고 비난하지만 바울에게는 분명하고 구체적인 추천서가 있다고 말한다. 2절에서 바울은 고린도 교회 성도들이 바울과 그의 동료들을 그리스도 예수의 사도로서 인정하는 추천서라고 말한다. "너희는 우리의 편지라." 이 얼마나 멋진 표현인가! 바울과 그의 동료가 사도로서의 직임을 올바로 수행하고 있음을 실제적으로 증명하는 추천서가 바로 고린도 교회 성도들이라는 것이다.

사도로서의 자의식과 자신의 사역에 대한 강한 자신감을 표현하는 바울의 선언은 고린도 교회 성도들뿐만 아니라 고린도후서를 읽는 독자들에게도 강한 인상을 남긴다. 바울이 그리스도 예수의 복음을 전파하는 사역의 유효성을 보여 주는 잣대가 바로 고린도 교회 성도들이라는 주장이다. 기독교인으로서 당당하게 살아가는 고린도 교회 성도들의 삶이 바로 바울이 주장하는 추천서라고 말하는 것이다. 이런 바울의 주장은 바울과 고린도 교회 성도들과의 깊은 유대감과 상호신뢰의 관계를 짐작할 수 있게 한다. 고린도 교회 성도들이 바울의 적대자로 등장하는 '어떤 사람들'에 의해서 잠시 혼란스러운 상황에 직면했다고 할지라도 바울은 결코 고린도 교회 성도들에 대한 신뢰를 의심하지 않는 것처럼 보인다. 오히려 고린도 교회 성도들에 대한 바울의 확고한 믿음을 엿볼 수 있다. 파피루스에 잉크로 쓴 추천서를 가지고 온 바울의 적대자들과는 달리 바울의 추천서는 마음에 쓴 특별한 것이다. 바울과 그의 동료들의 열정적인 복음 선포의 결과로 변화된 삶을 살고 있는 고린도 교회 성도들이 바로 사도로서의 사명을 증명하는 가장 분명한 추천서이다.

고린도 교회 성도들을 향한 바울의 헌신과 사랑은 바울 자신뿐만 아니라 고린도 교회 성도들, 그리고 모든 사람들이 알고 있다. 그래서 바울은 "뭇 사람이 알고 읽는 바라"라고 말하는 것이다. 고린도 교회 성도들의 '마음'(카르디아, kardia)에 쓰인 편지가 세상에 대한 증언이며, 온 세상은 그 편지를 읽고 알게 될 것이라는 뜻이다. 바울이 전한 그리스도 예수의 복음이 고린도 교회 성도들의 삶을 변화시켰다는 선언보다 더 멋진 추천서가 어디에 있을까! 고린도 교회 성도들의 마음에 쓰인 편지는 사도로서의 바울의 사명을 아주 구체적으로 보여 주는 증거인 것이 분명하다.

[3 : 3] 3절에서 바울은 고린도 교회 성도들을 추천서라고 부르는 진정한 까닭을 설명하면서 그들을 '그리스도의 편지'(에피스톨레 크리스투, epistole Christou)라고 부른다. 고린도 교회 성도들 마음에 쓰인 편지는 그리스도 예수께서 직접 쓴 편지라고 말하면서 바울이 가지고 있는 추천서는 결국 그를 반대하는 거짓 사도가 자랑하는 추천서와는 비교도 할 수 없는 특별한 것이라고 강조한다.

고린도 교회 성도들을 향한 바울의 열정과 헌신을 기억한다면 고린도 교회 성도가 그리스도께서 직접 쓰신 편지, 즉 바울을 위한 추천서라고 주장하는 것은 상당히 강력한 증거가 될 것이다. 그리스도께서 직접 쓰신 편지가 고린도 교회 성도들에게 분명하게 나타나게 된 까닭은 바울과 그의 동료들이 보여 준 헌신과 봉사를 통해서 가능했다고 바울은 주장한다.

3절에서 '우리로 말미암아 나타난'(디아코네테이사 휘프 헤몬, diakonetheisa

hyph hemon)이라는 표현은 "우리는 그것을 작성하는 데에 봉사하였다."라고 번역하는 것이 더 적절한 의미를 전달한다. 바울과 그의 동료가 보여 준 목회와 섬김이 고린도 교회 성도들로 하여금 그리스도의 편지가 될 수 있도록 역할을 수행했다는 의미이다.

바울은 고린도 교회 성도를 '그리스도의 편지'라고 말하면서 그와 같은 편지가 있게 된 것은 전적으로 자신과 동료에 의한 활동과 봉사를 통해서 가능했던 것이라는 점을 주장한다. 그리고 이제 바울은 자신을 반대하는 거짓 사도가 지니고 있는 추천서와 바울이 가진 추천서를 명백하게 구분해 주는 대조적인 표현이 등장한다. 3절에서 바울은 "먹으로 쓴 것이 아니요 오직 살아 계신 하나님의 영으로 쓴 것이며 또 돌판에 쓴 것이 아니요 오직 육의 마음판에 쓴 것이라"라고 두 가지 추천서가 다른 점을 기술한다. 바울을 반대하는 거짓 사도가 고린도 교회 성도에게 보인 추천서는 사람이 먹물로 쓴 편지이다. 하지만 바울이 가지고 있는 추천서는 살아 계신 하나님의 영을 통해서 마음판에 쓴 편지로 하나님께서 확증해 주신다는 것이다. 바울은 자신이 지닌 추천서는 그리스도께서 직접 쓰신 편지로 변질되거나 지워질 수 없도록 하나님의 영을 통해서 고린도 교회 성도들 마음에 새겨진 완전한 편지라고 주장한다. 바울을 대적하는 거짓 사도에 의해서 잠시라도 마음을 빼앗기고 혼란스러워했던 고린도 교회 성도들은 '그리스도의 편지'라고 불러 주는 바울의 진심을 대하면서 그가 지닌 애정과 헌신, 그리고 봉사를 깨닫게 되었을 것이다.

[3 : 4–6] 4~6절에서 바울은 그의 동료와 함께 하나님께서 제시해 주신 새 언약의 일꾼으로 활동하고 있다고 주장한다. 고린도 교회 성도가 그리스도께서 직접 쓰신 편지라고 말할 수 있는 근거는 '하나님을 향하여'(프로스 톤 테온, pros ton theon) 활동하고 있다는 '확신'(페포이테시스, pepoithesis)을 가지고 있기 때문이다. 바울이 그리스도를 통해서 하나님께 전적으로 의지하고 있음

을 보여 준다. 언제나 하나님과 그리스도와의 관계를 설명하는 까닭은 자신의 공로나 자격으로 그리스도 예수의 사도가 된 것이 아니라는 점을 밝히기 위함이다.

그리스도 예수의 사도로서 활동할 수 있는 근거가 전적으로 하나님께서 주신 은혜와 선물이라는 점을 밝히는 것은 중요하다. 사도로서의 자의식을 분명하게 가지고 있는 바울은 하나님께서 부여하신 특별한 은혜를 통해서 고린도 교회 성도들에게 복음을 전파하는 사명을 담당하고 있다고 말한다. 여기서 우리는 2 : 16에서 사용했던 '만족'이라는 단어가 5절에서 다시 나타나고 있는 것에 주목해야 한다. 2 : 16에서는 '감당'이라고 번역했고, 3 : 5에서는 '만족'으로 번역했던 헬라어 단어(히카노스, hikanos)는 '자격'이라는 의미가 더 적절하다.

이와 같은 관점에서 5절을 다시 살펴본다면, 우리가 이런 일을 할 수 있는 자격이 우리에게서 났다고 생각하지 않는다. 우리의 자격은 하나님에게서 난 것이다. 바울은 사도로서의 만족을 그 자신에게 두지 않고 하나님께 둔다(Roetzel 2007, 61). 사도로서의 자의식을 강하게 주장하는 바울이지만 그가 지닌 자격은 하나님께로부터 비롯되었다는 사실을 결코 잊지 않는다. 바울은 그리스도 예수의 사도라는 자신감이 하나님께로부터 왔다는 점을 분명하게 인식한다. 사도로서의 자격이 하나님께로부터 주어졌다는 바울의 고백은 심오한 신학적 주장을 뒷받침해 준다.

> 바울은 그의 사도직이 의심받는 이러한 상황에서 자신의 사도적 사역의 적절성을 설명한다. 그의 적대자들은 그의 사람됨과 사도로서의 적격성을 비판했다. 그러나 쟁점은 그런 개인적인 차원보다 더 깊은 요소를 포함한다. 사역에 대한 논쟁의 바탕에는 어떤 종류의 사역이 하나님의 인정을 받는가 하는 신학적 질문이 깔려 있다. 어떤 사역이 하나님의 인정을 받는 사역인가? 나아가 하나님의 인정을 받는 사도는 어떤 표시를 갖고 있는가?(김광수 2007, 59).

추천서를 가지고 있는가를 질문하며 대적했던 거짓 사도의 공격에 맞서서 바울은 누가 하나님께 인정받고, 누가 하나님께로부터 주어진 자격을 부여받았는가라는 궁극적 관심으로 전환한다. 신앙공동체 구성원에게 그리스도 예수의 복음을 전할 자격이 있는 사도는 예루살렘이라는 지역에서 권위를 지닌 인물로부터 추천을 받아 온 사람이 아니다. 전적으로 하나님께서 자격을 부여하셨다는 자기 인식을 할 수 있는 사람이어야 한다. 사도라는 직분과 자격이 주어지는 근원에 대한 신학적 질문은 매우 중요하다. 바울은 그리스도 예수의 사도로 사역할 수 있는 자격이 그 자신이나 다른 사람의 권위로부터 비롯된 것이 아니라 하나님께로부터 나왔다는 것을 분명하게 고백한다. 바울의 이러한 확고한 사도관은 그를 반대하는 거짓 사도와 뚜렷한 차별화를 보여 준다. 자신을 과시하거나 추천서를 자랑하는 대적자와는 달리 바울은 철저하게 하나님께로부터 비롯된 자격을 강조함으로써 자신이 차별화된 사도라는 점을 부각시킨다.

6절에서 바울은 사도로서의 자격을 새 언약과 연관해서 강조한다. 하나님께서 바울과 그의 동료를 '새 언약의 일꾼'(디아코누스 카이네스 디아테케스, diakonous kaines diathekes)이 되도록 자격을 주셨다는 사실이 바울이 지닌 독특한 사도 됨의 특징이다. 그리스도 예수의 복음을 전파할 수 있는 자격을 가진 사람은 아무도 없다. 오직 하나님께서 자격을 부여한 사람만이 사도로서 활동하고 사역할 수 있다. 바울은 그를 반대하는 거짓 사도를 향하여 철저하게 하나님께서 주신 자격에 근거해서 반격한다. 하나님께서 주신 자격을 강조하면서 바울은 자연스럽게 하나님과 특별한 관계를 의미하는 언약에 주목한다. 하나님과 이스라엘 백성 사이에 존재하는 특별한 관계는 언약을 통해서 나타난다. 하나님의 언약을 수행하는 일꾼이라는 자격은 하나님으로부터 나온다. 바울은 그를 반대하는 거짓 사도의 비난에 직면해서 하나님께서 자격을 부여하신 사도로서 자의식을 강조한다. 그리고 하나님과 특별한 관계를 표현하는 언약 또는 계약이라는 개념에 근거해서 활동하는 새 언약의 일꾼이 지닌 의미를 율법 조문과 성령이라는 용어를 통해 설명한다.

바울을 반대하는 거짓 사도의 주장과는 달리 바울과 그의 동료가 전해 준 그리스도 예수의 복음이 새 언약인 까닭은 무엇인가? 그리고 바울이 새 언약의 일꾼이라고 주장하는 근거는 무엇인가? 바울은 옛 것과 새 것을 구분함으로써 새 언약이 갖는 새 질서를 제시하려는 것이다(박수암 2007, 314). 구체적으로 율법 조문은 사람을 죽이지만, 성령을 통한 새로운 질서와 새로운 계약은 사람을 살리는 것이라고 바울은 말한다. 하나님께서 주신 자격을 통해서 사도가 된 사람은 신앙공동체 구성원이 새로운 질서 안에서 생명을 누리며 살 수 있도록 권면하고 제시하는 사람이어야 한다. 율법 조문에 주목하고 권위를 가진 사람이 써 준 추천서를 강조하는 것과 같은 사람 중심의 삶은 죽음에 이르게 된다. 하지만 하나님께서 주신 자격을 인정하는 하나님 중심의 삶은 생명을 얻게 된다. 사람을 살리고 생명을 얻을 수 있는 유일한 방법은 하나님께로부터 나오는 것이다. 따라서 바울이 자신의 사도로서의 자의식을 설명하며 주장하는 근거가 바로 하나님께서 주신 자격이라는 점은 중요하다.

> 사도직에 관한 논쟁의 밑바닥에서는 어떤 종류의 사역이 하나님의 인정을 받는 사역인지에 대한 신학적인 대결과 긴장이 놓여 있다. 제대로 된 사역은 무엇인가라는 실용적인 질문은 사역에 있어서 권위의 원천은 어디에 있는가라는 좀 더 근본적인 문제에 비추어 볼 때만 대답될 수 있다. …… 누구든지 자기 자신이 가진 자원과 힘만으로는 하나님의 사역을 감당할 수 있는 자격을 갖추었다고 주장할 수 없다. 따라서 사도직과 관련된 최후의 보루는 하나님께서 주시는 능력이다(3 : 5－6, Martin 2007, 185－186).

사도라고 주장할 수 있는 근거와 자격이 다양할 수 있으며 추천서는 중요한 수단이 될 수 있다. 하지만 그리스도 예수의 사도로서 사역을 수행하기 위한 보다 더 좋은 자격은 당연히 하나님께로부터 주어진 자격이라는 점을 부각시키는 것이다. 바울은 자신이 지닌 능력이나 인간관계를 강조하는 대신에 하나님께서 은혜를 베풀어 주셔서 사도로서 활동할 수 있는 자격을 주셨다고 말한다. 새로운 언약을 통해서 만들어진 관계 안에서 하나님께서 주신 은혜로 사도로서의 자격을 얻게 되었다는 주장보다 더 확실하고 분명한 것은 없다. 바울은 사람이 인정하는 사도가 아니라 하나님께서 자격을 부여해 주신 사도이다.

3. 두 언약 사이의 삶(3 : 7－18)

7돌에 써서 새긴 죽게 하는 율법 조문의 직분도 영광이 있어 이스라엘 자손들
은 모세의 얼굴의 없어질 영광 때문에도 그 얼굴을 주목하지 못하였거든 8하
물며 영의 직분은 더욱 영광이 있지 아니하겠느냐 9정죄의 직분도 영광이 있
은즉 의의 직분은 영광이 더욱 넘치리라 10영광되었던 것이 더 큰 영광으로
말미암아 이에 영광될 것이 없으나 11없어질 것도 영광으로 말미암았은즉 길
이 있을 것은 더욱 영광 가운데 있느니라 12우리가 이 같은 소망이 있으므로
담대히 말하노니 13우리는 모세가 이스라엘 자손들에게 장차 없어질 것의 결
국을 주목하지 못하게 하려고 수건을 그 얼굴에 쓴 것같이 아니하노라 14그러
나 그들의 마음이 완고하여 오늘까지도 구약을 읽을 때에 그 수건이 벗겨지
지 아니하고 있으니 그 수건은 그리스도 안에서 없어질 것이라 15오늘까지 모
세의 글을 읽을 때에 수건이 그 마음을 덮었도다 16그러나 언제든지 주께로
돌아가면 그 수건이 벗겨지리라 17주는 영이시니 주의 영이 계신 곳에는 자유
가 있느니라 18우리가 다 수건을 벗은 얼굴로 거울을 보는 것같이 주의 영광
을 보매 그와 같은 형상으로 변화하여 영광에서 영광에 이르니 곧 주의 영으
로 말미암음이니라

[3 : 7] 이스라엘 백성이 하나님과 약속했던 옛 언약과는 대조적으로 바울은 새로운 언약을 수행하기 위한 그리스도 예수의 사도라는 점을 분명하게 밝힌

다. 사도로서 자의식을 가질 수 있었던 근거는 바로 하나님께서 자격을 인정해 주셨던 은혜로 가능했다고 고백한다. 새로운 언약이 지니고 있는 의미를 고린도 교회 성도들에게 전하기 위해서 부단하게 애쓰고 있는 바울은 사도로서 역할과 기능뿐만 아니라 모든 그리스도인이 나아가야 할 방향을 제시한다. 새로운 언약을 수행하는 사도라는 점에 주목하기 위해서 바울은 7절부터 옛 언약과 새로운 언약을 대조하는 방식을 취한다.

바울이 주목하는 사도직은 근본적으로 옛 언약에 근거해서 주장하는 적대자와는 다르다. 바울은 그를 대적하는 거짓 사도가 옛 언약인 율법에 의지하고 있는 모습을 비판하면서 참된 사도직에 근거를 제시한다. 모세를 통해서 하나님과 이스라엘 사이에 체결된 옛 언약이 하나님께서 주신 것이라고 할지라도, 돌에 새긴 죽게 하는 율법 조문이라는 점을 지적하고 있는 것이다. 7절에서 바울은 모세의 활동을 서술하면서 '직분'(디아코니아, diakonia)이라고 부르면서 사도직을 수행하는 자신의 일과 동일한 용어로 표현한다(Barrett 1986, 158). 바울은 모세가 수행했던 '직분'과 동일한 일을 하고 있지만 내용과 의미는 철저하게 대조된다. 바울이 지속적으로 대비해 왔던 '율법 조문'(그람마, gramma)과 '영'(프뉴마, pneuma)에 근거해서 체결된 두 언약의 차이점을 발견할 수 있다. 돌에 써서 새긴 죽게 하는 율법 조문은 죽음의 직분인 동시에 일시적으로만 역할을 수행한다. 바울은 모세가 이스라엘 백성에게 제시한 율법 조문이 지닌 의미를 설명하면서 제한적이고 잠정적인 영광을 제시할 뿐이라고 지적한다. 바울은 율법이나 모세가 수행한 직분을 완전하게 부정하고 있는 것이 아니다. 율법에 근거해서 체결된 옛 언약이 갖고 있는 한시성에도 불구하고, 하나님께서 이스라엘 백성에게 베푸신 은혜이며 영광이라는 점은 분명하다. 바울이 주목하며 논의하는 핵심적 주장은 모세의 직분이나 율법 조문의 직분이 명백한 한계를 지니고 있다는 것이다. 모세의 직분이란 죽음을 가져오는 율법 조문의 효력을 보여 주는 것뿐이다.

[3 : 8-9] 8~9절에서 바울은 모세의 직분과 율법 조문의 직분을 넘어서는 새 언약의 직분에 대해서 설명한다. 율법에 근거한 옛 언약은 이제 새 언약에 의해서 대체될 것이다. 바울은 '영의 직분'(헤 디아코니아 투 프뉴마토스, he diakonia tou pneumatos, 8절)과 '의의 직분'(헤 디아코니아 테스 디카이오쉬네스, he diakonia tes dikaiosynes, 9절)으로 새로운 언약을 수행하는 사도직을 설명한다. 모세가 이스라엘 백성에게 전달했던 율법 조문은 죽이는 직분일 뿐 아니라 '정죄의 직분'이지만, 예수 그리스도를 통해서 선포된 복음은 성령에 의해서 생명으로 인도한다. 바울이 '영의 직분'으로서 사도직을 강조하는 까닭은 성령이 생명을 선사하시는 하나님의 능력이기 때문이다. 율법 조문이 과거에 집착하게 만들었던 것과는 달리, 성령은 현재와 미래를 연결하는 다리로서 생명을 향해 나아갈 수 있도록 이끈다. 바울이 제안하고 있는 새로운 언약의 직분은 지금 여기에서 살고 있는 스스로를 돌아볼 수 있는 새로운 시각을 제공해 준다는 측면에서 의미가 있다.

> 유대인으로서 바울은 율법을 통하지 않고는 하나님께로 나아갈 다른 방법을 알지 못했었다. 그리고 그는 율법이 생명을 주는 줄로 믿고 있었다. 그러나 그리스도인으로 그는 이 모든 것을 이제 다른 각도에서 보고 있다. 우리가 그리스도인이 되거나 아니면 기독교 신앙의 중요성을 새롭게 인식했을 때, 우리는 과거 우리의 모습을 되돌아보게 되고, 그에 대한 새로운 시각을 갖게 된다(Best 2005, 65).

[3 : 10-11] 과거 자신의 모습을 되돌아보고, 새로운 관점을 갖도록 도와주는 힘은 하나님으로부터 나온다. '영의 직분'을 담당하는 사도는 고린도 교회 성도들이 하나님께로 향할 수 있도록 봉사한다. 자기 자신에 집착하며 살았던 과거를 돌아보고 새로운 통찰력을 갖게 되면 하나님과 올바른 관계를 정립할 수 있게 된다. 그래서 바울은 그가 봉사하는 사도직의 또 다른 특징을 '의의

직분'이라고 부른다. 하나님과 성도 사이의 새로운 언약은 '의'(디카이오쉬네, dikaiosyne)로 표현하는 것이 당연하다. '의'는 죄를 용서해 줄 뿐만 아니라 하나님과 올바른 관계를 수립함으로써 하나님 중심으로 삶을 살아갈 수 있도록 힘을 주시는 하나님의 행위라고 정의할 수 있다. 율법 조문에 근거하여 추천서를 자랑하며 바울을 대적하고 반대했던 거짓 사도와는 달리 바울은 전적으로 새로운 언약에 기초해서 활동하는 하나님의 사도인 것이다.

10~11절에서 바울은 새로운 언약이 갖고 있는 우월성을 강조한다. 모세가 제시했던 율법 조문에 근거한 옛 언약이 하나님의 영광을 나타낸다고 인정하지만 그 영광보다 더 큰 영광에 의해서 대체된다고 말한다. '더 큰 영광'(테스 휘페르발루세스 독세스, tes hyperballouses doxes)이라는 표현을 통해서 바울은 모세의 율법을 능가하는 새로운 언약이 지닌 의미를 제시한다. 율법에 근거한 옛 언약은 일시적인 것으로 없어질 영광이지만, 새 언약은 길이 있을 영광이다. 바울이 제시하는 새로운 언약을 통해서 옛 언약이 지닌 효력은 상실된다. 하지만 복음에 기초한 새로운 언약은 결코 다른 것에 대체되지 않고 영원한 영광을 나타내게 될 것이다. 바울은 자신의 사도직과 추천서가 모두 이와 같은 새로운 언약에 기초하여 하나님께서 부여하신 것이라는 점을 분명하게 보여 준다. 따라서 바울에게 있어서 새 언약은 무엇보다 중요한 신학적 개념일 수밖에 없다.

[3 : 12–13] 새로운 계약에 근거해서 그리스도 예수의 사도로서 활동하는 바울뿐만 아니라 모든 그리스도인은 더 이상 옛 언약에 의해서 정죄를 받거나 죽음에 이르지 않아도 된다. 하나님과의 올바른 관계를 수립할 수 있는 성령의 직분으로 생명에 이르게 되었기 때문이다. 12절에서 바울은 이제 새로운 언약에 근거해서 자신이 봉사하는 사도직의 위대성을 말한다. 그는 새로운 언약에 기초한 소망을 갖고 있기 때문에 '담대함'(파르레시아, parresia)을 갖고 행동한다. 바울이 새 언약의 직분과 연관해서 '담대함'을 강조하는 까닭은

이 단어가 솔직함과 정직함의 뜻을 내포하고 있기 때문이다. 말을 할 때의 솔직함, 두려움 없는 정직함, 그리고 담대한 행동을 의미하는 '담대함'이란 용어를 사용함으로써 바울이 지닌 사도직의 중요성을 강조한다. 새 언약의 직분을 수행하는 사도로서 바울은 솔직하고, 정직하게 처신함으로써 모세에 도전할 수 있는 담대함을 갖게 된다. 바울은 왜 담대함을 강조하고 있는 것일까? 새 언약에 근거한 소망이 얼마나 소중한 것인가를 주장하는 동시에 옛 언약에 기초한 율법 조문과 모세의 직분이 지닌 한계를 지적하는 것이다.

13절에서 바울은 모세가 얼굴에 쓴 수건을 언급하면서 옛 언약이 갖고 있는 한시적 효력을 언급한다. 출애굽기 34 : 29~35에서 모세가 시내산에서 내려왔을 때 얼굴의 광채로 인해서 수건을 썼다고 보도한다. 바울은 모세가 그 자신의 얼굴에서 광채가 사라져 가는 것을 가리기 위해서 썼다고 주장한다.

구약성경에는 모세의 얼굴에서 광채가 사라졌다는 서술이 전혀 없다. 그럼에도 불구하고 바울은 왜 모세가 얼굴의 광채가 사라지는 것을 수건으로 가렸다고 표현하는가? 이스라엘 백성이 실망하는 것을 막기 위한 모세의 의도라고 해석하기도 한다. 그러나 모세의 권위를 인정하는 논의와는 달리 바울은 모세가 솔직하지도 않았고, 정직하지도 않았다고 지적한다. 하나님과 함께 머물러 있으면서 얻게 되었던 얼굴의 광채가 사라지는 모습을 이스라엘 백성에게 보이는 것을 두려워했다는 주장이 더 설득력이 있다. 바울은 모세에게 나타난 영광은 일시적인 것으로 곧 사라지게 될 것이라는 점에 주목한다. 모세의 얼굴에서 빛나는 영광이 사라지는 모습이 상징하는 것은 서서히 사라지는 옛 언약의 효력이다. 옛 언약에 근거한 직분은 한시적인 영향력을 발휘할 뿐이고 곧 사라져 없어지게 될 것이다.

[3 : 14–16] 14절에서 바울은 이스라엘 백성의 완고함에 대해서 지적한다. 그들의 마음이 완고한 까닭은 수건을 벗지 못하기 때문이라고 말한다. 여기에서 모세의 얼굴을 가린 수건이 의미하는 것은 '몰이해'(김판임 1999, 118)와 '장

벽'(김광수 2007, 60)으로 하나님께 나아가는 길을 막아서는 어리석음이다. 이스라엘 백성은 가려진 수건으로 인해서 마음이 완고해짐으로써 진리를 올바로 볼 수 없게 되었다. 벗겨지지 않은 수건이 없어질 수 있는 방법은 '그리스도 안에서'라고 바울은 말한다.

바울을 포함한 고린도 교회 성도들처럼 그리스도 안에서 새로운 언약이 성취되었다는 것을 믿는 그리스도인은 수건이 벗겨진 의미를 깨닫게 된다. 15절에서 바울은 이스라엘 백성은 모세의 글을 읽으면서 여전히 수건이 그 마음을 덮고 있는 모습을 서술한다. 분명히 율법은 진리를 담고 있을 것이지만 마음을 덮고 있는 수건을 뚫고 그들의 마음에 전달될 수 없다. 따라서 옛 언약에 근거하고 율법 조문의 직분을 강조하면서 바울을 반대했던 거짓 사도는 자기기만에 빠져 있는 동시에 진리와 단절되어 있는 자신들의 모습을 들여다봐야 한다.

바울은 모세가 얼굴에 쓴 수건처럼 제대로 보지 못하고, 올바로 듣지 못하는 옛 언약에 사로잡혀 살고 있는 사람들에게 새로운 깨달음을 제시한다. 그것은 바로 수건이 벗겨지는 비결을 알려 주는 것이다. 16절에서 바울은 "언제든지 주께로 돌아가면 그 수건이 벗겨지리라"라고 선언한다. 모세가 하나님 앞에서 수건을 벗은 것처럼, 바울은 모든 사람들이 전적으로 수건을 벗는 일에 주목해야 한다고 이야기한다. 율법이 아니라 그리스도 안에서 나타난 하나님의 은혜와 영광을 온전히 바라보도록 이끌기 위함이다.

[3 : 17-18] 바울을 반대하는 거짓 사도뿐만 아니라 모든 그리스도인이 새로운 통찰력을 갖고 그리스도 안에서 제시된 하나님의 은혜를 경험하는 것은 무엇보다 중요하다. 수건이 벗겨져야 그리스도를 온전히 발견할 수 있게 되기 때문이다.

17절에서 바울은 "주는 영이시니 주의 영이 계신 곳에는 자유가 있느니라"라고 말하면서 율법에 의해서 가려진 자유가 회복되기를 기대한다. 바울이 여기에서 사용하는 '자유'(엘류테리아, eleutheria)라는 단어는 바울 자신이 가진 사도직의 가치를 표현해 준다. 주 되시는 예수 그리스도가 주시는 자유는 율법, 죄, 죽음으로부터 온전한 해방을 제공한다. 바울이 새로운 언약에 근거한 사도라고 주장하는 까닭이 바로 여기에 있다. 그리스도 안에서 해방과 자유를 경험할 수 있도록 제시하는 새로운 언약은 율법의 속박이나 죽음의 위협과 죄의 유혹을 능가하는 담대함과 자유를 누리도록 이끈다. 이와 같이 새로운 언약을 통해서 사도로서 자격을 얻게 된 바울은 율법이라는 옛 언약에 기초해서 주장하는 거짓 사도와 비교할 수 없는 우월성을 지니게 된다.

18절에서 바울은 사도의 활동이라는 주제에서 모든 그리스도인을 위한 공통적 주제로 관심을 확장한다. 얼굴을 가리고 있던 수건을 벗게 되면 주의 영광을 볼 수 있게 된다. 완고한 마음이나 맹목적 관점으로 올바로 볼 수 없었던 사람들이 이제 수건을 벗은 얼굴로 주의 영광을 제대로 본다. 이와 같은 변화는 영이신 주께서 하시는 일이다. 새로운 소망, 새로운 자유, 새로운 담대함을 가능하게 한 변화는 전적으로 영이신 주 안에서 가능하다. 주 안에서 자유를 얻게 된 그리스도인은 이제 온전하게 볼 수 있으며 또한 변화를 경험하여 영원히 사라지지 않는 영광을 경험하게 된다.

설교를 위한 묵상

그리스도의 향기를 지닌 새 언약의 일꾼

고린도후서에서 바울이 중점적으로 옹호하고 변명한 것 가운데 하나는 바로 사도로서의 권위와 자격이다. 하나님의 뜻대로 예수 그리스도의 사도가 되었다고 고백하는 바울은 하나님 앞에서 그리스도의 향기라는 자의식을 갖는다. 사도다운 향기와 그리스도인다운 향기, 그리고 성도다운 향기를 언급하는 바울은 향기와 냄새를 구분한다. 하나는 사망으로부터 사망에 이르게 하는 냄새이고, 다른 하나는 생명으로부터 생명에 이르게 하는 냄새라는 것이다. 반대하는 적대자들은 바울의 사도로서의 권위와 자격을 깎아 내리고 험담하고 비난함으로써 싸울 의지를 상실하게 만들지만, 바울은 결코 포기하거나 실망하지 않는다. 왜냐하면 하나님께서 그리스도 안에서 이길 수 있도록 그리스도를 아는 냄새를 주실 뿐만 아니라 생명을 전하는 그리스도의 향기라고 보증해 주시기 때문이다. 사망과 생명이라는 용어가 대조되면서 바울의 사역이 생명을 주시는 하나님과 밀접하게 연관되어 있음을 강조한다. 향기와 냄새라는 단어는 그리스도인과 성도의 삶의 본질을 설명하도록 요청한다. 한국 교회의 목회자와 성도는 어떤 향기와 어떤 냄새가 나고 있는가를 질문하는 것은 중요하다. 바울이 그리스도의 향기라고 말하는 것에서 주목해야 할 중요한 점은 바로 자신의 지혜나 생각이 드러나는 것이 아니라 전적으로 주 예수 그리스도만을 자랑해야 한다는 것이다. 자기 자신을 자랑하고 드러내는 것은 죽음에 이르게 하는 냄새이다. 바울의 적대자들에게 나는 악취이다. 그럼에도 불구하고 많은 사람들은 이 냄새가 죽음에 이르는 것인지 모른다. 생명에 이르는 냄새는 그리스도와 하나님의 영광을 높이는 삶이다. 한국 교회의 목회자와 성도들에게 생명의 냄새, 그리스도의 향기가 물씬 풍기는 것이 필요하다.

바울은 계속해서 사도의 권위와 자격을 언약과 연관해서 설명한다. 율법의 조문이나 구절에 의존하는 것은 육체의 지혜와 인간적 자랑을 드러내려는 의도이다. 추천서를 가지고 있는 것을 자랑하고 그것을 자신들의 사도권의 중요한 근거로 제시하려고 할 때 하나님의 은혜와 하나님의 신실성은 도외시된다. 바울은 그 자신이 새 언약의 일꾼으로 사역하고 있다는 당당한 자의식을 가진다. 율법의 조문은 죽이는 것이고 영은 살리는 것이라고 대조하면서 다시 한 번 더 사망과 생명이라는 주제를 언급한다. 하나님께서는 율법의 조문에 얽매이지 않으시며 생명을 위한 자유로운 영을 주신다. 바울은 이렇게 하나님께로부터 받은 사도의 권위와 자격을 강조하면서 새 언약의 일꾼임을 강조한다. 한국 교회의 목회자와 성도 또한 하나님께 밀접하게 연관된 새 언약의 일꾼인 것을 성찰하는 것이 필요하다.

B. 사도의 직분(4 : 1-5 : 10)

1. 질그릇에 담긴 보물(4 : 1-15)

1그러므로 우리가 이 직분을 받아 긍휼하심을 입은 대로 낙심하지 아니하고
2이에 숨은 부끄러움의 일을 버리고 속임으로 행하지 아니하며 하나님의 말
씀을 혼잡하게 하지 아니하고 오직 진리를 나타냄으로 하나님 앞에서 각 사
람의 양심에 대하여 스스로 추천하노라 3만일 우리의 복음이 가리었으면 망
하는 자들에게 가리어진 것이라 4그중에 이 세상의 신이 믿지 아니하는 자들
의 마음을 혼미하게 하여 그리스도의 영광의 복음의 광채가 비치지 못하게
함이니 그리스도는 하나님의 형상이니라 5우리는 우리를 전파하는 것이 아니
라 오직 그리스도 예수의 주 되신 것과 또 예수를 위하여 우리가 너희의 종
된 것을 전파함이라 6어두운 데에 빛이 비치라 말씀하셨던 그 하나님께서 예
수 그리스도의 얼굴에 있는 하나님의 영광을 아는 빛을 우리 마음에 비추셨
느니라 7우리가 이 보배를 질그릇에 가졌으니 이는 심히 큰 능력은 하나님께
있고 우리에게 있지 아니함을 알게 하려 함이라 8우리가 사방으로 욱여쌈을
당하여도 싸이지 아니하며 답답한 일을 당하여도 낙심하지 아니하며 9박해를
받아도 버린바 되지 아니하며 거꾸러뜨림을 당하여도 망하지 아니하고 10우
리가 항상 예수의 죽음을 몸에 짊어짐은 예수의 생명이 또한 우리 몸에 나타
나게 하려 함이라 11우리 살아 있는 자가 항상 예수를 위하여 죽음에 넘겨짐은
예수의 생명이 또한 우리 죽을 육체에 나타나게 하려 함이라 12그런즉 사망은
우리 안에서 역사하고 생명은 너희 안에서 역사하느니라 13기록된바 내가 믿
었으므로 말하였다 한 것같이 우리가 같은 믿음의 마음을 가졌으니 우리도
믿었으므로 또한 말하노라 14주 예수를 다시 살리신 이가 예수와 함께 우리도
다시 살리사 너희와 함께 그 앞에 서게 하실 줄을 아노라 15이는 모든 것이
너희를 위함이니 많은 사람의 감사로 말미암아 은혜가 더하여 넘쳐서 하나님
께 영광을 돌리게 하려 함이라

[4 : 1-2] 새로운 언약에 기초해서 그리스도 예수의 사도가 된 바울은 자신이 수행하는 직분에 관해서 서술한다. 생명의 직분과 의의 직분을 받았다고 당당하게 말했던 바울은 1절에서 이 직분이 하나님의 긍휼하심을 통해서 주어진 것이라고 고백한다. 하나님께서 자격을 부여하셔서 감당하게 하신 이 직분은 전적으로 하나님의 주권에 의존한다. 또한 이 직분은 인간적인 재능이나 능력으로 받은 것이 아니라 오직 하나님의 긍휼에 근거해서 받았기 때문에 겸손과 감사의 태도를 갖게 된다. 옛 언약과 새 언약의 근본적인 차이를 뚜렷하게 지적했던 바울은 이제 하나님의 긍휼을 통해서 자신에게 사도로서 직분을 감당할 자격이 주어졌음을 강조한다. 하나님께서 주신 자격이기 때문에 그것을 감당할 수 있는 힘과 능력 또한 하나님으로부터 나온다는 것은 당연하다. 하나님의 긍휼하심에 근거해서 사도라는 직분을 수행하는 바울은 결코 낙심하지 않는다고 말한다.

바울이 사용한 '낙심하다'(엥카쿠멘, enkakoumen)는 싫증을 내거나 회피하기 때문에 게으름을 피우고 직무태만의 원인이 되어 포기하는 것을 의미한다(Martin 2007, 221 ; Barrett 1986, 172 ; 김판임 1999, 121). 따라서 낙심하지 않는다는 표현은 사도로서 직분을 감당하고 있는 바울의 마음가짐과 태도를 적절하게 반영한다. 하나님께서 긍휼을 베푸셔서 사도라는 직분을 주셨기 때문에 바울은 결코 포기하거나 싫증 내지 않고 주어진 직분을 게을리 감당하지 않는다. 오히려 바울은 그리스도 예수의 사도로서 그의 직분을 자랑스러워한다.

1절과는 대조적으로 2절에서는 바울을 반대하는 거짓 사도에 대해 나타내는 표현을 발견하게 된다. 바울이 순수하고 열정적으로 복음을 전파했기 때문에 그를 대적하는 적대자와 분명한 구별을 시도한다. 그래서 바울은 2절에서 '그러나'(알라, alla)라는 부정을 의미하는 용어를 사용한다. 개역개정 성경에는 구체적으로 그 의미를 찾을 수 없으나 바울은 앞에서 말했던 것과 전혀 다른 것을 표현하기 위해서 의도적으로 이 용어를 사용한다(박익수 1999,

138). 바울은 그를 반대하는 거짓 사도의 행동 방식과는 철저하게 구별되는 행동을 취한다는 점을 밝히고 있다(Martin 2007, 221). 그러면 바울을 반대하는 거짓 사도는 어떤 행동을 했던 것인가? 바울은 먼저 '숨은 부끄러움의 일'(타 크립타 테스 아이스퀴네스, ta krypta tes aischynes)을 버렸다고 말한다. 바울을 대적했던 사람은 감추려고 시도하지만 결국 드러났을 때에 수치스러운 일을 행한 것이다. 구체적으로 수치스럽고 부끄러움을 당할 일이 무엇인지 알 수는 없지만 얼굴의 광채를 가리는 수건과 같은 역할이기도 할 것이다(이상근 1969, 291).

거짓 사도가 저질렀던 다른 잘못은 '속임으로 행하는 것'(페리파툰테스 엔 파누르기아, peripatountes en panourgia)이다. '속임', '간교함', '교활함'으로 표현된 이 용어(파누르기아, panourgia)는 무슨 짓이든 할 준비가 되어 있는 것을 뜻한다. 어떤 목적을 달성하고 성취하기 위해서 수단과 방법을 다 동원하는 악함을 의미한다. 그리스도 예수의 사도로서 결코 낙심하지 않고 그 직분을 수행한다고 말하는 바울의 마음가짐을 읽을 수 있는 대목이다. 무슨 짓이라도 서슴지 않고 하려는 나쁜 동기와 의도를 갖고 있는 거짓 사도에 맞서서 새로운 언약의 사도로서 자신을 변호하는 것은 참으로 고된 일이었을 것이다. 바울은 자신을 반대하는 사람들은 심지어 '하나님의 말씀을 혼잡하게' 했다(돌룬테스 톤 로곤 투 테우, dolountes ton logon tou theou)고 비판한다. 2 : 17에서 이미 바울은 하나님의 말씀을 팔아먹고 사는 장사꾼이 아니라고 자신을 변호하면서 하나님의 말씀을 혼잡하게 하지 않는다고 강조했다. 그를 반대하는 거짓 사도가 하나님의 말씀을 값싼 포도주처럼 만들어서 자신의 이득을 위해서 사용했다고 비판했던 것처럼, 하나님의 말씀을 왜곡하고 있다고 지적한다. '혼잡하게 한다'(돌룬테스, dolountes)고 표현된 이 용어는 신약성경에서는 여기에서만 등장하는데, 올무에 걸려서 부패하는 것을 나타낸다(이상근 1969, 291). 하나님의 말씀을 왜곡하여 부패하게 만드는 것을 표현하는 용어이다. 바울을 대적하고 반대하는 거짓 사도는 수치스러운 일을 서슴지 않고 저지를 뿐 아니라 이득을 위해서 수단과 방법을 가리지 않고 악을 행한다. 심지어 하나님의 말씀을 왜곡하고 그릇되게 사용함으로써 자신들의 이익을 채운다. 하지만 바울은 그리스도 예수의 사도로서 낙심하지 않으며 담대하게 복음을 전파하는 직분을 감당한다고 자신을 변호한다.

거짓 사도와의 뚜렷한 차이는 바울이 '오직 진리를 나타냄'(테 파네로세이 테스 알레테이아스, te phanerosei tes aletheias)으로 새로운 언약의 직분을 수행하고 있다고 표현할 때 발견할 수 있다. 바울은 고린도후서에서 '나타냄'(파네로시스, phanerosis)이라는 용어를 10회나 사용함으로써 그 중요성을 표현한다. 그리스도 예수의 사도로서 바울은 스스로를 드러내거나 자랑하지 않고 오직 복음의 진리를 공개적으로 드러낸다. 그런 점에서 복음의 진리를 드러내는 바울은 거짓 사도와 분명한 차이를 보여 준다.

공개적으로 하나님의 진리를 나타내는 바울은 다시 추천서 주제로 되돌아간다. 바울은 '양심'(쉬네이데시스, syneidesis)이란 용어를 사용하면서 바울을 반대하는 거짓 사도와 차별성을 나타낸다. 하나님 앞에 선 모든 사람이 양심을 따라서 바울을 판단하게 된다면 그의 진정성을 발견하게 된다는 뜻이다. 여기에서 중요한 것은 바로 '하나님 앞에서'(에노피온 투 테우, enopion tou theou)라는 표현이다. 바울이 새로운 언약의 사도로서 스스로를 추천할 수 있는 근거는 바로 하나님 앞에서 살고자 힘썼다는 점이다. 바울의 사도직은 그를 반대하는 거짓 사도와는 달리 사람이나 단체에서 주어진 것이 아니라 하나님 앞에서 부여된 자격이라는 것이다. 바울은 하나님의 긍휼하심을 통해 사도로서 직분을 받았기 때문에 낙심하지 않고 복음의 진리를 공개적으로 드러낼 수 있는 힘을 갖게 된다. 그가 하나님 앞에서 공개적으로 복음의 진리를 나타내는 모습은 모든 사람의 양심에 그리스도 예수의 사도로서 당당하게 설 수 있도록 만든다.

[4 : 3-4] 3~4절에서 바울은 그리스도 예수의 복음을 받아들이지 않는 사람

들에 관해서 서술한다. 마치 수건을 쓴 것처럼 바울이 선포하는 복음의 진리가 제대로 드러나지 않았고 가려져 있는 것을 지적한다. 이는 그리스도 예수의 복음을 거절하고 옛것을 고수하는 사람들을 지칭하는 것이다. 복음을 받아들이지 않는 사람들은 수건을 벗고 하나님의 영광의 빛을 볼 수 있다는 것을 깨닫지 못한다. 그들은 그리스도 안에 있으면 수건이 벗겨질 뿐만 아니라 하나님의 영광을 체험할 수 있는데, 이 기회를 가로막고 서 있다. 바울은 그들을 '망하는 자들'(토이스 아폴뤼메노이스, tois apollymenois)이라고 표현한다. 복음을 받아들이지 않는 사람들이 멸망의 길에 있는 사람들이라고 표현하는 까닭은 옛 언약에 매달려서 복음의 진정한 의미를 찾지 못하기 때문이다. 망하는 사람이 복음을 거절하는 이유는 자신이 가지고 있는 이성, 경험, 욕심으로 인해서 눈이 어두워져서 복음의 진리를 제대로 볼 수 있는 길이 차단되었기 때문이다.

4절에서 바울은 망하는 사람들을 '믿지 아니하는 자들'(톤 아피스톤, ton apiston)이라고 표현하면서 불신앙에 주목한다. 바울은 자신이 전한 복음을 믿지 않고 대적하는 사람들을 염두에 둔 것 같다. 바울은 복음의 진리를 받아들이지 않는 '믿지 아니하는 자들'은 '이 세상의 신'(호 테오스 투 아이오노스, ho theos tou aionos)이 그들의 마음을 혼미하게 만들었기 때문이라고 지적한다. 바울이 여기에서 사용하고 있는 이 세상의 신이란 사람들을 멸망으로 이끈 사탄을 지칭한다(김판임 1999, 123 ; 박익수 1999, 141 ; Barrett 1986, 176 ; Martin 2007, 223). 하나님을 거역하는 악한 세력을 나타내는 용어로 사용된 이 세상의 신, 사탄은 사람들로 하여금 하나님으로부터 멀어지도록 온갖 수단과 방법을 다 동원한다.

> 사탄은 하나님을 거역하는 세력으로서 인간보다 힘이 강하여 인간을 하나님으로부터 멀어지게 하고 하나님의 뜻에 저촉되는 일을 하게 된다. …… 이 세상의 신, 즉 사탄은 사람을 멸망에로 인도하며, 그의 작용은 이 세상에 국

> 한되는 반면, 하나님께서는 사람을 구원으로 인도하려는 선한 의도를 가지고 있으며 그의 작용과 영향력은 영원하다. 그러므로 복음을 받아들이지 않는 멸망할 자들이란 사탄의 희생제물이라고 할 수 있다(김판임 1999, 123).

바울은 이 세상의 신이 사람들로 하여금 하나님을 거역하여 복음을 받아들이지 않고 믿지 않도록 만들어서 멸망의 길로 이끌었다고 주장한다. 이와 같은 바울의 지적은 고린도 교회와 성도를 잘못된 방향으로 이끄는 거짓 사도와 그들을 따르는 사람들이 있다는 것을 추정하게 만든다. 하나님 앞에서 복음의 진리를 전하는 바울의 진정성을 제대로 인식하지 못하는 사람들에 대한 안타까움을 발견할 수 있다. 복음을 거절하며 믿지 않는 까닭은 이 시대의 신, 사탄이 그들의 마음을 '혼미하게 함'(에튀프로센, etyphlosen) 때문이다. 마음을 혼미하게 한다는 말은 어둡게 하여 제대로 볼 수 없도록 만든다는 의미를 가진다. 이 시대의 신, 사탄은 사람들이 스스로의 지식, 경험, 욕망으로 인해서 복음의 진리를 올바로 볼 수 없도록 만든다. 바울은 복음을 받아들이지 않고 거절하면서 방해하는 모든 행위는 결국 사탄의 일에 몰두하는 것이라는 점을 지적한다. 마음이 혼미해지고 어두워진 사람들은 '그리스도의 영광의 복음의 광채'를 올바로 볼 수 없으며, 그리스도께서 하나님의 형상이라는 진리를 깨닫지 못하게 된다.

'광채'(톤 포티스몬, ton photismon)라는 용어를 사용하는 바울은 복음의 빛으로 하나님의 구원이 예수 그리스도를 통해서 이루어짐을 강조한다. 그리스도를 통한 하나님의 영광이라는 복음을 거절할 뿐 아니라 눈이 어두워져 제대로 볼 수 없는 사람들이 결국 멸망의 길에 서 있는 것은 당연하다. 따라서 바울이 전하는 복음의 대상인 그리스도는 하나님께서 누구이신가를 깨닫도록 제시한다는 의미에서 하나님의 형상이다.

[4 : 5-6] 5~6절에서 바울은 복음을 전하는 사도로서의 직분에 다시 주목한

다. 그리스도 예수의 사도로서 바울과 그의 동료는 자신들에 관해서 선포하지 않는다고 말한다. 바울이 자신의 능력이나 지식을 전하는 것이 사도의 직분이 아니라는 것을 먼저 지적하는 까닭은 그를 반대하는 거짓 사도를 염두에 두는 것이다. 참된 사도직이 무엇인지 늘 성찰하지 않을 때 자신의 수고나 애씀을 선포할 위험에 노출된다. 진정한 사도의 직분은 자신에 관해서 선포하는 것이 아니라, 복음의 대상인 그리스도에 관해서 선포하는 것이다.

그리스도에 관해서 선포하는 것이 복음이라는 바울의 주장은 그를 반대하고 대적하는 사람들과 자신을 구별하려는 의도를 보여 주는 것처럼 보인다. 바울을 반대하는 거짓 사도와는 달리 바울은 그 자신을 선포하지 않을 뿐 아니라 그리스도에 관해서 선포한다. 참된 사도는 오직 그리스도에 관해서 선포하는 것이다. 바울이 전한 복음은 '그리스도 예수의 주 되신 것'(예순 크리스톤 퀴리온, Iesoun Christon kyrion)이다. 예수 그리스도를 주님이라고 선포하는 것이 바울이 전한 복음이며, 그리스도 예수의 사도가 전해야 할 복음의 내용이다. "그리스도 예수께서 주님이시다!"라는 선언은 초기 신앙공동체의 중요한 신앙고백이다. 참된 사도로서 직분을 감당하는 바울은 그리스도 예수께서 주님이시라는 복음을 선포함으로써 올바른 신앙고백의 내용을 제시한다.

바울이 그리스도 예수의 사도로서 선포하는 또 다른 복음은 바울과 그의 동료가 고린도 교회 성도들의 종이라는 것이다. 고린도 교회 성도들에게 있어서 이것은 참으로 놀라운 고백이며 선언이었을 것이다. 바울 자신의 역할은 주인이 아니라 '종'(둘루스, doulous)이라는 것이다. 이러한 표현은 섬기는 직분으로서의 사도직을 강조하는 것이다. 고린도 교회 성도들을 위한 바울의 종으로서 자의식은 바로 '예수를 위해서'(디아 예순, dia Iesoun)라는 용어가 중요한 근거가 된다. 사도는 그리스도 예수의 종인 동시에 고린도 교회 성도들을 섬기는 종을 의미한다. 참된 사도로서의 직분을 감당한다는 것은 복음의 본질인 예수 그리스도를 선포하는 것이며, 신앙공동체를 섬기는 종으로서의 자의식을 늘 유지하는 것이다. 6절에서 바울은 그리스도 예수의 사도로서 직분을 수행할 수 있는 주된 근거가 하나님이라고 강조한다. 빛을 통해서 새로운 희망을 제시하는 하나님을 주목할 때 사도로서 직분을 감당하는 바울의 소명을 이해할 수 있게 된다.

> "어두운 데에 빛이 비치라"와 "우리 마음에 비추셨느니라"는 각각 다른 두 사건을 암시하고 있다. 하나는 창세기 1장에 나오는 창조 사건을－어두운 데에 빛이 비치라－말하고, 다른 하나는 바울이 소명을 받을 때－빛을 우리 마음에 비추셨느니라－자신에게 비추어진 빛을 말한다. 창세기 1장에서 어두움으로부터 빛이 비추라고 말씀하셨던 바로 그 하나님께서 바울의 마음속에 빛을 비추셨던 것이다(박익수 1999, 144).

바울이 수행하는 사도로서의 직분은 하나님께서 창조 때 어두움 가운데 빛을 만드셨던 말씀에 근거한다. 어두움으로부터 빛이 비치도록 하셨던 하나님께서 바울에게 사명을 주신 것이다. 세상에 빛이 비치도록 하셨던 하나님께서 사람들의 마음에 빛을 비추도록 하셔서 하나님을 알도록 하신다. 바울이 전하는 복음의 내용은 바로 하나님의 영광을 아는 지식이다. 마음이 어두워져서 그리스도의 영광의 복음의 광채를 제대로 볼 수 없는 사람들과는 달리, 바울은 예수 그리스도의 얼굴에 있는 하나님의 영광을 아는 빛을 전하는 사명을 부여받았다. 바울은 하나님께서 이 복음을 전하는 직분을 주셨다는 확신을 갖는다. 하나님의 위대하심을 경험하고 목격했던 바울은 그를 그리스도 예수의 사도로 세워 주신 분이 하나님이시라고 고백하게 된다.

[4 : 7] 바울은 사도직이라는 주제를 서술하면서 사도로서의 자격과 능력이 전적으로 하나님께로부터 비롯되었다고 강조한다. 그가 가지고 있는 능력이나 지식 또는 경험이나 수고로 인해서 사도라는 직분을 갖게 된 것이 아니라, 궁극적으로 하나님의 긍휼하심을 통해서 복음을 선포하게 된 것이다. 그래서

7절에서 바울은 '질그릇'(오스트라키노이스 스큐에신, ostrakinois skeuesin)의 정체성으로서 자의식을 표현한다. 이전 하나님의 영광스러운 복음을 선포하는 당당한 모습을 서술했던 것과는 달리, 바울은 스스로를 질그릇이라고 서술하면서 선교현장의 어려움을 암시한다. 질그릇이 내포하는 뜻을 살펴보기 전에 질그릇에 간직한 '보배'(테사우론, thesauron)가 무엇을 의미하는지 점검하는 것이 필요하다.

보배는 금이나 은처럼 정제되어 나온 보석을 말하는 것으로, 견고하고 변하지 않는 특징을 가진다. 바울은 보배라는 표현을 통해서 무엇을 말하고 싶은 것일까? 앞에서 논의했던 사도로서의 직분을 뜻하는가? 하나님의 영광과 그리스도 예수의 복음을 의미하는가? 복음과 사도의 직분이라는 의미를 모두 내포하는가? 바울에게 있어서 소중하고, 견고하고, 변하지 않는 보배는 그리스도 예수의 복음이며, 그 복음을 선포하는 사도로서의 직분이다. 바울은 그 보배를 질그릇에 간직한다고 표현하면서 질그릇이라는 정체성으로 자신의 자의식을 고백한다.

그렇다면 질그릇은 어떤 의미를 갖는 것일까? 바울이 스스로를 질그릇이라고 지칭하면서 나타내고자 하는 것은 무엇인가? 질그릇은 먼저 인간의 깨지기 쉬운 요소와 연약함을 뜻한다. 바울은 그 자신이 지닌 능력, 경험, 지식으로 인해서 그리스도 예수의 복음을 간직할 수 있는 것이 아니라는 점을 분명하게 전달한다. 바울을 포함한 모든 사람은 나약하고, 보잘것없는 존재라는 것과 복음이라는 보배가 지닌 소중함을 대조시키는 것이다. 질그릇은 또한 스스로를 빛을 수 없는 피조성이 강조된다. 질그릇이 지닌 여러 가지의 용도는 그릇을 사용하는 주인이 가진 의도에 전적으로 의존한다. 바울이 질그릇으로서 정체성을 가졌다고 고백하는 것은 그가 전적으로 하나님께 의지하고 있다는 점을 나타내는 것이다.

사도로서 직분을 가진 바울은 스스로를 추천할 정도로 자기 자신이 자랑스러웠다. 하지만 바울이 자랑하면서 드러내고 싶었던 것은 약하고 깨지기

쉬운 싸구려 질그릇이지만 그리스도 예수의 복음을 간직하고 있다는 점이다. 바울과 그의 동료는 스스로 그리스도 예수의 사도가 될 자격이 있는 것이 아니라 전적으로 하나님의 긍휼과 능력을 통해서 사도로서의 직분을 감당할 수 있다.

바울은 질그릇에 그리스도 예수의 복음이라는 보배를 간직할 수 있는 것이 온전히 하나님의 능력으로부터 비롯되었다고 고백한다. 이 엄청난 능력이 하나님에게서 나오기 때문에 어떤 인간도 스스로를 자랑할 수 없다. 바울은 자신이 지닌 연약함을 철저하게 깨닫고 있기 때문에 언제나 하나님을 의지하게 된다. 바울의 연약함은 하나님의 능력을 전적으로 의존하도록 이끄는 연관 관계가 있는 것이다. 강함과 능력은 인간의 힘과 자기 관심이 아니라, 인간의 나약함과 연관되어야 하고 하나님께 의존해야 한다(Long 2009, 100). 비록 깨지기 쉽고, 연약하고, 보잘것없는 질그릇과 같은 존재이지만 그리스도 예수의 복음이라는 보배를 간직한 바울과 그의 동료는 직면한 모든 문제를 견딜 수 있는 힘과 용기를 갖는다.

[4 : 8-9] 8~9절에서 바울은 복음을 전하는 사도가 직면한 고난의 상황을 소개한다. 바울은 자신과 동료가 당한 네 가지 유형의 힘겨운 상황을 하나님의 능력으로 극복할 수 있다고 분명하게 말한다. 바울이 경험하는 첫째 유형은 사방으로 욱여쌈을 당하는 것이다. 바울이 '사방으로'(엔 판티, en panti)라고 표현한 이 용어는 '모든 경우에'라는 의미가 더 적절하고, '욱여쌈을 당하다'(트리보메노이, thlibomenoi)는 '고난을 받다'라는 뜻을 갖는다(김판임 1999, 129). 바울과 그의 동료가 그리스도 예수의 복음을 선포할 때 모든 경우에 있어서 고난을 당하는 상황을 나타낸다. 바울이 여기에서 사용한 용어는 하나님을 믿는 신앙을 지키기 위해서 당하는 고난을 뜻한다.

바울은 그리스도 예수의 사도로서 직분을 감당하기 위해서 고난에 늘 노출된다. 하지만 바울과 그의 동료는 결코 고난으로 인해서 절망하지 않는다.

바울이 '싸이지 않다'(스테노코루메노이, stenochoroumenoi)라고 표현한 이 용어는 고난으로 인해서 절망에 빠지지 않는 것을 의미한다. 그리스도 예수의 사도로서 직분을 수행하는 일은 고난과 환난에 직면하는 어렵고 힘든 일이다. 고난과 역경에도 결코 절망하지 않는 까닭은 바울과 그의 동료에게 힘을 주시는 하나님의 능력을 의지하기 때문이다.

바울은 둘째로 답답한 일을 당한다고 말한다. '답답한 일을 당하다'(아포루메노이, aporoumenoi)라는 용어는 '낙심하지 않다'(엑사포루메노이, eksa-poroumenoi)라는 용어를 절묘하게 사용한다. 바울이 직면한 고난은 길이 없는 것과 같은 절망적인 상황이었으며, 그 절망에서 헤어 나올 수 없을 지경을 표현한다. 빠져나갈 길이 보이지 않아서 답답하고 절망적인 순간에 직면했던 바울은 결코 그 절망에 빠져서 낙심하지 않는다. 비록 그리스도 예수의 복음을 선포하는 사도라는 직분을 수행하는 바울이라고 할지라도 앞이 보이지 않고 올바른 길을 찾을 수 없는 절망적인 상황을 경험할 수 있다. 하지만 바울과 그의 동료가 절망하거나 낙심하지 않는 까닭은 하나님께서 그들을 지키신다는 견고한 믿음이 있기 때문이다.

바울과 그의 동료가 직면한 세 번째 어려움은 박해를 받는 것이다. '박해를 받다'(디오코메노이, diokomenoi)라는 용어는 사냥감을 찾아서 쫓아가거나 추격하는 것을 뜻한다. 바울을 대적하는 거짓 사도에 의해서 시련을 당하고 궁지에 몰리는 상황에 이른다고 할지라도 하나님께서는 결단코 바울과 그의 동료를 버리지 않으신다.

바울이 경험하는 고난의 네 번째 유형은 거꾸러뜨림을 당하는 것이다. 바울은 '거꾸러뜨림을 당하다'(카타발로메노이, kataballomenoi)라는 용어로 극심한 고난을 표현하는데, 이 용어는 땅바닥에 내던진다는 뜻이다. 비록 바울과 그의 동료가 땅바닥에 내동댕이쳐지는 고난과 죽음의 상황에 직면한다고 할지라도 결코 멸망의 길로 가지 않는다는 믿음을 발견할 수 있다.

바울이 여기에서 언급하는 네 가지 유형은 모두 전쟁을 배경에 둔 표현이다. 전쟁과 같은 선교활동 가운데 바울은 결코 낙심하거나 절망하지 않는다. 박해를 당하고 땅바닥에 내던져지는 심한 공격을 받는다고 할지라도 결단코 바울의 직분을 멈추게 할 수 없다. 그가 어떤 어려움과 역경을 경험했음에도 불구하고 견딜 수 있었던 힘의 근원은 하나님의 능력이다. 바울이 자신의 능력이나 경험 혹은 지식을 자랑하거나 의지하지 않았다는 것을 보여 주는 가장 주된 증거가 바로 여기에 있다. 그는 언제나 하나님의 긍휼과 능력을 전적으로 의지한 것이다.

[4 : 10-12] 바울은 10~12절에서 모진 고난과 어려움을 이길 수 있는 근거를 제시한다. 그는 죽음과 생명이라는 용어를 사용하면서 그리스도인의 존재 양식을 표현한다. 10절에서 그와 그의 동료가 몸으로 예수의 죽음을 짊어진다고 표현한다. 바울이 여기에서 사용한 '죽음'(텐 네크로신, ten nekrosin)이라는 개념은 일반적으로 '죽음'(타나토스, thanatos)을 가리키는 용어와는 차이가 있다. 바울이 선별해서 사용한 이 '죽음'(네크로시스, nekrosis)이라는 단어는 죽는 과정을 나타낸다. 그리스도 예수의 사도로서 직분을 수행하는 바울은 항상 예수의 죽음과 같은 과정을 직접 체험하고 있다는 뜻이다.

복음을 전파하는 선교활동 가운데 바울은 수없이 많은 죽을 고비를 넘겼다. 계속되는 고난과 박해 그리고 죽음의 위협을 통해서 그는 그의 몸으로 예수의 죽임 당하신 것과 동일한 과정을 당했다. 바울과 그의 동료는 그들의 일생 전체를 통틀어서 예수의 죽임당하신 과정을 끊임없이 반복적으로 경험한 것이다. 그리스도인인 동시에 사도로서 살아간다는 것은 고난을 당하는 것의 연속이며, 심지어 죽음의 위협을 넘어서 죽음의 자리에 던져질 수 있는 것이다. 예수께서 죽임을 당하신 것처럼 모든 그리스도인은 동일한 죽임의 과정을 당하게 될 것이다. 바울과 그의 동료도 예외는 아니다. 그러나 이 과정은 예수 그리스도와 함께 고난을 당하는 것으로 끝나지 않는다. 예수와 함께 죽임을 당하는 과정을 체험한 바울과 그의 동료는 또한 예수의 생명이 그들의 몸에 나타나는 것을 목격하게 된다. 죽임을 당하는 과정을 넘어서 생명이 몸에 나타나는 것을 경험함으로써 바울은 예수 그리스도와 신비하게 연합할 수 있게 된다. 바울이 앞에서 언급했던 네 가지 유형의 고난을 이길 수 있는 근거가 바로 여기에 있다. 예수 그리스도의 죽음과 생명에 연합함으로써 그리스도인의 존재 양식을 제시해 주는 것이다.

> 바울은 현재의 고난에도 낙심치 않고 확신을 가지고 하나님의 구원 소식을 전할 수 있다. 예수 그리스도의 죽음이라는 고난의 역사가 없이는 그가 다시 일으킴을 받는 하나님의 능력의 역사는 일어날 수 없었을 것이기 때문에, 바울은 현재 당하는 고난이 심하면 심할수록 하나님의 구원 역사에 대한 확신과 희망은 더욱 강렬하게 일어났다(김판임 1999, 131).

예수께서 죽임 당하신 십자가 사건을 직접 몸으로 체험하는 동시에 생명을 주시는 하나님의 능력이 나타나는 장소는 바로 바울과 그의 동료의 몸이다. 죽음과 생명, 십자가와 부활을 직접 몸으로 경험한 바울과 그의 동료는 담대하게 복음의 진리를 외칠 수 있게 된다. 모든 경우에서 고난과 절망, 그리고 죽음의 위협에 노출되어 있을지라도 결코 좌절하거나 낙심하지 않는 까닭은 바울과 그의 동료의 몸에 예수의 죽음과 생명이 나타나고 있기 때문이다. 앞으로 나아갈 길이 전혀 보이지 않는 극심한 고난의 상황에서도 이길 수 있는 힘의 원천은 죽음과 생명을 주관하시는 하나님의 능력에 의존하는 것이다.

11절에서 바울은 10절의 표현을 변형해서 다시 한 번 더 강조한다. 바울과 그의 동료는 항상 예수를 위하여 죽음에 넘겨진다고 말한다. 여기에서 주목할 용어는 '항상'(아에이, aei)과 '넘기다'(파라디도메타, paradidometha)이다. 바울은 자신의 삶을 끊임없이 고난을 받기 위해서 죽음에 넘겨지는 그리스도 예수의 사도로서의 삶으로 표현한다. 복음을 전파하는 선교활동 가운데

당하는 고난뿐만 아니라 예수의 죽음에 직면한 모든 그리스도인의 존재 양식을 나타내는 것이다. 사도로서 사는 것뿐만 아니라 그리스도인으로서 산다는 것은 결국 예수의 죽임당하신 과정을 끊임없이 체험하는 여정이라 할 수 있다. 예수를 위해서 죽음에 넘겨지는 사람은 또한 예수의 생명이 죽을 육체에 나타나는 것을 목격하게 된다. 바울은 사도로서의 권위를 죽을 육체에 나타나는 예수의 생명에서 찾는다. 그가 제시하는 예수의 생명은, 곧 고난을 견딜 수 있도록 해 주시는 하나님의 능력이기 때문이다. 십자가의 죽음과 부활의 생명은 바울을 포함한 모든 그리스도인의 존재 양식을 보여 주는 근거이다. 그래서 12절에서 바울은 죽음과 생명의 새로운 대조를 제시한다. 바울과 그의 동료는 예수의 죽임당하신 과정을 선포함으로써 그리스도 예수의 복음을 전하며, 그 복음을 받아들이는 고린도 교회 성도들은 생명을 얻게 된다. 죽음과 생명이라는 용어를 역설적으로 사용하는 바울을 발견하게 된다. 복음을 전파하는 바울과 그의 동료의 선교활동이 고난과 박해를 겪으면서 겉보기에는 실패한 것처럼 보인다. 하지만 그 복음의 진리를 듣고 회심한 고린도 교회 성도들은 생명을 체험하고 있다는 선언이다.

> 그리스도의 죽음에 의존하는 바울의 날마다의 죽음은 사람들을 그리스도에게로 돌아오게 하는 역할을 한다. 더 중요하게는 지금 현재 문맥상에서 보면, 그의 죽음은 고린도 교인들에게 생명을 가져다주는 것이다. 바울 자신에게 발견되는 그리스도의 부활의 생명은 결국 고린도 교인들에게도 나타나야 한다. 바울의 날마다 죽음의 목적은 자신을 위한 것이 아니라 바로 그들을 위한 것이었다(Best 2005, 81).

바울이 고린도 교회에 복음을 전파하는 분명한 이유를 설명한다. 예수께서 죽임당하신 과정을 끊임없이 몸으로 체험한 바울이 그리스도 예수의 복음을 선포함으로써 고린도 교회 성도들이 예수의 생명을 그들의 몸에 나타낼 수 있기를 바라는 것이다. 바울의 순교적 희생을 통해서 고린도 교회가 생명을 얻게 된다는 역설을 나타낸다. 바울은 죽음과 생명이 지닌 신학적 역설로 사도라는 직분의 소중함을 논증한다.

[4 : 13] 13절부터 바울은 선교활동을 위해서 필수적으로 요청되는 믿음에 관해서 서술한다. 특별히 시편 116 : 10을 근거로 사도로서의 직분과 믿음의 연관성을 강조한다. 절망적인 상황 가운데 낙심하지 않고 죽음의 위협에 직면했음에도 불구하고 이길 수 있는 힘의 근거는 바로 하나님을 믿는 믿음이다. 바울은 죽음과 생명 사이에서 고통을 받지만 하나님에 대한 믿음을 강조했던 시편 기자의 고백을 인용하여 자신의 자의식을 표현한다. 그리스도 예수의 복음을 전파하는 선교활동 가운데 고난뿐만 아니라 죽음에 이르는 위험에 직면하게 될지라도 믿음으로 인해서 바울은 넉넉히 이길 수 있다. 복음을 선포하는 것은 항상 믿음을 요청한다. 그래서 바울은 그가 인용한 시편의 말씀에 근거해서 믿기 때문에 말한다고 표현한다.

바울이 믿고 있는 것을 말할 수 있도록 해 주는 것은 '믿음의 마음'(프뉴마 테스 피스튜스, pneuma tes pisteuos), 즉 믿음의 영이다. 고난으로부터 하나님의 구원을 경험했던 시편 기자의 믿음에 근거해서 바울은 자신의 고난을 능히 이길 수 있는 힘을 주실 수 있는 하나님의 능력을 믿는다. 그래서 바울은 시편 기자와 동일한 믿음의 영으로 믿고 또한 말한다고 고백한다.

> 바울은 그가 무엇을 믿으며, 무엇을 말하는지에 대해서 구체적으로 언급하지 않는다. 그것은 언급하지 않아도 아주 분명하다. 그가 믿는 것은 복음이며, 그가 말하는 것도 복음이다. 이 복음이 실제로 효력을 발생하게 되려면 그것은 듣는 자 편에서의 신앙과 만나야 하며 동시에 신앙으로부터 더 나아가야 한다(Barrett 1986, 190).

분명히 바울은 죽음과 생명의 상관성 가운데 하나님의 능력을 믿었다. 고난과 죽음의 위협에서도 결코 좌절하거나 낙심하지 않는 근거는 바로 죽임당하신 예수를 살리신 하나님의 능력과 은혜를 믿는 것이다. 바울은 그리스도 예수 안에서 경험했던 하나님의 능력을 믿었고 또한 말하는 것에 담대함을 갖게 된다.

[4 : 14–15] 바울은 14절에서 믿는 것과 말하는 것을 아는 것과 밀접한 연관성이 있다고 주장한다. 바울이 확신하는 것은 죽임당하신 예수를 살리신 하나님께서 그와 그의 동료를 살리실 뿐만 아니라 부끄럼 없이 당당하게 설 수 있도록 해 주실 거라는 믿음이다. 십자가의 희생에 주목하는 바울은 죽음을 초월한 예수를 염두에 둠으로써 바울의 믿음이 확실한 토대에 있다는 것을 주장한다. 비록 지금은 고난과 죽음의 위협에 노출되어 있지만 예수께서 죽음으로부터 살아나신 것처럼 사도를 포함한 모든 그리스도인도 하나님께서 생명을 보장하실 것이다.

바울은 10~14절에서 예수라는 이름을 6회 언급하면서 뚜렷하게 강조한다. 십자가의 죽음에서 예수를 일으키셨던 하나님께서 분명히 바울과 그의 동료, 그리고 그리스도인을 생명으로 인도하실 것이라는 확실한 믿음을 반영한다. 바울이 믿는 그리스도 예수의 복음을 전파함으로써 고린도 교회 성도는 하나님의 구원행위를 알게 된다. 15절에서 바울은 이 모든 과정이 다 고린도 교회 성도를 위한 것이라고 말한다. 바울은 '이 모든 것이 너희를 위함'이라고 말하면서 사도로서 직분을 수행하는 주된 목적과 대상이 전적으로 고린도 교회 성도라는 점을 밝힌다. 하지만 바울이 그리스도 예수의 사도로서 선교활동을 하는 최종 목표는 하나님께 영광을 돌리는 일이다.

바울은 그리스도 예수의 사도로서 직분을 감당하면서 하나님께 영광을 돌리는 동시에 고린도 교회 성도를 향한 애정을 보여 준다. 바울과 그의 동료는 고난과 박해 그리고 죽임을 당하는 위협에 직면해 있음에도 불구하고 고린도 교회 성도의 구원을 염두에 두고 복음을 선포한다. 하나님께서 긍휼을 통해서 구원해 주신 것에 대한 감격과 감사를 통해서 풍성한 은혜를 경험한 사람들이 하나님께 영광을 올려드리는 선순환 구조는 참으로 놀랍다.

2. 겉사람과 속사람(4 : 16 – 5 : 10)

16그러므로 우리가 낙심하지 아니하노니 우리의 겉사람은 낡아지나 우리의
속사람은 날로 새로워지도다 17우리가 잠시 받는 환난의 경한 것이 지극히 크
고 영원한 영광의 중한 것을 우리에게 이루게 함이니 18우리가 주목하는 것은
보이는 것이 아니요 보이지 않는 것이니 보이는 것은 잠깐이요 보이지 않는
것은 영원함이라 5:1만일 땅에 있는 우리의 장막 집이 무너지면 하나님께서
지으신 집 곧 손으로 지은 것이 아니요 하늘에 있는 영원한 집이 우리에게
있는 줄 아느니라 2참으로 우리가 여기 있어 탄식하며 하늘로부터 오는 우리
처소로 덧입기를 간절히 사모하노라 3이렇게 입음은 우리가 벗은 자들로 발
견되지 않으려 함이라 4참으로 이 장막에 있는 우리가 짐 진 것같이 탄식하는
것은 벗고자 함이 아니요 오히려 덧입고자 함이니 죽을 것이 생명에 삼킨바
되게 하려 함이라 5곧 이것을 우리에게 이루게 하시고 보증으로 성령을 우리
에게 주신 이는 하나님이시니라 6그러므로 우리가 항상 담대하여 몸으로 있
을 때에는 주와 따로 있는 줄을 아노니 7이는 우리가 믿음으로 행하고 보는
것으로 행하지 아니함이로라 8우리가 담대하여 원하는 바는 차라리 몸을 떠
나 주와 함께 있는 그것이라 9그런즉 우리는 몸으로 있든지 떠나든지 주를
기쁘시게 하는 자가 되기를 힘쓰노라 10이는 우리가 다 반드시 그리스도의 심
판대 앞에 나타나게 되어 각각 선악 간에 그 몸으로 행한 것을 따라 받으려
함이라

[4 : 16] 바울은 사도라는 직분의 의미에 관해서 다시 언급한다. 질그릇과 같은 존재 안에 그리스도 예수의 복음을 담고 살아가는 사도는 낙심하지 않는

다는 1절의 주장을 반복하면서 회상한다. 16절에서 바울은 "그러므로 우리가 낙심하지 아니하노니"(디오 우크 엥카쿠멘, dio ouk engkakoumen)라고 말한다. 바울이 고난과 환난을 겪고 있음에도 낙심하거나 절망하지 않는 이유는 무엇일까? 그리스도 예수의 사도로서 직분을 감당하고 있는 자신감이 엿보인다. 하나님께서 주시는 긍휼하심이 바울이 사도가 될 수 있는 힘의 근거이며, 예수를 죽인 사람들 가운데 다시 살리시는 하나님의 능력으로 낙심하거나 좌절하지 않게 된다. 바울과 그의 동료는 사도로서 직분을 담대하게 수행하면서 하나님께 의지하고 있기 때문에 낙심하지 않는다. 복음을 선포할 때 고난이나 역경에 직면할 수밖에 없는 것이 현실이지만 심각한 상황에도 불구하고 그들은 결코 낙심하지 않고 사도의 직분을 계속 감당한다. 바울은 매일 경험하게 된 삶의 연약함과 그것을 극복할 수 있는 삶의 원천이 하나님께 있다고 고백하면서 낙심하지 않는다고 선언하는 것이다.

바울과 그의 동료를 포함한 모든 그리스도인은 날마다 고난과 역경에 직면한다. 그래서 바울은 "우리의 겉사람은 낡아지나"라고 표현하면서 그를 포함한 모든 사람들이 죽을 육체를 지니고 산다고 말한다. 육체를 가지고 살아가는 바울과 그의 동료는 죽음의 위협 앞에 노출되어 살아가는 한계를 가진 존재이다. 겉사람이 낡아진다는 말을 통해서 바울이 당하는 고난과 핍박을 가늠할 수 있으며, 그가 직면한 상황을 알 수 있다.

바울은 인간의 육체 안에서 핍박과 어려움뿐만 아니라 죽음이라는 한계로 고통을 당하지만 결코 낙심하지 않는다. 왜냐하면 '우리의 속사람이 날로 새로워진다'는 기대를 갖고 있기 때문이다. 바울이 말하는 속사람은 무엇인가? 성령에 의하여 변화된 새로운 나, 날마다 생명을 받는 나, 죽음에 던져진 겉사람과는 대조되는 새로운 나를 의미한다(Conzelmann, Lindemann 2001, 327). 바울은 비록 죽음의 위협 앞에서 온갖 고난과 역경에 노출되어 있는 겉사람과 같은 존재이지만 하나님의 능력으로 새로운 피조물이 된 속사람은 변화된 생명을 가진 존재를 뜻한다. 하나님을 믿는 믿음으로 그리스도 예수 안에서 새로운 생명을 가진 존재를 속사람이라고 지칭한다. 바울은 사도의 직분을 감당하는 존재로서 하나님 안에서 믿음으로 살아가는 자신과 그의 동료를 속사람이라고 부르면서 종말론적 미래를 기대한다. 바울은 속사람이 날마다 새로워진다는 말을 통해서 겉사람과 속사람의 공존을 암시한다.

> 어떤 면에서 바울 자신도 여전히 많은 문제들을 안고 있으며 죽음의 선고 아래 있는 것 같은 겉사람이다. 동시에 그는 이미 그리스도에게 속한, 즉 전적으로 새롭게 된 사람(새로운 피조물, 새 인간)인 것이다. 겉사람은 단지 낡아져 갈 뿐이지만 속사람은 계속해서 새로워진다. 그는 행위나 혹은 과거에 있었던 세례에 의해 보증되는 것이 아니라, 현재 주님에 대한 믿음에 의해서만 그리스도인의 존재가 날마다 새로워지는 것으로 이해하고 있다(박익수 1999, 174－175).

겉사람과 속사람이 공존하는 삶을 살고 있기 때문에 바울은 지금 시대와 오고 있는 시대를 동시에 산다. 바울과 그의 동료는 하나님의 능력으로 그리스도 예수 안에서 결코 낙심하지 않고 살아갈 수 있는 중요한 근거를 발견할 수 있다. 겉사람 안에 갇혀 살지만 그 한계에 머물지 않고 속사람으로 날마다 새로워지는 새로운 피조물로 살아가는 바울은 현재의 고통과 미래의 영광 사이의 균형을 올바로 인식한다.

[4 : 17] 17절에서 바울은 '잠시 받는 환난의 경한 것'과 '지극히 크고 영원한 영광의 중한 것'을 비교한다. 그리스도 예수의 복음을 전파하는 바울은 분명히 환난을 당하고 있다. 모진 고난으로 죽음의 위협을 당하고 있지만 그와 같은 환난이 일시적이고 또한 가벼운 것이라고 선언한다. 수없이 많은 죽을 고비를 넘기는 고통 가운데 있지만 견딜 수 있다고 말하는 근거는 어디에 있는 것일까? 결코 고난이나 핍박이 약하다고 말하는 것은 아니다. 죽을 만큼

견딜 수 없는 고통과 환난이지만 그것을 견뎌 낼 수 있는 힘과 능력이 있다고 주장하는 것이다. 심각한 고통과 모진 환난을 견딜 수 있는 비결은 바울이 '지극히 크고 영원한 영광의 중한 것'(카트 휘페르볼렌 에이스 휘페르볼렌 아이오니온 바로스 독세스, kath hyperbolen eis hyperbolen aionion baros dokses)을 가지고 있기 때문이다. 아무리 모진 시련과 고난이 바울과 그의 동료를 휘감고 있다고 할지라도 그들은 그러한 환난을 이길 기쁨과 확신이 있다. 그것은 바로 하나님의 크고 영원한 영광이다. 바울은 지금 겪고 있는 고난과 미래에 경험하게 될 영광을 비교함으로써 사도의 직분을 수행할 때 직면한 고난과 환난이 일시적이고 가벼운 것이라고 말하는 것이다. 하나님의 능력을 통해서 새로운 피조물로 살아가는 바울에게 고난을 이길 수 있는 힘이란 다가올 시대에 경험하게 될 크고 놀라운 하나님의 영광이다.

바울은 계속해서 겉사람과 속사람, 일시적인 고난과 영원한 영광, 가벼운 것과 무거운 것으로 비교함으로써 자신이 수행하는 사도의 직분이 갖는 위대함을 나타낸다. 여기에서 우리는 바울이 이해하는 고난과 박해에 관한 이해에 주목해 볼 필요가 있다.

> 박해는 분명히 일어나고 있고 그저 없었던 것같이 떨쳐 버릴 수 있는 것은 아니다. 하지만 인간 현존의 자리에서 박해가 일어나는 '겉사람'의 자리는 부패해 가는 것이다. 이것의 영향력도 일시적일 뿐이다. 이것이 지나간 후의 것은 하나님께서 준비하신 '지극히 크고 영원한 영광의 중한 것'이다. 영광은 하나님께 속한 것이고, 오직 하나님께서만 우리에게 부여하실 수 있다(Best 2005, 84).

바울이 경험하는 크고 영원한 하나님의 영광은 사도의 직분이 하나님의 능력을 통해서 주어진 것이라는 점을 부각시킨다. 바울과 그의 동료가 온갖 시련과 모진 환난에도 견딜 수 있는 힘의 원천이 하나님의 영광에 있다는 사실에서 하나님을 전적으로 의지하고 신뢰하는 바울을 발견할 수 있다.

[4 : 18] 18절에서 바울은 보이는 것과 보이지 않는 것을 대조하면서 자신이 수행하는 사도직의 독특성을 강조한다. 바울과 그의 동료는 "우리가 주목하는 것은 보이는 것이 아니요 보이지 않는 것"(메 스코푼톤 헤몬 타 블레포메나 알라 타 메 블레포메나, me skopounton hemon ta blepomens alla ta me blepo-mena)이라고 선언한다. 바울은 보이는 것과 보이지 않는 것을 대조하면서 자신이 지닌 사도로서의 차별성을 강조하고 있다. 바울을 대적했던 거짓 사도가 보여 주었던 추천서는 일시적 가치는 있지만, 바울이 지닌 눈에 보이지 않는 확신과 믿음은 영원한 가치라는 것을 분명하게 제시한다. 바울의 적대자들과는 달리 그는 눈에 보이지 않는 우월한 권위를 가진 존재라는 것을 알린다. 바울이 눈에 보이는 것을 주목했다면 분명히 모진 시련과 심각한 고난으로 인해서 낙심하고 절망하게 되었을 것이다. 바울을 대적했던 거짓 사도가 추천서에 집착했다면 눈에 보이지 않는 가치에 주목할 여력이 없었을 것이다. 바울이 눈에 보이지 않는 것을 '주목한다'(스코푼톤, skopounton)고 말하는 것은 목적을 갖고 바라보는 것뿐만 아니라 날카롭게 응시하면서 목적을 실현하려는 의지가 담겨 있는 것이다.

바울이 하나님의 긍휼과 능력 그리고 섭리를 주목하는 것은 그냥 단순히 바라보는 막연함이 아니라 전심을 다해 기대하면서 바라보는 의지가 내포되어 있다. 보이지 않는 것을 주목하는 바울의 태도에서 믿음의 세계로 인도하려는 결연한 의지를 엿볼 수 있다. 바울이 그리스도 예수의 사도로서 직분을 수행할 수 있는 진정한 힘의 근원은 눈에 보이지 않는 믿음의 세계를 주목함에 있다. 모진 시련과 심각한 환난, 그리고 죽음의 위협에서도 굴하지 않고 견디고 버틸 수 있는 능력은 바울과 그의 동료의 삶을 날마다 새롭게 하시는 하나님의 영광을 바라볼 수 있는 믿음에 있었다.

바울은 눈에 보이는 것은 잠깐이라고 말한다. 눈에 보이는 현실은 일시적이며 곧 사라져서 없어질 운명이라는 점을 분명히 인식해야 한다. 눈에 보이는 것에 집착하려는 사람들의 태도에 관해서 바울은 비판한다. 눈에 보이는 세계에 집착해서 이 세상에 연연하며 살지 말라는 바울의 목소리에 귀를 기울일 필요가 있다. 오히려 바울은 보이지 않는 것은 영원하다고 선언하면서 믿음의 눈을 통해서 바라볼 수 있는 영원한 세계에 관해서 제시한다. 하나님께서 주시는 긍휼과 능력이 없이는 결코 보이지 않는 것을 주목할 수 있는 믿음의 눈을 가질 수 없다. 또한 믿음의 눈 없이는 결코 보이지 않는 세계에 대한 소망을 품을 수 없다. 바울과 그의 동료는 보이지 않는 가치, 크고 놀라운 하나님의 영광, 미래에 소망을 둔 세계를 주목함으로써 그와 같은 가치를 성취하려는 의지와 확신으로 살았다.

> 우리의 육체적 눈으로는 아니지만, 이미 우리는 새로운 시대를 보고 있다. 그리스도인의 삶의 모습이 우리 가운데 드러나면서 이미 우리는 보고 있고, 그리스도인 공동체의 삶에서도 우리는 이미 이 시대를 보고 있다. '보이지 않는' 것은 속사람이 날로 새로워지는 사람들에게만 보이는 그런 것이다(Best 2005, 40).

겉사람이 낡아지고, 지금 고난과 환난을 겪고 있고, 보이는 것에 집착하고 연연하려는 유혹을 받는 현실에서 바울은 보이지 않는 것을 주목하자고 제안한다. 보이지 않는 것은 크고 영원한 영광으로 날마다 새롭게 만들어 주시는 믿음의 눈으로만 바라볼 수 있는 하나님의 능력이다. 바울과 그의 동료는 그리스도 예수의 복음을 선포하는 지금, 비록 고난과 핍박을 당하며 죽음의 위협에 노출되어 있을지라도 결코 낙심하거나 절망하지 않는다. 그 까닭은 그들은 크고 놀라운 영원한 영광이라는 보이지 않는 것을 주목할 수 있는 특별한 눈이 있기 때문이다. 바울은 일시적 세계에서 영원을 보고 있는 것이다.

[5 : 1] 바울은 5장을 시작하면서 보이지 않는 것을 암시하는 몇 가지의 그림

을 제시한다. 1절에서 바울은 '땅에 있는 우리의 장막 집'(헤 에피게이오스 헤몬 오이키아 투 스케누스, he epigeios hemon oikia tou skenous)과 '하늘에 있는 영원한 집'(오이코도멘 에크 테우, oikodomen ek theou)을 대조하면서 보이지 않는 것을 장막과 집으로 비교하면서 표현한다.

바울은 장막이라는 용어를 사용하면서 눈에 보이는 것과 일시적인 것을 언급했던 주제를 계속해서 이어 간다. 장막 집은 이동하는 유목민의 일시성을 표현하는 용어로 견고한 집과 대조되는 임시적인 거처를 나타내면서 썩어 없어질 이 세상의 육체를 의미한다(김판임 1999, 140).

장막이라는 단어는 이미 눈에 보이는 것이며 잠시 사용하는 거처를 나타낸다. 따라서 바울이 지금까지 논의해 왔던 시간과 공간의 한계에 머물러 있는 인간의 육체를 지칭하는 것이다. 장막 집이 인간의 육체를 나타낸다고 할 때, 그것은 나약하고 한시적이며 무가치한 것을 나타내 준다. 바울이 육체를 지니고 살아가는 사람들을 장막 집에 비유할 때 나타내고자 한 것은 이 세상 삶의 불안정을 밝히려는 것이다. 따라서 바울이 땅에 있는 우리의 장막 집이 무너진다고 말할 때 그것은 육체적 죽음을 의미한다. 육체를 지니고 살아가는 사람들은 모진 시련과 심각한 고난을 당하며 죽음의 위협에 노출되어 있고 실제로 육체적 죽음을 맞게 될 것이라는 표현은 매우 심각한 바울의 상황을 나타낸다. 하지만 바울은 보이지 않는 것에 주목하면서 하늘에 있는 영원한 집이 준비되어 있다고 확신을 가지고 말한다. 하늘에 있는 영원한 집은 하나님께서 만드셨을 뿐만 아니라 사람의 손으로 지은 집이 아니라는 점을 밝힌다. 바울은 눈에 보이는 것이 장막 집과 같이 일시적이고 불안정하지만 눈에 보이지 않는 것은 하나님께서 만드신 영원하고 완전한 집이라는 차이를 뚜렷하게 부각시킨다.

바울과 그의 동료는 죽음이라는 가장 극심한 고난 앞에 직면해 있을지도 모른다. 하지만 그들이 바라보고 주목하는 것은 눈에 보이는 것이 아니라 눈에 보이지 않는 지극히 크고 영원한 하나님의 영광이다. 바울은 하나님의 영광을 하나님께서 지으신 하늘에 있는 영원한 집이라고 표현한다. 사람의 손으로 지은 것이 아니라 하나님께서 손수 지으신 집을 하늘에 있는 영원한 집이라고 표현함으로써 눈에 보이지 않는 것을 더욱더 강조한다. 땅에 있는 우리의 장막 집이 무너지면 하늘에 있는 영원한 집이 우리에게 있는 줄 안다고 말하는 바울은 확신과 희망을 나타낸다. '우리가 안다'(오이다멘, oidamen)라는 표현은 바울의 확신이 그 자신뿐만 아니라 모든 사람들이 공유할 수 있는 가치라고 말하는 것이다.

> 우리가 안다는 말은 바울이 동료 유대인이나 교회의 교인들도 그들의 상식이나 경험, 그리고 복음 선포를 통해서 이제는 누구나 이해할 수 있고, 인정할 수 있다는 사실을 말할 때 자주 사용했던 표현이다. …… 인간의 보편적 인식에 호소한 것이다. 그는 하나님께서 주신 집을 가지고 싶어 하는 우리들의 소망 그 자체를, 혹은 우리가 그런 집을 가지고 있다는 소망의 타당성은 우리 모두가 다 잘 알고 있다고 보았다(박익수 1999, 183).

바울과 그의 동료가 전하는 그리스도 예수의 복음은 모든 사람들에게 확신과 소망을 제시한다. 비록 고난과 핍박을 당하고 죽음의 위협에 놓이게 될지라도 결코 낙심하지 않고 보이지 않는 것을 주목할 수 있는 힘은 바로 그리스도인 모두 다 알고 있는 소망을 공유한다는 믿음이다. 보이지 않는 것에 주목하는 바울은 땅에 있는 장막 집과 하늘에 있는 영원한 집을 대조하면서 땅과 하늘이라는 공간, 임시와 영원이라는 시간, 손으로 지은 것과 하나님께서 지으신 것이라는 주체와 같은 중요한 주제를 비교한다. 죽음 이후의 삶에 대한 지식은 인간의 사고에서 기인한 것이 아니다. 이것은 성령을 통해서 하나님께서 우리에게 우리가 소유할 수 있는 영원한 삶을 보증해 주신다. 그렇기 때문에 우리는 죽음에 직면해도 두려워하지 않는 것이다(Kistemaker 1997, 166). 바울을 포함한 모든 그리스도인은 보이지 않는 것의 가치를 제대로 인식하려면 공간, 시간 그리고 주체라는 요소를 파악할 필요를 깨닫게 된다.

[5:2-3] 2~3절에서 바울은 보이지 않는 것을 암시하는 또 다른 그림을 보여준다. 보이지 않는 것에 주목하는 바울은 이 세상에서 볼 수 있는 것으로 보이지 않는 것을 표현해야 하는 한계가 있다. 따라서 바울은 그 자신을 포함해서 모든 사람들이 '하늘로부터 오는 우리 처소로 덧입기를 간절히 사모'한다고 표현한다.

1절에서 장막 집과 영원한 집을 대조했던 바울이 계속해서 장막과 집이라는 개념으로 자신의 주장을 전개할 것이라는 예상은 빗나갔다. 2절에서 바울은 장막이나 집이 아니라 옷이란 개념을 사용하여 서술한다. 바울은 존재의 새로움을 서술하기 위해서 하늘로부터 오는 처소를 덧입는다고 표현한다. 이것은 고난과 박해를 당하며 죽음의 위협에 노출되어 있는 장막 집과 같은 육체와는 달리 하나님께서 지으신 집과 하늘에 있는 영원한 집과 같은 존재를 가리킨다. 비록 지금은 시간과 공간의 한계를 지닌 육체를 입고 살고 있지만 하늘로부터 오는 처소를 '덧입기'(에펜뒤사스타이, ependysasthai)를 간절히 사모하는 바울의 태도는 현재 직면하고 있는 고난과 핍박을 넘어선 희망을 발견하게 된다. 그는 하늘로부터 오는 처소를 덧입기를 간절히 바라면서 탄식한다고 말한다. 하늘로부터 오는 것을 기대하며 탄식하는 바울은 부정적 혹은 소극적 태도를 나타내는 것이 아니라, 오히려 적극적인 기대를 표현한다고 할 수 있다. 바울이 사용한 '탄식하다'(스테나조멘, stenazomen)라는 용어의 의미를 살펴보는 것은 의미가 있다.

> 여기서 '탄식한다'(스테나조멘, stenazomen)는 말은 두 가지로 이해할 수 있다. 첫째, 영을 수여받은 이후에도 그리스도인들이 탄식하고 있다는 것은 종말론적 구원의 완성은 '아직 아님'을 표시해 준다. …… 둘째, 덧입기를 매우 간절히 바란다는 표현을 위해 사용되었다. …… 탄식이란 일반적인 세계의

아픔을 표현하는 것이 아니라 구원의 완성을 향한 간절한 소망을 나타내고 있다(김판임 1999, 142-143).

바울이 탄식하며 하늘로부터 오는 처소를 간절히 사모하며 기대한 까닭은 비록 육체 안에 살고 있지만 그 육체를 능가할 새로운 존재로 덧입게 될 희망을 또한 지니고 있기 때문이다. 덧입기를 사모한 바울의 진심은 "벗은 자로 발견되는 것을 원하지 않았다."는 표현에서 분명하게 드러난다. 보이지 않는 것에 관해서 서술하는 바울은 기존의 옷을 벗고 새로운 옷을 입는다는 표현 대신, 기존의 옷 위에 새로운 옷을 덧입는 것으로 설명한다. 따라서 바울이 진정으로 바라는 것은 '벌거벗은'(귐노스, gymnos) 몸으로 발견되지 않는 것이었다. 바울이 두려워하거나 혹은 꺼려 했던 벌거벗은 몸으로 드러난다는 것은 무엇인가? 육체의 죽음을 경험하지 않고 하늘로부터 오는 처소를 덧입음으로써 새로운 존재가 되고 싶다는 것이다. 바울은 죄와 죽음의 위협에 노출되어 있는 이 세대를 끝내고 오고 있는 세대를 갈망하는 그리스도인의 소망에 초점을 맞추고 있다. 눈에 보이지 않는 영원한 것에 주목하는 바울은 장막 집과 같은 육체를 대신하는 하늘의 집을 간절히 바란다. 고난과 죽음의 위협 앞에 노출되어 있지만 죽음을 당하는 벌거벗은 몸이 아닌 새로운 몸을 그 육체 위에 덧입게 되기를 간절히 사모하며 탄식하는 것이다.

[5:4-5] 4절에서 바울은 탄식과 덧입음에 관해서 계속해서 서술한다. 바울은 육체에 거주하는 삶의 한계를 지적하면서 벌거벗음이 아니라 덧입음을 통한 생명에 관해서 언급한다. 바울은 자신을 포함한 고린도 교회 성도들이 장막 집에 머물고 있다는 분명한 현실을 인식한다. 하지만 장막 집에 거하는 것은 '짐 진 것같이 탄식하는 것'(스테나조멘 바루메노이, stenazomen baroumenoi)이다. 바울이 짐을 지고 있는 것과 같다고 표현한 것은 고난이나 염려로 짓눌려 있는 형국으로 나타낸다. 육체에 거하고 있기 때문에 장막 집과

같은 일시성과 제한성을 지니고 살아가는 현재의 모습을 그대로 보여 준다. 바울이 선교사역을 수행하면서 직면했던 온갖 고난과 핍박 그리고 죽음의 위협에 있는 그대로 노출되었던 것을 묘사하는 것이다.

바울은 2절에서 사용했던 '탄식하다'라는 용어를 4절에서 다시 사용함으로써 현재 경험하는 삶의 무게를 표현한다. 장막 집과 하늘의 집 사이에 존재하는 갈등과 긴장을 탄식한다는 표현으로 나타냄으로써 바울과 고린도 교회 성도들을 포함한 모든 그리스도인이 직면한 현재적 삶을 묘사하는 것이다. 장막에 머물고 있는 현재와 새로운 옷을 덧입기를 기대하는 미래 사이의 긴장 가운데 있는 바울은 벌거벗은 몸이 아니라 덧입은 몸 또는 덧입은 존재로 나타나길 바란다.

바울은 땅에 있는 장막 집을 버리고 하늘로부터 오는 영원한 집을 기대하는 것은 아니라고 밝힌다. 장막 집에 머물고 있는 상태에서 그 위의 하늘에 있는 영원한 집을 덧입고자 한다. 장막 집이나 하늘에 있는 영원한 집이라는 용어를 벗고 입는다는 표현으로 묘사함으로써 새로운 존재를 옷으로 서술하고 있는 것은 독특하다. 바울이 탄식하면서 기대하는 것은 하늘로부터 오는 새로운 옷을 덧입게 되어서 지금 여기에서 입고 있는 옷을 벗게 되는 것이다. 바울은 죽음을 경험하지 않고 새로운 존재, 새로운 몸, 새로운 피조물로 덧입게 되는 것을 원한다. 따라서 장막에 있는 바울과 모든 그리스도인이 짐을 지고 있는 것처럼 탄식하는 것은 죽음에 대한 두려움을 나타내는 것이기도 하다. 보이지 않는 것에 관해서 묘사하는 바울은 벌거벗은 몸으로 나타나는 죽음을 경험하지 않고 하늘로부터 오는 새로운 존재가 되는 열망을 여기에서 강조한다. 주의 다시 오심을 기대하고 기다렸던 바울이 죽음을 경험하지 않고 살아서 신령한 몸으로 덧입기를 바라는 것은 당연하다. 죽음을 넘어서서 주의 다시 오심을 희망하고 사모하고 있는 바울의 이와 같은 태도에서 역설적인 그리스도인의 현실과 마주하게 된다. 장막 집과 같이 일시적이고 제한적인 육체 안에서 살아가야 하지만 하늘에 있는 영원한 집을 갈망하며 새로운 존재로 덧입기를 희망하는 바울은 죽음을 능가하는 생명에 주목한다.

4절에서 바울은 "죽을 것이 생명에 삼킨바 되게 하려 함이라"(카타포테 토 트네톤 휘포 테스 조에스, katapothe to thneton hypo tes zoes)라고 말한다. 벌거벗은 몸처럼 죽은 사람이 되는 것을 원하지 않지만 바울을 포함한 그리스도인은 죽게 될지라도 죽음이 끝이 아니라는 점을 분명하게 밝힌다. 죽음의 위협뿐만 아니라 죽음을 경험하게 될지라도 그것이 끝이 아니라 하나님께서 주시는 '생명'(조에스, zoes)이 죽음을 삼키게 될 것이기 때문이다. 하나님께서 바울을 비롯한 고린도 교회 성도를 위해서 생명, 곧 새로운 옷을 준비해 놓고 계시다는 고백이다. 바울이 죽음을 능가하는 생명의 소중함을 강조하는 까닭은 생명이 하나님께서 주시는 선물이며 은혜라는 확고한 믿음이 있기 때문이다. 죽음과 생명을 주관하시는 분이 하나님이시라고 고백하는 바울의 믿음은 눈에 보이지 않는 것에 대한 철저한 신뢰의 태도를 엿보게 한다.

하나님을 전적으로 의지하고 신뢰하는 바울의 고백은 5절에서 찾아볼 수 있다. 바울은 그가 기대하는 하늘에 있는 영원한 집을 덧입고 죽음을 넘어서 생명을 얻게 되는 모든 일을 가능하게 하시는 분이 하나님이시라고 말한다. 바울은 5절에서 하나님께서는 눈에 보이지 않는 것에 대한 기대와 소망을 갖게 하시는 분인 동시에, 미래의 약속에 대한 보증으로 성령을 주시는 분이라고 묘사한다. 눈에 보이지 않는 것에 대해 소망을 서술하는 바울은 이것을 '이루게 하시고' 그 소망의 근거가 되시는 분이 하나님이시라고 선언한다. 눈으로 볼 수 없고 아직 이루어지지 않은 것을 기대하고 소망할 수 있는 것은 전적으로 하나님을 신뢰하기 때문이다. 바울은 눈으로 볼 수 있지만 죽을 수밖에 없는 인간을 따르는 대신에, 영원한 생명을 주시는 하나님을 따르라고 고린도 교회 성도들을 권고하는 것이다.

바울의 사역을 비난하면서 반대하는 거짓 사도와는 달리 바울은 하나님을 전적으로 의지한다. 고난과 핍박 그리고 죽음의 위협 앞에 노출되어 있는 바울이 낙심하거나 두려워하지 않고 철저하게 하나님을 신뢰할 수 있었던 것은 하나님께서 '보증으로 성령을 우리에게 주신 분'이라는 것을 믿었기 때문이다. 비록 지금 여기에서 눈에 보이지 않고 아직 이루어지지 않았지만 기대하면서 소망을 가질 수 있는 진정한 힘은 하나님께서 '이루게 하시고'(카테르가사메노스, katergasamenos) 또한 성령을 '주신'(두스, dous) 분이심을 믿기 때문이다.

여기에서 사용된 두 개의 동사는 모두 하나님의 편에서 행하시는 결정적 행위를 나타내는 용어로 하나님의 신실함을 보여 준다. 오직 하나님만이 죽음을 능가하는 영원한 생명을 바울을 포함한 모든 그리스도인에게 주실 수 있다. 바울은 지금 여기에서 눈에 보이지 않는 것을 기대하고 아직 이루어지지 않은 것을 소망하기 위해서 하나님께서 주시는 '보증'(아르라보나, arrabo-na)이 필요하다. 바울은 이미 1 : 22에서 보증으로 주신 성령에 관해서 언급했다. 지금 여기에서 당장 대금을 지불하지는 않지만 장차 온전하게 받게 될 것을 약속하면서 계약금을 주는 것이 보증이다. 장차 하나님께서 영원한 생명을 주실 것이라는 미래에 대한 약속을 보증해 주시는 것이 바로 성령인 것이다.

> 바울이 영원한 것이 일시적인 것에 대하여 승리를 거두게 되리라는 확신을 갖게 된 근거는 믿는 자들에게 주어진 보증 때문이다. 이 보증 또는 담보물은 성령이다. 하나님께서는 믿는 자들에게 이미 성령을 나누어 주셨다-성령은 하나님의 보증 또는 담보물로 '주어진' 것으로 언급된다(Martin 2007, 274).

바울과 그의 동료 그리고 고린도 교회 성도들은 그들에게 보증으로 주어진 성령으로 인해서 낙심하거나 절망하지 않고 넉넉히 견딜 수 있다. 눈에 보이지 않고 아직 이루어지지 않은 하나님의 약속이 장차 분명히 이루어질 것이라고 기대하고 소망을 갖도록 하는 근거 또한 보증으로 주신 성령으로 가능하다.

[5 : 6-8] 6~8절에 이르기까지 바울은 보이지 않는 것을 암시하는 세 번째 그림을 '주와 함께 거함'이라는 주제로 설명한다. 바울은 지금 여기에서 주와 함께 거할 수 없으나 눈에 보이지 않는 것에 주목하면서 예수 그리스도와 연합해야 함을 나타낸다. 보이지 않는 것의 소중함을 강조하는 세 번째 그림은 장막 집과 덧입음을 넘어 '몸'(소마티, somati)에 대한 직접적 언급으로 시작한다. 바울은 보이지 않는 것을 보다 더 실제적으로 표현하기 위하여 몸이란 용어를 사용하여 한시성과 영원성을 대조하려고 시도한다. 몸에 거함과 몸을 떠나서 주와 함께 거함이라는 주제는 보이는 것은 잠깐이고 보이지 않는 것은 영원함이라는 주제를 보다 더 깊게 확장한다.

6절에서 바울은 '그러므로'(운, oun)라는 용어를 사용함으로써 낙심하거나 절망하지 않는 분명한 이유를 밝힌다. 하나님께서 성령을 보증으로 주셨기 때문에 바울과 그의 동료 그리고 고린도 교회 성도는 두렵지 않고 담대하다는 것이다. 하나님께서 보증으로 주신 성령으로 인해서 바울과 그의 동료는 '항상 담대하여'(타르룬테스 판토테, tharrountes pantote) 실망하지 않는다. 두렵고 절망할 수밖에 없는 상황에서도 항상 담대할 수 있는 까닭은 하나님의 보증을 간직하고 있기 때문이다. 하나님의 보증을 간직한 사람은 결코 낙심하거나 불안하지 않고 항상 담대하게 살아갈 수 있다. 보이지 않는 것의 소중함에 주목하는 바울은 육체의 죽음을 경험하지 않고 하늘로부터 오는 영원한 집을 덧입기를 바란다. 하지만 한시적이고 제한적인 몸에 거하는 현실을 뚜렷하게 인식한다. 죽음 이후에 영원한 생명을 얻게 될 것이라고 하나님께서 성령으로 보증해 주시기 때문에 항상 담대하게 우리가 지닌 몸이 소멸되어 죽게 될 것을 수용한다. 고난과 핍박 그리고 죽음의 위협이라는 심각한 상황에 놓여 있는 바울이지만 새로운 생명에 대한 소망이 있기 때문에 담대한 자세를 가질 수 있었다. 바울은 지금 몸에 거하고 있기 때문에 하나님께서 보증해 주신 하늘에 있는 영원한 집과 새로운 생명을 완전하게 경험하거나 참여할 수 없다. 그래서 바울은 6절에서 자신의 몸에 거할 때 주와 따로 있다고 말하는 것이다. 바울을 비롯한 모든 그리스도인이 예수 그리스도의 복음을 믿고 따르는 사람들이라고 할지라도 몸을 가지고 살아가는 한 주와 떨어져 따로 거하는 것이다.

바울이 주와 '따로 있다'(에크데무멘, ekdemoumen)고 표현할 때 사용한 용어는 집을 떠나서 낯선 곳에 거하며 살아가는 것을 뜻한다. 하나님께서 보증으로 주신 성령으로 인해서 항상 담대하게 살아가는 그리스도인은 몸에 거해야 하기 때문에 완전하게 주와 함께 거할 수 없다. 바울과 동료 그리고 그리스도인은 주와 함께 거할 수 있는 집이 있지만 지금은 낯선 곳에 머물러 있는 모습을 묘사하는 것이다. 주와 떨어져서 낯선 곳에서 살아가는 그리스도인이 예수 그리스도와 함께 거할 수 있는 집으로 돌아가려는 소망은 당연하다. 따라서 몸에 거하는 것보다 몸을 떠나서 주와 함께 거하는 것이 더 낫다고 주장한다. 그래서 바울은 고린도 교회 성도를 향해서 예수 그리스도 안에서 죽는 것이 두려운 일이 아니라 유익한 일이라고 강조하는 것이다.

7절에서 바울은 믿음과 보는 것을 대비하면서 보이지 않는 것에 관해서 다시 한 번 더 서술한다. 바울이 '보는 것'(에이두스, eidous)이라고 사용한 용어는 눈에 보이는 것으로 현 시대의 일을 바라보면서 사는 것을 뜻한다. 보이지 않는 것의 소중함에 주목하는 바울은 눈에 보이는 것에 마음을 빼앗기지 않고 살아갈 수 있는 힘이 믿음이라고 말한다. 몸에 거하기 때문에 주와 함께 거할 수 없어서 따로 살아가지만 결코 낙심하거나 좌절하지 않는 것은 믿음으로 행하기 때문이다. 눈에 보이지 않는 것을 기대하면서 믿음으로 살아갈 수 있다는 것은 하나님께서 보증해 주신 소망을 간직했다는 뜻이다. 바울이 비록 지금 몸에 거함으로 주와 따로 있지만 눈에 보이는 것을 따라 살아가지 않고 믿음으로 행할 수 있는 까닭은 소망을 갖고 보이지 않는 소중한 것을 바라보기 때문이다. 따라서 바울이 담대하게 살아갈 수 있는 힘의 근거인 믿음은 무엇보다 소중하다.

그리스도 예수를 믿는 믿음이 보이지 않는 영원한 것을 소망하게 했듯이,

바울을 포함한 고린도 교회 성도는 눈에 보이는 것이 아니라 믿음으로 행할 수 있는 근거를 발견한다. 바울이 믿음과 보는 것을 대조하는 까닭은 고린도 교회의 상황과 바울을 반대하는 거짓 사도를 염두에 두고 있기 때문이다. 그리스도 예수의 사도로서 직분을 수행하는 바울은 그를 반대하는 거짓 사도와는 달리 눈에 보이지 않는 것을 기대하고 소망할 수 있는 믿음을 따라서 행동한다고 강조한다. 그래서 바울은 8절에서 몸을 떠나서 주와 함께 거하는 것을 소망한다고 말한다. 몸에 거하든지 몸을 떠나든지 바울은 담대할 수 있다고 서술한다. 바울은 6절에서 언급했던 '담대하다'(타르루멘, tharroumen)라는 용어를 다시 사용함으로써 자신을 포함한 모든 그리스도인이 몸에 있든지, 몸을 떠나든지 용기를 갖고 살아갈 근거를 제시하고 있다. 몸에 거하는 것은 지금 여기에서 시간과 공간의 제한을 받고 한시적으로 살아가는 것을 뜻하며 몸을 떠나는 것은 죽음을 맞게 된다는 의미이다. 바울은 죽음을 경험하지 않고 영원한 생명을 덧입기를 기대했지만, 8절에서는 진지하게 자신의 죽음 가능성을 염두에 둔다. 바울뿐만 아니라 모든 그리스도인이 그리스도 예수의 복음을 믿지만 죽음을 경험하게 될 것이다. 몸을 떠나서 지금 여기에서의 삶이 끝난다고 할지라도 낙심하거나 절망하지 않고 담대할 수 있는 까닭은 주와 함께 거할 것을 기대하고 소망하기 때문이다.

바울은 몸을 떠나서 주와 함께 거하는 것을 기대하고 소망하지만 적극적으로 죽기를 바라는 것은 아니다. 8절에서 바울은 몸을 '떠나다'(에크데메사이, ekdemesai)와 주와 '거하다'(엔데메사이, endemesai)라는 동사를 사용함으로써 집으로부터 떠나 있다가 편안한 집으로 돌아와 살게 됨을 표현한다. 바울은 몸에 거하고 있기 때문에 하늘에 있는 영원한 집으로부터 떠나 있는 형편이지만, 주와 함께 거하게 될 때 영원한 집으로 다시 돌아와 편하게 거할 수 있다. 주 예수 그리스도와 함께 있는 것은 몸을 떠나 죽음을 경험하더라도 담대하게 원하고 바라는 것이다. 바울은 보이지 않는 것의 소중함을 표현하면서 시간과 공간의 한계에 직면하는 몸에 거하는 대신에 주와 함께 있는 것을 소망하는 믿음을 담대하게 나타낸다. 그리스도 예수의 복음을 전파하며 선교활동을 감당하는 바울은 온갖 고난과 핍박을 당할 뿐만 아니라 죽음의 위협에 노출된 심각한 형편에 놓여 있다. 비록 언제나 죽음의 위기에 직면해 있지만 영원한 생명을 얻고 담대하게 몸을 떠나서 주와 함께 거할 것을 기대할 수 있는 까닭은 하나님께서 보증으로 주신 성령으로 힘과 용기를 얻기 때문이다.

[5 : 9-10] 9절에서 바울은 보이지 않는 것에 주목하는 진정한 이유를 밝힌다. 그에게 있어서 지향하는 삶의 목적은 살든지 죽든지 주를 기쁘게 하는 사람이 되는 것이다. 바울은 '그런즉'(디오, dio)이란 용어를 사용하면서 보이지 않는 것의 소중함에 관한 논리적인 결론을 제시한다. 바울을 비롯하여 고린도 교회 성도들이 몸으로 있든지 떠나든지 관계없이 가장 중요한 삶의 목적은 주를 기쁘시게 하는 사람이 되려고 힘쓰는 것이다. 어떻게 사는 것이 주를 기쁘게 하는 것인지 제시하지 않지만 바울의 인생에 있어서 최종 목적은 주를 기쁘시게 하는 사람이 되는 것이다. 몸에 있든지 떠나든지, 즉 살든지 죽든지 오직 바울이 원하는 것은 주를 기쁘게 하는 삶을 사는 것이다. 비록 지금 온갖 고난과 핍박 그리고 죽음의 위협에 놓여 있지만 낙심하지 말고 담대하게 살아가야 하는 것은 그리스도 예수의 사도로서의 직분을 수행하면서 주님을 기쁘시게 하는 사명이 자신에게 있기 때문이다.

바울은 그 자신뿐만 아니라 모든 그리스도인의 지향점이 어디인가를 진지하게 묻는다. 살든지 죽든지 상관없이 인생의 최종 목적이 주를 기쁘시게 하는 삶이라고 선언한다. 몸에 거하든지 떠나든지 집착할 필요가 없다. 오로지 주를 기쁘시게 하는 사람이 되기 위해서 힘쓰는 것이 필요하다. 9절에서 '힘쓰노라'(필로티무메타, philotimoumetha)라고 말하는 바울은 그 자신을 포함해서 고린도 교회 성도가 지금 해야 할 일은 주를 기쁘시게 하는 삶에 철저히 헌신하는 것이라고 강조한다. 눈에 보이는 것에 집착하고 힘쓰는 대신에,

눈에 보이지 않는 소중한 것에 주목하며 주님을 기쁘시게 하는 사람이 되기를 힘써야 한다. 주님을 기쁘시게 하는 사람이 되도록 힘쓰고 애쓰는 사람은, 곧 주님 중심의 생활 이념을 따라 사는 사람을 의미한다. 바울과 그의 동료 그리고 고린도 교회 성도의 지향점은 눈에 보이는 것이 아니라 눈에 보이지 않지만 더 소중한 영원한 생명에 있다.

10절은 살든지 죽든지 항상 담대하게 눈에 보이지 않는 것을 기대하면서 주님을 기쁘시게 하는 사람이 되도록 힘쓰는 이유를 제시한다. 바울은 '이는 우리가 다'(투스 가르 판타스 헤마스, tous gar pantas hemas)라는 표현을 통해서 바울과 그의 동료뿐만 아니라 그리스도인 전체를 지칭한다. 모든 그리스도인은 삶과 죽음이 궁극적 목적이 아니다. 바울이 지속적으로 강조해 온 것처럼 죽음을 넘어서 영원한 생명을 누릴 수 있도록 주 예수 그리스도를 기쁘시게 하는 삶에 주목해야 한다. 모든 사람은 다 누구도 예외 없이 '그리스도의 심판대 앞'(엠프로스텐 투 베마토스 투 크리스투, emprosthen tou bematos tou Christou)에 서게 될 것이다. 바울과 그의 동료 그리고 고린도 교회 성도를 포함한 모든 그리스도인이 그리스도의 심판대 앞에 서서 각각의 행위대로 판단받게 될 것이다.

그리스도의 심판대 앞에 '나타나게 되어'(파네로테나이, phanerothenai)라는 용어는 법정에 소환되어 출두하는 의미를 가리킨다. 살든지 죽든지 상관없이 주와 함께 거하게 될 때 모든 그리스도인은 지금 여기에서 살아왔던 삶에 대해서 심판을 받게 된다. 사도의 직분에 관해서 담대하게 서술하고 있는 바울이 지금 여기에서의 삶과 행위를 평가받고 심판받는다고 말하는 것은 참으로 의미가 있다. 그리스도 예수의 사도로서 복음을 전파하는 바울이 온갖 핍박과 박해를 당하고 죽음의 위협이라는 심각한 상황에 놓인다. 그리고 죽음 이후에 그리스도의 심판대 앞에 소환되어 이제까지의 삶과 행위를 정당하게 평가받게 될 것이라고 말하는 것은 상당히 주목할 일이다. 그리스도의 심판대 앞에서 바울과 그의 동료는 주를 기쁘시게 하는 사람으로 온전하게 평가를 받게 될 것이지만 바울의 사도직에 도전하고 선교활동을 반대하고 대적했던 거짓 사도는 행위의 심판을 받게 될 것이다. 바울은 모든 사람들이 심판을 받게 되는 것은 '각각 선악 간에 그 몸으로 행한 것'이라고 말한다. '악'(파울론, phaulon)은 눈에 보이는 무가치한 것에 집착하는 악한 행위를 가리킨다. 따라서 '선'(하가톤, hagathon)은 보이지 않는 소중한 것에 주목하는 선한 행위를 뜻한다. 바울을 포함한 모든 그리스도인은 주 예수 그리스도의 복음을 믿는 것으로 그치는 것이 아니라 그 복음에 담겨진 하나님의 사랑에 올바르게 반응하는 것을 요구받는다.

사도의 직분을 감당하는 바울은 분명히 보이지 않는 것을 주목하면서 영원한 생명을 기대하고 소망하는 사람이었다. 살든지 죽든지 상관없이 주를 기쁘시게 하는 사람이 되기를 힘쓴다고 말하는 바울의 삶에서 올바른 지향점을 제시하는 모습을 발견할 수 있다. 눈에 보이지 않는 영원한 집을 갈망하는 바울은 현재의 삶과 행위에 대한 끊임없는 성찰이 그리스도의 심판대 앞에서 선한 행위로 보응받는다고 강조한다.

설교를 위한 묵상

보물을 품고 살아가는 사람처럼

사도라는 직분은 바울에게 있어서 엄청난 특권이며 은혜이다. 하나님의 뜻대로 사도가 되었다고 고백하는 것은 스스로 얻을 수 없는 귀한 직분을 자신이 가지고 있다고 강조하는 것이다. 질그릇에 담긴 보물과 같이 사는 사람이 바로 사도의 직분을 가진 사람이다. 나약하고 하찮으며 또한 흔한 질그릇에 보물을 담으면 질그릇 자체가 소중한 것이 된다. 사도와 성도들에게 보물은 하나님께 능력이 있다는 것을 깨닫는 것이다. 자신의 지혜와 생각에 의지하지 않고 오로지 하나님께 능력이 있다고 고백하는 사람이 바로 그리스도인이다. 바울은 하나님을 믿는 그리스도인이 사방으로 욱여쌈을 당하고, 답답한 일을 당하고, 박해를 받고, 거꾸러뜨림을 당하게 되지만 결코 죽음에 이르지 않는다고 주장한다. 왜냐하면 생명을 주시는 하나님의 능력을 의지하기 때문이다. 우리는 보물이 담긴 질그릇과 같은 그리스도인인가? 하나님의 능력을 의지하며 사도의 직분을 담당하는 바울처럼, 하나님께서 주시는 능력으로 성도와 그리스도인의 삶을 살아가야 한다.

보물을 질그릇에 가진 사람은 보이는 것이 아니라 보이지 않는 것, 하늘의 영원한 집을 기대하는 사람이다. 많은 사람들이 영원함을 기대한다고 말하지만 사실 겉모습이나 외모에 집착한다. 하늘의 영원한 집이나 처소보다 눈앞에 있는 것에 주목할 때가 많다는 뜻이다. 하지만 보물을 질그릇에 가진 사람은 영원한 집을 주목하며 지금의 고난을 견딜 수 있는 힘을 얻는다. 사도의 직분을 서술하는 바울은 분명히 보이지 않는 것을 주목하면서 영원한 생명을 기대하고 소망하는 사람이다. 이와 같은 바울의 삶에서 올바른 지향점을 찾으려는 모습을 발견할 수 있다. 한국 교회의 목회자와 성도들은 바울이 제시한 그 지향점으로 함께 나아가려고 노력하고 실천해야 할 것이다.

C. 화해의 직분(5 : 11－6 : 13)

1. 바울의 삶의 동기(5 : 11－15)

11우리는 주의 두려우심을 알므로 사람들을 권면하거니와 우리가 하나님 앞에
알리어졌으니 또 너희의 양심에도 알리어지기를 바라노라 12우리가 다시 너
희에게 자천하는 것이 아니요 오직 우리로 말미암아 자랑할 기회를 너희에게
주어 마음으로 하지 않고 외모로 자랑하는 자들에게 대답하게 하려 하는 것
이라 13우리가 만일 미쳤어도 하나님을 위한 것이요 정신이 온전하여도 너희
를 위한 것이니 14그리스도의 사랑이 우리를 강권하시는도다 우리가 생각하

건대 한 사람이 모든 사람을 대신하여 죽었은즉 모든 사람이 죽은 것이라 [15]그가 모든 사람을 대신하여 죽으심은 살아 있는 자들로 하여금 다시는 그들 자신을 위하여 살지 않고 오직 그들을 대신하여 죽었다가 다시 살아나신 이를 위하여 살게 하려 함이라

[5 : 11] 11절에서 바울은 그리스도의 심판대 앞에서 선한 행위 또는 악한 행위로 인한 심판을 받게 된다는 관점으로 자신의 사역을 바라본다. 그리스도 예수의 사도로서 선교활동을 수행하는 바울이 사도의 직분과 사역을 심판이라는 관점과 연관시키고 있는 것은 놀랍다.

눈에 보이지 않는 영원한 것을 주목하는 바울은 11절에서 '그러므로'(운, oun)라는 용어를 사용하면서 지금까지의 논의에 관해서 하나의 결론을 제시한다. 바울이 지향하는 중요한 인생의 목적 가운데 하나는 주를 기쁘시게 하는 사람이 되기를 바라는 것이다. 살든지 죽든지 상관없이 바울은 주를 위해서 살고자 힘쓰고 애썼기 때문에 그리스도의 심판대 앞에 서서 사역에 대한 평가와 심판을 받는 것을 당연하게 받아들인다. 그래서 바울은 11절에서는 "우리는 주의 두려우심을 알므로"(에이도테스 톤 포본 투 퀴리우, eidotes ton phobon tou kyriou)라고 말하면서 10절에서 언급한 그리스도의 심판대 앞에 서는 것을 연결시킨다. 주의 두려우심이란 무엇을 뜻하는 것일까? 그리스도의 심판대 앞에 서서 선한 행위나 악한 행위에 따른 심판을 받게 될 것을 안다면 두려워하는 것은 당연하다. 하지만 바울이 11절에서 서술하는 '주의 두려우심'이란 표현은 그의 삶과 사역의 지향점을 제시해 준다.

이러한 두려움은 바울의 삶과 사역에서 길잡이이자 원동력이었다. 이러한 두려움은 그로 하여금 성경적인 의미에서의 지혜로 특징지어지는 삶을 영위하도록 이끌었다. …… 주에 대한 바울의 '두려움'은 그로 하여금 그리스도 앞에서 올바르게 서는 것을 보장해 주는 수단으로써 그리스도인의 삶 속에서

포보스(phobos)를 부각시키도록 이끌었다(Martin 2007, 293-294).

주 예수 그리스도 앞에서 최선을 다해서 사역을 감당할 뿐만 아니라, 올바르게 살아가도록 방향을 제시하는 힘의 원천이 주의 두려우심을 아는 것이라고 말한다. 사람들을 행위대로 심판하실 예수 그리스도 앞에 서 있는 것처럼 행동한다면 최선을 다해서 살게 될 것이다. 눈에 보이지 않는 소중한 것을 주목하면서 살아가는 사람은 주의 두려우심이 결코 무서움이 아니라 마땅히 갖게 되는 소망의 경외감이 된다. 바울은 이와 같은 경외감을 갖고 예수 그리스도를 인식하고 있기 때문에 담대하고 당당하게 사람들을 권면할 수 있다.

바울은 사도의 직분을 감당함에 있어서 부끄러움이 전혀 없다. 바울과 그의 동료는 '하나님 앞에 알리어졌으니'(테오 데 페파네로메타, theo de pephanerometa) 또한 '너희의 양심에도 알리어지기를'(타이스 쉬네이데세신 휘몬 페파네로스타이, tais syneidesesin hymon pephanerosthai) 기대한다. 바울은 하나님과 너희의 양심에 알리어지기를 확신하면서 사도로서의 사역이 진지하고 순수하다고 강조한다. 하나님 앞에서 당당하게 설 수 있는 바울이었기 때문에 고린도 교회 성도들이 바울의 성실성을 인정해 줄 것을 기대한다.

[5 : 12-13] 12절에서 바울은 하나님과 고린도 교회 성도 앞에서 그의 사역의 진정성을 주장하지만 결코 스스로를 자랑하거나 추천하는 것은 아니라고 말한다. 바울은 이미 3 : 1에서 스스로를 추천하지 않는다고 선언했다. 스스로를 추천하거나 자랑하지 않는다는 것을 강조하기 위해서 바울은 '다시'(팔린, palin)라는 부사를 사용한다(김판임 1999, 154). 추천이나 자랑이란 단어를 사용함으로써 바울은 그를 대적하는 거짓 사도가 자랑하는 추천서 주제를 다시 논의하려는 것처럼 보인다. 바울은 스스로를 추천하거나 자랑할 의도가 없다고 말한다. 바울 스스로는 추천하거나 자랑하지 않지만 그의 사역과 삶을 지켜보았던 고린도 교회 성도들이 그를 옹호하고 대변해 줄 것을 기대한다. 하

나님의 뜻대로 사도로서 부르심을 받은 바울이 그 자신을 드러낸 것이 아니라 전적으로 그리스도 예수의 복음을 전파하고 있음을 나타낼 필요가 있다.

바울이 12절에서 사용한 '기회'(아포르메, aphorme)라는 용어는 동기나 근거의 의미를 지닌다. 바울이 스스로 자신을 추천하거나 자랑하는 대신에 고린도 교회 성도들이 그의 삶과 사역을 자랑할 기회를 제공하려고 했다. 이것은 고린도 교회 성도들의 마음을 하나로 모을 동기나 근거가 필요했기 때문이다. 온갖 고난과 박해 그리고 죽음의 위협 앞에서도 결코 좌절하거나 낙심하지 않을 수 있는 근거는 고린도 교회 성도들에게 전파된 그리스도 예수의 복음이다. 하나님의 뜻을 제대로 파악할 뿐 아니라 그리스도 예수의 복음을 믿는다면 고린도 교회의 성도는 바울의 삶과 사역 그리고 그가 전한 복음을 자랑하게 될 것이다.

바울은 그를 반대하는 거짓 사도와 구별하기 위해서 '마음'(카르디아, cardia)과 '외모'(프로소포, prosopo)라는 대조적인 용어를 사용하여 서술한다. 바울이 전한 복음의 진정한 의미를 깨닫는 고린도 교회 성도라면 외모로 자랑하는 사람들에 대항할 힘이 있다는 뜻이다. 12절에서 바울이 지적하는 외모로 자랑하는 사람들은 눈에 보이는 외적 조건을 자랑하는 바울의 적대자들이다. 눈에 보이는 것에 주목하는 사람들은 외적인 것이 일시적이고 제한적 가치라는 것을 깨닫지 못한다.

사람의 권위에 근거한 추천서나 권위가 있는 지도자와의 인맥을 자랑하는 것은 외모에 집착하는 것이며 육적인 태도이다. 바울은 고린도 교회 성도가 외적 조건이나 눈에 보이는 것에 현혹되거나 집착하지 않도록 권면한다. 외모로 자랑하지 않고 마음에 있는 것을 자랑하는 것은 무엇인가? 바울이 언급하는 마음은 내적 삶 전체를 나타내는 원천을 뜻한다. 마음으로 자랑하면서 살아갈 수 있도록 하는 원동력은 바로 바울이 전하는 복음이다. 바울의 삶과 사역을 오랫동안 지켜보았던 고린도 교회 성도는 바울이 최소한 외모로 자랑하는 사람이 아니라 복음을 전하기 위해서 마음으로 살아왔던 사람이라는 것을 인정할 수 있다. 바울은 자신의 수고와 봉사를 자랑하는 대신에 복음의 소중함을 드러냄으로써 고린도 교회 성도가 자랑할 기회를 갖게 되길 기대한다. 그는 자신 스스로를 추천하고 자랑하는 대신에 고린도 교회 성도에게 자랑할 기회를 제공해 준다.

13절에서 바울은 그리스도 예수의 복음을 전하는 사도로서의 직분을 수행할 때 결코 그 자신을 위한 사역이 아니라 전적으로 하나님을 위한 사역이라는 점을 분명히 밝힌다. 바울은 자신과 그의 동료가 만일 "미쳤어도 하나님을 위한 것이요"(엑세스테멘 테오, eksestemen theo)라고 말한다. 미쳤다는 말은 정신이 온전하지 않다는 의미로, 바울과 그의 동료가 정신 나간 사람들처럼 보였다는 뜻이다. 그리스도 예수의 복음을 전파하면서 온갖 고난과 핍박 그리고 죽음의 위협에 노출되어 있음에도 낙심하거나 절망하지 않는 열정이 미친 것처럼 보였을 것이다. 바울과 그의 동료가 미쳤다면 하나님께 미친 것으로, 하나님에 대한 그들의 헌신에서 비롯된다(Best 2005, 92). 바울은 미쳤다는 단어와 대조적으로 "정신이 온전하여도 너희를 위한 것이니"라는 표현을 사용한다. "정신이 온전하다"(소프로누멘, sophronoumen)라는 단어는 합리적이고 절제된 마음가짐을 뜻한다. 바울은 고린도 교회 성도들의 유익을 위해서 이성적이고 절제된 마음을 갖고 있었다. 그가 사도로서의 직분을 감당하면서 하나님과 고린도 교회 성도를 늘 염두에 둔다는 것을 발견할 수 있다.

하나님과 성도를 위해서 사는 것은 그리스도 예수의 사도로서 행하는 모든 행위의 동기를 분명하게 보여 주는 것이다. 주를 기쁘시게 하는 사람이 되는 것을 인생의 최종 목적으로 여겼던 바울이었기 때문에 자신을 자랑하거나 자신의 삶에 집착하는 대신에 하나님과 그리스도인을 위한 헌신과 섬김에 몰두하게 된다.

[5 : 14-15] 14~15절에서 바울은 사도의 직분을 제대로 감당할 수 있는 진정한 힘의 근원을 밝힌다. 바울이 하나님과 고린도 교회 성도에게 헌신할 수 있

었던 원동력은 바로 '그리스도의 사랑'(아가페 투 크리스투, agape tou Christou)이다. 그리스도 예수의 복음을 전파하면서 선교활동을 수행해 왔던 바울이 온갖 고난과 핍박 그리고 죽음의 위협 앞에서 결코 절망하지 않고 그 자신의 삶을 다스릴 수 있었던 힘은 바로 그리스도의 사랑 때문이었다.

바울이 고백하는 그리스도의 사랑은 무엇인가? 스스로를 추천하거나 자랑하지 않고 오직 주를 기쁘시게 하는 사람이 되며, 하나님만을 위해서 살도록 만들었던 그리스도의 사랑은 어떤 것인가? 14~15절에서 "모든 사람을 대신하여 죽었은즉"이라고 고백하는 그리스도 예수의 죽음이 그리스도의 사랑을 가장 적절하게 나타낸다. 그리스도 예수께서 "모든 사람을 대신하여 죽었다."(휘페르 판톤 아페타넨, hyper panton apethanen)라는 표현은 "모든 사람을 위하여 죽었다."고 번역하는 것이 더 적절하다. 그리스도 예수께서 모든 사람을 위하여 죽었다는 서술에는 물론 모든 사람을 대신하여 죽었다는 의미가 내포되어 있다. 이와 같이 모든 사람을 위한 대속의 죽음이 바울 신학의 근간을 이루고 있을 뿐만 아니라, 초기 기독교공동체 안에서 고백되었던 중요한 신앙고백이라는 점은 부인할 수 없다.

그리스도 예수께서 모든 사람을 위하여 죽었다는 선언은 바울과 그의 동료가 사도로서 직분을 감당할 수 있는 힘의 근원인 그리스도의 사랑과 밀접하게 연결된다. 그리스도의 사랑은 사도로서의 사역을 수행할 수 있도록 바울을 강권했다. 바울의 모든 행동은 언제나 그리스도의 사랑에서 비롯되었고, 낙심하지 않고 담대하게 직분을 감당할 수 있는 까닭은 그리스도의 사랑 때문이었다. 그래서 14절에서 그리스도의 사랑이 바울과 그의 동료를 강권한다고 말한다. '강권한다'(쉬네케이, synechei)는 용어는 '다스리다' 혹은 '속박하다'라는 뜻을 가진다. 바울과 그의 동료의 말이나 생각 그리고 행동을 통제한다는 의미로 사용할 수 있지만 보다 더 적극적인 의미를 찾아볼 수 있다. 말과 생각과 행동을 다스리며 그리스도 예수의 사도로서 직분을 수행하는 이유는 그리스도의 사랑에 기초하여 그리스도께서 맡기신 사역을 헌신할 수 있도록 강권하기 때문이다.

바울이 주를 기쁘시게 하는 사람이 되는 것이 인생의 중요한 목적이라고 고백하는 까닭을 짐작할 수 있다. 모든 사람을 위해 죽으면서 그리스도의 사랑을 보이신 것을 깨닫게 된 바울은 그와 같은 그리스도의 사랑에 속박되는 것이 전혀 불편하지 않았다고 고백한다. 오히려 그리스도의 사랑이 강권하기 때문에 사도의 직분을 담대하게 수행할 수 있게 되었다고 선언하는 것이다. 그리스도의 죽음은 그리스도의 사랑을 가장 적절하게 나타내 준다. 그리스도 예수께서 모든 사람을 위해서 죽으셨기 때문에 모든 사람은 죽었고 또한 그리스도의 사랑의 의미를 깨닫게 되었다. 바울을 포함한 모든 그리스도인은 그리스도 예수의 죽음으로 인해서 모두 죽었다는 표현에서 어떤 소망을 발견할 수 있는가? 그리스도 예수를 믿기 이전의 삶으로부터 벗어나 새로운 삶의 목적과 방향을 가지고 살아갈 자유를 갖게 되었다는 뜻이다. 그리스도 예수의 죽음으로 인해서 모든 그리스도인은 죽었고, 따라서 새로운 삶을 살아갈 수 있는 자유를 얻게 되었기 때문에 소망이 생긴 것이다. 과거에 집착하고 살았던 자신의 속박된 삶에서 자유롭게 되었다는 선언은 이제 새로운 삶의 목적과 방향으로 살아갈 수 있는 소망을 갖게 된 것을 뜻한다. 그리스도의 죽음이 지닌 특별한 의미를 깨닫게 해 주었던 그리스도의 사랑은 바울을 비롯한 모든 그리스도인이 자기 자신만을 위해서 사는 삶이 아니라 대속의 죽음을 보여 주신 그리스도 예수를 위한 삶을 살도록 이끈다.

그리스도 예수의 죽음은 바울을 포함한 모든 그리스도인에게 자기 자신을 위한 삶에서 벗어나 그리스도를 위한 삶으로 방향을 전환할 수 있는 열린 가능성을 제공한다. 바울이 사도의 직분을 수행하면서 직면했던 온갖 고난과 핍박 그리고 죽음의 위협 앞에서 결코 좌절하거나 낙심하지 않을 수 있었던 이유는 그리스도의 죽음을 통한 그리스도의 사랑이 지닌 특별한 의미를 깨달았기 때문이다. 바울은 자신뿐만 아니라 고린도 교회 성도가 그리스도의 희생적 삶을 통해 새로운 생명을 얻게 되길 기대한다(김광수 2007, 65). 바울이 자기중심의 삶이 아니라 그리스도 중심의 삶으로 방향을 전환했기 때문에 하나님과 고린도 교회 성도를 위한 삶을 산다고 담대하게 고백할 수 있었던 것이다.

2. 화해를 위한 새로운 존재로 살아감(5 : 16–21)

> 16그러므로 우리가 이제부터는 어떤 사람도 육신을 따라 알지 아니하노라 비
> 록 우리가 그리스도도 육신을 따라 알았으나 이제부터는 그같이 알지 아니하
> 노라 17그런즉 누구든지 그리스도 안에 있으면 새로운 피조물이라 이전 것은
> 지나갔으니 보라 새 것이 되었도다 18모든 것이 하나님께로서 났으며 그가 그
> 리스도로 말미암아 우리를 자기와 화목하게 하시고 또 우리에게 화목하게 하
> 는 직분을 주셨으니 19곧 하나님께서 그리스도 안에 계시사 세상을 자기와 화
> 목하게 하시며 그들의 죄를 그들에게 돌리지 아니하시고 화목하게 하는 말씀
> 을 우리에게 부탁하셨느니라 20그러므로 우리가 그리스도를 대신하여 사신이
> 되어 하나님이 우리를 통하여 너희를 권면하시는 것같이 그리스도를 대신하
> 여 간청하노니 너희는 하나님과 화목하라 21하나님이 죄를 알지도 못하신 이
> 를 우리를 대신하여 죄로 삼으신 것은 우리로 하여금 그 안에서 하나님의 의
> 가 되게 하려 하심이라

[5 : 16] 그리스도 중심의 삶으로 방향을 전환했던 바울은 16절에서 '이제부터는'(아포 투 뉜, apo tou nyn)이라고 서술하면서 새로운 지향점을 제시한다. 새로운 방향으로 나아갈 수 있는 깨달음을 얻게 된 순간부터 인간 중심의 옛 질서에서 그리스도 중심의 새 질서로 옮겨졌다는 고백이다. 눈에 보이는 것에 집착하고 마음을 빼앗겼던 과거의 삶에서 벗어나 눈에 보이지 않는 영원한 것에 주목하는 삶으로 변화된 바울은 새로운 삶을 살게 된 비결을 밝힌다. 바울은 "어떤 사람도 육신을 따라 알지 않는다."고 말하면서 그리스도인에게 새로운 관점이 요구된다고 강조한다. 여기에서 '육신을 따라'(카타 사르카,

kata sarka)라는 표현은 육신의 잣대로 판단한다는 의미를 갖는다. 육신을 따라 알지 않는다고 표현하는 바울의 의도는 무엇인가? 바울이 사용하는 육신의 의미를 살펴보는 것은 중요하다.

> '육'은 이 세상에 한정되는 것에 중심을 두고 사는 모든 것을 의미한다. 즉, 하나님으로부터 떠난 존재에 …… 마음을 두는 것을 의미한다. 육은 인간 본성이 물질적이기 때문에 왜곡되었다는 것이 아니라 총체적으로 하나님으로부터 떠난 존재로서 인간중심적으로 살아가기 때문에 왜곡된 것이다(Barrett 1986, 222).

육신을 따라서 산다는 것은 결국 하나님으로부터 떠난 왜곡된 시각을 갖고 살아가는 것을 뜻한다. 바울은 옛 질서에서 새로운 질서로 방향을 전환하게 되었기 때문에 이제부터는 새로운 관점으로 바라보게 된다. 인간적인 판단이나 지식으로 살아가는 대신에 새로운 시대에 적합한 판단과 시각이 필요하다. 그리스도 예수의 죽음과 부활을 통해서 얻게 된 깨달음은 바울이 새로운 통찰을 갖고 살아갈 수 있는 힘의 원천을 제공한다. 바울은 이제부터는 어떤 사람도 육신을 따라 알거나 판단하지 않는다. 하나님을 떠나서 왜곡된 시각으로 바라볼 수밖에 없는 사람은 육신을 따라 알고자 하기 때문이다. 육신을 따라 알게 된다고 말하는 것은 하나님을 떠난 존재로서 인간이 가진 선입견, 판단, 관심에 따라 판단한다는 뜻이다. 바울은 그리스도 예수의 죽음을 통한 깨달음으로 육신을 따라 알고 판단하는 것을 거부할 수 있었다.

바울은 그리스도를 아는 것도 육신을 따라 판단하는 것을 포기하겠다고 말한다. 육신이 아니라 믿음과 성령을 통해서 온전한 그리스도를 알겠다는 결단이며 선언이다. 바울은 그를 반대하는 거짓 사도가 고린도 교회 성도를 눈에 보이는 것에 집착하게 미혹시켰던 태도를 지적한다. 바울은 그리스도의 죽음과 부활을 통한 깨달음으로 인해서 눈에 보이는 것이 아니라 눈에 보이지 않는 것을 주목할 수 있는 힘을 갖게 되었다. 바울은 그리스도를 알고 판단하는 기준이 육신을 따른 것이 아니라 새로운 방향으로 전환했다고 주장하고 있는 것이다. 자신이 가지고 있는 선입견이나 편견을 가지고 판단하지 않고, 외모를 따라서 차별하지 않겠다는 바울의 고백은 이전의 삶과 뚜렷한 구분을 시도하는 것이다. 이제부터는 새로운 질서에 적합한 새로운 시각을 가진 새로운 존재로 살아가려는 결단이다. 그래서 바울은 17절에서 새로운 존재의 가능성을 제시한다.

[5 : 17] 육신을 따라 판단하지 않고 올바르게 이해하고 알 수 있는 방법은 '그리스도 안'(엔 크리스토, en Christo)에 있는 것이다. 이 용어는 바울이 자주 사용했던 용어로 바울 신학의 핵심을 나타내 준다(김판임 1999, 160 ; 박수암 2007, 338 ; Best 2005, 96). 따라서 새로운 존재가 되기 위해서 필수적 요소인 그리스도 안에 있다는 것의 의미를 살펴보는 것은 중요하다. 그리스도 안에 있다는 것은 무슨 뜻인가? 그리스도 예수의 복음을 믿고 그리스도인이 된 사람이 모든 영역에서 그리스도의 영향을 받고 살아간다는 의미이다.

그리스도 안에서 살아가는 그리스도인은 결코 육신을 따라 판단하고 자신의 선입견과 편견을 따라 살지 않게 될 것이다. 그리스도가 중심이 되는 사고방식과 실천이 그리스도인의 삶에 그대로 드러나기 때문이다. 바울은 그리스도 안에서 살아가는 그리스도인을 '새로운 피조물'(카이네 크티시스, kaine ktisis)이라고 부른다. 모든 그리스도인은 그리스도 예수의 죽음과 부활을 통해서 새로운 피조물이 된다. 그리스도 안에서 새로운 피조물이 되었다는 바울의 선언은 이러한 변화가 그리스도 예수의 죽음과 부활을 통해서 얻게 된 신비라고 밝히고 있는 것이다. 육신을 따라 알게 되거나 판단하게 되었던 이전과는 다르게 세상을 새로운 방식으로 바라볼 수 있는 존재가 된 것이다. 새로운 방식으로 세상을 바라볼 때 눈에 보이지 않는 것의 중요함을 발견할 수 있다. 자기 자신을 적절하게 성찰할 수 있는 힘을 얻게 될 뿐만 아니라 하나님과의 새로운 관계를 만들어 갈 수 있는 길을 찾게 된다. 새로운 방식으로 세상을 바라보는 새로운 존재가 될 때 결국 새로운 세계에서 사는 것이다.

그리스도의 죽음과 부활을 통해서 얻게 된 새로운 관점은 이전의 사고방식과 삶의 질서를 무너뜨린다. 그리고 이전과는 전혀 다른 새로운 것이 되었다는 인식을 갖도록 이끈다. 육신을 따라 알거나 판단했던 이전의 옛 질서는 더 이상 바울을 포함한 그리스도인에게 영향을 줄 수 없다. 왜냐하면 전혀 다른 새로운 창조 행위를 통해서 만들어진 새로운 피조물이 되었기 때문이다. 육신을 따른 이 세상의 판단기준이 아니라 그리스도 안에서 새롭게 형성된 행동기준을 갖게 되었다(박익수 1999, 223). 바울은 그리스도 안에서 새로운 피조물이 되었기 때문에 육신을 따라 판단하는 선입견과 편견을 넘어서 하나님과 이 세계와 새로운 관계를 만들어 갈 수 있다는 것을 말한다.

[5 : 18-20] 18~20절에서 바울과 그의 동료가 새로운 존재가 되어 새로운 방식으로 바라보게 된 것을 설명한다. 그것은 하나님께서 그들에게 또 다른 사도의 직분을 수행하도록 요청하심이라고 고백한다. 하나님께서 그와 그의 동료 그리고 모든 그리스도인에게 '화목하게 하는 직분'을 주셨다고 말한다. 바울은 사도의 직분이라는 중요한 주제로 다시 돌아간다. 그리스도 예수의 사도라는 직분을 수행하도록 직분을 주신 분이 하나님이시라고 고백하는 바울은 18절에서도 하나님의 주도권을 강조한다. "모든 것이 하나님께로 났으며"(테 판타 에크 투 테우, te panta ek tou theou)라고 말하는 바울은 17절에서 새로운 피조물을 창조하신 하나님과 밀접하게 연관시킨다. 그리스도 예수 안에서 새로운 생명을 갖도록 회복시킨 하나님께서는 "그리스도로 말미암아 우리를 자기와 화목하게 하셔서"(투 카탈락산토스 헤마스 헤아우토, tou katallaksantos hemas heauto) 화목하게 하는 직분을 주신다. 여기서 분명하게 주목해야 하는 것은 화목의 주도권이 하나님께 있으며, 그리스도를 통해서 가능하게 되었다는 것이다(Best 2005, 97).

바울은 그리스도 예수의 죽음을 통해서 얻게 된 새로운 생명을 새로운 피조물이라고 부르는 동시에 하나님과 화목하게 된 존재라고 서술한다. 따라서 인간이 스스로 하나님과 화목할 수 있는 근거는 전혀 없다. 오직 하나님께서 그리스도를 통해서 인간과 화목하시려는 주도적 행동을 하셔야만 관계가 회복될 수 있다. 바울이 사용하는 '화목'(카탈라게스, katallages) 혹은 '화목하다'(카탈락산토스, katallaksantos)라는 용어는 하나님과 인간의 올바른 관계의 회복을 의미한다. 바울은 사도의 직분을 수행하는 자신뿐만 아니라 모든 그리스도인이 그리스도 예수의 복음을 통해서 새로운 존재가 되었고, 하나님과 관계를 회복한 존재가 되었다고 선언하는 것이다. 하나님께서 인간과 화목하게 하신 이유는 화목하게 하는 직분을 수행할 수 있는 근거를 마련하기 위함이다. 바울과 그의 동료 그리고 모든 그리스도인은 '화목하게 하는 직분'(텐 디아코니아 테스 카탈라게스, ten diakonia tes katallages)을 수여받았다. 하나님과 화목하게 된 그리스도인은 이제 다른 사람들과 화목하게 하는 직분을 수행해야 하는 것이다. 따라서 화목하게 하는 직분은 하나님과의 올바른 관계를 형성한 후 사람들과 화해의 관계를 만들어 가는 것이다. 바울과 그의 동료는 하나님께서 그들에게 회복하고 화목하게 하는 직분을 주셨다는 자의식을 갖게 된다.

19절에서 바울은 구체적으로 하나님과 화목하게 되는 방법을 제시하고 있다. 하나님께서 화목을 통한 관계 회복에 주도권을 갖고 계시다는 점을 인식하면서, 우선적으로 19절에 나타난 문장을 다시 살펴볼 필요가 있다. 개역개정 성경에서 소개하는 것처럼 "곧 하나님께서 그리스도 안에 계시사"(호스 호티 떼오스 엔 엔 크리스토, hos hoti theos en en Christo)라고 서술한다. 하나님께서 그리스도 안에 계신다는 표현은 무엇인가 어색하다. 오히려 "하나님께서 그리스도 안에서 세상을 자기와 화목하게 하셨다."라는 표현처럼 그리스도로 말미암아 성취하고 있다고 해석하는 것이 더 적절하다. 하나님께서 인간을 포함한 세상과 화목하시고, 그들의 죄를 용서하시고, 바울을 포함한 모든 그리스도인에게 화목하게 하는 말씀을 전파할 사명을 주신 것은 그리스도 안에서 이루어진 일이다. 따라서 하나님과 관계를 회복하기 위한 화목의 첫 번째 방법은 그리스도의 죽음을 통해서 가능한 죄를 용서받고 의롭게 되는 것을 경험하는 것이다.

둘째 방법은 하나님께서 그리스도를 통해서 인간을 포함한 세상을 자기와 화목하게 하셨다는 복음의 말씀을 전파하는 것이다. 바울은 20절에서 '그러므로'(운, oun)라는 용어를 사용하면서 19절에서 주장했던 화목하게 하는 말씀을 위임받았다는 주장과의 연관성을 나타낸다. 바울과 그의 동료가 하나님께로부터 화목하게 하는 직분을 수행할 자격을 부여받고 그리스도 예수의 복음을 전파하는 사명을 감당하고 있음을 밝힌다. 이와 같은 사명을 강조하기 위해서 바울은 "그리스도를 대신하여 사신이 되었다."라고 표현한다. 바울이 여기에서 언급하는 '사신'(프레스뷰오멘, presbeuomen)이란 단어는 드물게 사용되는 용어로, 로마 황제를 대신하는 직책을 의미한다. 마찬가지로 여기에서는 이 용어가 그리스도 예수를 대신하는 직분을 표현하는 것으로 사용된다. 화목하게 하는 직분과 화목하게 하는 말씀을 위임받은 바울은 그리스도를 대신하여 사신이 되어서 "너희는 하나님과 화목하라"(카탈라게테 토 테오, katallagete to theo)라고 고린도 교회 성도들에게 권면의 말씀을 선포한다. "하나님과 화목하라"라는 바울의 권면은 그리스도 예수의 죽음으로 나타낸 하나님의 사랑과 화해를 받아들이라는 애정 어린 명령이다. 하나님과 고린도 교회 성도들이 화목하게 할 수 있는 주체가 하나님이시라는 것은 분명하다.

> 하나님께서 우리와 화해하셨다는 사실(직설법적 진술)을 알리는 사도의 임무는 사람들에게 '하나님과 화해하라는 권면'(명령법적 권면)으로 나타나기도 한다. 하나님의 구원 소식을 전하는 그리스도교의 메시지는 불가피하게 그 소식을 받아들이고 그 소식에 상응하는 삶을 살라는 권면으로 이어진다. 이런 의미에서 직설법과 명령법은 같은 내용이다(김판임 1999, 166).

하나님께서 고린도 교회 성도를 포함한 모든 사람들 그리고 피조물과 화목하게 하시려는 의도를 실행에 옮겼기 때문에 그리스도 예수의 복음을 전해 듣고 믿게 된 사람들은 하나님과 화목하게 하는 일에 전념해야 한다. 하나님과 화목하게 된 사람은 다른 성도들과 자연스럽게 화해할 수 있게 된다. 바울은 하나님께서 그에게 화목하게 하는 직분을 주실 뿐 아니라 화목하게 하는 말씀을 위임한 것을 밝힘으로써 사도로서의 직분이 개인적 차원이 아니라 하나님께서 주신 사명과 부르심에 근거한 것임을 강조한다.

[5 : 21] 21절에서 바울은 화목이라는 용어가 지니는 또 다른 의미를 설명한다. 다시 말해 죄로 인해서 결코 하나님과 화목할 수 없는 사람들이 관계를 회복할 수 있는 유일한 길은 오직 그리스도 예수를 통해서라고 말한다. 바울은 '죄를 알지도 못하신 이'라고 표현하면서 예수 그리스도께서 죄가 없으신 분이라고 밝힌다(Barrett 1986, 233 ; 김판임 1999, 166 ; 이상근 1969, 313).

모든 사람들의 죄를 대신 지시고 십자가의 죽음을 통해서 대속의 사역을 담당하는 예수 그리스도께서 죄와 관계가 없다는 것은 초기 신앙공동체의 중요한 고백이다. 바울은 하나님과 화목하게 하기 위한 유일한 방법이 예수 그리스도의 죽음을 통한 것이라고 밝힌다. 하나님께서 진정으로 원하시는 바는 모든 사람들이 '그리스도 안에서 하나님의 의가 되게 하려는 것'이다. 죄 아래 있는 사람이 하나님과 관계를 회복하고 새로운 존재가 되는 것은 그리스도 예수의 죽음을 통해서 가능하다.

바울은 21절에서 하나님께서 화목과 관계 회복을 위한 주체로 활동하고 있음을 다시 강조한다. 사람들의 죄와 하나님의 의라는 단어는 모두 관계를 주목하는 용어이다. 잘못된 방향으로 향하던 사람들이 그리스도 예수의 죽음을 통해 하나님께로 되돌아와서 올바른 방향을 찾게 되었던 것을 나타내는 것이다. 하나님께서 제공해 주신 희생의 목적은 하나님의 백성들이 하나님의 의가 되도록 하기 위함이다(Talbert 1989, 168).

바울이 강조하는 '하나님의 의'(디카이오쉬네 테우, dikaiosyne theou)는 그리스도 안에서 표현된 하나님의 사랑을 표현한 것으로 하나님과 올바른 관계를 회복하게 되었다는 것을 나타낸다. 하나님과 화목하라는 바울의 명령은 결국 하나님과 관계를 회복함으로써 하나님께서 원하시는 방향과 목적으로 나아가도록 제시하는 것이다. 그리스도 안에서 화해를 위한 새로운 존재가 되기 위해서 우선적으로 필요한 것은 하나님과 화목하게 되는 것이다. 하나님께서는 화해의 주체가 되셔서 그리스도 예수를 죽음에 이르기까지 모든 사람들이 하나님의 의에 이르기를 원하신다. 21절에서 바울이 서술하는 하나님의 의는 화목을 나타내는 또 다른 용어이다. 결국 바울은 하나님의 사랑으로 말미암아 그리스도 예수의 죽음을 통해서 모든 사람들이 하나님과 화목할 수 있는 기회가 주어졌다고 선언하는 것이다.

3. 진정한 사도의 삶(6 : 1-13)

1우리가 하나님과 함께 일하는 자로서 너희를 권하노니 하나님의 은혜를 헛
되이 받지 말라 2이르시되 내가 은혜 베풀 때에 너에게 듣고 구원의 날에 너
를 도왔다 하셨으니 보라 지금은 은혜 받을 만한 때요 보라 지금은 구원의
날이로다 3우리가 이 직분이 비방을 받지 않게 하려고 무엇에든지 아무에게
도 거리끼지 않게 하고 4오직 모든 일에 하나님의 일꾼으로 자천하여 많이
견디는 것과 환난과 궁핍과 고난과 5매 맞음과 갇힘과 난동과 수고로움과 자
지 못함과 먹지 못함 가운데서도 6깨끗함과 지식과 오래 참음과 자비함과 성
령의 감화와 거짓이 없는 사랑과 7진리의 말씀과 하나님의 능력으로 의의 무
기를 좌우에 가지고 8영광과 욕됨으로 그러했으며 악한 이름과 아름다운 이
름으로 그러했느니라 우리는 속이는 자 같으나 참되고 9무명한 자 같으나 유
명한 자요 죽은 자 같으나 보라 우리가 살아 있고 징계를 받는 자 같으나 죽
임을 당하지 아니하고 10근심하는 자 같으나 항상 기뻐하고 가난한 자 같으나
많은 사람을 부요하게 하고 아무것도 없는 자 같으나 모든 것을 가진 자로다

[11]고린도인들이여 너희를 향하여 우리의 입이 열리고 우리의 마음이 넓어졌으
니 [12]너희가 우리 안에서 좁아진 것이 아니라 오직 너희 심정에서 좁아진 것이
니라 [13]내가 자녀에게 말하듯 하노니 보답하는 것으로 너희도 마음을 넓히라

[6 : 1-4a] 1~2절은 '하나님과 화목'이라는 주제를 서술하는 5 : 16~21의 단락과 연속성을 갖는다. 1절에서 바울은 그 자신과 동료를 '함께 일하는 자'(쉬네르군테스, synergountes)라고 부른다. 개역개정 성경에는 '하나님과 함께 일하는 자'라고 표현되어 있지만 헬라어 본문에는 하나님이라는 단어가 나오지 않는다. 함께 일하는 사람과 연관해서 다양한 가능성을 제시하는 의견들이 있지만 바울에게 복음전파를 하도록 위임하고 자격을 주신 하나님과 동역한다는 것이 적절하고 자연스럽다. 왜냐하면 사람들과 화해하시기 위해서 화목하게 하는 직분을 주시며 화목하게 하는 말씀을 위임해 주시는 분이 하나님이시라는 것이 분명하기 때문이다. 바울은 고린도 교회 성도들에게 화해하고 화목하기를 원하시는 하나님의 말씀을 전함으로써 하나님과 함께 일하는 사람이 된 것이다.

하나님과 함께 일하는 바울과 그의 동료는 고린도 교회 성도에게 "하나님의 은혜를 헛되이 받지 말라"라고 권면한다. 여기에서 바울이 언급한 하나님의 은혜는 무엇을 뜻하는가? 화해와 화목을 강조했던 앞 단락과 연관해서 '하나님의 은혜'(텐 카린 투 테우, ten charin tou theou)는 그리스도를 통해서 역사하시는 하나님의 화해의 은혜를 뜻한다. 그리스도의 죽음으로 모든 사람들과 화목하게 하시려는 하나님의 은혜를 바울과 그의 동료를 포함해서 모든 사람들이 누리게 되었다는 복음의 내용이다.

그런데 바울은 그 하나님의 은혜를 헛되이 받지 말라고 말한다. 바울이 '헛되이'(에이스 케논, eis kenon) 받지 말라고 말한 것은 무엇을 의미하는가? 그리스도의 죽음을 통해서 화해와 화목을 이루시려는 하나님의 은혜를 헛된 것으로 만들지 말라는 권면이다. 이것은 고린도 교회 성도들이 그리스도 예

수의 죽음에 상응하는 삶의 변화와 전환이 없는 것을 지적하는 것이다. 온갖 고난과 핍박 그리고 죽음의 위협 앞에서 낙심하지 않고 담대하게 전했던 그리스도 예수의 복음과 하나님의 은혜를 고린도 교회 성도들이 깊이 간직하고 적절한 삶을 살기를 권면하고 호소하는 것이다. 그리스도 예수의 죽음을 통해서 함께 죽었고, 또한 새로운 생명을 얻어 자기 자신만을 위한 삶이 아니라 그리스도를 위한 방향으로 삶을 전환하길 기대한다. 바울이 하나님의 은혜를 헛되이 받지 말라는 것은 결국 그리스도의 죽음으로 화해의 복음을 받아들이고 절대로 폐기하지 말라고 강력하게 권면하는 것이다.

그런데 바울은 왜 고린도 교회 성도들에게 하나님의 은혜를 헛되이 받지 말라고 경계하며 말하는 것일까? 고린도 교회 성도들로 하여금 바울이 선포한 하나님의 복음 외에 다른 것을 전하는 거짓 복음이나 거짓 사도가 있었다는 뜻인가? 본문의 말씀은 이러한 질문에 답변을 제공하지 않기에, 다만 바울이 말한 의도를 추정해 볼 뿐이다. 그리스도 예수의 복음을 전파하는 선교활동 중에 바울을 반대하고 비방했던 거짓 사도로 인해서 영향을 받고 미혹되었던 고린도 교회 성도가 있었을 것이다. 바울은 자신이 거짓 사도들과는 달리 하나님과 함께 일하는 사람이라는 점을 분명하게 밝힌다. 바울은 그를 반대하는 거짓 사도를 향해서 반박하는 동시에 그들에게 영향을 받은 고린도 교회 성도들이 복음의 능력으로 스스로를 성찰할 수 있는 기회를 제공하는 것이다. 그리스도 예수의 죽음과 대속의 은혜를 제대로 이해하고 받아들인다면 결코 자기 자신만을 위한 삶이 아니라 그리스도를 위한 방향과 목적을 갖게 될 것이고, 화해와 화목을 위한 하나님의 은혜를 기꺼이 받아들이게 된다.

2절에서 바울은 하나님의 은혜의 때와 구원의 날을 언급하는 구약성경을 인용한다. 구약성경 이사야 49 : 8을 언급하는 바울은 이사야의 예언과 자신의 복음 선포의 연관성을 강조한다. 2절은 '이르시되'(레게이, legei)로 시작되는데, 주어가 분명하게 제시되지 않았지만 하나님께서 성경을 통해서 말씀하신다는 사상을 보여 주는 관용구이다. 따라서 이 단어는 하나님께서 말씀하신다는 의미로 번역하는 것이 더 적절하다.

구약성경 이사야의 말씀 "내가 은혜 베풀 때에 너에게 듣고 구원의 날에 너를 도왔다"는 구절을 인용하여 바울이 전하고 싶었던 권면은 무엇이었을까? 이 인용문이 전해 주는 내용이 구원의 때가 지금 여기에서 이루어지는 긴급성을 제안하고 있는 측면은 매우 중요하다. 바울이 전하는 화해하게 하는 말씀, 그리스도 예수의 죽음을 통해서 나타내려는 하나님의 은혜의 복음이 지금 여기에서 실현되고 있다는 것을 알리려는 의도가 담겨 있다. 그는 이사야의 예언이 성취되었다고 주장한다. 그래서 바울은 '지금은 은혜 받을 만할 때'이며 '지금은 구원의 날'이라고 선언하는 것이다. 2절에서 '지금은'(뉜, nyn)이라는 용어를 두 번 반복해서 표현함으로써 지금 여기에서 고린도 교회 성도들이 그 기회를 붙잡을 필요성을 강조한다. 바울은 고린도 교회 성도들을 향해서 지금은 하나님께서 그리스도 예수를 통한 화해의 은혜를 베푸시는 때이기 때문에 그 은혜를 받아들일 것을 호소한다.

바울은 고린도 교회 성도들을 향한 특별한 애정이 있다. 하나님의 뜻으로 그리스도 예수의 사도라는 직분을 수행하면서 하나님의 화목하게 하시는 말씀을 전하는 바울의 마음과 관련이 있다. 이제 고린도 교회 성도들이 해야 할 일은 거짓 사도가 전하는 거짓 복음을 버리고, 하나님의 은혜를 받아들이는 결단이다. 바울과 그의 동료는 화목하게 하는 직분을 수행하며 고린도 교회 성도들에게 화목하게 하는 말씀을 기꺼이 받아들임으로써 그 은혜를 헛되이 받지 말 것을 강조한다. 하나님과 화목하게 된 그리스도인은 하나님의 은혜를 누릴 뿐 아니라 그 은혜대로 실천하며 살아가야 할 책임이 뒤따른다.

3절에서 바울은 하나님과 함께 일하는 사람이라는 1절의 주제로 되돌아간다. 고린도 교회 성도들에게 주어진 하나님의 은혜를 받아들이고 그 은혜를 누릴 수 있도록 기회를 제공하기 위해서 바울은 하나님과 함께 일한다. 화목하게 하는 직분과 더불어 화목하게 하는 말씀을 위임받은 바울은 사도로서의 '이 직분'(헤 디아코니아, he diakonia)을 적절하게 수행하기 위해서 최선의 노력을 기울였다고 말한다. 그리스도 예수의 사도라는 직분을 감당하는 바울의 사역을 '비방'하는 사람들이 있었기 때문에 그는 "무엇에든지 아무에게도 거리끼지 않게 하고"라고 말한다. '비방하다'(모메테, momethe)라는 의미를 가진 이 단어는 3절과 8 : 20에서 사용된다. 이 용어는 신약성경을 통틀어 두 번 나오며 사도의 직분이 의심받는 것과 연관된다. 고린도 교회에 그리스도 예수의 복음을 전파하며 애정을 표현했던 바울이 사도의 직분이 의심을 받을 뿐 아니라 비방을 받고 있음을 추정해 볼 수 있다. 그는 온갖 고난과 핍박 그리고 죽음의 위협 앞에 직면하면서 고린도 교회 성도에게 화해의 복음으로 하나님의 은혜를 전하려고 모든 힘과 정성을 기울였다. 하지만 그를 반대하는 거짓 사도를 포함해서 일부 고린도 교회 성도들이 그의 사도직을 의심하고 비방하고 있는 현실은 참으로 뼈아픈 것이다. 그런데 놀라운 사실은 바울과 그의 동료는 그들 자신이 비방을 받는 것을 두려워하는 것이 아니라 복음을 전파하는 이 직분이 위협받는 것을 염려하고 있다는 것이다.

하나님과 함께 일하는 사람이라는 분명한 정체성을 가진 바울은 그의 사도로서의 직분이 하나님께서 자격을 주셨기 때문에 감당하는 것이라고 말한다. 그는 하나님께 인정받는 진정한 사도로서 자의식을 갖고 있기 때문에 고린도 교회 성도를 향해서 자신의 사역이 진실과 정직에 근거하고 있다고 주장하는 것이다. 진정성을 갖고 복음 사역을 감당해 온 바울은 자신을 인정하고 자격을 주신 분이 하나님이시라는 것을 분명하게 밝힌다.

4절에서 바울과 그의 동료는 '모든 일에 하나님의 일꾼'으로 스스로를 추천한다고 말한다. '하나님의 일꾼'(테우 디아코노이, theou diakonoi)이라는 용어는 3절에서 언급된 '직분'(디아코니아, diakonia)과 연관성을 가지면서 바울과 그의 동료가 철저하게 하나님께 속해 있음을 강조한다. 비록 바울과 그의 동료를 반대하는 거짓 사도와 일부의 고린도 교회 성도들에게 비방을 받고 있지만, 결코 소극적으로 대처하지 않고 하나님의 일꾼답게 처신하고 있다고 주장하는 것이다.

[6 : 4b-5] 4절 후반부터 10절에서는 바울과 그의 동료가 진정한 사도로서의 삶을 살기 위해서 겪어야 했던 수없이 많은 일을 소개한다. 무엇에든지 아무에게도 거리낌이 없이 하나님의 일꾼으로서 직분을 감당해 온 바울은 그리스도 예수의 복음을 경험했던 고난 목록과 내적 증거를 제시한다. 4절 후반부터 7절 전반까지는 전치사(엔, en)를 사용해서 고난 목록과 내적 증거 18개를 소개한다. 바울이 제시하는 고난 목록 가운데 4절 후반부터 5절은 고난의 외적인 유형을 보여 준다. 모든 일에 하나님의 일꾼으로 스스로 추천하면서 '많이 견디는 것'(엔 휘포모네 폴레, en hypomone polle)이라고 말하는 것은 외적인 고난을 포괄하는 용어가 된다.

그리스도 예수의 복음을 전파하면서 겪어야 할 온갖 고난 가운데 많이 견디는 것처럼 사도에게 필요한 기본적 자세는 없다. 인내하고 참고 견디는 것은 하나님의 뜻대로 그리스도 예수의 사도가 되었던 바울이 참으로 하나님의 일꾼이라는 것을 보여 주는 표시이다. 많이 견디는 것을 언급한 후 바울은 '환난과 궁핍과 고난'을 열거한다.

바울이 말하는 '환난'(엔 틀립세신, en thlipsesin)은 무엇을 의미하는가? 환난이란 용어는 다른 서신에 비해 고린도후서에서 특징적으로 나타나는 용어(고후 1 : 4, 8 ; 2 : 4 ; 4 : 8, 17 ; 7 : 4 ; 8 : 2, 13)로서 바울의 현재 상황을 적절하게 보여 주는 말이다. 그리스도 예수의 사도로서 직분을 감당하는 사람에게 환난이란 용어가 어울리지 않는다. 화해의 복음을 전파하면서 하나님과의 화목을 주장하는 사도에게 어쩌면 환난보다는 환대와 환영이 더 어울린다. 하지만 바울은 복음을 전파하면서 당한 역경을 환난이라는 용어로 자주 표현하며 그것이 그리스도의 사도로서 살아가야 할 삶의 방식이라는 점을 강조한다. 그리스도 예수의 사도가 환난을 당하는 것은 참으로 역설적이다. 복음의 가치를 폄하하고 수용하지 않는 수많은 사람들이 사도의 직분을 인정하지 않을 뿐 아니라 핍박까지 할 것이라고 추측할 수 있기 때문이다.

환난 후에 제시한 '궁핍'(엔 아낭카이스, en anangkais)은 무엇을 뜻하는가? 궁핍이란 용어는 정신적으로 압박을 받는 것을 의미하면서 고난 받는 것이 예견되지만 기꺼이 그것을 감당하는 것을 말한다. 그리스도의 사도라면 필수적으로 고난을 당하게 되는데 그것을 궁핍이라고 표현한다.

바울이 사용한 '고난'(엔 스테노코리아이스, en stenochoriais)이라는 표현은 곤경이나 곤란으로도 번역된다. 여기에서 사용된 고난이란 용어는 옴짝달싹할 수 없는 좁은 공간에 갇혀 있는 것을 나타낸다. 궁지에 빠져서 도저히 헤어날 길이 없어 보이는 형국을 나타내지만 하나님을 전적으로 신뢰하는 바울은 넉넉히 견디고 이길 수 있다.

환난과 궁핍과 고난이라는 용어는 사도의 직분을 감당하는 바울이 일반적으로 직면한 고난의 유형을 나타낸다. 5절에서 바울은 자발적인 고난이 아니라 비자발적인 고난의 유형으로 '매 맞음과 갇힘과 난동'을 제시한다. 복음을 전파하면서 바울 스스로 고난을 당하는 일반적 유형과는 달리 비자발적 고난은 다른 사람이 입힌 독특한 고난을 뜻한다. 그리스도 예수의 죽음을 통한 새로운 생명에 관한 복음을 전파하면서 바울이 직면한 고난은 그를 반대하는 사람들에 의해서 행해졌다는 것을 추측하는 것은 어렵지 않다. 다른 사람이 바울에게 입힌 고난으로는 '매 맞음'(엔 플레가이스, en plegais)이 먼저 제시된다. 바울은 자기 자신을 위한 삶이 아니라 그리스도 예수를 위한 복음을 위해서 유대인과 로마인 모두에게 매를 맞았다. 매 맞음은 '갇힘'(엔 필라카이스, en phylakais)과 밀접하게 연관된다. 복음을 전하다가 수없이 많이 감옥에 갇혔던 바울의 선교활동을 나타낸다. 매 맞고 감옥에 가는 고난에도 바울은 결코 굴하지 않고 담대하게 복음을 전하는 모습을 발견할 수 있다.

다른 사람들에 의해서 당한 또 다른 고난은 '난동'(엔 아카타스타시아이스, en akatastasiais)이다. 난동이란 용어의 뜻은 폭력적인 무질서 가운데 있었다는 것이다. 바울을 반대하는 사람들이 소요를 일으켜서 사회를 어지럽게 만들었던 상황을 예측하면 된다. 복음을 전하면서 매 맞기를 바라고, 감옥에 갇히는 것을 좋아하는 사람은 없을 것이다. 심지어 그리스도의 죽음을 통한 새로운 삶에 관해서 선포되는 현장이 폭력으로 무질서하고 요란스럽다면 감당하기 어렵다. 그리스도 예수의 복음을 전하면서 바울이 직면했던 불가피한 고난은 스스로 원하는 것이 아니었음을 알 수 있다.

5절 후반에 나오는 세 개의 고난 목록인 '수고로움과 자지 못함과 먹지 못함'은 스스로 고난을 자원했던 것이다. 복음을 통해서 사람들이 하나님과 화해할 수만 있다면 육체적으로 당하는 고난은 넉넉히 견딜 수 있다는 바울의 의지가 엿보인다. 다른 사람들에게 당하는 고난이 아니라 자발적으로 겪게 되는 고난으로 먼저 '수고로움'(엔 코포이스, en kopois)을 주목할 수 있는데, 이는 생계를 위해서 노동을 했던 것을 의미한다. 복음을 전하는 사도로서 직분을 수행하면서 신앙공동체로부터 재정적 지원을 받지 않고 스스로 노동하는 수고로움을 마다하지 않고 살았던 바울의 모습을 서술한다. 노동을 통해서 생계를 꾸려 가는 바울이었기 때문에 재정적으로 풍성하지 못해 '자지 못함'(엔 아그뤼프니아이스, en agrypniais)과 '먹지 못함'(엔 네스테이아이스, en nesteiais)이라는 고난에 직면하게 된다. 복음 선포의 현장에서 사도의 삶을 산다는 것은 결국 충분한 잠을 자지 못하고, 목마르고, 굶주리는 상황에 직면하는 것이다. 그리스도 예수의 사도로서의 신분에 걸맞게 살아간다는 것은 참으로 고난의 연속이다. 바울은 복음을 기쁘게 받아들이고 변화되는 사람들을 만나서 감격하기도 하지만, 대다수의 삶은 반대와 핍박 그리고 죽음의 위협에 노출되었다. 그럼에도 불구하고 바울이 결코 여러 가지의 고난 중에서도 복음을 전하는 사도로서 직분을 회피하지 않았다는 것은 참으로 놀랍다.

[6 : 6-7a] 6절과 7절 전반에서 바울은 사도의 직분을 유지할 수 있는 내적인 증거를 제시한다. 복음을 위해서 애쓰고 수고하는 사도의 삶을 위협하는 외적인 고난에 적극적으로 대응하는 사도로서의 내적 생명력을 보여 준다(유승원 2007, 67). 그리스도 예수의 사도로서 직분을 감당할 힘의 근거가 무엇인가를 밝히면서 먼저 '깨끗함'(엔 하그노테티, en hagnoteti)을 언급한다. 바울

이 복음을 전하면서 그리스도 중심의 삶을 살려는 행동과 의도가 순수하고 깨끗했다는 것을 강조하는 것으로, 무엇을 하든지 아무에게도 방해가 되지 않는다고 강조하는 하나님의 일꾼으로서의 자부심과 관련이 깊다.

바울은 내적 증거를 제시하면서 '지식'(엔 그노세이, en gnosei)이란 용어를 사용하는데, 일반적 지식이 아니라 하나님을 아는 지식을 뜻한다. 하나님의 뜻대로 그리스도 예수의 사도가 되었다고 고백하는 그에게 하나님을 아는 지식, 그리스도 예수를 아는 지식보다 더 훌륭한 삶의 지침은 없다. 바울은 그리스도 예수를 통한 하나님의 뜻을 전하려고 온갖 고난과 핍박을 이기고 견디는 것이다.

깨끗함과 지식을 언급한 바울은 곧바로 '오래 참음'(엔 마크로튀미아, en makrothymia)을 말한다. 하나님께서 자격을 부여하신 진정한 사도로서 직분을 수행할 때 겪게 되는 적대자들의 반대와 조롱을 감내하는 것이 오래 참음이다. 바울이 전하는 복음과 사역을 아무리 비난하고 놀린다고 할지라도 하나님을 향한 그의 열정은 식지 않는다. 오래 참음은 '자비함'(엔 크레스토테티, en chrestoteti)과 밀접한 연관을 갖는다. 사람들과 화해하기를 원하시는 끝없는 하나님의 사랑으로 인해서 다른 사람들에 대한 사랑이 생겨나게 되는 것을 자비함이라고 말한다. 복음을 전하는 사도를 반대하는 사람들의 말과 행동을 오래 참고 자비한 친절을 베풀 수 있는 비결은 전적으로 하나님의 사랑 때문이다.

오래 참음과 자비함은 '성령의 감화'(엔 프뉴마티 하기오, en pneumati hagio)와 상당한 관련이 있다. 온갖 고난과 핍박 가운데 그리스도 예수의 사도로서 직분을 감당할 수 있도록 내적 생명력을 보여 준 것은 성령의 힘이었다. 바울 자신이 지닌 인간적 덕목으로 견딜 수 없는 환난과 역경을 성령을 통해서 넉넉하게 견딜 수 있는 것이다. 또한 성령의 감화는 '거짓 없는 사랑'(엔 아가페 아뉘포크리토, en agape anypokrito)을 가능하게 한다. 바울은 성령을 통해서 하나님의 성품에 걸맞은 삶을 살고자 했다는 것을 보여 주는 것이다. 고린도 교회 성도들을 향한 바울의 사랑이 진정성을 지니고 있다는 것을 강조한다.

사도의 삶을 보여 주는 내적 증거를 제시하는 바울은 이제 '진리의 말씀'(엔 로고 알레테이아스, en logo aletheias)에 주목한다. 하나님과의 화해를 요청하는 말씀을 포함해서 바울이 선포한 그리스도 예수의 복음은 진리의 말씀이다. 여기에서 바울이 진리라는 용어를 사용하는 것으로 진정성을 전혀 찾아볼 수 없는 거짓 사도와 구별하려는 논쟁적 태도를 엿볼 수 있다. 진리의 말씀을 담대하게 전파할 수 있는 힘의 근원은 언제나 '하나님의 능력'(엔 뒤나메이 테우, en dynamei theou)에 있다. 바울이 사도의 직분을 수행할 수 있는 정당성은 언제나 하나님의 능력과 밀접하게 연관된다. 온갖 고난과 핍박 그리고 환난에도 불구하고 사도로서 당당하게 복음을 전할 수 있는 것은 전적으로 하나님의 능력을 의지하기 때문이다.

[6 : 7b–8a] 7절 후반과 8절 전반은 수많은 역경과 곤란 가운데 복음전파를 위한 사역을 수행할 때 바울이 사용한 도구와 그 결과를 '수단으로서' 또는 '~에 의하여'를 뜻하는 전치사(디아, dia)로 표현한다.

바울이 사도의 직분을 감당하기 위해서 필요했던 수단은 '의의 무기를 좌우에 가지는 것'(디아 톤 호플론 테스 디카이오쉬네스 톤 덱시온 카이 아리스테론, dia ton hoplon tes dikaiosynes ton deksion kai aristeron)이다. 바울은 로마 제국의 군인과 연관된 은유를 즐겨 사용한다(고후 6 : 7 ; 10 : 3–4 ; 롬 6 : 13 ; 13 : 12 ; 엡 6 : 13–18 ; 몬 2절 ; 딤전 6 : 12 ; 딤후 2 : 4). 전쟁에서 싸움을 하는 군인은 대체로 공격하는 칼이나 창을 오른손으로 들고, 왼손으로는 방어할 수 있는 방패를 갖게 된다. 그리스도 예수의 복음을 들고 나가서 싸우는 바울은 오른손과 왼손에 모두 의의 무기를 가진다고 말한다. 그가 말하는 의의 무기는 무엇을 뜻하는가? 바울이 사용했던 의라는 용어에서 알 수 있는 것처럼 하나님과의 올바른 관계를 갖고 하나님의 뜻대로 행동하는 것을 의미한다. 좌우에 무기를 들고 있다는 것은 상황과 형편에 상관없이 하나님을 통해서 의롭게 된 기준에 따라서 행동했다는 것을 뜻한다. 의의 무기를 좌우에 가지고 사도의 직분을 감당한 바울은 복음전파를 위해서 방해가 되었던 모든 걸림돌과 대항해서 싸우면서 하나님의 의와 뜻을 나타내고자 하는 것이다.

바울은 그 자신의 말이 아니라 그리스도 예수의 복음을 선포한 결과를 "영광과 욕됨으로 그러했으며"(디아 독세스 카이 아티미아스, dia dokses kai atimias), "악한 이름과 아름다운 이름으로 그러했느니라"(디아 뒤스페미아스 카이 유페미아스, dia dysphemias kai euphemias)라고 말한다. 바울의 사역에 대한 평가가 극명하게 대조되어 나타난다는 것을 보여 준다. 영광은 존경과 칭찬을 뜻하는 것이다. 이 용어가 거절과 비난을 의미하는 욕됨과 나란히 언급됨으로써 바울이 칭찬과 비난을 동시에 받고 있는 현실을 보여 준다. 악한 이름과 아름다운 이름은 앞에서 서술한 영광과 욕됨을 반복해서 표현해 주는 것이다. 사도의 직분을 수행하는 바울의 사역에 대한 고린도 교회 성도의 평가를 통해서 알 수 있는 것처럼, 긍정적 평가와 부정적 평가가 모두 존재하는 삶의 자리를 반영한다.

[6 : 8b-10] 8절 후반에서 10절은 서로 반대되는 말을 대비해서 사용하여 진정한 사도의 삶이 무엇인가 제시한다. 바울은 자신의 경험을 수사학적으로 표현하면서 전치사 디아(dia) 대신에 '~으로 여겨진다'는 의미를 갖는 전치사(호스, hos)를 사용해서 서술한다. 8절에서 '속이는 자 같으나 참되고'(호스 플라노이 카이 알레떼이스, hos planoi kai aletheis)라고 말하면서 칭찬과 비난, 존경과 무시를 받았다고 서술하는 앞의 문장과 연관성을 보인다. 바울을 반대하는 거짓 사도를 포함해서 일부의 고린도 교회 성도는 속이는 사람, 거짓말하는 사람, 사기꾼이라는 표현으로 바울의 사역을 폄하한다. 속이는 사람이 아니라 진실한 사람이라는 서술에서 알 수 있는 것처럼 고린도 교회 안에서 갈등이 있었던 것을 보여 준다.

바울은 사람들의 평가보다 하나님의 뜻이 더 중요하다는 것을 안다. 사기꾼이나 거짓말하며 속이는 사람이라고 반대하는 사람들의 평가에도 불구하고 바울은 진리가 그의 사역이 정당하다고 증명할 것이라고 믿는다. 9절에서 바울은 '무명한 자 같으나 유명한 자'(호스 아그노우메노이 카이 에피기노스코메노이, hos agnooumenoi kai epiginoskomenoi)라는 자의식을 나타낸다. 이름이 없는 사람이라는 비난은 사도로서의 자격이 없다고 무시당하며 인정받지 못하는 것을 뜻한다. 고린도후서를 기록하는 내내 사도의 직분이 갖는 정당성을 변호해 왔던 바울은 그를 반대하는 거짓 사도와 일부의 고린도 교회 성도들이 자신을 무시하고 인정하지 않는 현실을 나타낸다. 진정한 사도는 주요 인사에게 받아 온 추천서로 인정받는 것이 아니라 전적으로 하나님의 뜻대로 부여된 자격이 필요하다. 바울은 하나님께서 그에게 자격을 주셔서 사도의 직분을 감당하도록 맡기셨다는 분명한 자의식이 있다. 삶과 죽음을 대비하면서 "죽은 자 같으나 보라 우리가 살아 있고"(호스 아포트네스콘테스 카이 이두 조멘, hos apothneskontes kai idou zomen)라고 진정한 사도의 삶을 표현한다.

그리스도 예수의 복음을 선포하는 사도로서의 사역은 언제나 죽음을 동반하는 것이다. 그리스도 예수 안에서 죽음과 새로운 생명이라는 신학적 역설은 바울에게 있어서 매우 중요하다. 그리스도를 위해서 살기 위해 죽었다는 선언은 바울이 전하는 복음의 내용을 포괄한다. 온갖 핍박과 환난 그리고 죽음의 위협에도 굴하지 않고 사도의 삶을 살 수 있다. 그것은 새로운 생명을 주시는 하나님의 능력으로 가능한 것이다. 바울은 계속해서 "징계를 받는 자 같으나 죽임을 당하지 아니하고"(호스 파이듀오메노이 카이 메 타나투메노이, hos paideuomenoi kai me thanatoumenoi)라는 표현을 통해서 앞의 주장을 반복해서 강조한다.

10절에서 바울은 "근심하는 자 같으나 항상 기뻐하고"(호스 뤼푸메노이 아에이 데 카이론테스, hos lypoumenoi aei de chairontes)라고 말한다. 근심이라는 말은 바울에게 있어서 핵심적인 단어로 바울서신에서 23회 사용되는데, 그 가운데 고린도후서에서 18회 나온다(Martin 2007, 397). 복음을 전파하면서 겪었던 온갖 실망, 좌절, 위험으로 슬퍼하고 근심하게 하는 문제들이 많이 있었다는 것을 분명히 예측할 수 있다. 낙심하고 절망하게 만드는 여러 가지의 상황에도 불구하고 바울은 주저앉지 않았다. 그 결정적 이유는 그의 삶을 보여 주는 결정적 특징인 기쁨을 항상 소유하고 있기 때문이다. 근심하고 절망하고 슬퍼할 수많은 문제 앞에서 결코 좌절하지 않고 항상 기뻐할 수 있는 것은 그리스도 예수의 복음을 통해서 모든 사람들이 화해할 기회를 제시하려는 사도로서의 갈망이 있기 때문이다.

계속해서 수사학적 역설을 서술하는 바울은 "가난한 자 같으나 많은 사람을 부요하게 하고"(호스 프토코이 폴루스 데 플루티존테스, hos ptochoi pollous de ploutizontes)라고 사도로서의 자의식을 표현한다. 가난한 사람이라는 용어를 영적인 가난으로 해석하려는 시도가 있지만 근본적으로 바울이 물질적인 가난을 겪고 있는 것을 보여 준다. 고린도 교회로부터 재정적 지원을 받지 않으면서 천막을 만드는 노동을 하면서 복음을 전파하는 사도의 직분을 수행하지만 결코 바울은 가난한 사람이 아니다. 오히려 그는 하나님의 은혜로 많은 사람을 부요하게 한다.

자발적으로 가난하게 되고 물질적으로 궁핍한 삶을 산다고 할지라도 하나님께서 주시는 은혜로 부요함을 경험하는 바울은 그 은혜를 많은 사람들과 나누고자 한다. 그래서 10절 후반에서 서술하는 "아무것도 없는 자 같으나 모든 것을 가진 자로다"(호스 메덴 에콘테스 카이 판타 카테콘테스, hos meden echontes kai panta katechontes)라는 선언을 통해 가난함과 부요함을 대비했던 바로 앞의 서술을 확장한다. 아무것도 가진 것이 없다는 표현에서 바울의 역설적인 실존을 찾아볼 수 있다. 하나님께서 자격을 주시고 인정해 주셨기 때문에 그리스도 예수의 사도가 된 것처럼, 그가 가진 모든 것은 다 그의 소유가 아니다. 바울을 비난하고 반대하는 사람들의 눈으로 볼 때 그는 아무것도 가진 것이 없어 보이지만, 믿음의 눈으로 바라볼 때 그리스도 안에서 모든 것을 가진 것이다. 눈에 보이는 것과 눈에 보이지 않는 것, 일시적인 것과 영원한 것, 세상의 가치와 하나님의 가치를 대조하면서 그리스도 예수의 복음을 통해서 전파되는 삶의 소중함을 제시한다.

[6 : 11–13] 진정한 사도의 삶이 그렇게 녹록하지 않았다는 것을 여러 가지 고난 목록을 통해 밝혔던 바울은 11~13절에서 고린도 교회 성도를 향한 애정을 과시하며 화해를 요청한다. 수많은 고난과 환난을 당하면서 꿋꿋하게 그리스도 예수의 사도로서 직분을 수행하는 까닭은 고린도 교회 성도를 포함한 모든 사람들이 하나님과 화해하도록 만들려는 선한 의도라는 것을 강조한다.

11절에서 바울은 "고린도인들이여"(코린티오이, korinthioi)라고 부르면서 자신의 솔직한 감정을 나타낸다. 바울서신을 통틀어 수신자의 이름을 부르는 경우는 11절을 포함해서 총 3회로, 갈라디아서 3 : 1과 빌립보서 4 : 15가 그 나머지에 해당한다. 바울은 이런 표현을 통해 자신의 심정을 강력하게 표현한다. 고린도 교회 성도를 향해서 격한 감정을 나타내지만 비난이나 훈계의 말투가 아니라 깊은 애정을 드러낸다는 측면에서 바울의 사랑을 짐작할 수 있다.

바울은 고린도 교회 성도를 부른 후 "너희를 향하여 우리의 입이 열리고"(토 스토마 헤몬 아네오겐 프로스 휘마스, to stoma hemon aneogen pros hymas)라고 말한다. 입이 열려 있다는 것은 아무것도 숨김없이 자유롭게 말한다는 뜻이다. 바울이 속마음을 거리낌이나 유감없이 다 말했다는 것에서 고린도 교회 성도에 대한 친밀감과 애정을 확인할 수 있다. 그를 반대하는 거짓 사도에게 미혹된 일부의 고린도 교회 성도에게 실망하고 낙심할 수 있었지만 비난과 책망이 아니라 따뜻한 마음을 드러냄으로써 관계 회복을 요청하는 것이다. 솔직하고 진실하게 말할 수 있었던 것은 '우리의 마음이 넓어졌으니'(헤 카르디아 헤몬 페플라튄타이, he kardia hemon peplatyntai) 가능한 것이다. '넓어졌다'(페플라튄타이, peplatyntai)고 표현된 동사는 활짝 열었다는 의미로 사용되면서 고린도 교회 성도를 향한 바울의 속내를 드러내고 있다. 숨김도 없고, 유감도 없고, 자유롭게 하고 싶은 말을 다 할 뿐 아니라 마음도 활짝 열었다고 말하면서 바울은 고린도 교회 성도를 향한 사랑을 한껏 강조한다. 넓은 마음으로 고린도 교회 성도를 받아들인다고 호소하지만 고린도 교회 성도의 반응은 깊은 애정과 사랑에 미치지 못한다.

12절에서 바울은 "너희가 우리 안에서 좁아진 것이 아니라"(우 스테노코레이스테 엔 헤민, ou stenochoreisthe en hemin)라고 말한다. 고린도 교회 성도에 대한 애정과 사랑을 표현했지만 그것을 받아들이지 않고 적절한 반응을 보이지 않는 것에 대한 아쉬움을 찾아볼 수 있다. 바울과 그의 동료는 끊임없이 관심을 보이지만 고린도 교회 성도는 어깃장을 놓는다. 그 이유는 '오직 너희 심정에서 좁아진 것'(스테노코레이스테 데 엔 토이스 스플랑크노이스 휘몬, stenochoreisthe de en tois splangchnois hymon)이기 때문이다. '심정'(스플랑크노이스, splangchnois)이란 단어는 그릇, 내장, 심장, 마음의 의미를 가지며 사랑과 같은 감정이 머무는 중요한 곳이다. '좁아진다'는 의미로 사용된 헬라어 단어(스테노코레이스테, stenochoreisthe)는 '좁은 공간 안에 있다'는 뜻이다. 따라서 심정이 좁아졌다는 것은 바울과 그의 동료가 고린도 교회 성도에게 보내는 사랑과 애정이 머물 수 있는 공간이 좁아졌다는 의미이다. 복음을 전파하며 사도로서 직분을 수행했던 바울이 고린도 교회 성도를 멀리했던 것이 아니라 그를 대하는 고린도 교회 성도의 반응이 냉랭했던 것을 보여 준다.

> 바울은 고린도 교인들로부터 푸대접을 받았음에도 불구하고 그들을 향한 자신의 애정을 나타내 보였다. 불행히도, 고린도 교인들의 마음은 바울에 대한 험담과 비방으로 가득 차 있었기 때문에 그들의 마음에는 바울을 담을 만한 빈 공간이 없었다. …… 놀랍게도 사랑과 애정으로 가득 찬 마음은 넓어지는 반면에, 이기심과 의구심으로 가득 차 있는 마음은 좁아지고 움츠러드는 경향을 지닌다(Martin 2007, 403).

사랑을 표현하는 바울과는 달리 고린도 교회 성도는 진심으로 그의 심정을 받아들일 준비가 되어 있지 않았다. 진정성을 보여 주기 위해서 복음만 전파했던 바울의 진심은 오히려 오해와 곡해가 되어 돌아왔다. 낙심하고 절망할 수 있는 상황에서도 바울은 결코 흔들리지 않고 끝까지 고린도 교회 성도가 진심으로 그의 심정을 이해해 줄 것을 호소한다.

13절에서 바울은 '자녀'(테크노이스, teknois)라는 용어를 사용하면서 그와 고린도 교회 성도 사이의 친밀한 관계를 나타낸다. 고린도 교회 성도를 향해서 아버지(고전 4 : 14－15 ; 고후 6 : 11－13 ; 11 : 2 ; 12 : 14)라는 자의식을 갖는 바울은 부모의 심정으로 잘못된 관계를 회복시키려는 의도에서 접근한다. 잘못을 지적하면서 훈계하고 징계하는 것이 아니라 전적으로 사랑과 애정의 심정으로 고린도 교회 성도가 올바른 관계를 복원하기를 기대하는 따뜻함을 엿볼 수 있다. 고린도 교회 성도를 위해서 복음을 전했던 사랑과 애정을 기억하고 이제 '보답'(안티미스티아, antimisthia)할 것을 요청한다. 고린도 교회 성도들이 보답하는 방법은 마음을 넓히는 것이다. '마음을 넓히다'에 해당하는 헬라어(플라튀느테테, platynthete)는 '마음이 넓어지는 것', 즉 '사랑으로 누군가를 환영하고 포용하는 것'을 뜻한다. 따라서 고린도 교회 성도가 바울과 그의 동료에게 '보답'하는 것은 사랑으로 그들을 환영하고 받아들이는 것이다. 진심으로 고린도 교회 성도를 사랑하는 바울의 심정을 받아 달라는 애정 어린 호소이다.

설교를 위한 묵상

주를 기쁘시게 하는 삶

바울은 사도의 직분이 지닌 소중함을 강조한다. 바울은 질그릇 안에 보물을 담고 살아가는 이중적 존재로서 눈에 보이는 것에 마음을 빼앗기고 집착하는 대신에 보이지 않는 영원한 것을 주목한다. 눈에 보이지 않는 것이 진정으로 소중한 것이라는 것을 제대로 인식할 때 살든지 죽든지 주를 기쁘시게 하는 삶이 중요한 것을 깨닫게 된다. 그리스도 예수의 복음을 믿고 올바로 실천하며 살아가는 사람은 그리스도의 심판대 앞에 소환되어 서게 될 때 결코 두려워하거나 무서울 것이 없다. 바울이 지향하는 중요한 인생의 목적 가운데 하나는 주를 기쁘시게 하는 사람이 되기를 바라는 것이다. 주 예수 그리스도 앞에서 최선을 다해서 사역을 감당할 뿐만 아니라 올바르게 살아가도록 방향을 제시하는 힘의 원천이 주의 두려우심을 아는 것이라고 말한다. 선한 행위든 악한 행위든 사람들이 행한 것을 따라 심판하실 그리스도 예수 앞에서 있는 것처럼 행동한다면 최선을 다해서 살게 될 것이다. 눈에 보이지 않는 소중한 것을 주목하면서 살아가는 사람에게 주의 두려우심은 결코 무서움이 아니라 소망을 갖고 마땅히 느끼는 경외감이 된다. 살든지 죽든지 주를 기쁘시게 하는 삶을 사는 사람은 결코 스스로를 칭찬하거나 자기를 자랑하지 않는다. 참된 그리스도인은 오직 주를 기쁘시게 하는 사람이다. 주를 기쁘시게 하는 사람이 되는 것을 인생의 최종 목적으로 여겼던 바울이었기 때문에 자신을 자랑하거나 자신의 삶에 집착하는 대신에 하나님과 그리스도인을 위한 헌신과 섬김에 몰두하게 된다.

이와 같이 주를 기쁘시게 하는 삶을 살 수 있는 힘의 근거는 대속의 죽음이다. 이는 바울 신학의 근간을 이루고 있을 뿐만 아니라 초기 기독교공동체 안에서 고백되었던 중요한 신앙고백이다. 그리스도 예수께서 모든 사람을 위하여 죽으셨다고 선언되는 그리스도의 죽음이 바울과 그의 동료가 사도로서 직분을 감당할 수 있는 힘의 근원인 그리스도의 사랑과 밀접하게 연결된다. 사도로서의 사역을 수행할 수 있도록 바울을 강권하는 것은 그리스도의 사랑이다. 바울의 모든 행동은 언제나 그리스도의 사랑에서 비롯되었고, 낙심하지 않고 담대하게 직분을 감당할 수 있는 까닭은 그리스도 예수의 죽음이 지닌 의미를 깨닫기 때문이다. 그리고 그 깨달음은 그리스도의 사랑을 간직하고 살도록 이끈다. 바울이 주를 기쁘시게 하는 사람이 되는 것이 인생의 중요한 목적이라고 고백하는 까닭을 짐작할 수 있다. 그리스도가 모든 사람을 위해서 죽으심으로 사랑을 보이신 것을 깨닫게 된 바울은 그와 같은 그리스도의 사랑에 속박되고 억제되는 것이 전혀 불편하지 않다고 고백한다. 오히려 그리스도의 사랑이 강권하기 때문에 사도의 직분을 담대하게 수행할 수 있게 되었다고 선언한다. 그리스도의 죽음은 그리스도의 사랑을 가장 적절하게 나타내 준다. 그리스도 예수께서 모든 사람을 위해서 죽으셨기 때문에 모든 사람은 죽었고 또한 그리스도의 사랑의 의미를 깨닫게 되었다. 바로 여기에서 바울을 비롯한 모든 그리스도인은 소망을 찾을 수 있다. 바울이 자기중심의 삶이 아니라 그리스도 중심의 삶으로 방향을 전환했기 때문에 하나님과 고린도 교회 성도를 위한 삶을 산다고 담대하게 고백할 수 있었던 것이다. 신앙공동체와 그리스도인을 위해서 대신 죽으신 예수 그리스도를 언제나 의지한다면 참된 신앙과 실천의 삶을 살게 된다.

D. 우리는 살아 계신 하나님의 성전(6 : 14－7 : 1)

14너희는 믿지 않는 자와 멍에를 함께 메지 말라 의와 불법이 어찌 함께 하며
빛과 어둠이 어찌 사귀며 15그리스도와 벨리알이 어찌 조화되며 믿는 자와 믿
지 않는 자가 어찌 상관하며 16하나님의 성전과 우상이 어찌 일치가 되리요
우리는 살아 계신 하나님의 성전이라 이와 같이 하나님께서 이르시되 내가
그들 가운데 거하며 두루 행하여 나는 그들의 하나님이 되고 그들은 나의 백
성이 되리라 17그러므로 너희는 그들 중에서 나와서 따로 있고 부정한 것을
만지지 말라 내가 너희를 영접하여 18너희에게 아버지가 되고 너희는 내게 자
녀가 되리라 전능하신 주의 말씀이니라 하셨느니라 7:1그런즉 사랑하는 자들
아 이 약속을 가진 우리는 하나님을 두려워하는 가운데서 거룩함을 온전히
이루어 육과 영의 온갖 더러운 것에서 자신을 깨끗하게 하자

6 : 14~7 : 1까지 단락은 하나님과 화목하게 하는 복음을 받아들일 수 있는 넓은 마음을 요청하는 앞의 단락과 연관성이 없어 보인다. 이 단락 안에는 성경에서 한 번만 나오는 단어들(하팍스 레고메논, hapax legomenon)이 많이 언급된다는 측면에서 바울의 저작을 조심스럽게 의심하지만 그와 같은 견해는 추정에 불과하다. 믿는 사람과 믿지 않는 사람 사이의 관계는 하나님의

은혜와 화해의 복음을 받은 사람들의 처신이라는 주제와 관련성을 찾아볼 수 있다.

바울이 논문을 쓰고 있는 것이 아니라 편지를 쓰고 있다는 점에 주목한다면 앞에서 논의되었던 주제가 갑자기 바뀌는 것을 이해할 수 있다(Barrett 1986, 250 ; Martin 2007, 417). 고린도 교회 성도를 향한 사랑과 애정을 표현했던 바울은 14절에서 "너희는 믿지 않는 자와 멍에를 함께 메지 말라"고 제안한다. '믿지 않는 자'(아피스토이, apistoi)는 누구를 가리키는가? 그들은 일반적 의미에 있어서 비그리스도인이라고 주장하기도 한다. 만약 바울이 비그리스도인과 멍에를 함께 메지 말라고 권면했다고 해석하게 된다면 고린도전서와 전혀 다른 가르침을 제시하는 것이 된다. 바울은 결코 고린도 교회 성도에게 세상을 떠나라고 말하지 않았고, 오히려 비그리스도인이 살고 있는 세상에서 살아야 하며, 그들 안에서 거룩한 백성으로서 정체성을 온전하게 유지하며 살 것을 요청한다.

그렇다면 바울이 믿지 않는 자라고 불렀던 사람들은 누구를 지칭하는가? 그리스도 예수의 복음을 듣고 하나님의 은혜를 경험했다고 주장하지만 여전히 개종하기 이전의 삶을 버리지 못하고 더럽고 부정하게 살아가는 사람들이다. 하나님과의 관계를 회복할 수 있는 화해의 복음을 듣고 믿는 사람이 되었다는 고린도 교회 성도들 가운데 여전히 거룩한 삶을 온전하게 살아가지 못하는 사람들이 있다는 것은 참으로 안타까운 일이다. 바울은 이와 같이 믿지 않는 사람들과 '멍에를 함께 메지 말라'고 명령한다. '멍에를 함께 메다'(헤테로쥐군테스, heterozygountes)는 성경에 한 번만 나오는 '하팍스 레고메논'(hapax legomenon)으로 서로 어울리지 않는 짐승이 함께 멍에를 메는 것을 금지시켰던 구약성경(레 19 : 19 ; 신 22 : 10)과 연관된다. 복음을 듣고 하나님의 은혜로 변화되었다고 주장하지만 여전히 개종 이전의 삶을 살아가는 사람들과 멍에를 함께 메지 말라는 것이다. 이 명령은 결국 그들과 어울리지 말라는 권고이다. 온전하게 거룩한 백성으로서 살아간다는 것은 바울이 전한 그리스도 예수의 복음을 기준으로 설정하고 이전과는 전혀 다른 실천적 삶을 사는 것이다.

[6 : 14–16a] 믿는 사람으로서 자의식을 갖고 적절하게 처신하기 위해서 믿지 않는 사람과 멍에를 함께 메지 말라는 권고를 한 바울은 14절 후반부터 16절 전반까지 5개의 수사의문문을 사용해서 앞의 권고를 논증한다. 수사의문문의 형태는 '분명히 아니다'라는 답변을 기대하는 문장 형식이다. 바울은 "의와 불법이 어찌 함께 하며"라고 말하며 첫 번째 수사의문문을 사용한다. 그가 대조하는 '의와 불법'(디카이오쉬네 카이 아노미아, dikaiosyne kai anomia)이라는 말은 서로 어울릴 수 없는 용어이다. 의와 불의라고 사용하지 않고, 의와 불법이라고 대비시키는 것을 볼 때 의라는 단어는 인간으로서 올바른 삶과 관련해서 사용된다. 믿는 사람으로서 올바른 삶을 살려는 것과는 달리 믿지 않는 사람은 불법을 저지르고 있음을 대조한다. 바울은 의와 불법이 '함께함'이 불가능하다고 말한다. '함께함'(메토케, metoche)이라는 단어도 성경에 한 번 나오는 하팍스 레고메논(hapax legomenon)이다. 올바로 사는 것과 범죄를 저지르는 삶이 함께할 수 없다는 것은 당연하다.

두 번째 수사의문문은 "빛과 어둠이 어찌 사귀며"라는 것이다. 구원의 길에 있는 사람들과 파멸의 길을 향하는 사람들이 확연하게 구별되듯이 빛과 어두움은 결코 사귈 수 없다. 바울은 아주 분명한 단어를 사용해서 믿는 사람과 믿지 않는 사람이 어울리거나 사귈 수 없는 이유를 논증한다.

15절에서 세 번째 수사의문문을 소개하는데 "그리스도와 벨리알이 어찌 조화되며"라는 것이다. '벨리알'(벨리아르, beliar)이란 단어는 성경에 한 번만 나오는 하팍스 레고메논으로, 그 의미와 유래에 관해서 다양한 논의가 존재한다. 분명한 것은 벨리알은 하나님을 반대하는 인격화된 세력으로 사탄을 뜻한다(박익수 1999, 596). 그리스도와 사탄이 조화된다는 것이 얼토당토하지 않다는 것은 누구나 알 수 있다. 전혀 어울리지 않는 그리스도와 벨리알을 대조시키면서 조화될 수 없다고 말하는 것처럼 강한 부정은 없다. 바울이 사용한 '조화'(쉼포네시스, symphonesis)라는 단어 또한 하팍스 레고메논(hapax legomenon)으로 그리스도와 벨리알을 대비시키기 위해서 사용한 용어이다. 그리스도 예수의 복음에 반대하는 것이 곧 사탄적인 성격을 지닌다고 하는 바울의 의도가 아주 잘 나타난 표현이다. 복음을 받아들이면서 우상숭배를 할 수 없는 것처럼, 그리스도를 믿으면서 불법을 행할 수 없다.

바울은 네 번째 수사의문문으로 "믿는 자와 믿지 않는 자가 어찌 상관하며"라고 제시한다. 분명한 대답을 알고 묻는 질문이기 때문에 믿는 사람이 믿지 않는 사람과 상관이 없다는 점을 밝히는 것이다. '상관함'(메리스, meris)은 분깃 같은 물건을 뜻한다. 믿는 사람과 믿지 않는 사람이 같은 물건을 나누어 가질 수 없다는 것은 선택이 필요하다는 것을 말한다. 그리스도를 믿고 따르는 사람들이 비그리스도인과 어울릴 수 없다는 뜻이 아니라, 믿는 사람이면서 동시에 믿지 않는 사람이 될 수 없다는 점을 분명하게 밝히는 것이다. 믿지 않는 사람은 앞에서 지적했던 것처럼 그리스도 예수의 복음을 받아들이고 하나님의 은혜를 체험했다고 말하지만 결코 이전의 삶에서 벗어나지 않았던 사람들을 가리킨다. 믿는 사람은 이제 분명한 선택을 해야 한다. 과거에 얽매여 살지 않고 새로운 생명을 주시는 그리스도 예수를 따르는 진정한 사람이 되어야 한다.

16절에서 바울은 다섯 번째 수사의문문, "하나님의 성전과 우상이 어찌 일치가 되리요"라고 말하면서 그의 중요한 주장을 제시한다. 바울이 여기에서 사용한 '일치'(쉉카타테시스, sygkatathesis)라는 단어는 성경에 한 번만 나오는 하팍스 레고메논(hapax legomenon)으로 함께 앉는다는 뜻이다. 하나님의 성전과 우상이 함께 앉고, 일치하고, 연합하는 일이란 있을 수 없다. 하나님의 성전은 장소를 의미하는 공간적 개념이 아니라 기독교 신앙공동체를 나타낸다. 기독교 신앙공동체 구성원으로 살아간다는 것은 우상숭배를 멀리할 뿐만 아니라 우상숭배를 일삼는 사람들과의 철저한 구별을 의미한다. 따라서 믿는 사람이 믿지 않는 사람과 함께 멍에를 메고 어울릴 수 없는 이유는 분명하다. 기독교 신앙공동체 구성원이라는 자의식을 갖고 있다면 그리스도 예수의 복음이 그들의 삶의 기준이 된다. 그래서 바울은 '우리는 살아 계신 하나님의 성전'이라고 강조한다. 바울과 고린도 교회 성도를 포함한 모든 그리스도인이 살아 계신 하나님의 성전이라는 정체성을 갖고 있기 때문에 철저하게 하나님께서 원하시는 삶을 살아야 한다.

'하나님의 성전'(나오스 테우, naos theou)이라는 용어는 개인적 개념이 아니라 공동체적 개념이라는 점에 주목해야 한다. 하나님께서 거하시는 성전으로서 자의식을 갖는 기독교 신앙공동체는 우상숭배를 할 여지가 전혀 없다. 바울은 극단적으로 우상숭배를 혐오했다. 그리스도 예수와 온전한 관계를 유지하는 기독교 신앙공동체라면 결코 우상숭배를 하거나 우상숭배를 하는 사람들과 어울릴 수 없다. 따라서 믿는 사람이 믿지 않는 사람과 멍에를 함께 메게 될 가능성도 결코 있을 수 없다.

[6 : 16b–18] 16절 후반부터 18절에서 바울은 구약성경을 인용하면서 하나님의 백성으로서 정체성을 갖고 살아가는 것을 강조한다. 구약성경을 언급함에 있어서 본문의 의미를 훼손시키지 않으면서 하나님의 백성은 스스로를 더럽히지 않고, 온전히 구별되어 살아야 한다는 주제로 수정하여 인용한다. 하나님의 백성답게 거룩한 삶을 온전하게 살아가기 위해서 필요한 것은 기독교 신앙공동체가 하나님의 성전이라는 공동체 의식을 갖는 것이다. 하나님의 백성으로서 정체성은 철저하게 하나님께서 자격을 부여하신 것이며 하나님께서 아버지가 되고, 신앙공동체 구성원을 하나님의 아들과 딸이 될 수 있도록 해 주셨다는 분명한 자기고백이 필요하다. 바울이 언급하는 구약성경 본문들(레 26 : 12 ; 렘 32 : 38 ; 겔 37 : 27 ; 렘 31 : 1 ; 사 52 : 11 ; 겔 20 : 34, 41 ; 삼하 7 : 14 ; 렘 31 : 9 ; 사 43 : 6 ; 삼하 7 : 8)은 그가 전달하려는 주제를 논증하기 위해서 적절하게 인용되었다.

주의 뜻은 그의 아들들과 딸들이 그들의 아버지의 거룩함을 깨달아야 한다는 것이다. 하나님께서는 그들을 불러내어서 그들에게 아버지와 아들(과 딸)의 관계를 약속했다. 전능자의 말씀은 구약에서 선지자들에게 돌려진 예언의 말씀들을 상기시키는 방식으로 제시된다. 아마도 바울은 여기서 선지자들의 외투를 취하여 자신의 호소에 사용하고 있는 것 같다(Martin 2007, 437).

바울은 기독교 신앙공동체가 하나님의 백성이라고 분명하게 인식한다. 하나님의 백성으로서 자의식을 갖는 신앙공동체는 스스로 깨끗하게 구별하여 거룩하게 살아야 한다. 하나님을 아버지로 부르게 된 모든 그리스도인은 하나님의 아들과 딸이 되었다. 그러므로 우상숭배를 하거나 복음을 반대하는 사람들과 어울리거나 사귈 수 없는 것은 당연하다.

[7 : 1] 1절은 6 : 14~18까지 단락의 결론이다. 기독교 신앙공동체에게 권면하는 바울은 '사랑하는 자들아'(아가페토이, agapetoi)라는 친숙한 부름말을 사용함으로써 고린도 교회 성도에 대한 각별한 애정을 나타낸다. 앞의 단락에서 고린도 교회 성도를 향한 사랑과 애정을 구체적으로 나타냈던 바울은 그들이 하나님의 백성으로서 적합하게 살아갈 수 있는 방법을 제시한다.

바울과 고린도 교회 성도는 모두 '이 약속'(타스 에팡겔리아스, tas epang-gelias)을 가진다고 말한다. 바울이 여기에서 언급하는 이 약속은 그들이 하나님의 아들과 딸로서 하나님께서 거하실 성전이라는 것이다. 하나님께서 거하실 성전은 '거룩함을 온전히 이루어야' 하는 곳(것)이다. 바울은 거룩함을 온전히 이룰 수 있는 방법으로 '육과 영의 온갖 더러운 것에서 자신을 깨끗하게' 하는 것이라 제안한다. 따라서 하나님의 성전으로서 적합하게 산다는 것은 육과 영의 온갖 더러운 것에서 깨끗하게 되는 것이 필수적이다. 바울이 여기에서 사용하는 '육과 영'(사르코스 카이 프뉴마토스, sarkos kai pneuma-tos)이라는 단어는 자아를 나타내는 말로 각각 자아의 외적 측면과 내적 측면을 가리킨다. 하나님께서 거하시기에 적합한 하나님의 성전이 된다는 것은 내면과 외면 모두 깨끗하게 되어야 한다는 뜻이다. 하나님의 백성이라는 자의식을 갖는 그리스도인은 자신의 외적 측면과 내적 측면을 더러운 것으로부터 깨끗하게 하려는 노력을 해야 한다. 그 결과 그(또는 그녀)는 '거룩함을 온전히 이루는 것'(에피텔룬테스 하기오쉬넨, epitelountes hagiosynen)이 된다.

모든 그리스도인이 온전한 거룩함을 이루었다고 말할 수 있는 근거는 언제나 '하나님을 두려워하는 가운데서'(엔 포보 테우, en phobo theou) 가능하다. 올바른 삶을 살고, 온전한 거룩함을 이루었다는 주장은 항상 하나님을 두려워하는 경외심이 그 근거가 된다. 결국 하나님의 백성이 될 수 있는 자격, 하나님께서 거하시기에 적합한 장소로서의 하나님의 성전, 하나님의 아들과 딸은 모두 하나님을 두려워하는 가운데서 될 수 있다. 바울은 고린도 교회 성도에게 이와 같은 삶을 살라고 명령하는 대신에 함께 이러한 삶을 살자고 제안함으로써 그들과의 강한 유대감을 표시한다. 하나님의 성전은 기독교 신앙공동체 구성원 모두를 포괄하는 공동체 개념이라는 점을 염두에 두면서 바울과 고린도 교회 성도 모두가 스스로를 깨끗하게 함으로써 온전한 거룩함을 이루고자 제안하는 것에 주목해야 한다.

■■ 설교를 위한 묵상

우리는 살아 계신 하나님께서 거하시는 성전인가?

믿는 사람과 믿지 않는 사람 사이의 관계는 하나님의 은혜와 화해의 복음을 받은 사람들이 어떻게 처신해야 하는가라는 주제와의 관련성에서 찾아볼 수 있다. 바울은 결코 고린도 교회 성도에게 세상을 떠나라고 말하지 않았고, 오히려 비그리스도인이 살고 있는 세상에서 살아야 하며, 그들 안에서 거룩한 백성으로서 정체성을 온전하게 유지하며 살 것을 요청한다. 하나님과의 관계를 회복할 수 있는 화해의 복음을 듣고 믿는 사람이 되었다는 고린도 교회 성도들 가운데 여전히 거룩한 삶을 온전하게 살아가지 못하는 사람들이 있다는 것은 참으로 안타까운 일이다. 복음을 듣고 하나님의 은혜로 변화되었다고 주장하지만, 여전히 개종 이전의 삶을 살아가는 믿지 않는 사람들과 멍에를 함께 메지 말라는 명령은 결국 그들과 어울리지 말라는 권고이다. 거룩한 백성으로서 온전하게 살아간다는 것은 바울이 전한 그리스도 예수의 복음을 기준으로 설정하고 이전과는 전혀 다른 실천적 삶을 사는 것이다. 그리스도인으로서 믿는 사람이라고 말할 수 있으려면 예수 그리스도를 믿기 이전의 삶을 청산하고 돌이켰는가를 확인하면 된다. 이전과 전혀 달라지지 않았다면 그 사람은 분명히 믿지 않는 사람이다.

그리스도인과 성도라는 자의식을 갖고 있다면 그리스도 예수의 복음이 그들의 삶의 기준이 된다. 바울과 고린도 교회 성도를 포함한 모든 그리스도인이 살아 계신 하나님의 성전이라는 정체성을 갖고 있기 때문에 철저하게 하나님께서 원하시는 삶을 살아야 한다. 하나님께서 거하시는 성전으로서 자의식을 갖는 기독교 신앙공동체는 우상숭배를 할 여지가 전혀 없다. 하나님의 백성답게 거룩한 삶을 온전하게 살아가기 위해서 필요한 것은 기독교 신앙공동체가 하나님의 성전이라는 공동체 의식이다. 바울은 기독교 신앙공동체가 하나님의 백성이라고 분명하게 인식한다. 하나님의 백성으로서 자의식을 갖는 신앙공동체는 스스로 깨끗하게 구별하여 거룩하게 살아야 한다. 하나님께서 거하시기에 적합한 하나님의 성전이 된다는 것은 내면과 외면 모두 깨끗하게 되어야 한다는 뜻이다. 하나님의 백성이라는 자의식을 갖는 그리스도인은 자신의 외적 측면과 내적 측면을 더러운 것으로부터 깨끗하게 하려는 노력을 해야 한다. 하나님의 백성이 될 수 있는 자격, 하나님께서 거하시기에 적합한 장소로서의 하나님의 성전, 하나님의 아들과 딸이 될 수 있는 근거는 모두 하나님을 두려워하는 가운데서 이루어진다. 바울은 고린도 교회 성도에게 이와 같은 삶을 살라고 명령하는 대신에 함께 이러한 삶을 살자고 제안함으로써 그들과의 강한 유대감을 표시한다. 하나님의 성전은 기독교 신앙공동체 구성원 모두를 포괄하는 공동체 개념이라는 점을 염두에 두면서 바울과 고린도 교회 성도 모두가 스스로를 깨끗하게 함으로써 온전한 거룩함을 이루고자 제안하는 것에 주목해야 한다. 오직 하나님만이 거하시는 성전으로서의 거룩한 삶을 사는 그리스도인인가? 이와 같은 질문은 지금 여기(here and now)에서 그리스도인으로 살아가는 우리 모두가 대답해야 할 질문이다.

E. 디도가 전해 준 고린도 교회의 기쁜 소식 (7 : 2－16)

2마음으로 우리를 영접하라 우리는 아무에게도 불의를 행하지 않고 아무에게
도 해롭게 하지 않고 아무에게서도 속여 빼앗은 일이 없노라 3내가 이 말을
하는 것은 너희를 정죄하려고 하는 것이 아니라 내가 이전에 말하였거니와
너희가 우리 마음에 있어 함께 죽고 함께 살게 하고자 함이라 4나는 너희를
향하여 담대한 것도 많고 너희를 위하여 자랑하는 것도 많으니 내가 우리의
모든 환난 가운데서도 위로가 가득하고 기쁨이 넘치는도다 5우리가 마게도냐
에 이르렀을 때에도 우리 육체가 편하지 못하였고 사방으로 환난을 당하여
밖으로는 다툼이요 안으로는 두려움이었노라 6그러나 낙심한 자들을 위로하
시는 하나님이 디도가 옴으로 우리를 위로하셨으니 7그가 온 것뿐 아니요 오
직 그가 너희에게서 받은 그 위로로 위로하고 너희의 사모함과 애통함과 나
를 위하여 열심 있는 것을 우리에게 보고함으로 나를 더욱 기쁘게 하였느니
라 8그러므로 내가 편지로 너희를 근심하게 한 것을 후회하였으나 지금은 후
회하지 아니함은 그 편지가 너희로 잠시만 근심하게 한 줄을 앎이라 9내가
지금 기뻐함은 너희로 근심하게 한 까닭이 아니요 도리어 너희가 근심함으로
회개함에 이른 까닭이라 너희가 하나님의 뜻대로 근심하게 된 것은 우리에게
서 아무 해도 받지 않게 하려 함이라 10하나님의 뜻대로 하는 근심은 후회할
것이 없는 구원에 이르게 하는 회개를 이루는 것이요 세상 근심은 사망을 이
루는 것이니라 11보라 하나님의 뜻대로 하게 된 이 근심이 너희로 얼마나 간절
하게 하며 얼마나 변증하게 하며 얼마나 분하게 하며 얼마나 두렵게 하며 얼
마나 사모하게 하며 얼마나 열심 있게 하며 얼마나 벌하게 하였는가 너희가
그 일에 대하여 일체 너희 자신의 깨끗함을 나타내었느니라 12그런즉 내가 너
희에게 쓴 것은 그 불의를 행한 자를 위한 것도 아니요 그 불의를 당한 자를
위한 것도 아니요 오직 우리를 위한 너희의 간절함이 하나님 앞에서 너희에

게 나타나게 하려 함이로라 [13]이로 말미암아 우리가 위로를 받았고 우리가 받은 위로 위에 디도의 기쁨으로 우리가 더욱 많이 기뻐함은 그의 마음이 너희 무리로 말미암아 안심함을 얻었음이라 [14]내가 그에게 너희를 위하여 자랑한 것이 있더라도 부끄럽지 아니하니 우리가 너희에게 이른 말이 다 참된 것같이 디도 앞에서 우리가 자랑한 것도 참되게 되었도다 [15]그가 너희 모든 사람들이 두려움과 떪으로 자기를 영접하여 순종한 것을 생각하고 너희를 향하여 그의 심정이 더욱 깊었으니 [16]내가 범사에 너희를 신뢰하게 된 것을 기뻐하노라

바울은 고린도 교회 성도를 향해서 하나님의 백성답게 거룩함을 온전하게 이루라는 권면을 한 후 6 : 13에서 제기한 주제를 다시 논의한다. 온갖 환난과 핍박 그리고 죽음의 위협 앞에서도 결코 낙심하거나 절망하지 않고 그리스도 예수의 복음을 담대하게 전파할 수 있는 까닭을 밝힌다. 바울은 자신을 반대하는 거짓 사도와 그들을 따르는 일부의 고린도 교회 성도로 인해서 낙심하고 실망했을지라도 결코 고린도 교회 성도를 향한 사랑과 애정을 포기한 적은 없다.

[7 : 2-4] 2절에서 바울은 "마음으로 우리를 영접하라"라고 말하며 고린도 교회 성도를 향한 간절한 호소로 시작한다. '영접하라'(코레사테, choresate)라는 단어는 바울과 그의 동료가 들어갈 수 있도록 마음에 자리를 만들라는 뜻이다. 이는 마음을 넓히라는 표현(6 : 13)과 밀접하게 연관된다. 고린도 교회 성도를 향한 애정과 사랑을 지속적으로 나타냈던 바울은 그들이 적절하게 반응하고 용납하길 기대한다. 바울과 고린도 교회 성도가 화해하고 원만하게 관계를 회복하는 데 아무런 걸림돌이 없다. 바울은 자신에 관한 여러 가지 소문과 비난이 근거가 없는 헛소문이라는 점을 밝힌다. 바울과 그의 동료는 "아무에게도 불의를 행하지 않고 아무에게도 해롭게 하지 않고 아무에게서도

속여 빼앗은 일이 없노라"라고 말한다. 여기에서 사용된 첫째 동사 '불의를 행하다'(에디케사멘, edikesamen)라는 단어는 누군가에게 억울한 일을 했다는 뜻이다. 바울과 그의 동료는 구체적으로 누군가를 억울하게 만들었던 일을 행했지 않았다는 것이다. 두 번째 동사 '해롭게 하다'(에프테이라멘, eph-theiramen)라는 말은 누군가를 부패하게 만들었다는 의미이다. 사도로서 직분을 수행하면서 바울과 그의 동료가 누군가를 재정적으로, 도덕적으로 파탄에 이르도록 만드는 일을 행할 리가 없다. 사도로서 권위를 실추시키려는 비난과 험담이라는 것을 알 수 있다. 바울이 세 번째로 사용한 동사는 '속여 빼앗다'(에플레오네크테사멘, epleonektesamen)라는 용어로 금전적으로 착취했다는 뜻을 나타낸다. 사도라는 직분을 이용해서 자기 자신을 위해서 재정적 이익을 챙겼다는 비난이다. 이러한 표현에 대한 확실한 정황은 알 수 없지만 아마도 예루살렘 성도를 위한 모금과 관련해서 오해하며 비방한 것과 연관이 있을 것이다. 바울은 이러한 비난과 험담과 관련해서 단호하게 부정하면서 '아무에게도'(우데나, oudena) 이와 같은 일을 행한 적이 없다고 세 번을 반복해서 말한다. 고린도 교회 성도를 향한 동기가 진정으로 순수했다는 것을 거듭 강조하는 것이다. 바울과 그의 동료는 결코 누군가에게 해를 입히거나 재정적으로 착복하려는 시도조차 하지 않았다. 복음을 전하는 바울의 사역에 관해서 온갖 비난과 험담이 난무하지만 아무에게도 해롭게 하지 않았다고 서술한다. 이렇게 강하게 자신과 자신의 사역을 변호하는 까닭은 여전히 고린도 교회 성도를 향한 애정과 사랑을 지니고 있기 때문이다.

3절에서 "내가 이 말을 하는 것은 너희를 정죄하려고 하는 것이 아니라"라고 말하는 것에서 바울이 가진 진심을 짐작할 수 있다. '정죄'(카타크리시스, katakrisis)라는 단어는 고발한다는 의미를 가진 법정용어이다. 시시비비를 가리고 잘못을 지적하기 위해서 그가 말하는 것이 아니라 그에 관한 모든 소문과 비방은 거짓이며 그 자신은 깨끗하다는 것을 보여 주려는 것이다. 복음을 전하는 사도로서 직분을 감당하면서 어떤 부끄러움도 없었다고 강한 자신감을 나타낸다. 또한 고린도 교회 성도를 향한 각별한 애정과 사랑을 표현한다. 바울은 "너희가 우리 마음에 있어 함께 죽고 함께 살게 하고자 함이라"라고 말하면서 식지 않는 애정을 나타낸다. 여기에서 사용되는 '함께 죽고 함께 살게'(쉰아포타네인 카이 쉬젠, synapothanein kai syzen)라는 두 개의 동사는 고린도 교회 성도를 향한 바울의 끝없는 사랑을 보여 준다. 고린도 교회 성도와 함께 죽고 함께 살고자 복음을 전했기 때문에 그들을 정죄하거나 비난하려는 의도가 없다는 것은 밝혀졌다.

4절에서 바울은 "나는 너희를 향하여 담대한 것도 많고 너희를 위하여 자랑하는 것도 많으니"라고 말한다. '담대한 것'(파르레시아, parresia)은 확신이나 신뢰를 갖고 거침없이 말하는 것이다. 서로 믿을 수 있는 관계이기 때문에 마음에 응어리를 담아 두지 않고 모두 솔직하게 말하게 된다. 진심으로 말할 수 있는 신뢰와 확신은 고린도 교회 성도를 자랑하도록 만든다. 비록 일부의 고린도 교회 성도가 바울의 진심을 오해하고 비방하지만 바울과 그의 동료는 그들에 대한 무한한 애정과 헌신적 사랑을 멈추지 않는다. 온갖 고난과 핍박과 죽음의 위협에 노출되었어도 그리스도 예수의 복음을 전하는 것을 포기하지 않았던 것은 담대함을 통해서 위로와 기쁨을 얻기 때문이다.

바울은 "우리의 모든 환난 가운데서도 위로가 가득하고 기쁨이 넘치도다"라고 고백한다. '위로'(파라클레세이, paraklesei)와 '기쁨'(카라, chara)이 가득 넘친다는 표현은 감정이 고조되어 감격하고 있는 것을 나타낸다. 바울과 그의 동료가 경험하는 위로와 기쁨은 환난 가운데서 얻어진 것이다. 수없이 많은 고난과 환난과 핍박에 노출되어 있지만 위로와 기쁨을 잃어버리지 않는다. 사도로서 직분을 수행하는 바울과 그의 동료에게 이와 같은 위로를 제공해 주는 분은 분명히 하나님이시다. 위로의 근원이 되시는 하나님께서 고린도 교회 성도를 통해서 바울과 그의 동료를 위로하는 것은 참으로 놀라운 일이다. 솔직하게 마음에 있는 모든 것을 털어놓을 뿐 아니라 자랑거리가 된 고린도 교회 성도는 바울에게 위로와 기쁨을 전해 주는 소중한 존재이다. 온갖 비방과 험담으로 오해했던 삐뚤어진 관계를 회복하고 서로 존중하는 사이가 되길 기대하는 것이다.

[7 : 5-7] 5~16절은 앞의 단락과 연관성이 결여되었다고 주장되기도 하지만 4절에서 사용된 위로, 기쁨, 환난, 자랑이라는 용어가 반복적으로 사용된다는 점을 주목해야 한다.

마게도냐에서 디도를 만나게 된 기쁨을 서술하는 이 단락은 2 : 12~13과 밀접하게 연관된다. 고린도에 편지를 가지고 갔던 디도를 드로아에서 만나기로 했지만 만나지 못하고 마게도냐로 갔다는 기록이다. 고린도 교회가 어떤 심각한 문제가 있었는지 정확하게 알 수 없고, 디도가 어떤 편지를 가지고 갔는지 구체적으로 알 수 없다. 분명한 것은 바울이 디도를 고린도 교회에 대신 보냈다는 것이고 5절 이하에서 디도가 돌아와서 고린도 교회의 소식을 듣게 되었다는 사실이다.

바울과 디도는 드로아에서 만날 계획이었지만 만나지 못하고 마게도냐에서 만나게 된다. 바울은 드로아에서 디도를 만나기로 한 약속이 지켜지지 않자 염려와 근심을 했을 것이다. 드로아에서 여러 가지 상황이 악화되었기에 바울과 그의 동료는 마게도냐로 이동한다(고후 2 : 12-13). 분명하게 도시나 지역을 밝히지 않기 때문에 마게도냐의 어느 곳에 머물렀는지 알 수는 없다.

5절에서 가까스로 마게도냐에 도착했을 때 바울과 그의 동료는 '육체'(사르크스, sarks)가 '편하지 못하다'(아네신, anesin)고 말한다. 육체라는 용어는 몸이라는 의미보다는 인간 자체라는 뜻으로 존재를 나타낸다. 사도로서 직분을 수행하면서 경험하게 되는 곤고함과 피곤함 같은 상태를 암시하는 표현이다. 복음을 전파할 때의 어려움뿐만 아니라 고린도 교회에 디도를 보내고 소식을 기다리는 일로 인해서 편안함이 없다는 의미이다. 바울과 그의 동료가 편안하지 못한 상황을 나타내는 단어가 '사방으로'(엔 판티, en panti)라는 말로 모든 면에서 여러 가지의 어려움과 반대에 부딪혔다는 것을 짐작할 수 있다. 그들을 불편하게 하는 환난을 표현하면서 안과 밖으로 서술하는 것에 주목해야 한다. 밖으로는 '다툼'(마카이, machai)이고, 안으로는 '두려움'(포보이, phoboi)이라는 말에서 그들이 직면했던 내적 어려움과 외적 어려움이 심각했음을 알 수 있다. 복음을 전하는 사도로서 바울이 겪었던 외적인 다툼이란 그를 반대하는 사람들과 관련이 있고, 내적인 두려움은 고린도 교회에 보낸 디도에 대한 걱정과 관계가 있다. 고린도 교회 성도들에게 보낸 편지에 대한 그들의 반응이 궁금했을 뿐만 아니라 오히려 관계가 악화될 것이 염려되었기 때문에 내적인 두려움으로 마음이 편하지 않았을 것이다.

그러나 6절에서 새로운 국면을 맞는다. 바울이 얼마나 염려하며 근심했는지는 바울이 사용한 '낙심한 자들'(투스 타페이누스, tous tapeinous)이라는 단어로 알 수 있다. 근심에 눌린 사람들이라는 뜻으로 사용되어, 바울이 디도를 고린도 교회에 보내 놓고 얼마나 걱정과 염려가 되었는지 짐작하도록 한다. 안팎으로 모두 심각한 상황에 놓여 있어서 의기소침해 있던 바울과 그의 동료는 하나님께로부터 위로를 받는다. 소식을 알 수 없어서 애타던 그들에게 디도가 돌아온 것이다. 디도가 온 것이 하나님께서 주시는 위로라고 표현하는 이유는 무엇인가? 바울은 '디도가 옴'(엔 테 파루시아 티투, en te parousia Titou)이라는 표현에서 예수 그리스도가 다시 오심을 뜻하는 전문용어인 '강림'(파루시아, parousia)이란 단어를 쓴다. 디도가 고린도 교회로부터 돌아온 것이 분명히 하나님께서 주시는 위로라는 것을 강조한다. 또한 낙심하고 염려하는 바울이 힘과 용기를 얻을 수 있는 수단이 하늘로부터 왔다는 것을 나타낸다. 분명히 바울은 디도가 돌아온 것으로 큰 기쁨과 위로를 얻었다. 디도가 임무를 잘 수행하고 돌아온 것이 기뻤을 뿐 아니라 7절에서 고린도 교회에서 온 기쁜 소식으로 더욱 기뻤다고 강조한다. 바울은 "그가 너희에게서 받은 그 위로로 위로하고"라고 서술한다. '위로'(테 파라클레세이, te paraklesei)라는 용어는 고린도후서에서 반복해서 나타나는 용어로 주목할 필요가 있다. 바울 대신 고린도 교회에 갔던 디도는 고린도 교회 성도들이 보여 준 환대로 인해서 위로를 받았고 그와 같은 기쁜 소식으로 바울과 그의 동료들이 또한 위로를 받았다. 위로는 그리스도인 사이로 퍼지는 힘이 있으며 그로 인해서 바울 역시 위로를 받게 된다. 이를 통해 위로가 지닌 커다란 영향력을 확인할 수 있다. 분명한 것은 위로하시는 하나님이라는 6절의 표현에서 알 수 있듯이 위로의 원천은 하나님께 있다. 하나님께서 공급해 주시는 위로가 고린도 교회 성도들로부터 디도에서 전달되었고, 지금은 바울과 그의 동료가 그것을 경험한다.

7절은 디도가 위로를 받았다는 구체적인 내용을 세 가지로 소개한다. '너희의 사모함과 애통함과 나를 위하여 열심 있는 것'을 바울과 동료들에게 보고했다고 말한다. '사모함'(에피포테신, epipothesin)이란 단어는 고린도 교회 성도들이 바울을 그리워하며 직접 그를 만나기를 원하는 것을 의미한다. 고린도 교회가 심각한 상황에 있었을 때 바울이 직접 방문하지 않고 디도를 대신 보냈던 것을 아쉬워할 뿐 아니라 그를 다시 보기를 간절하게 원하는 마음을 느낄 수 있다.

'애통함'(오뒤르몬, odyrmon)은 그들이 바울의 마음을 아프게 했던 것을 후회하는 것이다. 온갖 환난과 핍박 가운데 목숨을 걸고 복음을 전했던 바울의 진심을 제대로 이해하지 못하고 오해하거나 무관심했던 그들의 행동을 뉘우치며 애통해한다. 디도를 고린도 교회에 보내 놓고 노심초사 근심하며 염려했던 바울에게는 이러한 소식이 참으로 기쁘고 놀라운 것이다.

고린도 교회 성도들이 잘못을 인정할 뿐 아니라 '나(바울)를 위하여 열심 있는 것'을 보여 준다는 소식은 더욱 큰 기쁨이다. '열심'(젤론, zelon)이란 단어에서 알 수 있는 것처럼 바울을 향한 새로운 시각을 갖게 되었다는 증거이다. 바울에 대해 오해하고 험담하고 무관심했던 지난 일들을 되돌리겠다는 결의가 담겨 있을 뿐 아니라 바울을 반대하는 사람들에 대항하여 옹호할 준비가 되었다는 충성심이 포함된다. 디도가 고린도 교회에서 가져온 소식은 바울을 감격하게 만들어서 "나를 더욱 기쁘게 하였느니라"(호스테 메 말론 카레나이, hoste me mallon charenai)라고 고백하게 만든다. 디도를 만나지 못해서 전전긍긍했던 바울이 디도를 만났을 뿐 아니라 그가 가지고 온 고린도 교회의 소식으로 더욱 큰 기쁨을 경험한다. 엄밀하게 말하면 바울이 말할 수 없는 감격과 기쁨으로 위로를 받은 이유는 고린도 교회 성도들이 새로운 태도를 갖고 자신을 지지하게 되었기 때문이다.

[7 : 8 – 13a] 8절에서 13절 전반은 고린도 교회에 보낸 편지에 대한 성도들의 반응과 효력에 관해서 서술한다. 바울은 먼저 8절에서 "내가 편지로 너희를 근심하게 한 것을 후회하였으나"라고 말한다. 디도를 고린도에 보내 놓고 노심초사하며 걱정했던 그의 심정을 다시 드러낸다. 고린도 교회 성도들이 편지를 읽고 어떻게 반응할 것인가를 염려했기 때문이다. '근심하게 하다'(엘뤼페사, elypesa)라는 단어는 '초조하게 하다', '화나게 하다', '모욕하다'라는 의미로 고통을 주었다는 뜻이 적합하다. 바울은 자신이 고린도 교회에 보낸 편지로 인해서 성도들이 고통을 받고 마음에 상처를 받을 것을 근심하며 후회한다. 섬세한 감정을 표현하는 바울의 심정을 찾아볼 수 있다. 그런데 "지금은 후회하지 아니함은"이라고 말하는데, 그 이유는 "그 편지가 너희로 잠시만 근심하게 한 줄을 앎"이기 때문이다. 편지를 보낼 때는 후회했지만 편지를 읽고 잘못을 뉘우치고 바울을 이해하게 된 그들의 태도로 인해서 후회하지 않게 되었다는 말이다.

8절에서 표현된 바울의 심정은 혼란스럽고 당황했던 상황을 그대로 보여준다. 문장 표현이 자연스럽지 못하고 어딘지 어색한 것은 편지를 쓰고, 보내고, 기다리는 과정에서 걱정하고 근심했던 마음을 나타낸다. 9절은 바울이 보낸 편지를 읽은 고린도 교회 성도의 반응을 "내가 지금 기뻐함은 너희로 근심하게 한 까닭이 아니요 도리어 너희가 근심함으로 회개함에 이른 까닭이라"라고 소개한다. 초조하게 디도가 돌아오기를 기다렸던 바울은 고린도 교회 성도들로부터 기쁜 소식을 듣게 되어 더욱 기뻐한다. 디도를 다시 만나게 된 것도 기뻤지만 진심으로 바울이 기뻐한 이유는 고린도 교회 성도들이 마음 아파하고 근심했지만 하나님께서 원하시는 방향으로 회개하며 전환했기 때문이다. 고통을 주고 근심하게 할 것이라고 염려했던 편지로 인해서 오히려 마음을 돌이키고 잘못을 깨닫게 되었으니 이보다 더 큰 기쁨은 없다. 바울은 이와 같은 근심을 '하나님의 뜻대로 근심'(엘뤼페테테 가르 카타 테온, ely-pethete gar kata theon)이라고 말한다. 고린도 교회 성도들이 바울의 진심어린 편지로 인해서 그들 스스로 깊은 반성을 할 뿐만 아니라 하나님께서 원하시는 대로 그들의 행동을 바꾸는 결단을 했다는 뜻이다(김판임 1999, 195).

고린도 교회 성도들에게 편지를 쓰고, 디도를 보내고, 그들의 반응을 기다리는 모든 과정이 다 하나님의 뜻과 관련이 깊다. 바울은 하나님의 뜻대로 그리스도 예수의 사도가 되었다고 고백했던 것에서 알 수 있듯이 고린도 교회 성도들의 회개가 전적으로 하나님의 뜻에 의해서 진행되었다고 말하는 것이다. 하나님의 뜻대로 근심하게 한 것이기 때문에 그들은 바울과 그의 동료로부터 '아무 해도 받지 않았다'는 것은 분명하다.

10절에서 바울은 다시 9절에서 언급했던 내용을 반복해서 강조한다. '하나님의 뜻대로 하는 근심'은 '세상 근심'과는 달라서 전혀 다른 결과를 가져온다. '하나님의 뜻대로 하는 근심은 구원에 이르게 하는 회개를 이루는 것'이라고 말한다. 바울은 계속해서 하나님의 뜻대로 하는 근심에 주목하면서 고린도 교회 성도들이 하나님의 마음과 뜻에 적합하게 돌이켰다는 점을 강조한다. 하나님께서 원하시는 방향으로 전환했던 것을 알 수 있는 것은 그들이 구원에 이르는 회개를 이루었기 때문이다.

9~10절에서 '회개'(메타노이아, metanoia)라는 단어를 쓰는데, 이 용어는 바울의 서신에서 드물게 사용되는 용어이다. 바울이 회개라는 명사를 사용한 것은 고린도후서 7 : 9~10, 로마서 2 : 4밖에 없다. 이 각각의 경우에 그 용어는 완고한 마음의 결과로 하나님의 심판에 놓여진 상황을 설명할 때 사용된다(Scott 1998, 167). 마음의 변화 혹은 돌아섬의 뜻을 가진 이 단어를 사용하

는 바울의 의도는 고린도 교회 성도들이 이전에 그를 오해하고 적대했던 태도에서 벗어나 이제는 그의 진심을 이해하고 돌아섰다는 뜻으로 사용된다. 바울의 편지로 인해 고린도 교회 성도들이 회개할 수 있었던 중요한 근거는 하나님의 뜻대로 하는 근심으로 받아들였기 때문이다. 하나님께서 원하시는 마음과 태도를 갖기 위해서 깊은 성찰을 하며 돌아서게 되었을 때 그들은 구원에 이르게 된다. 하나님의 뜻대로 하는 근심은 따라서 회개를 통한 구원에 이르는 중요한 결과를 얻었고, 그렇기 때문에 후회하지 않는다고 말하는 것이다.

바울은 '하나님의 뜻대로 하는 근심'을 '세상 근심'(투 코스무 뤼페, tou kosmou lype)과 대조하면서 자신의 진정한 의도를 다시 강조한다. 세상 근심은 문자 그대로 하나님께서 원하시는 방향과는 다른 의도와 목적을 위한 근심을 뜻한다. 해를 끼치는 근심이란 의미로, 분노 또는 그와 비슷한 감정을 불러일으켜서 최악의 결과를 얻게 된다. 하나님의 뜻대로 하는 근심이 아니기 때문에 뉘우침과 반성이 없을 뿐 아니라 오히려 후회와 고통으로 죽음에 이르게 된다. 바울이 세상 근심과 비교해서 하나님의 뜻대로 하는 근심을 거듭 강조하는 까닭은 고린도 교회 성도들에게 보낸 편지가 전적으로 하나님의 뜻에 근거한 것이라는 점을 밝히려는 의도이다.

11절에서 바울은 고린도 교회 성도들이 하나님의 뜻대로 하는 근심의 결과가 긍정적인 것이라고 밝힌다. '보라'(이두, idou)라는 단어를 사용하면서 주의를 환기시키는 까닭은 편지를 읽고 그들이 어떻게 변화되었는지를 강조하려는 표현이다. 하나님의 뜻대로 하는 근심으로 이전과는 확연하게 다른 모습을 보이는 고린도 교회 성도들의 태도를 묘사하는 7개의 명사는 기뻐하는 바울의 심정을 그대로 드러낸다. "얼마나 간절하게 하며 얼마나 변증하게 하며 얼마나 분하게 하며 얼마나 두렵게 하며 얼마나 사모하게 하며 얼마나 열심 있게 하며 얼마나 벌하게 하였는가"라고 감격스럽게 표현한다. 고린도 교회 성도가 보여 준 진정성을 강조하기 위해서 7개의 명사를 반복적으로 서술하는데, 간절함을 의미하는 명사를 제외하고 6개의 명사 앞에 반대 혹은 대조의 의미를 갖는 접속사(알라, alla)를 반복해서 언급함으로써 이러한 명사들이 의미를 반복하고 있는 것을 보여 준다.

하나님의 뜻대로 하는 근심의 결과로 나타난 그들의 첫째 반응은 '간절함'(스푸데, spoude)이다. 이 단어는 진심 혹은 열심의 뜻을 가지면서 고린도 교회 성도들이 이전의 잘못을 반성하고 바울과의 관계를 회복하려는 열망을 내포한다. 디도가 가지고 간 편지를 읽기 전에는 문제의 심각성을 제대로 인식하지 못했지만 이제는 올바른 방향으로 나아갈 준비가 되었음을 보여 준다. 둘째 반응은 '변증'(아폴로기아, apologia)으로 자신들의 태도나 마음가짐을 변호하는 모습이다. 바울을 비방하고 험담하는 사람들의 편에서 동조하거나 방관했던 잘못을 뉘우칠 뿐만 아니라 새로운 태도를 갖고 행동할 것을 나타내는 것이다. 셋째 반응인 '분함'(아가나크테신, aganaktesin)은 분노의 감정을 표출하는 것으로 일차적으로는 고린도 교회 성도들이 자신들의 무관심과 무기력한 태도에 분노를 나타냈으며, 그와 같은 분함이 바울을 반대하고 대적했던 사람들에게로 향한 것을 보여 준다. 바울의 진심 어린 편지를 읽은 성도들은 자신들이 방관했던 잘못을 깨닫게 되었고 곧바로 거짓 사도와 그들을 따르는 사람들에 대한 분노를 표출했을 것이다.

넷째 반응은 '두려움'(포본, phobon)으로 바울의 사도로서의 권위를 인정하고 경외심을 갖는 것이다. 하나님을 두려워하는 사람들이라면 하나님의 뜻대로 사도가 된 바울을 동일하게 존중하고 받아들일 필요가 있다. 고린도 교회 성도는 바울을 하나님의 사도로서 인정하고 존경심을 드러내고 있는 것이다. 다섯째 반응은 '사모함'(에피포테신, epipothesin)으로 7절에서 언급했던 것처럼 바울을 그리워하는 마음을 나타낸다. 고린도 교회 성도들이 간절하게 바울의 얼굴을 다시 보고 싶은 마음을 표현하는 것으로 신뢰를 회복하려는 그들의 의지를 엿볼 수 있다. 여섯째 반응은 '열심'(젤론, zelon)으로 7절에서 언급했던 것처럼 바울의 권위를 인정하는 동시에 바울을 반대하는 사람들을 대항하는 열정을 갖게 된 것이다. 일곱째 반응은 '벌함'(에크디케신, ekdikesin)으로 불의를 징벌하는 의미를 갖고 어떠한 비난에서도 벗어나려는 의도에서 반격하는 것을 뜻한다. 고린도 교회 성도들이 바울을 대적하는 사람들과는 관계가 없다는 것을 분명하게 나타내기 위해서 쓰인 말이다. 거짓 사도의 비난과 험담으로 온갖 환난과 핍박을 받아 왔던 바울에게 있어서 고린도 교회 성도들이 결백하다고 스스로를 선언한다는 점은 참으로 인상적이다.

7가지의 명사를 사용하면서 반복적으로 나타냈던 고린도 교회 성도들의 태도는 매우 긍정적이다. 그래서 바울은 "너희가 그 일에 대하여 일체 너희 자신의 깨끗함을 나타내었느니라"라고 말한다. '깨끗함'(하그누스, hagnous)은 결백이란 뜻으로 고린도 교회 성도들이 바울의 결백을 입증했다는 신뢰를 표현한다. 디도가 전해 준 편지를 받은 고린도 교회 성도들의 반응은 놀라운 것이었다. 이전과는 전혀 다른 새로운 태도를 보일 뿐만 아니라 바울에 대한 무한한 신뢰와 애정을 나타냄으로써 관계 회복에 대한 강한 의지를 보인다. 바울은 그들이 잘못을 스스로 뉘우치고 반성하고 새로운 결단을 함으로써 모든 문제가 해결되었다고 확신했던 것이다.

12절에서 바울은 편지를 쓴 목적을 다시 언급한다. "그런즉 내가 너희에게 쓴 것은 그 불의를 행한 자를 위한 것도 아니요 그 불의를 당한 자를 위한 것도 아니요"라고 밝힌다. 불의를 행한 사람이 누구인지 어떤 잘못을 저질렀는지 알 수 없다. 본문을 통해서 유추할 수 있는 대답은 불의를 행한 사람이 바울을 반대하며 대적했던 사람들로서 고린도 교회와 관련이 있지만 구성원이 아니라 외부인이라는 점이다(김판임 1999, 198 ; Barrett 1986, 272 ; Martin 2007, 490). 사도로서 사역을 수행하는 바울의 권위를 실추시킬 뿐 아니라 고린도 교회 성도들에게 커다란 영향력을 행사했던 사람이었을 것이다. 그 불의를 당한 사람은 바울 자신이었다. 온갖 환난과 핍박 그리고 죽음의 위협에 노출되었음에도 불구하고 결코 낙심하거나 좌절하지 않고 오직 그리스도 예수의 복음을 전파했던 바울을 대적하고 비난했던 사람들이 고린도 교회 성도들에게 영향을 주었다니 참으로 아이러니이다.

편지를 보낸 바울의 진정한 의도와 관심은 편지를 읽은 후의 고린도 교회 성도들의 반응이었다. 바울은 "오직 우리를 위한 너희의 간절함이 하나님 앞에서 너희에게 나타나게 하려 함이로라"라고 말한다. 바울은 '간절함'(스푸데, spoude)이란 용어를 다시 사용함으로써 고린도 교회 성도들이 그와 화해하고 관계를 회복하려는 열심을 가지고 있다고 강조한다. 그러면서 바울은 그들이 자신을 사도로서 인정하고 근본적인 충성심을 스스로에게 나타낼 필요가 있다고 말한다.

고린도 교회 성도들이 바울과 화해하고 올바른 관계를 형성할 수 있는 근거는 '하나님 앞에서'(에노피온 투 테우, enopion tou theou) 가능하다. 바울이 편지를 쓴 목적은 비난이나 변호를 위한 것이 아니라 전적으로 고린도 교회 성도를 향한 애정과 사랑에서 비롯되었다. 그들이 그동안의 잘못을 반성하고 스스로를 돌아볼 뿐만 아니라 새로운 결단으로 바울의 사역을 지지할 것을 확신하는 것이다. 그래서 13절 전반에서 바울은 "이로 말미암아 우리가 위로를 받았고"라고 고백한다. 그는 디도를 고린도 교회로 보낼 때에는 전혀 예상하지 못했던 기쁨과 위로를 경험했다. 고린도 교회 성도들이 바울의 충고와 조언을 진심으로 받아들이고 마음가짐과 태도에 변화를 보여서 하나님의 뜻대로 하는 근심으로 구원에 이르는 회개를 이루었으니 바울은 감격하지 않을 수 없다.

13절에서 바울과 그의 동료가 "위로를 받았다"(파라케클레메타, para-keklemetha)라고 하는 표현은 6절과 깊은 연관성을 갖는다. 고린도 교회 성도들이 보여 준 변화된 행동이 바울과 그의 동료를 위로하는 근거인 동시에 위로를 주시는 분은 하나님이시라는 점을 인식하도록 이끈다.

[7 : 13b–16] 13절 후반에서 16절까지는 고린도 교회를 방문했던 디도가 받은 기쁨에 관해서 서술한다. 바울은 13절에서 "우리가 받은 위로 위에 디도의 기

쁨으로 우리가 더욱 많이 기뻐함은 그의 마음이 너희 무리로 말미암아 안심함을 얻었음이라"라고 말한다. 디도가 고린도 교회에서 가져온 소식으로 바울과 그의 동료가 위로를 받았을 뿐 아니라 디도가 경험한 기쁨으로 더 큰 기쁨을 누린다고 말한다. '더욱 많이'(페리쏘테로스 말론, perissoteros mallon)라는 표현에서 알 수 있는 것처럼 그들의 기쁨이 훨씬 더 큰 것이라고 강조한다. 디도가 느끼는 기쁨이 얼마나 큰지 바울과 그의 동료가 기뻐하는 것을 훨씬 더 많이 기뻐할 수 있도록 만들었다.

분명히 고린도 교회는 바울 대신에 방문한 디도를 환대했다. 조마조마한 마음으로 고린도 교회로 향했던 디도에게 고린도 교회 성도들의 마음가짐과 태도의 변화는 정말로 큰 기쁨이었을 것이다. 그래서 바울은 디도로부터 들었던 기쁜 소식을 토대로 "그의 마음이 너희 무리로 말미암아 안심함을 얻었음이라"라고 말한다. 디도가 고린도 교회 성도들로부터 '안심함'(아나페파우타이, anapepautai)을 얻었다는 것은 쉼이나 안식 또는 새로운 힘을 얻게 됨을 뜻한다. 분명히 고린도 교회 성도들은 디도를 환대했으며 그들의 태도는 그에게 좋은 인상을 갖도록 만들었다. 바울의 편지를 전달하는 임무를 수행하는 디도는 긴장하고 염려했지만 고린도 교회 성도들의 호의적인 태도와 적극적인 관계 개선의 의지로 큰 위로와 기쁨으로 새로운 힘을 얻고 돌아온 것이다.

14절에서 바울은 디도에게 고린도 교회 성도들을 자랑했던 이야기를 꺼내면서 디도가 긍정적 소식을 가지고 온 것을 기뻐한다. 바울은 "내가 그에게 너희를 위하여 자랑한 것이 있더라도 부끄럽지 아니하니"라고 말한다. 그가 고린도 교회에 편지를 보낸 것이 사랑과 애정의 표시라는 것을 보여 주는 표현이다. 디도를 보내면서 고린도 교회 성도에 관해서 자랑했다는 것은 그들에 대한 바울의 무한한 신뢰를 나타낸다. 바울은 고린도후서에서 '자랑'(카우케시스, kauchesis)이란 용어를 부정적으로 많이 사용해 왔지만 여기에서는 긍정적으로 사용한다. 그는 고린도 교회 성도를 자랑하며 칭찬한다. 바울은 디도를 고린도 교회에 보내면서 고린도 교회 성도가 보여 준 태도를 비판하거나 부정적으로 표현하지 않았다. 대신에 그는 고린도 교회 성도가 지닌 진정성을 디도에게 말했던 것이다. 그가 고린도 교회 성도들을 자랑하고 칭찬했다는 말에서 알 수 있듯이 그들에 대한 바울의 애정은 분명하게 나타났다.

바울은 디도에게 자랑했던 자신의 행동이 잘못된 것이 아니었다고 증명이라도 하듯이 '부끄럽지 않다'고 표현한다. 고린도 교회가 심각하고 복잡한 상황에 놓여 있었지만 바울은 디도에게 성도들을 자랑하고 칭찬함으로써 끝까지 그들을 신뢰했던 일은 부끄러운 일이 되지 않았다. '부끄럽지 않다'(카테스퀸텐, kateschynthen)는 단어는 굴욕이나 멸시를 받아서 수치스럽게 되지 않는다는 의미를 갖는다. 디도에게 자랑을 늘어놓았는데, 고린도 교회 성도들이 바울 대신에 방문했던 디도를 환영하지 않고 거절했다면 부끄럽고 수치스러운 낭패를 당하게 되는 것이었다. 하지만 디도는 환대를 받았고 그들이 바울을 그리워하고 만나기를 기대하며 적극적으로 변호하려고 한다는 기쁜 소식은 바울에게 큰 위로가 되었을 것이다. 바울은 "우리가 너희에게 이른 말이 다 참된 것같이 디도 앞에서 우리가 자랑한 것도 참되게 되었도다"고 말하며 기쁜 심정을 표현한다. 바울의 자랑에 화답이라도 하듯 고린도 교회 성도는 잘못을 뉘우치고 회개할 뿐만 아니라 사모함과 열심을 나타내서 충성심을 드러낸다. 바울이 자랑한 것이 거짓이 아니라 '참'(알레테이아, aletheia)이었다는 것을 그들 스스로 증명했던 것이다.

15절에서 디도의 감정을 자세하게 서술하며 "그가 너희 모든 사람들이 두려움과 떪으로 자기를 영접하여 순종한 것을 생각하고"라고 말한다. 분명히 고린도 교회 성도들은 디도를 영접했고 그는 그것을 기억하고 회상하면서 말한다. 그들이 '두려움과 떪'(메타 포부 카이 트로무, meta phobou kai tromou)으로 영접하고 '순종'(휘파코엔, hypakoen)한 것을 진심으로 기뻐한다. 두려움과 떨림이라는 표현은 신약성경에서 4회 나타나는데(고전 2 : 3 ; 고후 7 : 15 ; 빌 2 : 12 ; 엡 6 : 5) 하나님께 경외감을 갖는 겸손한 태도를 갖는 것처럼 누군가를 존경하는 태도로 대하는 것을 뜻한다. 하나님의 뜻대로 그리스도 예수의 사도로서 직분을 수행하는 바울과 그의 동료를 대하는 고린도 교회 성도들의 마음가짐은 이미 올바른 관계를 회복하려는 준비가 되어 있었다. 그들은 디도를 두렵고 떨리는 마음으로 환영하며 영접할 뿐 아니라 순종하는 모습을 또한 보인다. 디도는 그들이 순종함으로써 헌신과 충성심을 그대로 나타냈다고 회상하며 기억한다. 바울이 쓴 편지를 가지고 가면서 긴장하고 염려했던 디도는 고린도 교회 성도를 향해서 "그의 심정이 더욱 깊었으니"라고 보고한다. '심정'(스플랑크나, splangchna)이란 단어는 6 : 12에서 언급했던 것처럼 내장, 애정이라는 의미로, 여기에서는 전인적인 사랑을 가리킨다. 디도가 고린도 교회 성도를 사랑하는 마음이 아주 많이 깊어졌다는 뜻이다. 편지를 보내고 전전긍긍하며 염려하고 근심하고 잠시 동안 후회를 했던 바울에게 있어서 디도가 가지고 온 고린도 교회 소식은 감격적이었다. 기쁜 소식을 가져왔을 뿐 아니라 디도가 깊은 인상을 받고 돌아온 것은 더욱 큰 위로와 기쁨이다.

16절에서 바울이 "내가 범사에 너희를 신뢰하게 된 것을 기뻐하노라"라고 말하는 것에서 모든 문제와 근심이 온전하게 해결된 것을 알 수 있다. 디도가 전해 준 고린도 교회 성도들에 관한 기쁜 소식은 그들에 대한 바울의 온전한 신뢰와 확신으로 마무리된다. 그들에 대한 더 이상의 근심과 염려는 있을 수 없다. 온전한 신뢰를 토대로 바울과 고린도 교회 성도들은 관계가 복원되고 회복되었다. 바울이 전한 그리스도 예수의 복음과 사역을 그들도 온전하게 이해하고 동참할 수 있을 것이라는 확신도 갖게 되었다. 바울과 고린도 교회 성도들 사이에 신뢰를 다시 확인하고 온전한 관계를 더욱 견고히 복원하고 회복했다는 사실보다 더 큰 위로와 기쁨은 없을 것이다.

설교를 위한 묵상

하나님께서 주시는 위로

바울은 온갖 환난과 핍박 그리고 죽음의 위협 앞에서도 결코 낙심하거나 절망하지 않고 그리스도 예수의 복음을 담대하게 전파할 수 있는 이유를 설명한다. 이는 다름 아닌 바울이 고린도 교회 성도를 향한 사랑과 애정을 결코 포기한 적이 없다는 것이다. 고린도 교회 성도를 향한 애정과 사랑을 지속적으로 나타냈던 바울은 그들로부터 긍정적인 답변을 기대한다. 바울과 고린도 교회 성도가 화해하고 적절하게 관계를 회복하는 데 아무런 걸림돌이 없다. 고린도 교회 성도를 향한 동기가 진정으로 순수했다는 것을 거듭 강조하는 것이다. 바울과 그의 동료는 결코 누군가에게 해를 입히거나 재정적으로 착복하려는 시도조차 하지 않았다. 복음을 전하는 바울의 사역에 관해서 온갖 비난과 험담이 난무하지만 자신은 아무에게도 해롭게 하지 않았다고 서술한다. 복음을 전하는 사도로서 직분을 감당하면서 어떤 부끄러움도 없었다고 강한 자신감을 나타낼 뿐만 아니라 고린도 교회 성도를 향한 각별한 애정과 사랑을 표현한다. 신앙공동체의 구성원을 향한 바울의 진심과 사랑이 듬뿍 느껴진다. 목회자와 사역자라면 이와 같은 사랑과 애정을 갖고 성도를 대해야 할 것이다. 이와 같은 삶을 살기 위한 힘의 근거는 언제나 하나님께서 주시는 위로이다.

온갖 고난과 핍박과 죽음의 위협에 노출되었어도 그리스도 예수의 복음을 전하는 것을 포기하지 않았던 것은 담대함을 통해서 위로와 기쁨을 얻기 때문이다. 바울과 그의 동료가 경험하는 위로와 기쁨은 환난 가운데서 얻어지는 것이다. 그들은 수없이 많은 고난과 환난과 핍박에 노출되어 있지만 위로와 기쁨을 잃어버리지 않는다. 사도로서 직분을 수행하는 바울과 그의 동료에게 이와 같은 위로를 제공해 주는 분은 분명히 하나님이시다. 위로의 근원이 되시는 하나님께서 고린도 교회 성도를 통해서 바울과 그의 동료를 위로하는 것은 참으로 놀라운 일이다. 하나님께서 주시는 위로를 경험하는 사람이라면 어떤 상황이나 어려움에도 결코 굴하거나 포기하지 않고 기쁨을 누리게 된다.

마게도냐에서 디도를 만나게 된 바울은 큰 기쁨과 위로를 얻었다. 바울 대신에 고린도 교회에 갔던 디도는 고린도 교회 성도들이 보여 준 환대로 인해서 위로를 받았고 그와 같은 기쁜 소식으로 바울과 그의 동료들 또한 위로를 받았다. 위로는 그리스도인 사이로 퍼지고 스며드는 힘이 있다. 디도를 다시 만나게 된 것도 기뻤지만 진심으로 바울이 기뻐한 이유는 고린도 교회 성도들이 하나님께서 원하시는 방향으로 회개하며 전환했기 때문이다. 고통을 주고 근심하게 할 것이라고 염려했던 편지가 오히려 마음을 돌이키고 잘못을 깨닫게 하였으니 이보다 더 큰 기쁨은 없다. 바울은 계속해서 하나님의 뜻대로 하는 근심에 주목하면서 고린도 교회 성도들이 하나님의 마음과 뜻에 적합하게 돌이켰다는 점을 강조한다. 하나님께서 원하시는 방향으로 전환했던 것을 알 수 있는 것은 그들이 구원에 이르는 회개를 이루었기 때문이다. 고린도 교회 성도들은 이미 하나님의 뜻대로 그리스도 예수의 사도로서 직분을 수행하는 바울과 그의 동료와 올바른 관계를 회복하려는 준비가 되어 있었다. 그들은 디도를 두렵고 떨리는 마음으로 환영하며 영접할 뿐 아니라 순종하는 모습을 보인다. 디도는 그들이 순종함으로써 헌신과 충성심을 그대로 나타냈다고 회상하며 기억한다. 디도가 전해 준 고린도 교회 성도들에 관한 기쁜 소식은 그들에 대한 바울의 온전한 신뢰와 확신으로 마무리한다. 그들에 대한 더 이상의 근심과 염려는 있을 수 없다. 온전한 신뢰를 토대로 바울과 고린도 교회 성도들은 관계가 복원되고 회복되었다. 바울이 전한 그리스도 예수의 복음과 사역을 그들도 온전하게 이해하고 동참할 수 있을 것이라는 확신도 갖게 되었다. 바울과 고린도 교회 성도들 사이에 신뢰를 다시 확인하고 온전한 관계를 더욱 굳건히 복원하고 회복했다는 사실보다 더 큰 위로와 기쁨은 없을 것이다. 디도가 가지고 온 소식에 기뻐하는 바울의 모습에서 진정으로 신앙공동체를 형성하고 유지하려는 마음을 찾아볼 수 있다. 교회와 성도를 향한 하나님께서 주시는 애끓는 마음은 지금 한국 교회의 목회자와 사역자에게 요구되는 귀한 마음인 것이다.

제 Ⅲ 부

예루살렘 교회와 성도들을 위한 구제헌금

고린도후서 8 : 1~9 : 15

A. 마게도냐 교회들의 헌신적 태도를 칭찬(8 : 1-6)

B. 고린도 교회 성도들이 구제헌금 모금에 참여하도록 호소함(8 : 7-15)

C. 구제헌금의 투명성을 위해서 파송된 디도와 두 형제(8 : 16-24)

D. 헌금을 준비하게 함(9 : 1-5)

E. 헌금과 교회의 연합(9 : 6-15)

| 고린도후서 8 : 1~9 : 15 |

예루살렘 교회와 성도들을 위한 구제헌금

A. 마게도냐 교회들의 헌신적 태도를 칭찬(8 : 1-6)

1형제들아 하나님께서 마게도냐 교회들에게 주신 은혜를 우리가 너희에게 알
리노니 2환난의 많은 시련 가운데서 그들의 넘치는 기쁨과 극심한 가난이 그
들의 풍성한 연보를 넘치도록 하게 하였느니라 3내가 증언하노니 그들이 힘
대로 할 뿐 아니라 힘에 지나도록 자원하여 4이 은혜와 성도 섬기는 일에 참
여함에 대하여 우리에게 간절히 구하니 5우리가 바라던 것뿐 아니라 그들이
먼저 자신을 주께 드리고 또 하나님의 뜻을 따라 우리에게 주었도다 6그러므
로 우리가 디도를 권하여 그가 이미 너희 가운데서 시작하였은즉 이 은혜를
그대로 성취하게 하라 하였노라

[8 : 1-6] 8~9장은 예루살렘 교회와 성도들을 위한 구제헌금에 관한 보도가 중심을 이룬다. 본격적으로 구제헌금을 요청하기 전에 1~6절에서 헌신적으로 연보를 모으는 일에 참여했던 마게도냐 교회를 소개한다. 1절에서 바울은 고린도 교회 성도들을 "형제들아"(아델포이, adelphoi)라고 부르면서 새로운 주제로 전환하려고 주의를 환기시킨다. 디도가 전해 준 고린도 교회 성도들의 태도 변화는 온전한 관계를 회복했다고 판단하기에 부족함이 없었다. 바울은 이제 고린도 교회 성도들에게 부탁과 요청을 해야 할 사안에 관해서 서술한다. 곧바로 구제헌금에 관한 주제를 언급하는 대신에 그는 마게도냐 교회들이 보여 준 실천적 삶을 소개하는 것으로 자신의 마음을 나타낸다. 바울은 "하나님께서 마게도냐 교회들에게 주신 은혜를 우리가 너희에게 알리노니"라고 말한다. 구체적으로 마게도냐 교회들이 어떤 기독교 신앙공동체인지 밝히지 않지만 바울의 선교사역을 통해서 유추할 수 있는 마게도냐 교회들은 빌립보, 데살로니가, 베뢰아 교회들이다. 그가 마게도냐 지역의 교회들과 각별한 애정과 긴밀한 관계를 형성했던 것을 알 수 있다. 데살로니가 교회와 빌립보 교회는 바울의 사역을 물심양면으로 돕고 협력하는 든든한 후원자 역할을 해 왔다. 마게도냐의 지리적, 역사적 배경은 다음과 같다.

> BC 148년 이후부터 마게도냐는 로마의 영토였고, BC 27년부터 AD 15년 그리고 다시 AD 44년부터는 아카이야 북부에 위치하고, 서쪽으로는 아폴로니아로부터 동쪽으로는 빌립보에 이르는 원로원을 파견할 수 있는 지역이다. …… 빌립보와 데살로니가는 바울과 긴밀한 관계에 있는 마게도냐의 도시들이었다(Barrett 1986, 278-279).

로마 제국의 지배를 받고 있는 마게도냐 지역의 교회들이었지만 바울의 복음 전파로 인해서 기독교 신앙공동체를 형성하고 하나님에 대한 열정적 신앙을 가지고 있었던 것을 알 수 있다. 바울이 특별히 마게도냐 교회들에 관해서 고린도 교회에 소개하려는 이유 가운데 하나는 그들이 '하나님의 은혜'(텐 카린 투 테우, ten charin tou theou)와 밀접하게 연관되어 있기 때문이다. 하나님의 은혜는 구제헌금에 대한 서술을 하고 있는 8~9장의 기본적 동기라고 할 수 있다(전경연 1990, 188). 구제헌금을 모았던 마게도냐 교회들의 모범적이고 헌신적인 모습을 소개하면서 하나님의 은혜를 강조하는 모습을 통해 바울이 지향하는 바를 추측할 수 있다. 물질적인 협력과 재정 지원이라는 눈에 보이는 가치도 중요하다. 하지만 근본적으로 그와 같은 협력과 지원을 가능하게 하는 원천은 눈에 보이지 않는 하나님의 은혜로부터 비롯된다는 것을 강조한다.

'은혜'(카리스, charis)라는 단어는 구제헌금을 모금하고 요청하는 과정과 관련해서 핵심적인 사상을 담고 있는 용어 가운데 하나이다. 너그럽고 풍성한 것이라는 의미를 내포하고 있는 하나님의 은혜는 4절과 7절에서 반복적으로 언급되면서 하나님께서 주신 은혜는 실천적이며 헌신적인 행위로 자연스럽게 연결되고 있음을 보여 준다. 마게도냐 교회들에게 보여 주신 하나님의 은혜가 "환난의 많은 시련 가운데서 그들의 넘치는 기쁨과 극심한 가난이 그들의 풍성한 연보를 넘치도록 하게 하였느니라"라고 2절에서 구체적인 사례를 제시한다. 극심한 가난 속에서도 풍성한 연보를 넘치도록 했다는 표현은 그 자체로 하나님의 은혜가 보여 주는 역설의 대표적 사례 가운데 하나이다. 극심한 가난과 풍성한 연보라는 단어가 함께 양립할 수 없음에도 불구하고 마게도냐 교회들은 사람의 상식이나 일반적 통념을 뛰어넘어 실천하고 행동한다. 이것이 바로 하나님의 은혜의 힘이다.

마게도냐 교회들이 겪었던 '환난의 많은 시련'(폴레 도키메 틀립세오스, polle dokime thlypseos)과 '극심한 가난'(바투스 프토케이아, bathous pto-cheia)이 무엇인지 구체적으로 알 수 없지만 초기 신앙공동체가 로마 제국의 지배 아래에서 받게 되는 정치적이며, 종교적 어려움을 나타낸다고 할 수 있다. 많은 시련과 환난이라는 극한 상황에서도 절망하지 않을 뿐 아니라 가장 밑바닥으로 떨어지는 극심한 가난을 겪고 있음에도 베풀고 나누려는 마게도냐 교회들의 행동은 놀라운 것이다.

"그들이 풍성한 연보를 넘치도록 했다"는 말에서 구제헌금을 모았던 그들의 마음가짐을 짐작할 수 있다. 마게도냐 교회들의 헌신적 모금을 흐뭇하게 받아들이는 바울의 반응은 '풍성한 연보'(토 플루토스 테스 하플로테토스, to ploutos tes haplotetos)라는 단어를 강조하기 위해서 "넘치도록 했다."(에페리슈센, eperisseusen)라고 반복적으로 표현하는 것에서 발견할 수 있다. '풍성한'(플루토스, ploutos)은 부요함이라는 의미를 갖는 단어이지만 물질적인 부요나 풍성함에 주목하는 것이 아니라 오히려 물질적인 나눔에 포함된 희생을 강조한다. 마게도냐 교회들은 부요하고 풍성한 가운데 구제헌금을 모금하고 나눔을 실천한 것이 아니라 부족하고 열악한 환경 속에서 정성껏 풍성한 연보를 드렸던 것이다.

바울이 '연보'(하플로테토스, haplotetos)라는 의미로 사용한 단어는 단순, 성실, 청렴, 관대함의 뜻을 지닌다. 풍성한 연보라는 용어는 문자적으로 넉넉한 관대함으로 표현해 볼 수 있다. 비록 환난의 많은 시련을 겪고 있지만 낙심하지 않으며, 가장 밑바닥에 빠진 극심한 가난 속에 있지만 누구보다는 부요한 마음으로 관대함을 넉넉하게 베푸는 마게도냐 교회들은 모범적이다.

3절에서 바울은 "내가 증언하노니 그들이 힘대로 할 뿐 아니라 힘에 지나도록 자원하였다"고 관대한 연보에 관해서 서술한다. 구제헌금을 모금함에 있어서 '힘대로'(카타 뒤나민, kata dynamin) 있는 힘껏 최선을 다할 뿐 아니라 '힘에 지나도록'(파라 뒤나민, para dynamin) 없는 중에도 기대 이상으로 연보를 드린다. 마게도냐 교회들이 보여 준 헌신적 연보는 구제헌금의 성격을 적절하게 보여 준다. 자신들의 쓸 것을 남겨 둔 후 그 외의 것을 구제헌금으로 모은 것이 아니라 힘에 겹도록 간절하고 절실하게 연보에 참여하고 있는 것이다. 결국 연보는 희생과 헌신의 정신과 맞닿아 있으며 하나님의 은혜를 경험한 사람만이 해낼 수 있는 실제적 행동이다. 헌신적 연보가 더 큰 빛을 발휘하려면 필수적인 것이 바로 '자원하여'(아우타이레토이, authairetoi) 드리는 것이다. 그들이 구제헌금을 자원하여 드렸다는 것은 스스로 선택한 자발적인 행동으로 드렸다는 것을 의미한다. 바울과 그의 동료의 강요에 의한 것이 아니라 전적으로 그들 스스로 결정한 순수한 동기로부터 비롯되었다. 하나님의 은혜를 귀중하게 여겼던 마게도냐 교회들은 하나님의 뜻대로 그리스도 예수의 사도가 된 바울의 사역 가운데 하나였던 구제헌금을 모으는 일에 자발적으로 참여하고 적극적으로 지지한다.

4절에서 바울이 증언하는 내용 가운데 더 놀라운 것은 예루살렘 교회 성도들을 돕는 구제헌금에 참여할 수 있도록 마게도냐 교회들이 바울과 그의 동료에게 '간절히 구하였다'(파라클레세오스 데오메노이, parakleseos deome-noi)는 것이다. 어려운 상황과 환경 가운데 구제헌금을 모았던 그들은 기꺼이 자발적으로 드렸을 뿐 아니라 그와 같은 사역에 참여할 수 있도록 적극적으로 요청했다는 것은 참으로 중요하다.

바울은 마게도냐 교회들이 드린 연보를 "이 은혜와 성도 섬기는 일에 참여함"(텐 카린 카이 텐 코이노니안 테스 디아코니아스 테스 에이스 투스 하기우스, ten charin kai ten koinonian tes diakonias tes eis tous hagious)이라고 표현한다. 구제헌금을 모금하는 일과 연관해서 돈이나 물질이라는 용어 대신에 신학적 용어를 사용하는 것은 매우 독특하다. 연보를 넉넉한 관대함이라고 말하는 것과 마찬가지로 4절에서는 성도를 '섬기는 일'(디아코니아, diakonia)로 표현하는 것에서 사도로서의 사역과 밀접한 연관성을 보인다. 이것은 구제헌금을 드리는 것이 단순하게 물질적 헌신과 재정 지원을 하는 것 이상의 의미를 지닌다는 것을 나타내는 것이다. 연보에 '참여하는 것'(코이노니아, koinonia)은 그리스도 예수의 복음을 전하는 사도로서의 사역에 동참하는 중요한 역할 가운데 하나가 된다. 온갖 환난과 시련 가운데서 낙심하지 않고 가장 밑바닥에 떨어지는 극심한 가난 속에서 넉넉하고 관대한 마음을 보일 수 있는 힘은 바로 '은혜'(카리스, charis)이다.

우리는 여기에 나오는 은혜(카리스, charis)가 신학적인 배경을 지니고 있다는 것, 즉 마게도냐 교인들은 모든 인간적인 시도를 촉발시키는 하나님의 은혜에 응답하여 행한 것이라는 의미가 이 단어 속에 내포되어 있다는 것을 인정하면서도 이 단어를 인간으로서의 특권, 은혜를 받아서 행한 행위로 해석했다. 이러한 사고는 8 : 1로 거슬러 올라간다(Martin 2007, 516).

환난과 시련 그리고 극심한 가난 속에도 무릎을 꿇지 않고 당당하게 살아갈 수 있는 근거는 하나님의 은혜가 마게도냐 교회들 가운데 있었기 때문이다. 하나님의 은혜로 새로운 생명을 경험하게 된 사람들은 자신들의 삶뿐만 아니라 복음을 전하는 사도들의 사역과 도움이 요청되는 예루살렘 교회로 눈을 돌리게 된다. 구제헌금을 모으는 일은 하나님의 은혜에 대한 적절한 응답과 함께 자발적으로 참여하려는 의지가 참으로 중요하다.

5절에서 바울은 "우리가 바라던 것뿐 아니라 그들이 먼저 자신을 주께 드리고 또 하나님의 뜻을 따라 우리에게 주었다"고 말한다. 극심한 가난 속에 있는 마게도냐 교회들은 바울과 그의 동료가 기대했던 것보다 훨씬 많은 헌신을 보여 주었다. 바울은 그들의 헌신적 참여에 감격하면서 모든 것이 다 신앙적 결단과 연관되는 것임을 지적한다. 그리스도인이 구제헌금을 모으고 연보를 드릴 때 '먼저'(프로톤, proton) 행해야 할 일은 '그들 자신을 먼저 주께 드리는 것'(헤아우투스 에도칸 프로톤 토 퀴리오, heautous edokan proton to kyrio)이다. 마게도냐 교회들은 가장 먼저 주께 헌신하는 신앙적 열정을 보여 주었다는 뜻이다. 열악한 상황에서도 넉넉하고 관대한 연보를 드릴 수 있는 까닭이 신앙적 헌신과 밀접하게 연관성을 갖는다는 증언은 매우 중요하다. 마게도냐 교회들이 모범적인 예로 제시되는 이유는 분명하다. 그것은 구제헌금을 넘치도록 드렸던 물질적 헌신이 가능하게 했던 토대가 주 예수 그리스도를 향한 신앙적 열정이기 때문이다. 자신들을 주께 드리며 헌신과 결단을 보여 주는 사람들은 또한 사도의 직분을 담대하게 수행하는 바울과 그의 동료에 대한 헌신과 지지를 표명한다.

마게도냐 교회들이 "자신을 우리에게도 주었다."라는 말에서 알 수 있듯이 주께 드리는 헌신과 사도들에게 바치는 참여가 선순환 구조로 이어진다. 자신들이 할 수 있는 능력 이상으로 힘껏 구제헌금을 드렸던 마게도냐 교회들이 연보를 바치기 전에 먼저 자신들을 주께 드리고 바울을 비롯한 사도들에게 헌신할 수 있는 힘은 그들이 '하나님의 뜻을 따라'(디아 텔레마토스 테우, dia thelematos theou) 행하는 것이다. 하나님의 은혜를 경험한 사람들은 언제나 하나님의 뜻을 따라서 결단하며 살아가게 된다. 바울이 하나님의 뜻을 따라(1 : 1) 그리스도 예수의 사도로 부르심을 받을 수 있었던 것처럼, 마게도냐 교회들의 헌신과 희생은 하나님의 뜻을 따르는 순종과 밀접하게 연관이 있다. 주께 헌신하는 것과 사도들의 사역에 참여하는 것이 모두 하나님의 뜻을 따라 행하는 것이 된다. 마게도냐 교회들의 헌신과 희생이 모범적인 예로 제시되는 것은 하나님께 전적으로 의지하는 그들의 신앙적 열정뿐만 아니라 하나님의 부르심을 따라 사도가 된 바울과 그의 동료에 대한 분명한 신뢰를 나타냈기 때문이다.

6절에서 바울은 마게도냐 교회들에 관해서 증언하는 이유를 밝힌다. 바울은 고린도 교회 성도들도 마게도냐 교회들처럼 구제헌금에 적극적으로 동참해 줄 것을 제안한다. 그리고 디도에게 임무수행을 요청한다. 바울은 "그러므로 우리가 디도를 권하여 그가 이미 너희 가운데서 시작하였은즉 이 은혜를 그대로 성취하게 하라 하였다"고 말한다. 하나님의 은혜에 감격하여 기꺼이 구제헌금을 모으는 사역에 참여하는 마게도냐 교회들의 모범적 예는 고린도 교회 성도들에게 디도를 파견하는 것으로 마무리한다. 디도가 고린도 교회에서 연보를 바치도록 요청하는 사역을 수행해 왔던 것을 거듭 강조하면서 '이 은혜'(텐 카린, ten charin)를 완수하도록 권고하고 있다.

예루살렘 교회의 성도들을 위한 구제헌금을 모으는 일은 바울이 수행하는 중요한 사역 가운데 하나이다. 마게도냐 교회들이 헌신적인 모범을 보여 준 것처럼 고린도 교회 성도들도 적극적인 참여로 좋은 결실을 기대하는 것이다. 고린도 교회에 보내는 편지에 마게도냐 교회들의 예를 구체적으로 제시하는 또 다른 이유가 있다. 전통적으로 마게도냐 사람들과 고린도가 속해 있는 아가야 사람들 사이에 강한 경쟁의식이 존재하고 있었다는 주장을 토대로 선의의 경쟁을 유도하려는 것이다(김병모 2007, 187). 고린도 교회 성도들은, 이제 마게도냐 교회들이 힘에 넘칠 뿐 아니라 기꺼이 자발적으로 연보를 드렸던 것처럼, 신앙적 헌신과 결단을 보여 줄 필요가 생겼다. 넉넉한 관대함을 증명할 수 있는 구제헌금을 모으는 사역을 묘사하면서 바울은 '은혜'(카리스, charis)라는 용어를 다시 사용한다. 그러면서 디도를 통해서 수행하게 될 연보를 모으는 사역은 하나님의 은혜에 감격하는 사람들의 헌신과 결단을 보이는 것이라는 논지를 계속해서 이어 간다. 바울은 고린도 교회 성도들에게 하나님의 은혜에 적극적으로 반응해서 구제헌금을 모으는 사역에 헌신적으로 참여할 것을 요청하는 것이다.

B. 고린도 교회 성도들이 구제헌금 모금에 참여하도록 호소함(8 : 7 – 15)

7오직 너희는 믿음과 말과 지식과 모든 간절함과 우리를 사랑하는 이 모든
일에 풍성한 것같이 이 은혜에도 풍성하게 할지니라 8내가 명령으로 하는 말
이 아니요 오직 다른 이들의 간절함을 가지고 너희의 사랑의 진실함을 증명
하고자 함이로라 9우리 주 예수 그리스도의 은혜를 너희가 알거니와 부요하
신 이로서 너희를 위하여 가난하게 되심은 그의 가난함으로 말미암아 너희를
부요하게 하려 하심이라 10이 일에 관하여 나의 뜻을 알리노니 이 일은 너희
에게 유익함이라 너희가 일 년 전에 행하기를 먼저 시작할 뿐 아니라 원하기
도 하였은즉 11이제는 하던 일을 성취할지니 마음에 원하던 것과 같이 완성하

되 있는 대로 하라 [12]할 마음만 있으면 있는 대로 받으실 터이요 없는 것은
받지 아니하시리라 [13]이는 다른 사람들은 평안하게 하고 너희는 곤고하게 하
려는 것이 아니요 균등하게 하려 함이니 [14]이제 너희의 넉넉한 것으로 그들의
부족한 것을 보충함은 후에 그들의 넉넉한 것으로 너희의 부족한 것을 보충
하여 균등하게 하려 함이라 [15]기록된 것같이 많이 거둔 자도 남지 아니하였고
적게 거둔 자도 모자라지 아니하였느니라

[8 : 7-9] 마게도냐 교회들이 헌신적 태도로 구제헌금을 모으는 일에 참여했던 것을 강조했던 바울은 7절에서 고린도 교회 성도에게 시선을 돌리며 구제헌금을 모으는 사역에 동참해 줄 것을 요청한다. 마게도냐 교회들과 전통적으로 경쟁의식을 지니고 있었던 아가야 지역의 고린도 교회는 독특한 삶의 자리와 상황에 놓여 있는 것이 분명하다. 바울은 고린도 교회 성도들이 이미 가지고 있는 풍성함을 긍정적으로 언급하면서 "오직 너희는 믿음과 말과 지식과 모든 간절함과 우리를 사랑하는 이 모든 일에 풍성하다"고 말한다. 그리스도 예수의 복음을 적극적으로 받아들일 뿐만 아니라 복음을 전파한 바울을 사도로서 인정하는 회복된 관계를 표현하는 것이다.

바울은 믿음, 말, 지식, 간절함, 사랑이라는 덕목을 언급하면서 '이 모든 일에'(엔 판티, en panti)라고 말한다. 고린도 교회 성도들이 모든 면에서 흘러넘치는 은혜를 경험하고 있다고 강조한다. 하나님께로부터 받았던 은사를 넘치도록 누리고 있는 고린도 교회 성도에게 하나님께서 원하시는 것을 행동하도록 권면하고 있다. 바울은 "이 은혜에도 풍성하게 할지니라"(카이 엔 타우테 카리티 페리슈에테, kai en taute chariti perisseuete)라고 요청한다. 하나님께로부터 받았던 은혜가 풍성한 것처럼 구제헌금을 하는 일에도 열정과 사랑이 흘러넘치도록 실천하라는 것이다.

구제헌금을 모으는 일은 언제나 하나님과 밀접한 연관을 갖고 있다. 그것은 하나님께서 주시는 마음으로 행하는 것이다. 구제헌금이 하나님의 은혜라

는 것을 보다 더 분명하게 나타내기 위해서 바울은 8절에서 자원하는 마음의 중요성을 강조한다. 구제헌금을 모으는 일은 강요나 억지로 하는 것이 아니기 때문에 "내가 명령으로 하는 말이 아니라"라고 표현한다. 고린도 교회 성도들과 회복된 관계를 의식하는 조심스러운 표현을 발견할 수 있다. 강압적인 명령이 아니라고 분명하게 말하는 것은 결국 고린도 교회 성도들을 자극하지 않으려는 섬세한 태도를 암시한다. 강요나 명령이 아니라고 신중하게 말하는 이유는 우선적으로 고린도 교회 성도들을 의식하는 것이며, 또한 구제헌금을 모으는 일이 기꺼운 마음에서 우러나오는 자발성과 밀접하게 연관된다는 것을 보여 준다.

그들이 바울을 통해서 그리스도 예수의 복음을 듣고 그리스도인이 되어 아버지와 자녀와 같은 관계를 유지한다고 할지라도 바울은 고린도 교회가 스스로 결단하고 실천할 수 있는 기회를 제공해 준다. 예루살렘 교회와 성도들을 위한 헌금은 돈이나 물질과 같은 경제적 개념이 아니라 은혜와 교제 그리고 봉사라는 용어를 사용하여 신학적 관점에서 서술된다. 의무와 책임을 완수하는 강압적 명령으로 수행될 수 없는 전적인 하나님의 은혜에 바탕을 둔다는 것이다. 바울은 고린도 교회 성도들이 마음에서 우러나오는 자발성과 기꺼운 태도로 구제헌금을 모으는 사역에 동참해 줄 것을 부탁한다.

그는 "오직 다른 이들의 간절함을 가지고 너희의 사랑의 진실함을 증명하고자 함이라"라고 말한다. 여기에서 바울이 말하는 '다른 이들'이란 앞에서 언급된 마게도냐 교회의 성도들이다. 넉넉하지 않았지만 그들이 가진 것 이상으로 힘껏 구제헌금을 드렸던 그들의 '간절함'(스푸데, spoude)을 통해서 고린도 교회 성도들이 자발적으로 교제와 봉사에 참여해 줄 것을 호소한다. 마게도냐 교회들의 헌신적 태도가 고린도 교회 성도들이 결단하고 실천할 수 있는 요소가 될 수 있다고 제안하는 것이다. 바울은 마게도냐 교회 성도들이 자신에게 기대 이상의 헌신과 봉사를 보여 준 것처럼, 이제 고린도 교회 성도들이 '사랑의 진실함'(아가페스 그네시온, agapes gnesion)을 보여 줄 때가 되었다고 말한다. 구제헌금을 모으는 사역에 고린도 교회 성도들의 차례가 되었다고 강조하는 것이다. 바울에 대한 간절함과 사랑을 증명하는 방법 가운데 하나가 바로 구제헌금을 모으는 사역에 동참하는 일이다. 고린도 교회 성도들은 헌금을 바치는 헌신을 통해서 마게도냐 교회 성도들처럼 열심을 나타낼 기회를 얻게 되었다. 구제헌금을 드리는 일은 단지 경제적 도움을 제공하는 것 이상의 의미가 있다.

9절에서 바울은 구제헌금을 모으는 일의 진정한 근거를 제시한다. 예루살렘 교회와 성도를 위한 헌금을 요청할 수 있는 근본 원리는 '우리 주 예수 그리스도의 은혜'(텐 카린 투 퀴리우 헤몬 예수 크리스투, ten charin tou kyriou hemon iesou Christou)이다. 바울이 여기에서 사용하는 주 예수 그리스도의 은혜라는 표현은 자격이 없는 사람들을 돕기 위해서 행하시는 신적 속성을 나타내는 신학적 개념이다. 기꺼운 마음과 자발적 행동으로 보여 주신 예수 그리스도의 은혜에 힘입어 살고 있는 바울과 그의 동료 그리고 모든 그리스도인은 그 은혜에 근거해서 행동하고 실천하고 있음을 증명해야 한다. 강요나 명령에 의해서 움직이는 것이 아니라 기꺼운 태도로 참여할 수 있는 까닭은 그리스도 예수의 은혜에 의지해서 행동하고 있기 때문이다. 모든 그리스도인이 적절하게 행동할 수 있는 잣대는 '부요하신 이로서 너희를 위하여 가난하게 되심'이며, '그의 가난함으로 말미암아 너희를 부요하게 하려 하심'이다. 바울은 '부요함'(플루시오스, plousios)과 '가난함'(프토케이아, ptocheia)을 대조함으로써 예수 그리스도의 역설을 나타낸다. 부요함과 가난함의 역전을 통해서 드러난 은혜를 모든 그리스도인이 알고 있는 것처럼, 고린도 교회 성도는 그 은혜를 누리고 있음을 나타내야 할 때이다. 구제헌금을 모으는 일은 전적으로 예수 그리스도의 은혜에 참여하는 귀한 사역을 뜻한다. 고린도 교회 성도들이 그 은혜를 올바로 이해하고 받아들였다면 분명히 자발적이고 헌신적인 태도로 구제헌금을 드리는 일에 동참하게 될 것이다.

[8 : 10–12] 10~12절에서 바울은 다시 한 번 더 헌금을 모으는 일이 강요나 명령이 아니라는 점을 밝힌다. 바울은 "이 일에 관하여 나의 뜻을 알리노니"라고 말하면서 신중하고 조심스러운 표현을 사용한다. 연보를 드리는 이 일에 관해서 '나의 뜻'(그노멘, gnomen)을 알린다는 바울의 표현은 개인적 의견을 제안한다는 의미를 내포하고 있다. 거듭 반복해서 말하지만 바울은 구제헌금을 모으는 사역이 강요나 명령으로 고린도 교회 성도들에게 비쳐지는 것을 원하지 않는다. 구제헌금을 모으는 사역에 동참하는 일에 대해서 "이 일은 너희에게 유익함이라"라고 말한다. 왜냐하면 고린도 교회 성도들은 이미 "일 년 전에 행하기를 먼저 시작했을 뿐 아니라 원하기도 하였은즉"이라는 명분이 있기 때문이다. 바울이 개인적 의견이라는 전제를 제시하면서 언급한 내용은 그들이 이미 연보를 바치는 사역에 자발적으로 참여했다는 사실을 상기시키는 것이다. 구제헌금을 모으는 사역에 동참하기 위해서 새로운 결심이 필요한 것이 아니라 기꺼운 마음으로 참여하고 시작했던 그 사역을 마무리하도록 요청할 뿐이다.

11절에서 바울은 연보를 요청하는 8~9장을 통틀어서 유일한 명령문을 제시한다. 비록 문법적으로 명령법의 형태를 취하지만 내용은 강압이 아니라 요청이나 제안의 형식을 취한다. 구제헌금을 드리는 일이 강요와 명령과 같은 강제적 방법으로 가능한 것이 아니며 기꺼운 마음을 토대로 자발적으로 참여해야 함을 다시 한 번 더 확인할 수 있다. 바울은 고린도 교회 성도들에게 "이제는 하던 일을 성취할지니"라고 말한다. 연보를 드렸던 그 일을 '성취하라'(에피텔레사테, epitelesate)고 요청한다. 성취하라는 단어는 이미 6절에서 바울이 디도에게 제안할 때 사용했던 것이다. 고린도 교회 성도들은 구제헌금을 모으는 사역을 이미 시작했고 자발적으로 동참했으니, 이제는 그 사역을 완수할 때가 되었다고 지적한다. 예루살렘 교회와 성도들을 돕기 위해서 드려지는 연보 사역을 성취하기 위해서는 '마음에 원하던 것과 같이 완성하는' 자원하는 마음이 중요하다. 구제헌금의 액수보다 더 우선적인 것은 가지고 있는 것을 기꺼이 드리는 태도에 있다. 아무리 작은 것이라고 할지라도 자발적으로 드리는 원리가 연보를 모으는 구제 사역에 필수적 요소이다. 바울은 고린도 교회 성도들을 향해서 그들이 "있는 대로 하라"(에크 투 에케인, ek tou echein)라고 표현하면서 형편에 맞게 헌금을 드릴 것을 권고한다. 마게도냐 교회들이 극심한 가난 가운데 기대 이상으로 힘껏 구제헌금을 바쳤지만, 바울은 고린도 교회 성도들에게 형편과 능력에 적합하게 바치라고 말한다. 연보를 드릴 때 우선적으로 고려해야 할 것은 헌금의 많고 적음에 있지 않고 자원하는 마음이 중요하다는 것이다. 예루살렘 교회와 성도들을 위한 구제헌금을 드리기로 결심하고 실천했던 고린도 교회 성도들이 열심과 사랑으로 그 은혜로운 사역을 완수할 수 있도록 격려하는 바울의 심정을 읽을 수 있다.

12절에서 바울은 '할 마음'(프로뛰미아, prothymia)이란 용어를 사용하면서 준비된 마음의 중요성과 자발성을 한 번 더 강조한다. 하나님의 은혜를 경험한 성도들이 그리스도인의 교제를 실천하고 섬김과 봉사를 삶의 자리에서 구체적으로 나타낼 수 있는 구제헌금은 언제나 자원하는 마음에 토대를 두어야 한다. 바울은 "할 마음만 있으면 있는 대로 받으실 터이요 없는 것은 받지 아니하시리라"라고 하며 연보를 드리는 원칙을 제안한다. 가진 것이 없지만 억지로 연보를 바치라고 명령하거나 강요하는 것이 아니다. 오히려 형편에 맞게 헌신적인 마음과 자원하는 태도로 드린다면 하나님께서 기쁘시게 받으실 것이라고 말하는 것이다. 고린도 교회 성도들이 이미 일 년 전에 시작했던 구제헌금을 모으는 사역을 완수하려면 자신의 형편을 잘 살펴서 준비된 마음으로 자발적으로 드려야 한다.

[8 : 13-15] 13~15절에서 바울은 고린도 교회 성도들이 구제헌금을 바쳐야 하는 분명한 이유를 설명한다. 그는 "이는 다른 사람들은 평안하게 하고 너희는 곤고하게 하려는 것이 아니요 균등하게 하려 함이라"고 말한다. 바울은 중요

한 두 개의 개념, '평안함'(아네시스, anesis)과 '곤고함'(틀립시스, thlypsis)을 대조하면서 자신이 사도로 직분을 수행하면서 중요하게 여기는 지향점을 밝힌다. 그리스도 예수의 복음을 전파하는 사역을 수행하면서 바울은 온갖 환난과 고난에 직면해서 평안함을 누리지 못했던 과거(1 : 8 ; 2 : 13 ; 4 : 17 ; 7 : 5 ; 8 : 2)를 회상한다. 그러면서 구제헌금을 모으는 사역에 동참하는 일이 예루살렘 교회 성도들의 곤고함을 대신 지도록 부담감을 주는 것이 아니라고 지적한다. 그렇다고 고린도 교회 성도들을 괴롭게 하기 위해서 연보를 바치는 일에 동참하라고 제안하는 것도 아니다. 오히려 바울이 의도하는 구제헌금은 '균등하게 하려 함'(엑스 이소테스, eks isotes)이다. 연보를 드리는 일은 단지 경제적 도움이나 물질적 후원에 머무르는 것이 아니라, 하나님의 은혜를 경험한 그리스도인 공동체가 교제와 나눔을 보여 주는 신학적 실천이다(박익수 1999, 523).

바울이 예루살렘 교회와 성도들을 위한 구제헌금을 모으는 사역에 동참하도록 권면하는 중요한 이유는 바로 고린도 교회 성도들이 봉사와 섬김의 교제에 적극적으로 참여할 수 있는 기회를 제공하는 것이다. 14절은 균등함의 의미를 보다 자세하게 설명한다. 바울은 "이제 너희의 넉넉한 것으로 그들의 부족한 것을 보충함은 후에 그들의 넉넉한 것으로 너희의 부족한 것을 보충하여 균등하게 하려 함이라"고 말한다. 바울은 '넉넉함'(페리슈마, perisseuma)과 '부족함'(휘스테레마, hysterema)이라는 용어를 대조하면서 성도들 사이에 필수적으로 요청되는 교제의 중요성을 제시한다. 예수 그리스도를 통해서 주어진 하나님의 은혜를 경험한 기독교 신앙공동체는 더불어 사는 존재라는 자의식을 통해서 중요한 관계성을 유지한다. 고린도 교회 성도들이 연보를 드리는 일은 예루살렘 교회와 성도들의 물질적 부족함을 보충함으로써 그리스도인의 섬김과 나눔의 은혜를 실천하는 일이다. 균등함의 원리는 철저하게 상호주의의 원칙에 토대한다.

> 상호주의 원칙은 양방향으로 작용한다. 이러한 특별한 경우를 차치하더라도 이 가르침은 여전히 적용된다. 가진 자들은 가지지 못한 자들과 나눔으로써 두 집단이 모두 공급받을 수 있어야 한다. 당시 바울의 이러한 통찰은 경제적, 사회적, 문화적, 교육적 차원에서 특혜를 입은 자들과 그렇지 못한 자들로 아주 비극적으로 나뉜 오늘날의 세계에도 광범위하게 적용될 수 있다 (Martin 2007, 539).

연보를 드리는 일은 물질적 지원과 연대를 넘어서 기독교 신앙공동체 사이의 상호의존 관계를 확연하게 보여 주는 사례 가운데 하나이다. 고린도 교회 성도들이 구제헌금을 모으는 사역에 동참하는 일은 그리스도인들 사이를 균등하게 하도록 요청하시는 하나님의 사역에 참여하는 귀중한 것이다.

15절에서 바울은 구약성경을 인용하면서 "기록된 것같이 많이 거둔 자도 남지 아니하였고 적게 거둔 자도 모자라지 아니하였다"라고 하며 균등하게 되는 비결을 설명한다. 이스라엘 백성들이 이집트를 탈출한 후 광야에서 만나를 거두었던 일화를 소개하는 출애굽기 16 : 18의 말씀을 소개하며 구제헌금을 모으는 사역의 정당성을 강화한다. 만나의 기적은 각 사람이 필요한 만큼 거두고 채울 수 있도록 도와주시는 하나님의 은혜에 주목한다. 바울은 구제헌금을 모으는 사역이 만나의 기적처럼 기독교 신앙공동체의 일치를 위한 공평의 원리를 제시하는 것으로 이해한다. 기꺼운 마음과 자원하는 태도로 연보를 바치는 일에 참여하도록 요청하는 바울의 마음은 균등하게 하시는 일을 기뻐하시는 하나님의 은혜에 근거하고 있는 것이다.

설교를 위한 묵상

가난한 동료 그리스도인을 위한 구제

마게도냐 교회들의 성도들이 헌신적 태도로 구제헌금을 모으는 일에 참여했던 것을 강조했던 바울은 고린도 교회 성도에게 시선을 돌려 구제헌금을 모으는 사역에 동참해 줄 것을 요청한다. 하나님께로부터 받았던 은혜가 풍성한 것처럼 구제헌금을 하는 일에도 열정과 사랑이 흘러넘치도록 실천하라는 것이다. 구제헌금을 모으는 일은 언제나 하나님과 밀접한 연관을 갖고 있으며 은혜와 마찬가지로 하나님께서 주시는 마음으로 행하는 것이다. 구제헌금이 하나님의 은혜라는 것을 보다 더 분명하게 나타내기 위해서 바울은 자원하는 마음의 중요성을 강조한다. 예루살렘 교회와 성도들을 위한 헌금이 돈이나 물질과 같은 경제적 개념이 아니라 은혜와 교제 그리고 봉사라는 용어를 사용하여 신학적 관점에서 서술된다는 것은 중요하다. 성도로서의 의무와 책임을 완수하는 것은 강압적 명령으로 수행될 수 없는 전적인 하나님의 은혜에 바탕을 둔다는 것이다. 바울은 고린도 교회 성도들이 마음에서 우러나오는 자발성과 기꺼운 태도로 구제헌금을 모으는 사역에 동참해 줄 것을 부탁한다. 하나님께서 지극히 사랑하시는 가난한 사람들, 힘없는 사람들, 능력이 없는 사람들, 병든 사람들, 버려진 사람들을 위한 돌봄과 구제는 신앙공동체의 책임이며 특권이다. 물질적 지원을 한다고 해서 언제나 경제적 측면을 강조하는 것이 아니라 하나님의 은혜를 함께 나누는 봉사의 개념이 그곳에 있다는 점을 기억할 필요가 있다. 따라서 헌금에 참여하는 한국 교회의 그리스도인은 언제나 구제와 봉사를 실천하고 있다는 자부심을 가질 필요가 있다.

구제헌금을 모으는 일은 전적으로 예수 그리스도의 은혜에 참여하는 것을 뜻한다. 고린도 교회 성도들이 그 은혜를 올바로 이해하고 받아들였다면 분명히 자발적이고 헌신적인 태도로 구제헌금을 드리는 일에 동참하게 될 것이다. 기꺼운 마음과 자원하는 태도로 연보를 바치는 일에 참여하도록 요청하는 바울의 마음은 균등하게 하시는 일을 기뻐하시는 하나님의 은혜에 근거하고 있는 것이다. 헌금은 언제나 자발적으로 기쁘게 참여하는 일이다. 헌금을 드리는 대가로 무엇을 요구하거나 보상을 기대하는 것은 적절한 태도가 아니다.

C. 구제헌금의 투명성을 위해서 파송된 디도와 두 형제(8 : 16 – 24)

[16]너희를 위하여 같은 간절함을 디도의 마음에도 주시는 하나님께 감사하노
니 [17]그가 권함을 받고 더욱 간절함으로 자원하여 너희에게 나아갔고 [18]또 그
와 함께 그 형제를 보내었으니 이 사람은 복음으로써 모든 교회에서 칭찬을
받는 자요 [19]이뿐 아니라 그는 동일한 주의 영광과 우리의 원을 나타내기 위
하여 여러 교회의 택함을 받아 우리가 맡은 은혜의 일로 우리와 동행하는 자
라 [20]이것을 조심함은 우리가 맡은 이 거액의 연보에 대하여 아무도 우리를
비방하지 못하게 하려 함이니 [21]이는 우리가 주 앞에서 뿐 아니라 사람 앞에서
도 선한 일에 조심하려 함이라 [22]또 그들과 함께 우리의 한 형제를 보내었노
니 우리는 그가 여러 가지 일에 간절한 것을 여러 번 확인하였거니와 이제
그가 너희를 크게 믿으므로 더욱 간절하니라 [23]디도로 말하면 나의 동료요 너
희를 위한 나의 동역자요 우리 형제들로 말하면 여러 교회의 사자들이요 그
리스도의 영광이니라 [24]그러므로 너희는 여러 교회 앞에서 너희의 사랑과 너
희에 대한 우리 자랑의 증거를 그들에게 보이라

[8 : 16 – 17] 예루살렘 교회를 위한 구제헌금을 모으는 사역에 동참하도록 요청하기 위해서 바울은 고린도 교회 성도들에게 친숙한 디도를 파송하고, 또한 여러 교회에서 신임을 얻고 있는 형제를 동행시킨다. 연보를 모으는 은혜로운 사역을 담당하게 된 디도와 두 명의 형제는 사도들의 동료와 동역자인 동시에 여러 교회를 대표해서 선택된 사람들이다. 16~17절에서 바울은 디도의 역할에 관해서 설명한다. 고린도 교회 성도들이 이미 일 년 전에 진행했던 구제헌금을 모으는 사역을 완수할 수 있도록 디도에게 요청한 내용은 6절에서 소개했다. 바울은 디도에게 연보와 관련된 임무를 수행하도록 부탁했을 뿐이지만 디도는 훨씬 더 적극적인 반응을 보인다.

16절은 "너희를 위하여 같은 간절함을 디도의 마음에 주시는 하나님께 감사한다"고 말하는 것에서 디도가 보여 준 태도를 짐작할 수 있다. 바울은 디도가 그 자신과 동일한 '간절함'(스푸데, spoude)을 가지고 있다는 것에 기뻐한다. 고린도 교회를 향한 간절함과 열정을 똑같이 갖고 있는 디도를 다시 파견할 수 있게 된 것은 참으로 다행스러운 일이다. 디도의 마음에 열심을 주신 분이 하나님이시라고 고백하는 바울의 모습에서 고린도 교회에서 구제헌금을 모으는 사역을 완수하는 일의 중요성을 발견할 수 있다. 디도에게 부탁했을 뿐인데 진심으로 동의할 뿐 아니라 기꺼이 감당하려는 태도는 바울을 안심하게 만들었다. 예루살렘 교회와 성도들을 위해서 연보를 모으는 사역은 매우 중요한 일이며 따라서 하나님께서 주시는 열심을 가지고 감당해야 하는 것이다.

17절에서 "그가 권함을 받고 더욱 간절함으로 자원하여 너희에게 나아갔다"고 말하는 것에서 디도의 자발성은 더욱 빛을 발한다. 구제헌금을 모으는 사역에 대한 바울의 제안을 기꺼이 받아들이고 있는 디도의 태도는 '더욱 간절함으로'(스푸다이오테로스, spoudaioteros)라는 표현에서 짐작할 수 있다. 디도가 바울이 기대했던 것보다 훨씬 열심을 내어서 사역을 담당했다고 생각해 볼 수 있다. 예루살렘 교회와 성도들을 위한 연보를 모으는 사역에 디도가 자발적으로 책임을 감당한 것은 하나님께서 그에게 주신 열정으로 가능한 일이었다.

[8 : 18-19] 구제헌금을 모으는 사역의 중요성을 보여 주는 증거로 18~19절에서 바울은 디도와 함께한 사람을 '그 형제'(톤 아델폰, ton adelphon)라고 표현하면서 자세하게 소개한다. "이 사람은 복음으로써 모든 교회에서 칭찬을 받는 자요 이뿐 아니라 그는 동일한 주의 영광과 우리의 원을 나타내기 위하여 여러 교회의 택함을 받아 우리가 많은 은혜의 일로 우리와 동행하는 자라"라고 말한다. 그가 누구였는가를 추정하려는 많은 시도가 있었다. 하지만 바

울이 직접 이름을 언급하지 않아서 그에 관해서 알 수 있는 것은 없다. 우리가 분명하게 알 수 있는 것은 그가 형제라고 불리고 있다는 점에서 기독교 신앙공동체의 구성원이라는 것이다. 구제헌금을 모으는 사역을 감당하기 위해서 디도와 함께 선발된 그 형제를 '복음으로써 모든 교회에서 칭찬을 받는 사람'이라고 말한다. 바울과 그의 동료들과 마찬가지로 그 형제는 복음을 전하는 사역을 수행하는 사람이다. 바울은 그 형제가 그리스도인으로서 신실하게 사역을 담당함으로 모든 교회로부터 인정과 칭찬을 받고 있다고 말한다. 연보를 모으는 사역을 감당할 수 있는 자격은 복음에 대한 열정뿐만 아니라 기독교 신앙공동체로부터 좋은 평판을 얻는 것도 필요하다. 이 형제는 신앙과 행동에 조화와 균형이 잡힌 사람이라는 것을 짐작할 수 있다.

둘째로 이 형제는 '여러 교회의 택함을 받은 사람'이다. 아마도 이 형제는 마게도냐 지역의 모든 교회에서 대표로 선택을 받은 사람일 것이다. 바울이 여기에서 사용하고 있는 '택함을 받은'(케이로토네테이스, cheirotonetheis)이라는 표현은 구제헌금을 모으는 사역에 적절한 사람인가를 결정하기 위해서 교회 구성원들이 구체적으로 선택하는 과정을 거쳤다는 뜻이다. 기독교 신앙공동체를 위한 일꾼을 선출하기 위해서는 그 사역에 적합한 사람인가를 깊이 숙고해야 한다. 복음을 전하는 사역과 함께 재정을 담당하는 일은 신실하고 믿을 수 있는 사람이 담당해야 할 일이다. 그 형제는 마게도냐 지역의 여러 교회로부터 지지를 받고 선택된 사람이라는 점에서 신뢰할 수 있는 조건을 갖추고 있다. 바울은 '그가 동일한 주의 영광과 우리의 원을 나타내기 위하여' 선택되었다고 말한다. 그 형제는 구제헌금을 모으는 사역이 주의 영광을 나타낼 뿐 아니라 바울과 그의 동료의 뜻을 드러내는 일이라는 것을 잘 알고 있다는 것이다.

셋째로 그 형제는 '우리가 맡은 은혜의 일로 우리와 동행하는 자'이다. 바울은 연보를 모으는 사역을 '은혜의 일'(테 카리티 타우테, te chariti taute)이라고 표현하면서 단순한 재정적 후원의 개념을 넘어서 하나님의 사역에 동참하는 일이라는 점을 강조한다. 디도와 함께 구제헌금의 모금과 관리에 대한 책임을 맡게 된 그 형제는 또한 사도들과 '동행하는 자'(쉬네크데모스, syn-ekdemos)라고 불린다. 연보와 관련된 사역을 전반적으로 담당하게 된 그 형제는 마게도냐 교회들과 사도들로부터 상당한 신임과 인정을 받은 사람이라는 것을 알 수 있다. 바울이 이처럼 신중하고 공정하게 접근하는 까닭은 구제헌금이 부정적으로 사용되거나 개인적인 부를 축적하는 일에 사용된다는 비난을 받지 않기 위함이다. 예루살렘 교회와 성도들을 위해서 드려지는 연보와 구제헌금을 모으는 사역은 하나님께서 주시는 은혜의 일에 참여하는 일이며 복음을 전하는 사역에 버금갈 정도의 중요한 일이다. 이를 통해 구제헌금을 공정하게 관리하기 위해서 세심한 배려를 기울이는 바울의 태도를 발견할 수 있다.

[8 : 20-22] 20~21절에서 바울은 연보를 담당하는 일에 철저하게 신경을 쓰는 이유를 설명한다. 디도를 비롯해서 칭찬과 인정을 받고 있는 형제 그리스도인을 구제헌금을 담당하는 사역자로 추천하는 까닭은 연보를 다루고 관리하는 일에 세심한 주의가 필요하다는 것을 알고 있기 때문이다. 바울은 20절에서 "이것을 조심함은 우리가 맡은 이 거액의 연보에 대하여 아무도 우리를 비방하지 못하게 하려 함이라"라고 말한다. 바울은 예루살렘 교회와 성도들을 위해서 드려지는 연보를 '이 거액의 연보'(테 하드로테티, te hadroteti)라고 부르는데, 풍성한 것을 나타내는 표현이다. 마게도냐 교회들과 고린도 교회 성도들이 기꺼이 자발적으로 드리는 구제헌금이 풍성하다는 것을 나타내기 위한 것이다. 연보를 드리는 성도들이 있는 힘껏 최선을 다해서 참여하고 있기 때문에 구제헌금을 관리하는 사역은 무엇보다도 신실하고 정직하게 담당해야 할 필요가 있다. 바울과 그의 동료들이 연보를 모으는 사역과 연관해서 받게 될 오해, 비난, 모함으로 타격을 입지 않기 위해서 조심하며 온갖 신경을 집중한다. 구제헌금을 투명하게 관리하는 일은 하나님과 사람 앞에서 자

신을 조심하며 성찰하는 일과도 밀접한 연관을 갖는다.

21절에서 바울은 "이는 우리가 주 앞에서 뿐 아니라 사람 앞에서도 선한 일에 조심하려 함이라"라고 말한다. 연보를 모금하는 사역이 주의 영광을 나타내기 위한 일이며, 연보를 관리하고 재정 투명성을 유지하는 일은 사람 앞에서 선한 일을 실천하는 것이다. 바울은 잠언 3 : 4의 말씀을 간접적으로 인용하면서 하나님과 사람 앞에서 모두 진실하게 행동해야 한다고 강조한다(이상근 1969, 336). 구제헌금을 모으는 일과 관리하는 사역을 담당하는 사람들을 선정하고 책임을 부여하는 과정을 신중하고 조심스럽게 처리하는 바울의 모습에서 이 일의 중요성을 발견할 수 있다.

연보 문제를 다루는 바울의 신중하고 조심스러운 태도는 22절에서 또 한 명의 형제를 소개하는 것에서 찾아볼 수 있다. 바울은 "또 그들과 함께 우리의 한 형제를 보내었다"고 말하면서 구제헌금을 모으는 사역에 파견된 세 번째 사람을 언급한다. 첫 번째 소개한 형제와 마찬가지로 두 번째 형제에 관한 개인적 신상을 알 수 있는 정보는 거의 없다. 바울과 그의 동료는 이 형제를 추천하기 전에 다양한 측면에서 확인하는 과정을 거쳤다고 말하면서 "우리는 그가 여러 가지 일에 간절한 것을 여러 번 확인하였다"고 강조한다. 연보를 모금하는 사역을 담당하게 될 세 번째 형제는 교회에 의해서 추천되거나 선출된 사람이라고 언급하는 대신에 다양한 방면에서 그가 지닌 진실성과 성실함을 입증했다고 말한다. 디도와 두 명의 형제를 추천하고 함께 파견하는 모습은 바울이 구제헌금을 모으는 사역과 관리하는 일에 아주 많은 애정을 갖고 있음을 보여 준다. 마지막으로 소개되는 형제는 재정을 관리하는 사역에서 신뢰를 받았고 고린도 교회에서 시작한 구제헌금을 모으는 사역을 완수하기 위한 열심을 가지고 있었던 것으로 보인다. 왜냐하면 바울이 "그가 너희를 크게 믿으므로 더욱 간절하다"고 말하면서 그 형제를 추천하고 있기 때문이다. 구제헌금을 모금하는 일뿐만 아니라 투명하게 재정을 관리하는 사역은 바울과 그의 동료를 포함해서 기독교 신앙공동체 모두에게 매우 중대한 사안이다. 연보와 관련해서 재정 투명성에 어떤 흠집이나 오점이 생기지 않도록 재정전문가를 파송하는 신중함을 보여 준다.

[8 : 23-24] 23~24절에서 바울은 고린도 교회 성도들에게 파견한 세 명의 대표자를 다시 한 번 더 언급한다. 이것은 그들에게 위임된 권한과 사명을 강조하기 위함이다. 23절에서 고린도 교회 성도들에게 잘 알려진 디도를 설명하면서 바울은 "디도로 말하면 나의 동료요 너희를 위한 나의 동역자요"라고 언급한다. 바울의 '동료'(코이노노스, koinonos)이며, 고린도 교회 성도들을 위한 바울의 '동역자'(쉬네르고스, synergos)라고 불리는 디도는 상당한 신임을 받고 있다. 바울과 디도가 개인적인 친분과 신뢰의 관계를 지니고 있을 뿐 아니라 하나님께서 위임하신 일을 함께 수행하는 관계라는 것을 강조하는 것이다.

디도를 소개한 후에 바울은 "우리 형제들로 말하면 여러 교회의 사자들이요 그리스도의 영광이라"라고 말한다. 디도와 함께 파견된 두 형제들은 여러 교회에서 선출하여 파송한 사람이라는 것을 분명하게 강조한다. 바울은 그들을 '여러 교회의 사자들'(아포스톨로이 에클레시온, apostoloi ekklesion)이라고 부른다. '사자들'(아포스톨로이)이라고 번역된 이 용어는 사도들 혹은 보냄을 받은 사람들이라는 의미를 지닌다. 하지만 여기서 이 단어는 바울과 그의 동료가 복음을 전하는 사역을 담당할 때 사용된 것과 같은 의미에서 쓰인 것이 아니다. 오히려 이 용어는 연보를 모금하는 사역처럼 재정을 담당하는 임무를 수행하기 위해서 파견된 사람을 지칭하기 위해 사용되고 있다. 디도와 함께 고린도 교회 성도들에게 파견된 두 형제는 구제헌금을 모금하고 투명하게 관리하기 위해서 특별하게 선택된 사람들이라는 점은 분명하다. 바울은 또한 이들을 '그리스도의 영광'이라고 부르면서 연보를 모금하고 관리하는 사역의 중요성을 지적한다. 고린도 교회에 파견하는 세 사람에 대한 소개를 마무리하면서 바울은 24절에서 "그러므로 너희는 여러 교회 앞에서 너희의 사랑과 너희에 대한 우리 자랑의 증거를 그들에게 보이라"라고 간곡하게 당부한다. 구제헌금과 관련된 사역을 신중하고 철저하게 준비하는 바울의 심정을 알게 되었다면 고린도 교회 성도들은 이제 예루살렘 교회와 성도들을 향한 사랑을 나타낼 때가 되었다.

고린도 교회를 방문하게 될 세 사람에게 '보이라'(엔데이크뉘메노이, en-deiknymenoi)고 권면하는 바울의 어조에서 비장함을 발견할 수 있다. 바울은 이 서신의 독자들에게 자기가 보내는 사자들에게 사랑을 보여 줄 것을 요청하고 있다. 그는 이 사자들을 따뜻하게 영접함으로써 그가 고린도 교인들에 대하여 이 사자들에게 자랑했던 것이 확증되리라는 것을 마지막으로 당부한다. 그리스도 예수의 복음을 전하면서 기독교 신앙공동체를 형성하고 유지하는 것도 중요하지만 바울에게 있어서 예루살렘 교회와 성도들을 위한 구제헌금을 모으는 사역은 또한 매우 소중하다. 마게도냐 교회들이 열심을 다해서 참여해 준 것에 감격해 하면서 바울은 이제 고린도 교회 성도들이 간절하게 동참할 뿐 아니라 기꺼이 자발적으로 정성과 성의를 보여 줄 것을 기대한다. 디도와 두 명의 형제를 파견하면서 투명한 재정관리가 되도록 심혈을 기울이는 바울의 태도는 매우 신중해 보인다. 고린도 교회를 향한 바울의 애정과 관심이 연보를 모으는 사역에서 그들의 사랑을 나타내고 그들을 자랑한 바울의 체면을 세워 주길 당부하는 것으로 나타난다.

D. 헌금을 준비하게 함(9 : 1-5)

1성도를 섬기는 일에 대하여는 내가 너희에게 쓸 필요가 없나니 2이는 내가
너희의 원함을 앎이라 내가 너희를 위하여 마게도냐인들에게 아가야에서는
일 년 전부터 준비하였다는 것을 자랑하였는데 과연 너희의 열심이 퍽 많은
사람들을 분발하게 하였느니라 3그런데 이 형제들을 보낸 것은 이 일에 너희

를 위한 우리의 자랑이 헛되지 않고 내가 말한 것같이 준비하게 하려 함이라
4혹 마게도냐인들이 나와 함께 가서 너희가 준비하지 아니한 것을 보면 너희
는 고사하고 우리가 이 믿던 것에 부끄러움을 당할까 두려워하노라 5그러므
로 내가 이 형제들로 먼저 너희에게 가서 너희가 전에 약속한 연보를 미리
준비하게 하도록 권면하는 것이 필요한 줄 생각하였노니 이렇게 준비하여야
참 연보답고 억지가 아니니라

[9 : 1–4] 구제헌금을 투명하게 모금하기 위해서 디도와 두 명의 형제들을 선임하고 추천함으로써 준비를 마친 바울은 이제 그들을 아가야 지방, 특별히 고린도 교회로 파견하는 이유를 밝힌다. 1절에서 바울은 "성도를 섬기는 일에 대하여는 내가 너희에게 쓸 필요가 없다"고 말하면서 고린도 교회 성도들을 향해서 연보의 필요성이나 구제헌금의 중요성을 말할 필요가 없다고 강조한다. 여기에서 '성도'(투스 하기우스, tous hagious)라고 지칭된 사람들이 예루살렘 성도들이라는 것은 짐작할 수 있다. 고린도 교회 성도들이 연보와 구제헌금에 관해서 충분히 알고 있다는 것을 거듭 밝힌다.

8~9장에서 반복해서 강조되고 있는 사실 가운데 하나는 고린도 교회 성도들이 예루살렘 성도들을 위한 구제헌금을 마게도냐 성도들보다 먼저 시작했다는 것이다. 연보의 필요성을 일일이 열거할 이유가 없다는 뜻이다. 고린도 교회 성도들은 가난한 예루살렘 교회와 성도들을 지원하는 것에 대한 의미를 분명하게 인식한다. 바울이 더 이상 권고하지 않아도 된다고 확신을 갖는 까닭은 2절이 근거가 된다. 고린도 교회 성도들이 구제헌금을 모으기로 약속하고 행동으로 먼저 실천했다는 것을 잘 알고 있기 때문이다. 2절에서 "이는 내가 너희의 원함을 앎이라 내가 너희를 위하여 마게도냐인들에게 아가야에서는 일 년 전부터 준비하였다는 것을 자랑하였는데 과연 너희의 열심이 퍽 많은 사람들을 분발하게 하였다"라고 바울은 말한다. 예루살렘 성도들을 위해서 구제헌금을 모으는 사역이 얼마나 중요한 것인가를 반복해서 강조

할 까닭이 없는 것은 이미 고린도 교회 성도들이 그 사역을 원하고 있기 때문이다. 바울이 '너희의 원함'(텐 프로튀미안 휘몬, ten prothymian hymon)을 알고 있다고 말하는 데에서 그들이 이미 연보를 드리는 일에 열성을 갖고 참여했다는 것을 알 수 있다. 연보를 모으는 사역에 이미 열성을 가지고 있었던 고린도 교회 성도들로 인해서 마게도냐 교회의 성도들이 구제헌금을 바치는 일에 적극적으로 참여하게 되었다고 말한다. 바울은 고린도 사람들을 격려하기 위해서 마게도냐 사람들의 넉넉하고 풍성하게 구제헌금을 모으는 사역을 소개했던 것처럼, 마게도냐 사람들이 연보를 모으는 일에 참여하도록 요청하기 위해서 고린도를 포함한 아가야 사람들의 열심을 전했던 것이다. 고린도 교회 성도들이 구제헌금에 열심을 가지고 참여하게 되었다는 사실로 인해서 많은 사람들을 "분발하게 하였다"(에레티센, erethisen)는 말에서 짐작할 수 있는 것처럼 건강한 경쟁 관계를 유도하는 것이다. 마게도냐 사람들과 아가야 사람들이 선한 뜻 앞에서 서로 경쟁하도록 만들고 있는 바울의 의도를 발견할 수 있다.

3절에서 바울은 몇몇 형제들을 고린도 교회에 보내는 이유를 설명한다. 그는 "그런데 이 형제들을 보낸 것은 이 일에 너희를 위한 우리의 자랑이 헛되지 않고 내가 말한 것같이 준비하게 하려 함이라"고 말한다. 마게도냐 교회의 성도들에게 고린도 교회 성도들이 구제헌금을 모으는 사역에 열심을 갖고 참여하고 있다고 자랑했던 바울은 3~4절에서 염려와 기대를 모두 표현한다. 연보를 모으는 사역에 먼저 동참했을 뿐 아니라 열성을 다해서 참여했던 고린도 교회 성도들이 바울의 자랑거리였다. 하지만 아직 구제헌금을 모으는 일을 완수하지 못하고 있는 현실은 염려스러운 것이다. 그렇지만 연보를 모으는 사역에 적극적으로 동참했던 열심을 기억하면서 처음 시작했던 일을 완수하도록 형제들을 보내고 기대하는 바울을 발견할 수 있다.

4절에서 바울은 "혹 마게도냐인들이 나와 함께 가서 너희가 준비하지 아니한 것을 보면 너희는 고사하고 우리가 이 믿던 것에 부끄러움을 당할까 두려워한다"라고 하며 자신의 심정을 보다 더 구체적으로 나타낸다. 마게도냐 교회의 성도들에게 고린도 교회 성도들의 열심을 자랑했던 것을 증명해 주기를 기대하는 바울의 마음을 읽을 수 있다. 고린도 교회 성도들이 구제헌금을 완수하는 일은 바울에게 있어서 상당히 중요한 사역이다. 디도를 포함해서 세 명의 형제들을 파송해서 구제헌금을 모으고 관리하는 사역에 집중하는 까닭이 바로 여기에 있다.

[9 : 5] 고린도 교회 성도들의 열심과 정성을 마게도냐 교회 성도들에게 자랑했던 바울에게 있어서 고린도 교회가 예루살렘 성도들을 위한 구제헌금이 준비되지 않았다는 소식을 전하는 것은 상상할 수도 없는 일이다. 그 누구보다도 적극적으로 동참하며 연보를 모았던 고린도 교회 성도들이 그 사역을 아직 완수하지 못했다는 것은 고린도 교회 성도들에게 부끄러움이 될 뿐만 아니라 바울 자신에게도 커다란 수치가 된다는 것을 역설한다.

5절에서 바울은 고린도 교회 성도들에게 파견되는 형제들의 임무를 구체적으로 설명하면서 "그러므로 내가 이 형제들로 먼저 너희에게 가서 너희가 전에 약속한 연보를 미리 준비하게 하도록 권면하는 것이 필요한 줄 생각하노니 이렇게 준비하여야 참 연보답고 억지가 아니니라"라고 말한다. 구제헌금을 모으는 사역은 강요나 인색함이 아니라 기꺼이 자발적으로 드려지는 축복이라는 점을 강조하면서 연보의 진정한 정신을 밝힌다. 바울이 5절에서 '연보'(율로기아, eulogia)라는 용어를 반복해서 사용하는 것에 주목할 필요가 있다. 연보의 의미로 사용된 이 용어는 마음에서 우러나오는 선물을 뜻한다. 따라서 연보는 자발적으로 기꺼이 드리는 은혜의 선물이어야 한다. 이처럼 은혜의 선물이라는 의미로 사용되기 때문에 축복이라는 뜻으로도 사용된다. 구제헌금을 모으는 일과 연보를 드리는 사역은 항상 자발성에 기초해야 한다는 뜻이다. 의무감이나 강제로 드리게 될 때 선물이나 축복의 의미는 퇴색하게 된다.

바울은 선물 혹은 축복의 뜻으로 사용된 연보라는 말과 대조되는 말로 '억지'(플레오넥시안, pleoneksian)라는 단어를 사용한다. 억지의 의미로 번역된 이 용어는 탐욕이나 탐심의 의미를 포함한다. 가난하고 헐벗은 상황에서 도움을 받는 사람들을 위해서 연보를 드리고 구제헌금을 모으는 사역은 결코 억지나 강요에 의해서 의무적으로 드려질 수 없다는 점을 지적하는 것이다. 자발적으로 기꺼이 드릴 뿐만 아니라 기쁨 가운데 준비된 마음으로 드리는 것이 은혜의 선물 혹은 축복의 뜻을 지닌 연보인 것이다. 바울은 구제헌금이 강요로 인해서 억지로 드려지는 것이 되지 않도록 하기 위해서 형제들을 미리 파견해서 연보를 준비하게 이끈다. 5절에서 "이 형제들이 먼저 …… 가서(프로엘토신, proelthosin) 너희가 전에 약속한 연보를(텐 프로에펭겔메넨 율로기안, ten proepenggelmenen eulogian) 미리 준비하도록(프로카타르티소신, prokatartisosin)"이라고 반복해서 표현함으로써 적절한 준비가 필요하다는 점을 강조한다. 준비된 마음으로 약속을 하고, 미리 준비한 연보를 기꺼이 자발적으로 드릴 때 은혜의 선물과 축복이 되는 것이다. 억지나 강요에 의해서 의무적으로 드리게 될 때 그것은 강탈이나 갈취에 해당할 수 있다. 바울은 고린도 교회 성도들이 드리는 구제헌금이 선물과 축복으로 모아지길 기대한다.

E. 헌금과 교회의 연합(9 : 6 – 15)

6이것이 곧 적게 심는 자는 적게 거두고 많이 심는 자는 많이 거둔다 하는
말이로다 7각각 그 마음에 정한 대로 할 것이요 인색함으로나 억지로 하지
말지니 하나님은 즐겨 내는 자를 사랑하시느니라 8하나님이 능히 모든 은혜
를 너희에게 넘치게 하시나니 이는 너희로 모든 일에 항상 모든 것이 넉넉하
여 모든 착한 일을 넘치게 하게 하려 하심이라 9기록된바 그가 흩어 가난한
자들에게 주었으니 그의 의가 영원토록 있느니라 함과 같으니라 10심는 자에

게 씨와 먹을 양식을 주시는 이가 너희 심을 것을 주사 풍성하게 하시고 너희
의의 열매를 더하게 하시리니 [11]너희가 모든 일에 넉넉하여 너그럽게 연보를
함은 그들이 우리로 말미암아 하나님께 감사하게 하는 것이라 [12]이 봉사의 직
무가 성도들의 부족한 것을 보충할 뿐 아니라 사람들이 하나님께 드리는 많
은 감사로 말미암아 넘쳤느니라 [13]이 직무로 증거를 삼아 너희가 그리스도의
복음을 진실히 믿고 복종하는 것과 그들과 모든 사람을 섬기는 너희의 후한
연보로 말미암아 하나님께 영광을 돌리고 [14]또 그들이 너희를 위하여 간구하
며 하나님이 너희에게 주신 지극한 은혜로 말미암아 너희를 사모하느니라
[15]말할 수 없는 그의 은사로 말미암아 하나님께 감사하노라

[9 : 6-8] 헌금을 모금하는 사역을 위해서 디도를 파견했던 바울은 이제 헌금을 모으고 구제하고 봉사하는 사역의 의미를 설명한다. 헌금에 관한 질문은 초기 기독교 신앙공동체뿐만 아니라 지금 이 시대의 그리스도인에게도 중요한 것이다. 헌금을 드리는 태도와 자세에 관해서 세밀하게 설명하는 바울의 모습에서 초기 기독교 신앙공동체 안에서 헌금과 구제가 지닌 중요한 의미를 찾아볼 수 있다. 바울은 격언 혹은 지혜의 말씀과 같은 표현을 사용함으로써 헌금을 드리는 태도를 설명한다. 그것은 인색하지 않은 마음과 자세로 드리는 것이다. 5절에서 연보, 즉 헌금은 준비한 마음을 담아서 드리는 것으로, 누군가의 강요나 억지로 드리는 것이 아니라고 분명하게 강조했다. 준비된 마음과 함께 자발적으로 연보를 모으고 구제헌금을 드리면 인색함이 있을 수 없다.

6절에서 '적게 심는 자'(호 스페이론 페이도메노스, ho speiron pheidome-nos)는 인색하게 뿌린 사람을 가리키고, '많이 심는 자'(호 스페이론 에프 율로기아이스, ho speiron ep eulogiais)는 복되게 뿌린 사람을 뜻한다. 이 격언에 직접적으로 해당되는 구약성경의 말씀은 없으나 대체로 잠언 11 : 24~25과 연관시켜서 해석하려고 시도한다. 헌금을 드리고 구제를 하는 것은 인색한

마음이 아니라 복스러운 마음이 요구된다는 뜻이다.

5절에서 헌금을 '연보'(율로기아, eulogia)라는 용어로 사용했던 바울은 6절에서 '많이'(율로기아이스, eulogiais)라는 용어를 반복적으로 사용한다. 이것은 강요나 억지, 혹은 인색함이 아니라, 하나님의 은혜와 축복을 경험한 사람들이 돕고 나누는 것을 강조한다. 바울이 여기서 호소하는 것은 연보를 하는 동기가 보상을 바래서가 아니라는 것이다. 오히려 기꺼이 곤궁에 처해 있는 예루살렘 성도들을 돕고자 하는 사심 없는 관심이 수반되어야 한다는 것이다. 여기서 중요한 것은 연보를 얼마나 하느냐가 아니라 그 연보를 통해서 드러나는 열심의 정도다. 연보, 즉 헌금을 할 때 가장 중요한 태도와 자세는 마음가짐이라는 것이다. 동일한 하나님의 백성이며 동료 그리스도인을 돕고 구제하는 마음으로 모아지는 헌금은 억지나 인색함으로 드려질 때는 결코 많은 결실을 할 수 없다.

바울은 7절에서 헌금을 드리는 방법에 대해서 설명한다. 헌금을 드리는 사람은 "각각 그 마음에 정한 대로 할 것"(카토스 프로에레타이, kathos pro-eretai)이라고 말한다. 헌금하는 사람에게는 마음에 결심하고 결정하는 자세가 필요하다. "인색함으로나 억지로 하지 말지니"(에크 뤼페스 에 엑스 아낭케스, ek lypes e eks anangkes)라고 말하며 마음에 결정한 대로 헌금을 드려야 하는 까닭을 설명한다. 가난과 곤궁함에 고통을 당하는 사람들을 돕기 위해서 모으는 구제헌금은 마음가짐이 중요하다. '인색함'은 헌금을 드리는 사람의 태도가 결코 아니어야 한다. '인색함'(뤼페, lype)이란 용어는 문자적으로 '근심이나 후회'(Martin 2007, 575) 또는 '슬픔'(이상근 1969, 339)을 뜻한다. 헌금을 한 후에 근심이나 후회를 한다는 것은 억지로 했다는 것을 나타낸다. 그래서 바울이 인색함이라는 용어와 함께 '억지'(아낭케스, anangkes)라는 단어를 사용하는 것에 주목해야 한다. 억지로 한다는 것은 마음이 내키지 않고 마지못해서 하는 것을 의미한다. 결국 인색함과 억지라는 단어는 동일한 의미를 반복적으로 표현하는 것이다.

그렇다면 헌금을 드리는 사람은 어떤 마음을 가져야 하는가? "하나님은 즐겨 내는 자를 사랑하신다"고 바울은 강조한다. '즐겨'(힐라론 hilaron)라는 단어는 '기꺼이' 혹은 '자발적'이라는 의미를 가지며, 기쁜 마음으로 헌금을 드리는 것의 중요성을 강조하는 용어다. 어려움과 곤궁에 처한 사람들을 돕기 위해서 헌금을 드릴 때 하나님께서는 드리는 사람들의 태도를 주목한다는 것이다. 인색하거나 억지로 드리는 것이 아니라 즐겁고 자발적으로 참여하는 사람들을 사랑하고 축복하신다고 강조한다. 주저하거나 아깝다고 여기며 인색하게 드리는 헌금이나 구제는 하나님께서 원하시는 것이 아니다.

8절은 자발적으로 헌금에 참여하는 사람들에게 주시는 하나님의 보상을 언급한다. 바울은 '모든 은혜', '모든 일', '모든 것', '모든 착한 일'이라는 표현처럼 동일한 용어를 반복해서 사용하며 강조한다. 자발적이고 즐거이 구제하고 헌금하는 일에 참여하는 사람들에게 하나님께서는 '모든 은혜'(파산 카린, pasan charin)를 '넘치게'(페리슈사이, perisseusai) 주신다. 왜냐하면 그들이 '모든 좋은 일'(판 에르곤 아가톤, pan ergon agathon)을 '넘치게'(페리슈에테, perisseuete) 실천하도록 하는 힘을 주시기 때문이다. '은혜'는 인색함과 억지를 넘어서서 즐겁고 기쁜 마음으로 넘치도록 헌금을 할 수 있는 힘의 원천이다.

하나님께서 주시는 은혜는 또한 '모든 것이 넉넉하여'(파산 아우타르케이안, pasan autarkeian) 올바르게 실천할 수 있도록 돕는다. 바울은 그리스도인이 넉넉하게 살 수 있고 착한 일을 실천할 수 있는 힘의 원천을 은혜라고 말한다. 하나님께서 하늘로부터 주시는 선물인 은혜는 그리스도인으로 하여금 기꺼이 자신들의 물질을 나누고 자발적으로 구제할 수 있도록 돕는다. '넉넉함'(아우타르케이아, autarkeia)이란 의미로 사용된 이 용어는 빌립보서에서 '자족'(아우타르케스, autarkes)이라는 뜻으로 표현된다(빌 4 : 11-13). 넉넉함과 자족은 하나님께 의존하여 살아가는 사람들이 예수 그리스도 안에서 찾을 수 있는 덕목임을 강조하는 것이다. 따라서 모든 것이 넉넉하여 돕고 구제할 수 있도록 하는 힘과 능력이 하나님의 은혜와 밀접하게 연관되어 있음을 확인할 수 있다. 헌금을 드리는 자세와 연관해서 하나님의 은혜에 주목하는 까닭은 모든 것이 다 하나님께로부터 비롯되었다는 신앙을 고백하기 때문이다. 하나님의 은혜를 경험한 사람은 모든 착한 일을 넘치게 하는 실천에도 참여한다. '모든 착한 일'(에이스 판 에르곤 아가톤, eis pan ergon agathon)은 바른 행동, 건강한 행위를 뜻하는 용어로 하나님의 은혜로 이미 의롭게 된 사람의 삶의 결과를 보여 준다. 착한 일을 행하기 때문에 의롭게 되는 것이 아니라, 의롭게 되었기 때문에 착한 일을 실천할 수 있는 것이라는 뜻이다. 하나님의 백성이며 그리스도인이라고 고백하는 사람은 이미 하나님의 은혜로 의롭게 되었고, 의롭게 된 결과 착한 일을 넘치도록 실천하게 된다.

[9 : 9–11] 바울은 9절에서 '착한 일'이 무엇인지 설명하기 위해서 구약성경 시편 112 : 9, "그가 흩어 가난한 자들에게 주었으니 그의 의가 영원토록 있느니라."을 인용한다. '의'(디카이오쉬네, dikaiosyne)라는 용어는 하나님과의 올바른 관계를 뜻한다. 앞에서 설명했던 것처럼 가난한 사람들을 돕고 구제했기 때문에 의로운 사람이 되는 것이 아니라, 의로운 사람이기 때문에 가난한 사람들을 돕는 것이다. 의로움은 가난한 사람들을 도움으로써 하나님과의 올바른 관계를 보여 주는 표시가 된다. 하나님의 은혜로 넉넉함과 자족하는 힘을 얻게 된 사람들은 착한 일에 참여할 수 있는 기회를 얻는다. 바울이 말하는 '착한 일'은 가난한 사람들을 돌보는 실천을 통해서 하나님과 올바른 관계인 의로움을 나타내는 것이다.

10절은 이전에 논의된 내용을 반복해서 강조할 뿐만 아니라 결론적 역할을 수행한다. 결실하여 열매를 맺기 위해서 씨앗을 뿌리고 파종하는 농부에게 필요한 모든 것을 공급하는 분이 하나님이시라는 고백이다. 이와 같은 논의를 발전시키기 위해서 바울은 구약성경 이사야 55 : 10의 말씀을 인용하여, "심는 자에게 씨와 먹을 양식을 주시는 이가"라고 표현하고, 호세아 10 : 12의 말씀을 통해서 "너희 의의 열매를 더하게 하시리니"라고 표현한다. 헌금을 드리는 자세와 태도를 언급하면서 6절에서 '심는 자'라는 표현을 사용했던 바울은 10절에서 또 다시 '심는 자'라는 용어로 서술한다. 이것은 농부가 씨를 뿌린 후 좋은 결실을 기대하는 것처럼, 가난한 사람들이나 곤궁한 사람들을 구제하고 돕기 위한 헌금은 드리는 사람의 자세와 태도가 중요하다는 것이다. 바울은 구약성경의 말씀들을 인용하면서 하나님께서는 자발적으로 심는 사람들에게 좋은 것뿐만 아니라 필요한 모든 것을 채워 주신다고 강조한다. 고린도 교회 성도들이 예루살렘 성도들을 돕기 위해서 구제헌금을 드리는 이유는 좋은 것을 풍성하게 받고 필요한 것을 공급받기 위함이 아니다. 하나님께서 베풀어 주신 은혜를 경험한 사람들과 하나님께 의존하여 사는 자족과 넉넉함을 고백하는 사람들은 즐겁고 자발적으로 헌금을 드린다.

11절에서 바울은 구체적으로 헌금, 즉 연보에 관해서 언급한다. 고린도 교회 성도들은 이미 '모든 일에 넉넉하게'(엔 판티 플루티조메노이, en panti ploutizomenoi) 되었다고 선언한다. 넉넉하다는 것은 부요하게 된다는 뜻이며, 하나님의 은혜로 고린도 교회의 성도들은 모든 일에 부요하게 되었다는 것이다. 따라서 하나님의 은혜에 근거해서 '너그러운 연보'(파산 하플로테타, pasan haploteta)를 드릴 수 있게 된다. 바울은 또한 고린도 교회 성도들이 예루살렘 성도를 위해서 하나님께 너그럽고 후하게 연보를 드림으로써 '그들이 우리로 말미암아 하나님께 감사하게 하는 것'을 강조한다. 구제헌금을 받는 사람들은 기꺼이 자발적으로 헌금을 드렸던 고린도 교회 성도들과 사도들의 헌신을 통해서 '하나님께 감사'(유카리스티안 토 테오, eucharistian to theo) 하게 된다. 곤궁하고 가난한 가운데 도움이 절실히 필요한 사람들을 돕는 것은 분명히 하나님의 뜻이다. 하나님의 은혜를 경험한 사람들이 즐겁게 연보에 참여하는 모습을 통해서 도움을 받은 사람들로 하여금 하나님께 감사하도록 이끈다. 헌금을 모으고 구제헌금을 드리는 자세가 언제나 하나님과 밀접하게 연관되어 있음을 보여 준다.

[9 : 12-13] 바울은 12절부터 연보, 즉 헌금과 연관된 그의 관점을 소개한다. 헌금을 드리고 구제헌금을 모으는 사역을 바울은 '봉사의 직무'(디아코니아 테스 레이투르기아스, diakonia tes leitourgias)라고 부른다. 예루살렘 성도들을 돕기 위해서 헌금을 드리는 일이 공적인 사역이라는 점을 강조하는 것이다. '봉사'(레이투르기아스)와 '직무'(디아코니아)라는 두 단어가 '섬긴다'는 뜻을 가진 용어라는 것을 인식한다면 바울의 사역 가운데 헌금을 모으고 전달하는 사역은 사도의 직분을 수행하는 데 매우 중요한 것이다. '봉사'(레이투르기아스)라는 단어는 종교적인 일과 연관되어 사용되고 있다. 바울은 이 용어를 사용하며 헌금이 신앙적 측면에서 진행되어야 한다는 것을 강조한다. 신앙적 측면에서 드리는 헌금은 의무나 강요에 의한 것이 아니라, 자발적으로 드리는 것이며 하나님의 은혜에 기초해 있는 것이다.

12절에서 바울이 말하는 '봉사의 직무'는 우선적으로 '성도들의 부족한 것을 보충하는 것'이다. 헌금을 모으고 구제헌금을 드리는 이유는 지금 여기에(here and now) 즉각적으로 도움이 필요한 예루살렘 성도들을 돕기 위한 것이다. 둘째로 '봉사의 직무'는 도움을 받는 성도들이 '하나님께 드리는 많은 감사'와 밀접하게 연관된다. '하나님께 감사'는 이미 11절에서 언급되었고, 하나님의 은혜에 기초해서 드리는 헌금이 하나님께 감사를 하도록 했다는 고백은 중요하다. 구제헌금을 드리고 모으는 사역은 공적인 사역이며, 사도를 비롯한 그리스도인의 의무이며 특권이다. 억지나 강요에 의한 의무가 아니라 전적으로 하나님의 은혜에 대한 그리스도인의 응답이라는 뜻이다. '봉사의 직무'에 대한 설명을 마친 바울은 이제 그 직무에 근거한 그리스도인의 삶에 관해서 서술한다.

13절에서 바울은 예루살렘 성도들을 위해서 구제헌금을 모으고 돕는 이와 같은 직무(디아코니아, diakonia)에 기초한 사역은 전적으로 '하나님께 영광'(독사존테스 톤 테온, doxazontes ton theon)을 돌리는 것이라고 말한다. 고린도 교회 성도들이 예루살렘 성도들을 돕기 위해서 구제 사역에 참여하는 것은 두 가지의 중요한 이유로 인해서 '하나님께 영광'이 된다. 하나님께 영광이 되는 첫째 이유는 구제헌금에 참여하는 이 '직무'가 고린도 교회 성도들이 '그리스도의 복음을 진실히 믿고 복종하는 것'을 나타내기 때문이다. 헌금을 드리고 구제 사역에 참여하는 것은 복음에 대한 응답과 고백이라고 말하는 것이다. '진실히 믿고'(호몰로기아스, homologias)라는 용어는 그리스도의 복음을 믿고 고백하는 것을 뜻한다. 고린도 교회 성도들이 복음을 믿음으로 받아들이고 고백할 뿐만 아니라 '복종하는 것'(휘포타게, hypotage)이라고 표현함으로써 헌금을 모으는 사역의 중요성을 강조한다. 고린도 교회 성도들은 단지 구제헌금을 모았던 것이 아니다. 헌금을 드리고 구제 사역에 동참함으로써 그리스도 예수의 복음에 대한 그들의 믿음을 증거하고 분명하게 나타낸 것이다. 그리스도 예수의 복음에 대한 그들의 응답은 결국 '그들과 모든 사람을 섬기는 너희의 후한 연보'로 나타난다. 이것이 하나님께 영광이 되는 둘째 이유다. 고린도 교회의 성도들이 드린 '후한 연보'(하플로테티, haploteti)는 예루살렘 성도뿐만 아니라 모든 사람을 '섬기는'(코이노니아스, koinonias) 직무이다. 바울에게 있어서 헌금을 모으는 사역은 대단히 중요한 신학적 관점을 지니고 있다는 것을 알 수 있다. 그 의미에 관해서 김판임은 다음과 같이 설명한다.

> 우리는 다른 지역의 그리스도인을 돕기 위한 헌금에 대한 바울의 신학적 이해를 엿볼 수 있다. 첫째, 그리스도에 대한 신앙고백 없이 헌금은 나오지 않는다. 헌금은 그리스도의 복음에 대한 고백의 차원이며 그 복음에 순종하는 자세인 것이다. 둘째, 헌금은 지역을 초월해서 그리스도를 믿는 모든 사람들이 한 형제임을 확인하는, 진정한 에큐메니칼한 교제라고 할 수 있다(김판임 1999, 227).

헌금을 드리는 것은 언제나 하나님의 은혜와 연관된다. 하나님의 은혜를 경험한 사람들이 그리스도의 복음을 믿고, 고백하고, 복종하고 후한 연보로 교제하는 것이다. 신앙고백과 상관없는 헌금은 아무런 의미가 없다. 왜냐하면 헌금을 드리고 구제 사역에 참여하는 것은 항상 하나님께 영광을 돌리는 것이기 때문이다.

[9 : 14–15] 14절에서 바울은 구제헌금을 받은 예루살렘 성도들이 고린도 교회 성도들을 위하여 "간구하며 하나님이 너희에게 주신 지극한 은혜로 말미암아 너희를 사모하느니라"라고 말한다. '사모하다'(에피포툰톤, eppothounton)라는 단어는 애정을 보인다는 뜻을 지니며, 예루살렘 성도들이 고린도 교회 성도들과 밀접한 관계를 갖기를 갈망하는 것을 나타낸다. 헌금을 드리고 구제헌금을 모으는 사역이 단순히 물질로 돕는 것이라는 일반적인 의미를 넘어서고 있음을 보여 준다. 구제헌금을 모으는 사역에 대해서 바울이 지속적으로 강조해 온 것처럼, 하나님의 은혜를 경험한 사람이 그 은혜에 감사하고 응답하는 행위라는 것을 확인할 수 있다. 따라서 고린도 교회 성도들과 예루살렘 성도들을 이어 주는 연결고리는 '하나님의 지극한 은혜'(휘페르발루산 카린 투 테우, hyperballousan charin tou theou)이다. 하나님의 은혜를 경험한 사람들이 기꺼이 자발적으로 구제헌금을 드리고 모으는 사역에 참여할 수 있으며, 구제헌금으로 곤궁과 어려움의 위기에서 도움을 받은 사람들 또한 하나님의 은혜에 감사하게 된다.

15절에서 바울은 헌금 사역과 관련된 의미와 그의 신학적 이해에 대한 결론을 내린다. 고린도 교회 성도들의 예루살렘 성도들을 돕기 위한 헌금 사역은 '말할 수 없는 그의 은사'(아네크디에게토 아우투 도레아, anekdiegeto autou derea)에 근거한다. '은사'(도레아, dorea)는 선물을 의미하는데, 바로 앞에서 서술했던 고린도 교회 성도들에게 베풀어 주신 은혜를 가리키는 동시에 그리스도 안에서 모든 사람들에게 베풀어 주신 은혜라고 말할 수 있다. 말로 표현할 수 없을 정도로 놀라운 선물을 받은 것은 전적으로 하나님의 은혜이다.

사람의 의지나 노력에 의한 것이 아니라 전적으로 하나님께서 값없이 베풀어 주신 은혜가 선물이다. 그래서 바울은 그와 같은 은사, 즉 선물을 주신 "하나님께 감사하노라"(카리스 토 테오, charis to theo)라고 말한다. 연보와 헌금을 '은혜'(카리스)라는 용어로 표현했던 바울은 헌금 사역에 관한 논의를 마무리하면서 동일한 용어를 사용하여 '감사'(카리스)라는 뜻으로 표현한다. 바울의 복음 선포와 구제헌금을 모으는 사역은 모두 하나님의 은혜에 기초해 있으며, 은사와 선물로 주신 은혜에 대한 사람들의 응답이 헌금을 드리는 것을 나타나고 있다.

연보를 드리고 구제헌금을 모으는 사역은 하나님께서 제시하신 봉사의 직분이다. 복음을 선포하고 가르치는 사역과 마찬가지로 곤궁하고 어려운 동료 그리스도인과 이웃을 돌보는 것은 그리스도인으로 지극히 당연한 사역이며 실천이다. 헌금을 드리는 태도와 구제 사역에 참여하는 가장 중요한 기초는 하나님의 은혜에 응답하는 그리스도인의 자세와 밀접하게 연관된다. 말할 수 없이 놀라운 은혜를 베풀어 주셨던 하나님께 응답하고 신앙을 고백하는 것처럼, 헌금을 드리고 구제 사역에 동참해야 한다는 뜻이다. 인색함이나 강요에 의한 것이 아니라 자발적으로 기꺼이 참여해야 하는 까닭은 하나님의 은혜를 경험한 사람들의 실천이기 때문이다.

설교를 위한 묵상

하나님의 은혜에 대한 응답

헌금을 모금하는 사역과 구제하고 봉사하는 사역의 의미는 복음은 전파하고 가르치는 사역과 마찬가지로 중요한 의미를 갖는다. 헌금을 드리는 태도와 자세는 그리스도인으로서의 신앙고백과 하나님의 은혜에 대한 진정한 응답과 밀접하게 연관된다. 이것이 연보, 즉 헌금을 할 때 가장 중요한 마음가짐이다. 동일한 하나님의 백성이며 동료 그리스도인을 돕고 구제하는 마음으로 모아지는 헌금은 인색함이나 강요에 의한 것이 아니다. 어려움과 곤궁에 처한 사람들을 돕기 위해서 헌금을 드릴 때 하나님께서는 드리는 사람들의 태도를 주목하신다. 헌금을 드리는 자세와 연관해서 하나님의 은혜에 주목하시는 까닭은 모든 것이 다 하나님께로부터 비롯되었다는 신앙고백과 밀접하게 연관이 있기 때문이다. 고린도 교회 성도들이 예루살렘 성도들을 돕기 위해서 헌금을 드리고 구제헌금을 모으는 이유는 좋은 것을 풍성하게 받고 필요한 것을 공급받기 위함이 아니다. 하나님께서 베풀어 주신 은혜에 응답하는 것이 바로 자발적으로 드리는 구제헌금의 의미이다. 곤궁하고 가난한 가운데 도움이 절실히 필요한 사람들을 돕는 것은 분명히 하나님의 뜻이다. 하나님의 은혜를 경험한 사람들이 구제에 즐겁게 참여함으로써 도움을 받은 사람들이 하나님께 감사하도록 이끈다. 헌금을 모으고 구제헌금을 드리는 자세가 언제나 하나님과 밀접하게 연관되어 있음을 알 수 있다. 한국 교회와 그리스도인은 하나님의 은혜에 어떻게 응답하고 있는가? 헌금을 드리고 구제헌금을 모으는 사역에 기꺼이 동참하는 것은 결국 하나님께서 베풀어 주신 은혜에 대한 직접적인 응답이다.

헌금을 드리는 것은 언제나 하나님의 은혜와 연관을 갖는다. 하나님의 은혜를 경험한 사람들이 그리스도의 복음을 믿고 고백하고 복종하고 후한 연보로 교제하는 것이다. 신앙고백과 상관없는 헌금은 아무런 의미가 없다. 왜냐하면 헌금을 드리고 구제사역에 참여하는 것은 항상 하나님께 영광을 돌리는 것이기 때문이다. 고린도 교회 성도들의 구제헌금은 예루살렘에 있는 성도들과 밀접하게 연관되며 모두가 동일한 하나님의 백성이며 그리스도인이라는 것을 확증하도록 한다. 하나님의 은혜를 경험한 사람들이 기꺼이 자발적으로 구제헌금을 드리고 모으는 사역에 참여할 수 있으며, 구제헌금으로 곤궁과 어려움의 위기에서 도움을 받은 사람들 또한 하나님의 은혜에 감사하게 된다. 바울의 복음 선포와 구제헌금을 모으는 사역은 모두 하나님의 은혜에 기초해 있다. 은사와 선물로 주신 은혜에 대한 사람들의 응답이 헌금을 드리는 것에 나타나고 있다. 바울이 복음을 선포하고 가르치는 사역과 동일하게 곤궁하고 어려운 동료 그리스도인과 이웃을 돌보는 것은 그리스도인으로 지극히 당연한 사역이며 실천이다. 헌금을 드리는 태도와 구제 사역에 참여하는 가장 중요한 기초는 하나님의 은혜에 응답하는 그리스도인의 자세와 밀접하게 연관된다. 모든 것이 다 하나님께로부터 비롯되었다는 고백은 하나님의 은혜에 대한 감사와 감격이다. 하나님의 은혜를 아는 사람들은 곤궁하고 가난하고 어려움에 직면한 사람들에게 즉

각적인 자비와 도움을 베푸는 사람들이다. 한국 교회와 그리스도인은 하나님의 은혜에 감사하며 지금 여기(here and now)에서 어려움에 처한 사람들을 즉각적으로 돕고 있는가?

제 Ⅳ 부

고린도 교회의 새로운 문제들

고린도후서 10 : 1~13 : 13

A. 바울이 자신의 사도직을 변호함(10 : 1–18)

B. 바울을 대적하는 거짓 사도(11 : 1–15)

C. 바울의 참된 자랑(11 : 16–33)

D. 바울의 신비한 체험과 약한 것을 자랑함(12 : 1–10)

E. 고린도 교회에 대한 염려(12 : 11–21)

F. 권면과 마지막 인사(13 : 1–13)

| 고린도후서 10 : 1~13 : 13 |

고린도 교회의 새로운 문제들

A. 바울이 자신의 사도직을 변호함(10 : 1-18)

1. 바울에 대한 오해와 변호(10 : 1-6)

[1]너희를 대면하면 유순하고 떠나 있으면 너희에 대하여 담대한 나 바울은 이
제 그리스도의 온유와 관용으로 친히 너희를 권하고 [2]또한 우리를 육신에 따
라 행하는 자로 여기는 자들에 대하여 내가 담대히 대하는 것같이 너희와 함
께 있을 때에 나로 하여금 이 담대한 태도로 대하지 않게 하기를 구하노라
[3]우리가 육신으로 행하나 육신에 따라 싸우지 아니하노니 [4]우리의 싸우는 무
기는 육신에 속한 것이 아니요 오직 어떤 견고한 진도 무너뜨리는 하나님의
능력이라 모든 이론을 무너뜨리며 [5]하나님 아는 것을 대적하여 높아진 것을
다 무너뜨리고 모든 생각을 사로잡아 그리스도에게 복종하게 하니 [6]너희의

복종이 온전하게 될 때에 모든 복종하지 않는 것을 벌하려고 준비하는 중에 있노라

헌금에 관한 논의를 진행하던 바울은 이제 사도의 권위와 관련된 논의로 넘어가면서 이전과는 전혀 다른 분위기로 시작한다. 9장과 10장 사이에 뚜렷하게 나타난 불연속으로 어투, 분위기, 주제가 전혀 다르게 진행되고 있다는 것을 알 수 있다. 이 단락에서 바울이 말하고자 하는 것은 무엇인가? 고린도후서에서 바울이 가장 중요하게 다루는 주제 가운데 하나인 사도적 권위와 연관된 주제에 초점을 맞추는 것이다.

[10 : 1] 1절과 2절은 바울을 비난하는 적대자들의 말을 인용해서 논의를 시작한다. 1절에서 바울은 '나 바울은'(아우토스 에코 파울로스, autos ego Paulos)이라는 표현을 사용하며 자신의 사도적 권위를 강조할 준비를 시작한다. 독자들에게 말을 걸기 위해서 자신의 이름을 사용한 경우는 갈라디아서 5 : 2과 데살로니가전서 2 : 18뿐이다. 바울이 강한 확신을 갖고 이야기를 전개할 때 사용하는 것을 알 수 있다. 지금까지 고린도 교회 성도들에게 편지를 쓰고 있던 바울이 자신의 이름을 강조하며 표현하는 이유는 무엇인가? 고린도 교회 성도들이 알고 있는 바울, 고린도 교회 안에 존재하는 바울의 적대자들이 알고 있는 바울, 그리고 바울 자신이 스스로를 표현하는 바울 자신이 분명하게 차이가 있음을 보여 준다. 따라서 바울이 자신의 이름을 1절 서두에 위치시킴으로써 어떤 비난이나 오해에도 불구하고 변함이 없는 자신의 사도적 권위를 강조하려는 것처럼 보인다.

바울이 전하는 복음과 사역을 반대하는 적대자들이 비난하는 바울은 어떤 모습인가? 바울은 1절에서 "너희를 대면하면 유순하고 떠나 있으면 너희에 대하여 담대한 나 바울은"이라는 경멸적인 어조를 사용하고 있다. 대적자들은 바울이 고린도 교회 성도들과 함께 있으면 '유순하고' 떨어져 있으면 '담

대하다고' 비난한다. '유순하고'(타페이노스, tapeinos)라는 단어는 무기력하고 나약한 것을 뜻한다. 이것은 위엄이나 자존심이 없는 비굴한 태도를 내포하는 경멸적인 의미를 지닌다. 고린도 교회 성도들과 대면하여 함께 있을 때는 바울이 비굴하고 비겁할 정도도 유순하고 겸손한 모습을 보인다는 비난이다. 반대로 바울이 그들을 떠나 있을 때는 '담대한'(타르로, tharro) 태도를 보여 이중적이라고 깎아 내린다. 이 단어는 오만한, 무례한, 콧대 높은 태도를 가리키는 부정적인 의미로 사용되었다. 상황이나 환경에 따라서 다른 자세를 보인다고 바울을 비난하는 것이다. 적대자들은 바울이 비겁한 동시에 오만한 태도를 가졌다고 비난하면서 그의 사도적 권위를 직접적으로 공격한다.

그런데 흥미로운 것은 바울이 1절에서 그의 적대자들이 사용한 비난이나 비방을 그대로 인용하면서 자신의 사도직을 옹호하려는 태도를 보인다는 것이다. 이와 같은 바울의 전략은 아이러니한 표현 방법이라고 말할 수 있다. 표면적으로 말하는 것과 본래의 의미가 다르게 표현되는 것을 뜻한다(최승락 2007, 195). 다시 말해서 바울이 비굴하고 비겁하게 보이는 것이 아니라 진정으로 겸비한 태도를 보인 것이며, 오만하고 무례한 것이 아니라 그리스도 예수의 사도로서 적절한 권위를 나타내고 있다는 것이다.

바울은 그의 적대자들의 비난에 대한 옹호와 변호의 근거로 '그리스도의 온유와 관용'(테스 프라위테토스 카이 에티에이케이아스 투 크리스투, tes praytetos kai epieikeias tou Xristou)을 제시한다. '온유와 관용'이라는 용어는 헬레니즘적 윤리사상에서 잘 알려진 한 쌍의 단어이다. 그는 고린도 교회 성도들이 이미 잘 알고 있는 단어들을 사용하면서 그의 사역을 설명한다. 온유와 관용은 화내지 않고, 참을성이 있는 부드럽고 겸손한 태도를 뜻한다. 이와 같은 용어를 그리스도의 성품과 연관시켜 서술하면서 그리스도인이 취해야 할 태도 혹은 덕목으로 강조하는 것이다. 온유와 관용은 따라서 다른 사람들에 대한 관용적인 태도를 나타내는 것으로 사용할 수 있다. 바울이 그리스도의 성품으로 잘 알려진 온유와 관용의 태도로 다른 사람들에게 대하는 모습을 보면서 아첨하거나 비굴하다고 비난하는 것은 동의할 수 없다. 하지만 적대자들에게 있어서 이와 같은 모습은 바울의 사도적 권위를 깎아내리기 위한 유용한 구실이 된다. 바울은 자신이 전한 복음과 그의 사역에 반대하는 적대자들뿐만 아니라 일부의 고린도 교회 성도들이 적대자들에게 동조하는 모습과 자신이 적절하게 이해받지 못하는 것에 대한 아쉬움을 나타낸다. 또한 그는 자신을 비난하는 적대자들의 표현을 그대로 사용하면서 오히려 긍정적인 측면으로 전환시킨다. 적대자들의 경멸적인 태도에도 불구하고 바울은 '그리스도의 온유와 관용'에 힘입어 고린도 교회 성도들을 권면한다.

[10 : 2] 2절에서 바울은 그를 헐뜯는 적대자들의 표현을 다시 인용한다. 적대자들은 바울과 그의 동료 그리고 바울 지지자들을 '육신에 따라 행하는 자'(카타 사르카 페리파툰타스, kata sarka peripatountas)라고 부른다. '육신에 따라 행한다'는 것이 무엇을 의미하는가? 바울과 그의 적대자들이 이 용어를 사용하는 것에 차이가 있는 것으로 보인다. 바울이 '육신에 따라'(카타 사르카) 살아간다고 표현할 때는 육의 원리를 따라서 사는 것을 가리킨다. 이것은 자기중심적이고 하나님이 아닌 것에 몰두해서 하나님을 종속적인 위치로 격하시키는 것을 의미한다. 바울이 육신에 따라 산다고 말할 때는 하나님과의 관계가 단절되어 인간중심적 가치에 따라 판단하고 행동하는 것을 뜻한다. 적대자들은 이 용어를 사용함으로써 바울이 세속적인 방식으로 살거나 세상의 자랑을 앞세우며 산다고 비난한다. 세상적인 방식으로 살아간다는 것은 너무 세속적인 것에 마음을 빼앗기는 것을 뜻한다. 바울을 과도하게 세속적이라고 비판하는 것은 환상이나 황홀경의 체험과 같은 영적인 권위가 없는 것을 가리키는 것으로 보인다. 왜냐하면 바울이 3~4절에서 그 자신을 변호하면서 이와 같은 비난과 헐뜯음을 의식하고 있기 때문이다.

2절에서 바울을 반대하는 적대자의 정체를 추정할 수 있는 표현이 나타난다. 그들은 바울과 바울의 동료들을 '육신에 따라 행하는 자로 여기는 자들'

이다. 바울과 그의 동료들이 육신에 따라서 살아간다고 '여기는 자들'(티나스 투스 로기조메누스, tinas tous logizomenous)이 적대자들이다. 바울이 전한 복음과 사역에 반대하고 간섭했던 사람들을 가리키는 것이다. 여기서 바울이 자신과 그의 동료를 비난하고 헐뜯었던 적대자들의 말을 인용하여 오히려 그들의 잘못을 지적하고 자신과 동료들을 변호하는 모습을 발견할 수 있다. 적대자들의 정체를 추정할 수 있는 용어를 통해서 바울의 사도적 권위와 관련된 논의에서 계속해서 반복적으로 나타나는 세 가지의 집단을 주목할 필요가 있다. 하나는 바울과 그의 동료를 가리키는 '나와 우리'이며, 다른 하나는 고린도 교회 성도들을 지칭하는 '너희'이고, 마지막 하나는 바울의 적대자들과 지지자를 뜻하는 '저희'라는 말이다. 이와 같은 구별은 매우 유용하다. 바울은 고린도 교회 성도들에게 권면하는 동시에 그를 반대하는 적대자와 그들의 지지자를 엄중히 경고하는 두 가지 태도를 모두 보여 주고 있음을 염두에 두어야 한다. 바울과 그의 동료를 비난하고 헐뜯는 사람들에게 강경하게 대하는 것처럼, 고린도 교회 성도들에게도 강경한 태도를 갖지 않도록 요청하는 바울의 모습을 발견할 수 있다.

[10 : 3] 3절에서 바울은 "우리가 육신으로 행하나 육신에 따라 싸우지 아니한다"고 말한다. '육신으로'(엔 사르키, en sarki)라는 표현과 '육신에 따라'(카타 사르카, kata sarka)라는 용어를 구분해서 사용하는 것을 발견할 수 있다. 바울의 적대자들이 '육신에 따라'(카타 사르카) 행한다고 비난했던 것에 대한 반론이다. 바울은 '육신에 따라' 살아가고 행하는 것이 아니라 단지 '육신으로', 즉 육신 안에서 살아간다고 말한다.

육신으로 살아가는 것과 육신에 따라 살아가는 것은 무슨 차이가 있는가? 육신에 따라 행한다고 바울을 비난하고 헐뜯는 것을 보면, 결국 육신에 따라 살아가는 것은 세속적인 가치에 몰두해서 살고 있는 모습을 의미한다. 하지만 육신으로 살아간다는 것은 육신 안에서 사는 것이며 지금 여기(here and now)에 육신을 가지고 살아가고 있는 것을 의미하는 것이다. 바울이 육신으로 살아간다고 말하는 것은 갈라디아서 2 : 20에서와 마찬가지로 육신 안에서 그리스도의 신앙을 따라서 살고 있다는 것을 밝히는 것이다. 육신 안에서 살아가고 행하는 바울이지만 결코 육신에 따라 싸우지 않는다. '싸우다'(스트라튜오메타, strateuometha)라는 표현에서 짐작할 수 있는 것처럼, 바울은 군사 용어를 사용해서 자신이 전한 복음과 사역을 옹호하려고 시도한다. 이와 같은 바울의 자의식은 자기 자신을 위해서 나 자신의 위치나 힘을 증대시키기 위해서 싸우지 않는 것을 보여 준다. 바울이 전한 복음을 반대하고 사역을 비난하고 헐뜯는 적대자들이 오히려 육신에 따라 행하고 살아가는 사람들이라는 것을 보다 더 분명하게 나타내는 것이다. 육신에 따라 싸우는 것은 적대자들이 가진 가장 강력한 무기이다. 바울은 결코 육신에 따라 싸우지 않는다. 바울 자신을 위해서 복음을 전하거나 사역하지 않을 뿐만 아니라 오직 그리스도 예수의 복음을 위해서 살고 행동한다. 바울이 육신 안에서 살아가야 하는 존재이지만 그 육신으로 그리스도 예수의 복음과 진리만이 밝히 드러날 수 있도록 행동하기 때문에 육신에 따라 싸울 수 없는 것이다.

[10 : 4-5] 4~5절에서 바울은 육신에 따라 살거나 육신에 따라 싸우지 않는 이유를 설명한다. 왜냐하면 '우리가 싸우는 무기는 육신의 것이 아니기 때문'이다. 개역개정 성경은 생략하고 있는 '왜냐하면'(가르, gar)을 사용하는 것이 바울의 어조를 이해하는 데 유용하다. 육신에 따라 싸우지 않는 이유는 바울과 그의 동료 그리고 고린도 교회 성도들이 육신의 무기를 사용하지 않기 때문이다. 이와 같은 대조는 육신에 속한 무기와 하나님께 속한 무기로 구분하려는 바울의 의도가 담겨 있다. 복음을 전하는 사역에 반대하는 적대자들의 무기와는 달리 바울은 육신의 무기가 아니라 하나님으로부터 비롯된 무기를 지닌다. 바울은 그와 같은 무기를 '오직 어떤 견고한 진도 무너뜨리는 하나님의 능력'이라고 말한다. 동시에 바울은 육신의 무기가 무엇인지 그리고 육신

에 따라서 싸우는 사람들의 마지막이 어떤 것인지 설명한다. 바울의 무기는 '하나님의 능력'(뒤나타 토 테오, dynata to theo)이다. 복음과 사역에 맞서 반대하는 사람들에 대항해서 바울이 사용하는 무기는 하나님의 능력이라는 영적인 무기이다. 하나님과 맞서는 모든 것들을 무너뜨리고 파괴할 수 있는 강력한 능력이다. 전쟁터와 같은 현실에서 하나님께서 주시는 무기로 싸우려는 바울을 발견하게 된다.

'하나님의 능력'은 어떤 무기인가? 바울은 "어떤 견고한 진도 무너뜨린다."라고 군사적 용어 혹은 전쟁터 비유를 또 다시 사용한다. '견고한 진'(오퀴로마톤, ochylomaton)은 신약성경 중에 여기에서만 사용되는 용어이고 구약성경 잠언 21 : 22의 간접 인용으로 높은 성벽이나 방어벽을 뜻한다. 하나님의 능력은 하나님을 대항하는 어떤 성벽이나 방어벽이 아무리 견고하다고 할지라도 능히 무너뜨릴 수 있는 강력한 힘이다. 하나님의 능력은 계속해서 모든 이론을 무너뜨리며 하나님을 아는 것을 대적하여 높아진 것을 다 무너뜨린다. 바울이 여기에서 언급하는 '모든 이론'(로기스무스, logismous)은 마치 헬라 철학자들 가운데 소피스트들의 엉터리 궤변처럼 적대자들이 제시하는 허황된 궤변을 뜻한다. 바울은 하나님의 능력이 이와 같이 허황되고 허망한 궤변을 무너뜨린다고 선언한다. 그가 전하는 복음이나 사역을 반대하고 잘못된 길로 가도록 만드는 이론이나 변론은 육신에 속한 것이다.

육신에 속한 것을 나타내는 또 다른 유형은 '높아진 것'(휘프소마, hypsoma)이다. '높아진 것'은 교만을 뜻하는 것으로, 인간이 하나님을 올바로 안다고 고백한다면 결코 교만해질 수 없는 것이다(김판임 1999, 239). 바울은 높아진 것, 즉 교만이 하나님을 아는 지식을 가로막는다고 말한다. 따라서 하나님의 능력은 하나님을 대적하는 모든 높아진 것을 무너뜨리고 교만을 쳐부순다. 진리에 이르는 길을 막아서서 높은 성벽을 쌓아올리는 교만은 결코 하나님을 아는 지식과 양립할 수 없다. 하나님을 올바로 알고 이해하는 사람은 결코 스스로를 높이고 자기중심적으로 살아가는 선택을 하지 않는다. 높은 성벽과 성곽을 쌓아 올리며 스스로 높아지려는 인간의 교만은 하나님의 능력으로 무너지게 된다.

하나님의 능력은 또한 모든 생각을 사로잡아 그리스도에게 복종하게 한다. '생각'(노에마, noema)은 하나님의 뜻과는 어긋나는 인간의 계획을 가리키는데 고린도후서(2 : 11 ; 3 : 14 ; 4 : 4 ; 11 : 3)에서는 언제나 부정적인 의미로 사용된다. 하나님의 뜻에서 벗어나서 자기중심적으로 판단하고 행동하는 것은 육체에 속한 사람들의 태도이다. 바울에게 하나님의 능력은 이와 같이 자기중심적으로 어긋난 판단과 계획을 하려는 사람들의 생각을 바로잡는 것이다. 바울이 전한 복음이나 진리에서 벗어나서 다른 길로 빠지려는 사람들의 방향을 전환시키는 것이 무엇보다 중요하다. 하나님의 능력은 결국 어긋난 길로 나갔던 사람들이나 잘못된 선택을 했던 사람들이 그리스도에게 복종하도록 이끈다. 적대자들과의 싸움에서 바울이 기대하는 최종적인 목적은 그리스도에게 복종, 즉 바울이 전한 복음에 복종하도록 하는 것이다.

[10 : 6] 6절에서 바울은 육체의 무기가 아니라 하나님의 능력으로 싸우는 이유를 설명한다. 바울과 그의 동료가 세속적인 가치나 세상적 이득을 위해서 육신에 따라 살아가고 행동한다고 비난하고 헐뜯는 적대자들을 정면으로 반박하려는 것이다. 바울은 '모든 복종하지 않는 것을 벌하려고 준비하는 중'이다. '모든 복종하지 않는 것'(파산 파라코엔, pasan parakoen)은 분명히 바울이 전한 복음과 사역을 반대하는 것을 의미한다. 바울의 적대자와 그들의 지지자들을 벌하려고 준비하는 것은 육체의 무기가 아니라 하나님의 능력을 통해서 가능하다.

바울이 지금 고린도 교회에서 치르고 있는 전쟁은 그리스도 예수의 복음을 바로 세우는 일이며 사람들이 그리스도에게 복종하며 돌아오도록 하는 일이다. 바울과 그의 동료가 적대자들을 벌하기 위한 선결조건은 고린도 교회 성도들이 온전한 복종을 이루는 것이다. 바울은 '너희의 복종이 온전하게 될 때' 적대자들의 정체를 확인하고 처벌할 수 있는 준비를 가능하게 한다고 말한다. 여기에서 '너희'는 고린도 교회 성도들을 뜻하며, '복종'(휘파코에, hy-pakoe)은 그들이 바울이 전한 그리스도 예수의 복음을 온전하게 회복하도록 믿는 것이다. 고린도 교회 성도들이 복음에 근거해서 그들의 신앙과 믿음을 온전하게 제시하게 된다면, 복음을 거절하고 반대하는 적대자들의 잘못된 정체가 분명하게 드러나게 되는 것이다. 바울은 그가 전한 복음을 반대하고 비난하는 적대자들과 전혀 다른 방식으로 싸움을 전개하는 것을 알 수 있다. 육체의 무기가 아니라 하나님의 능력을 통해서 자기중심적인 가치나 방식을 포기하고 전적으로 그리스도 예수에게 복종하는 것이다.

2. 주 안에서 자랑하라(10 : 7-18)

> [7]너희는 외모만 보는도다 만일 사람이 자기가 그리스도에게 속한 줄을 믿을
> 진대 자기가 그리스도에게 속한 것같이 우리도 그러한 줄을 자기 속으로 다
> 시 생각할 것이라 [8]주께서 주신 권세는 너희를 무너뜨리려고 하신 것이 아니
> 요 세우려고 하신 것이니 내가 이에 대하여 지나치게 자랑하여도 부끄럽지
> 아니하리라 [9]이는 내가 편지들로 너희를 놀라게 하려는 것같이 생각하지 않
> 게 함이라 [10]그들의 말이 그의 편지들은 무게가 있고 힘이 있으나 그가 몸으
> 로 대할 때는 약하고 그 말도 시원하지 않다 하니 [11]이런 사람은 우리가 떠나
> 있을 때에 편지들로 말하는 것과 함께 있을 때에 행하는 일이 같은 것임을
> 알지라 [12]우리는 자기를 칭찬하는 어떤 자와 더불어 감히 짝하며 비교할 수
> 없노라 그러나 그들이 자기로써 자기를 헤아리고 자기로써 자기를 비교하니
> 지혜가 없도다 [13]그러나 우리는 분수 이상의 자랑을 하지 않고 오직 하나님이
> 우리에게 나누어 주신 그 범위의 한계를 따라 하노니 곧 너희에게까지 이른
> 것이라 [14]우리가 너희에게 미치지 못할 자로서 스스로 지나쳐 나아간 것이 아
> 니요 그리스도의 복음으로 너희에게까지 이른 것이라 [15]우리는 남의 수고를
> 가지고 분수 이상의 자랑을 하는 것이 아니라 오직 너희 믿음이 자랄수록 우

리의 규범을 따라 너희 가운데서 더욱 풍성하여지기를 바라노라 [16]이는 남의 규범으로 이루어 놓은 것으로 자랑하지 아니하고 너희 지역을 넘어 복음을 전하려 함이라 [17]자랑하는 자는 주 안에서 자랑할지니라 [18]옳다 인정함을 받는 자는 자기를 칭찬하는 자가 아니요 오직 주께서 칭찬하시는 자니라

고린도 교회 안과 밖에서 바울의 선교 사역을 반대하는 적대자들이 누구인지 정체에 관해서 주목하게 된다. 이 단락에서 바울은 적대자들이 자의적으로 만들어 놓은 기준이나 한계를 넘어서서 하나님께서 제시하시는 범주와 한계에 관해서 서술한다. 바울은 고린도 교회 성도들에 대한 진심 어린 애정에도 불구하고 끊임없이 사도로서 소명과 임무를 증명해야 했다.

[10 : 7-8] 7절에서 바울은 자신을 비난하는 적대자들이 주장하는 것을 인용해서 반론한다. 바울은 "너희는 외모만 보는도다"(타 카타 프로소폰 블레페테, ta kata prosopon blepete)라는 표현을 사용함으로써, 고린도 교회 성도들이 적대자들의 잘못된 가르침에 영향을 받아 보이는 겉모습에 주목하면서 본질을 놓치고 있다고 서술한다. 바울을 비난하고 반대하는 적대자들은 그들 스스로를 "그리스도에게 속한다."(크리스투 에이나이, Christou einai)라고 표현한다. 이와 같은 주장은 그들만이 예수 그리스도와 특별한 연관성을 갖고 있다고 강조하려는 의도이다. 예수 그리스도와의 특수한 관계를 강조하려는 그들의 의도는 자신들만이 진정한 그리스도인이라고 말하고 싶은 것이다. 자신들만이 그리스도에게 속한 사람들, 즉 그리스도인이라고 말하는 적대자들은 그와 같은 주장을 통해서 바울은 그리스도에게 속하지 않는다고 비난하는 것이다. 그들은 바울의 사도직을 부정하는 것뿐만 아니라, 바울이 그리스도인이 아니라고 공격하는 것이다. 이를 통해 그들은 고린도 교회 성도들과 밀접한 관계를 유지할 뿐만 아니라 바울 자신과 바울의 커다란 영향력에 흠집을 내려는 것이다. 이에 대해 바울은 그 자신뿐만 아니라 동료들 또한 분명히

그리스도에게 속한 사람들이라고 말한다. 그리스도에게 속한 그리스도인으로서 자의식은 결국 사도로서의 사명을 감당하는 토대가 된다.

8절에서 바울은 사도로서의 권위를 언급한다. '주께서 주신 권세'(테스 엑수시아스 헤몬 헤스 에도켄 호 퀴리오스, tes exousias hemon hes edoken ho kyrios)를 설명하는 바울은 사도로서의 자격이 전적으로 주 하나님께서 주신 권위에 근거하고 있음을 강조한다. 바울이 그리스도에게 속한 사람인 것을 부인할 뿐만 아니라 사도로서의 권위도 인정하지 않는 적대자들을 향해서 고린도 교회 성도들을 위한 그의 사역의 근거를 말하고 있는 것이다. 예수 그리스도가 바울에게 사도로서의 권위를 주신 이유는 '너희를 무너뜨리려고 하신 것이 아니요 세우려고 하신 것'이다. 고린도 교회 성도들을 파괴하는 것이 아니라 교회를 세우기 위해서 사용되는 권위가 주께서 주신 권위라는 뜻이다. 바울은 그리스도인으로서, 사도로서, 목회자로서 교회와 성도들을 위한 사역을 수행한다. 그것은 전적으로 주께서 주시는 권위와 연관되며, 교회를 세우기 위한 권위라는 점을 분명하게 보여 준다. 바울은 주께서 주시는 권위를 자랑하는데 부끄러움이 없다고 말한다. 왜냐하면 그 권위가 고린도 교회 성도들을 세우는 데 목적이 있기 때문이다.

[10 : 9–11] 9~11절에서 바울은 자신의 편지에 관해서 말한다. 바울은 고린도 교회 성도들에게 편지를 보낸 목적이 주께서 주신 권위에 근거해서 교회를 세우기 위한 것이라고 분명하게 밝힌다. 고린도 교회에 편지를 보낸 목적은 놀라게 하거나 겁을 주기 위한 것이 아니라고 말한다. '놀라게 하다'(에크포베인, ekphobein)라는 단어는 위협하다는 뜻으로 사용되기도 한다. 이것은 바울이 고린도 교회에 보낸 편지가 강경한 내용을 담고 있음을 보여 주는 것이다. 비록 바울이 강경한 내용을 포함해서 고린도 교회 성도들에게 사도로서의 권위를 강조하고 자랑한다고 할지라도 그 목적은 교회를 세우는 데 있다. 따라서 바울이 쓴 편지를 읽는 성도들은 놀라게 하거나 겁을 주려고 위협한다고

읽는 대신에 바울의 진정한 애정을 이해하고 받아들여야 한다. 바울의 진심 어린 권면에도 불구하고 그의 적대자들은 바울의 편지 내용을 포함해서 외모와 겉모습을 지속적으로 비난한다.

10절에서 바울은 '그들의 말이'(페신, phesin)라고 표현하면서 그의 적대자들이 한 말을 인용한다. 적대자들은 바울이 고린도 교회 성도들에게 보낸 편지 내용을 인용하면서 바울의 외모와 비교하며 빈정거린다. 바울의 적대자들은 "그의 편지들은 무게가 있고 힘이 있으나 그가 몸으로 대할 때는 약하고 그 말도 시원하지 않다."라고 비난했다. 고린도 교회 성도들에게 보낸 편지의 내용은 엄하고 위협적일 정도의 권면과 충고를 담고 있지만, 직접 얼굴을 대면하면 다른 판단을 하도록 만든다는 것이다. "몸으로 대할 때"(파루시아 투 소마토스, parousia tou somatos)라는 표현은 바울을 직접 대면할 때를 뜻한다. 고린도 교회 성도들뿐만 아니라 적대자들이 바울을 직접 얼굴과 얼굴로 대면하게 될 때의 생각과 판단을 빈정거리며 표현한 것이다. 바울의 편지의 내용이 무게가 있고 힘이 있다는 것을 강조하는 것이 아니다. 오히려 바울의 외모와 겉모습이 형편이 없음을 지적하기 위한 것이다. 적대자들이 비난하는 바울의 외모는 '약하다'(아스테네스, asthenes)는 것이다. 바울의 외모와 겉모습이 약하다고 비난하는 것은 체격이나 건강이 좋아 보이지 않는다는 의미도 있겠지만, 보다 더 본질적으로 인상적이지 않다는 뜻이다. 뛰어난 외모를 갖고 있지 않을 뿐만 아니라 뛰어난 언변이나 설득의 기술이 없었던 것처럼 보인다. 겉모습이 호감이 가는 것도 아니고 건장한 체격으로 활동적이고 건강해 보이지도 않았던 것처럼 보인다.

바울의 적대자들은 "그 말도 시원하지 않다."(호 로고스 엑수테네메노스, ho logos exouthenemenos)라고 비난한다. '시원하지 않다'(엑수테네메노스)는 단어는 수사학적 능력이 전혀 없으며, 경멸과 비웃음을 자아낸다는 의미로, 적대자들과 비교해서 형편이 없는 언변을 가지고 있을 뿐만 아니라 설득력이 없다는 뜻이다. 고린도 교회 성도들과 적대자들에게 위압적인 태도나 성격 그리고 멋진 말은 일반적인 평가 기준이었을 것이다. 바울의 외모나 언변은 당당하지도 인상적이지 못했던 것처럼 보인다. 따라서 바울이 고린도 교회 성도들을 놀라게 하거나 겁을 주려는 위협적인 태도를 보였다고 말하는 것은 결국 비난하고 빈정거리기 위한 것이었을 것이다. 적대자들은 바울의 사도직에 흠집을 내면서 사도로서의 자격을 깎아내리려고 시도한다. 이와 같은 시도를 통해서 고린도 교회 성도들에게 영향력을 최소화할 뿐만 아니라 무력화시키려는 것이다.

11절에서 바울은 '이런 사람'(호 토이우토스, ho toioutos)으로 불리는 적대자들의 비난에 대답한다. 그는 "우리가 떠나 있을 때에 편지들로 말하는 것과 함께 있을 때에 행하는 일이 같은 것임을 알지라"라고 말한다. 편지를 써서 고린도 교회 성도들을 권면하는 것과 얼굴을 대면하고 말하는 것과 전혀 다르지 않다는 주장이다. 다시 말해서 바울은 함께 있을 때나 떠날 있을 때나 언제나 한결같기를 노력한다는 뜻이다. 이렇게 말하는 것은 바울 자신이 처음부터 지금까지 변함이 없이 진정한 사도로서의 사역을 담당하고 있다는 것을 강조하는 것이다. 그와 같은 강조는 결국 그를 반대하는 적대자들이 일관되지 않는다고 강력하게 말하는 것이다.

[10 : 12–13] 12절부터 주제가 약간 변화되어 자랑에 관해서 논의하기 시작한다. 그리스도에게 속한 사람과 예수 그리스도의 사도로서 복음 사역을 담당하는 가장 중요한 이유와 목적은 주께 칭찬을 받기 위함이라는 사실을 강조한다. 바울과 그의 동역자들은 '자기를 칭찬하는 어떤 자'(헤아우투스 쉬니스타논톤, heautous synistanonton)와 다르다고 분명하게 밝힌다. 바울을 비난하고 헐뜯던 적대자들을 향해서 공세적으로 나가고 있음을 발견하게 된다. 자기를 칭찬하는 사람들, 즉 스스로를 천거하고 자랑하는 사람들은 분명히 바울의 적대자들이고 지금 고린도 교회 성도들에게 논란이 되고 있는 자들이다. 바울은 적대자들이 스스로를 내세우기 위해서 노력했다고 비판적으로 말한

다. 자기를 칭찬하고 스스로 내세우는 적대자들과는 달리 바울과 동료들은 스스로를 추천할 의도가 전혀 없다고 강조한다. 왜냐하면 자기를 칭찬하는 사람들과 스스로를 자랑하고 추천하는 사람들은 자기를 척도로 삼고 타인을 견주어 보는 어리석은 사람들이기 때문이다. 자기를 칭찬하는 사람들이 지혜가 없다고 비판을 받는 까닭은 두 가지이다. 우선 "그들이 자기로써 자기를 헤아린다."(아우토이 엔 헤아우토이스 헤아우투스 메트룬테스, autoi en heautois heautous metrountes)라고 지적한다. 칭찬이나 자랑의 기준이 없이 자신들이 마음대로 정한 표준에 따라서 평가한다는 뜻이다(이상근 1969, 348). 자신들이 만든 기준이나 표준을 가지고 자신들 마음대로 재고 평가한다는 것처럼 우스꽝스러운 일은 없다.

둘째로 그들은 "자기로써 자기를 비교한다."(쉬그크리논테스 헤아우투스 헤아우토이스, sygkrinontes heautous heautois)라고 비판을 받는다. 자신들이 정해 놓은 기준이나 표준으로 자신들을 비교하고 평가하니 칭찬하고 자랑할 수 있는 것이다. 이와 같은 적대자들에 대한 공세적 비판에는 바울 자신은 스스로를 추천하거나 자랑할 의도가 전혀 없음을 보여 주는 것이다. 자신들이 임의로 만들어 놓은 기준에 따라 재고, 평가하고, 비교하는 것은 결국 아무런 평가 기준이 없는 어리석은 일이며 '지혜가 없는'(우 쉬니아신, ou synia-sin) 행동이다. 자기를 칭찬하거나 자랑하는 사람들에 대한 비판을 통해서 올바른 기준이나 표준이 필요하다는 것을 인식할 수 있다.

13절에서 바울은 그 한계와 범주에 대해서 서술한다. 바울과 그 동료들은 "분수 이상의 자랑을 하지 않고 오직 하나님께서 우리에게 나누어 주신 그 범위의 한계를 따라 한다."고 말한다. 적대자들이 자신들의 기준과 한계에 따라 제멋대로 평가하는 것과는 달리 바울 자신은 하나님께서 정해 주신 한계 안에서 사역하고 있다고 강조한다. 적대자들이 임의로 정해 놓은 기준과 한계에 따라 판단하고 자랑하는 것과는 달리 바울은 '분수 이상의 자랑'(에이스 타 아메트라 카우케소메타, eis ta ametra kauxesometha)을 하지 않는다고 분명히 선을 긋는다. 그는 하나님께서 정해 주신 분량 안에서 일하고 자랑했던 것이다(이상근 1969, 348). 적대자들이 그들 스스로 만들어 놓은 기준에 따라 칭찬하고 자랑하지만, 바울과 그의 동료는 하나님께서 정해 주신 분량을 넘어서지 않는다는 것을 강조한다. 그러므로 바울은 분수 이상의 자랑을 하지 않는다고 말하는 것이다.

바울과 그의 동료는 복음을 전파하는 사역에 있어서 언제나 그들을 드러내거나 자랑하는 것이 아니라 하나님께서 정해 주신 '그 범위의 한계'(토 메트론 투 카노노스, to metron tou kanonos)를 따른다. 범위라는 뜻의 헬라어 '카논'은 길이나 거리를 측정하는 도구로 사용되는 자를 뜻한다. 하나님께서 정해 주신 기준과 표준에 맞추어서 사역하고 있음을 나타내는 것이다. 예수 그리스도의 복음을 전하는 사도로서의 가장 중요한 사명 가운데 하나가 바로 하나님께서 정해 주신 기준에 그 자신을 맞추는 것이다. 사도라는 직분을 평가하는 다양한 방식이나 수단이 있지만 하나님께서 정해주신 범위에 따라서 하나님께 위임받은 사명을 담당하는 것보다 자랑스러운 것은 없다. 바울과 그의 동료가 고린도 교회 성도들에게 복음을 전하게 된 것 또한 이와 같은 하나님의 명령에 따른 것이다. 하나님께로부터 위임받은 결과 바울은 "너희에게까지 이른 것이라"(에피케스타이 아크리 카이 휘몬, ephikesthai achri kai hymon)고 고백할 수 있다.

[10 : 14–16] 14절에서 바울은 고린도에서의 사역이 정당하다는 것을 거듭 강조한다. 바울과 그의 동료는 "너희에게 미치지 못할 자로서 스스로 지나쳐 나아간 것이 아니라"라고 강조한다. 이것은 바울을 반대하는 적대자들이 하나님께서 정해 주신 범위와 기준을 무시하고 무리하게 손을 뻗치고 있음을 암시하는 것이다. 바울이 여기에서 사용한 "스스로 지나쳐 나아간 것"(휘페레크테이노멘 헤아우투스, hyperekteinomen heautous)이라는 표현은 신약성경에서 여기에서만 나타나는데, 지나치게 뻗어 나간다는 것을 뜻한다. 바울은 결

코 무리하게 선교 영역을 확장하려고 하지 않았다. 하지만 적대자들은 바울이 예수 그리스도의 복음을 가지고 처음으로 방문했던 고린도 교회를 혼란스럽게 만든 것이라고 지적한다. 바울이 고린도 교회에 처음 방문했다는 것을 나타내는 용어는 "이른 것이다."(에프타사멘, ephthasamen)라는 표현이다. 바울은 적대자들보다 먼저 고린도에 와서 처음으로 예수 그리스도의 복음을 전했기 때문에 그 자신의 선교 영역이라고 주장할 수 있는 근거를 찾은 것이다. 고린도 교회 성도들을 현혹시키는 적대자들은 바울을 비난하고 헐뜯으며 선교 영역과 범위를 넘어섰다고 말했을 것이다. 바울은 이제 고린도 교회에 대한 애정을 나타낼 뿐만 아니라 고린도 교회 성도들이 지닌 중요성을 강조해야 한다.

바울은 15절에서 "우리는 남의 수고를 가지고 분수 이상의 자랑을 하는 것이 아니라"라고 말한다. 13절에서 언급한 '분수 이상의 자랑'이라는 표현을 반복해서 사용한다. 이것은 하나님께서 정해 주신 범위와 기준에 따라서 선교 사역을 감당한다고 거듭 주장하는 것이다. 바울과 그의 동료는 '남의 수고를 가지고'(엔 알로트리오이스 코포이스, en allotriois kopois) 그들 스스로를 칭찬하거나 자랑하지 않는다고 지적한다. 당연한 것처럼 보이는 서술을 거듭해서 강조하며 쓰고 있는 이유는 적대자들이 그들의 수고와 노력과 상관없이 그들을 칭찬하고 자랑했기 때문이다. 선교 영역을 침범한 사람이 바울이 아니라 오히려 적대자들이라는 것을 비판하는 것이다. 바울은 지금 적대자를 대항하는 동시에 고린도 교회 성도들을 설득할 필요를 인식한다. 바울의 외모와 언변에 대한 부정적인 비난과 헐뜯음에도 불구하고 고린도 교회 성도들을 향한 그의 진심어린 애정과 관심을 기억하고 회복하길 기대하고 있는 것이다. 바울이 고린도 교회 성도들에게 기대하는 것은 '오직 너희 믿음이 자랄수록 우리의 규범을 따라 너희 가운데서 더욱 풍성하여지기를' 바라는 것이다. 고린도 교회 성도들의 믿음이 성장하게 된다는 것은 바울이 전한 예수 그리스도의 복음에 대한 신뢰를 회복한다는 뜻이다(최승락 2007, 201). 바울의 진심을 이해하고 그의 복음 사역에 동참하게 될 것을 소망하는 것이다. 바울에게 있어서 고린도 교회 성도들이 신뢰를 회복하고 그와 동역 관계를 새롭게 하는 것은 매우 중요하다. 왜냐하면 그래야만 비로소 바울이 계획하고 있는 선교 사역을 구체적으로 실현시킬 수 있기 때문이다.

16절에서 바울은 "이는 남의 규범으로 이루어 놓은 것으로 자랑하지 아니하고 너희 지역을 넘어 복음을 전하려 함이라"라고 강조한다. 고린도 교회 성도들이 바울에게 있어서 중요한 이유는 고린도 지역을 넘어서 다른 곳에서 복음을 전하려는 그의 열망과 연관된다. 구체적인 지역이 언급되어 있지 않지만, 분명히 로마를 지나서 스페인까지 선교하려는 계획을 염두에 두었던 것이다. 하나님의 명령에 따라 사도로서 임무를 수행하는 바울은 그의 사역의 기준이 전적으로 하나님과 연관된다고 강조한다. 고린도 교회 성도들에 대한 깊은 애정과 관심을 갖는 것도 하나님께서 위임하신 명령에 근거한 것이다. 사도로서 임명을 받고 처음으로 고린도에 예수 그리스도의 복음을 전한 바울은 고린도 교회 성도들에게 그의 사도로서의 권위를 강조할 수 있을 뿐만 아니라 복음을 전하는 사역에 동참하도록 요청할 수 있다.

[10 : 17–18] 17~18절에서 바울은 자랑과 칭찬이라는 주제로 다시 돌아온다. 17절에서 그는 "자랑하는 자는 주 안에서 자랑할지니라"라고 구약성경의 예레미야 9 : 24의 말씀을 인용하여 강조한다. 자신들을 자랑하고 싶은 사람은 그들 스스로 만들어 놓은 기준에 따라서 자랑하는 것이 아니라 '주 안에서'(엔 퀴리오, en kyrio) 자랑해야 한다는 것이다. 바울은 적대자들이 그들 스스로 만들어 놓은 잣대로 아무렇게나 자랑하는 것이 옳지 않다는 것을 지적한다. 동시에 그 자신은 하나님께서 정해 주신 기준에 적합한 사람인 것을 강조하는 것이다.

18절은 "옳다 인정함을 받는 자는 자기를 칭찬하는 자가 아니요 오직 주께서 칭찬하시는 자니라"라고 칭찬의 기준을 분명하게 제시한다. 바울은 '자기를 칭찬하는 자'(헤아우톤 쉬니스타논, heauton synistanon)는 사도로서 적절하지 않다고 말하고 있는 것이다. 다시 말해서 '옳다 인정함을 받는 자'(도키모스, dokimos)가 사도로서 적절한 사람인데, 그 사람은 '주께서 칭찬하시는 자'(호 퀴리오스 쉬니스테신, ho kyrios synistesin)라는 것이다. 바울이 사도로서 사역을 감당할 수 있는 힘의 근거는 주께로부터 칭찬을 받는 것이다. 자랑과 칭찬의 근거가 되시는 분이 주님이라는 고백으로 인해서 바울은 복음선포 사역을 포함한 그의 모든 행위의 기준과 표준이 예수 그리스도께 있음을 분명하게 선언하고 있는 것이다. 바울이 자랑하거나 칭찬을 받는 것을 거절한 것이 아니라 전적으로 주 예수 그리스도께서 제시하는 잣대에 맞춰서 살아간다는 것을 강조하는 것이다. 따라서 바울의 이와 같은 선언은 그들 스스로를 자랑하고 칭찬하는 적대자들과 자신을 구분 짓는 분명한 기준이 된다. 주 안에서 자랑하고 주께서 칭찬하시는 사람이 되고자 몸부림치고 있는 바울의 모습을 발견할 수 있는 것이다.

설교를 위한 묵상

주 안에서 자랑하고 주께 칭찬받는 사람

바울은 그가 전한 복음을 반대하고 비난하는 적대자들과 전혀 다른 방식으로 싸움을 전개하는 것을 알 수 있다. 육체의 무기가 아니라 하나님의 능력으로 자기중심적인 가치나 방식을 포기하고 전적으로 그리스도 예수께 복종하는 것이다. 고린도 교회 안과 밖에서 바울의 선교 사역을 반대하는 적대자들이 누구인지 정체에 관해서 주목하게 된다. 자신들만이 그리스도에게 속한 사람들, 즉 그리스도인이라고 말하는 적대자들은 그와 같은 주장을 통해서 바울이 그리스도에게 속하지 않는다고 비난하는 것이다. 바울의 사도직을 부정하는 것뿐만 아니라 그리스도인이 아니라고 공격하는 것이다. 고린도 교회 성도들과 밀접한 관계를 유지할 뿐만 아니라 커다란 영향력을 행사하는 바울을 흠집 내려는 적대자들의 비난이고 험담이다. 바울이 그리스도에게 속한 사람인 것을 부인할 뿐만 아니라 사도로서의 권위도 인정하지 않는 적대자들을 향해서 바울은 고린도 교회 성도들을 위한 그의 사역을 말하고 있는 것이다. 이 사역은 고린도 교회 성도들을 파괴하는 것이 목적이 아니라 교회를 세우기 위해서 주께서 주신 권위라는 뜻이다. 바울은 그리스도인으로서, 사도로서, 목회자로서 교회와 성도들을 위한 사역이 전적으로 주께서 주시는 권위와 연관되며 그것은 교회를 세우는 것이라는 점을 분명하게 보여 준다. 바울은 주께서 주시는 권위를 자랑하는 데 부끄러움이 없다고 말한다. 왜냐하면 그 권위가 고린도 교회 성도들을 세우는 데 목적이 있기 때문이다. 비록 바울이 강경한 내용을 포함해서 고린도 교회 성도들에게 사도로서의 권위를 강조하고 자랑한다고 할지라도 그 목적은 교회를 세우는 데 있다. 온갖 비난과 험담 그리고 깎아내리고 끌어내리려는 적대자들의 음모에도 불구하고 바울은 결코 흔들리지 않는다. 물론 바울의 마음고생을 여기서 확인할 수 있다. 어떤 어려운 상황에 처하게 되어도 바울은 사도로서의 권위와 자격은 교회를 세우는 데 있음을 분명하게 선언한다. 이 시대에 진정한 목회자와 사역자를 확인하는 방법으로 적절하다. 교회를 세우기 위해서 어떤 어려움도 감수하는 목회자이며 사역자인가?

자기를 칭찬하는 사람들, 즉 스스로를 천거하고 자랑하는 사람들은 분명히 바울의 적대자들이다. 바울은 적대자들이 스스로를 내세우기 위해서 노력했다고 비판한다. 자기를 칭찬하고 스스로 내세우는 적대자들과는 달리 바울과 동료는 스스로를 추천할 의도가 전혀 없다고 강조한다. 왜냐하면 자기를 칭찬하는 사람들과 스스로를 자랑하고 추천하는 사람들은 자기를 척도로 만들고 견주어 보는 어리석은 사람들이기 때문이다. 적대자들이 그들 스스로 만들어 놓은 기준에 따라 칭찬하고 자랑하는 것과는 달리, 바울과 그의 동료는 하나님께서 정해 주신 분량을 넘어서지 않는다는 것을 강조한다. 그러므로 바울은 분수 이상의 자랑을 하지 않는다고 말하는 것이다. 하나님의 말씀을 전파하고, 예수 그리스도의 복음을 전하는 사도로서 가장 중요한 사명 가운데 하나가 바로 하나님께서 정해 주신 기준에 그 자신을 맞추는 것이다. 사도라는 직분을 평가하는 다양한 방식이나 수단이 있지만 하나님께서 정해 주신 범위에 따라서 하나님께 위임받은 사명을 담당하는 것보다 자랑스러운 것은 없다. 바울이 사도로서 사역을 감당할 수 있는 힘의 근거는 주께로부터 칭찬을 받는 것이다. 자랑과 칭찬의 근거가 되시는 분이 주님이라는 고백으로 인해서 바울은 복음 선포 사역을 포함한 그의 모든 행위의 기준과 표준이 예수 그리스도께 있음을 분명하게 선언하고 있는 것이다. 바울이 자랑하거나 칭찬을 받는 것을 거절한 것이 아니라 전적으로 주 예수 그리스도께서 제시하는 기준에 맞춰서 살아간다는 것을 강조하는 것이다. 따라서 이러한 바울의 선언은 그들 스스로를 자랑하고 칭찬하는 적대자들과 구별되는 분명한 기준이 된다. 주 안에서 자랑하고 주께서 칭찬하시는 사람이 되고자 몸부림치고 있는 바울의 모습을 발견할 수 있는 것이다. 자기 자랑이나 스스로를 칭찬하려는 목회자와 사역자 그리고 성도들을 쉽게 찾아볼 수 있다. 바울은 주안에서 자랑하고 주께로부터 칭찬을 들어야 한다고 항변한다.

B. 바울을 대적하는 거짓 사도(11 : 1－15)

1. 고린도 교회 성도들을 위한 자랑(11 : 1－6)

1원하건대 너희는 나의 좀 어리석은 것을 용납하라 청하건대 나를 용납하라
2내가 하나님의 열심으로 너희를 위하여 열심을 내노니 내가 너희를 정결한
처녀로 한 남편인 그리스도께 드리려고 중매함이로다 그러나 나는 3뱀이 그
간계로 하와를 미혹한 것같이 너희 마음이 그리스도를 향하는 진실함과 깨끗
함에서 떠나 부패할까 두려워하노라 4만일 누가 가서 우리가 전파하지 아니
한 다른 예수를 전파하거나 혹은 너희가 받지 아니한 다른 영을 받게 하거나
혹은 너희가 받지 아니한 다른 복음을 받게 할 때에는 너희가 잘 용납하는구
나 5나는 지극히 크다는 사도들보다 부족한 것이 조금도 없는 줄로 생각하노
라 6내가 비록 말에는 부족하나 지식에는 그렇지 아니하니 이것을 우리가 모
든 사람 가운데서 모든 일로 너희에게 나타내었노라

자기 자랑이나 칭찬을 비판했던 바울은 이제 스스로를 자랑하고 변호해야 할 상황에 직면했다고 인식한다. 11~12장에서 바울이 그 자신을 자랑하지만 스스로를 높이거나 드러내기 위한 것이 아니라 고린도 교회 성도들에게 전한 예수 그리스도의 복음을 유지하기 위한 것이다. 적대자들과의 차별성을 강조하면서 자신이 가진 중요한 본질에 주목하는 모습에서 사도로서 특별한 자격을 발견하게 된다.

[11 : 1] 1절에서 바울은 고린도 교회 성도들에게 바라는 바를 서술한다. 그는 "원하건대"(오페론, ophelon)라고 말하면서 자신이 지금까지와는 다른 요청을 하게 될 것이라고 암시한다. 자기 자랑이나 스스로를 칭찬하는 것을 적절하지 않다고 여기고 비판을 해 왔다. 하지만 바울은 이제 스스로를 변호하고 사도로서 자신의 권위를 강조해야 할 때라고 판단하고 있다. 바울은 고린도 교회 성도들에게 "나의 좀 어리석은 것을 용납하라 청하건대 나를 용납하라"라고 요청한다. 바울은 '어리석은 것'(아프로쉬네, aphrosyne)이라고 서술된 행동을 '용납하라'(아네이케스테, aneichesthe)라고 말한다.

11장에서 6번(11 : 1, 16〈2회〉, 17, 19, 21)이나 반복해서 언급되는 '어리석은 것'은 중요한 개념이라고 할 수 있다. 바울이 사용하는 어리석은 것은 무엇을 뜻하는가? 지혜가 없고 무식한 것과 온전하지 못한 것을 뜻한다. 무식하고 온전해 보이지 않는 모습이라는 것을 알면서도 바울은 스스로를 칭찬하고 자랑할 필요를 느끼는 것이다. 비록 그 자신이 지혜가 없고 어리석은 사람이라고 비쳐진다고 할지라도, 반드시 수행해야 할 사역이 있음을 염두에 둔 것이다. 바울은 고린도 교회 성도들이 예수 그리스도의 복음과 진리로 나아갈 수 있다면 자신이 어리석은 사람으로 판단되는 것을 감수하겠다는 뜻이다. 자기를 자랑하고 스스로를 칭찬하는 목적이 자신들을 드러내려는 적대자들과는 달리, 바울은 예수 그리스도의 복음과 하나님의 말씀이 주목을 받도록 하기 위해 자신을 자랑한다.

[11 : 2-3] 그래서 2절에서 바울은 "하나님의 열심으로 너희를 위하여 열심을 낸다."고 말한다. 고린도 교회 성도들에게 깊은 애정을 갖는 까닭은 '하나님의 열심'(테우 젤로, theou zelo)에 근거한다. '열심'으로 번역된 헬라어 단어는 '젤로스'로 질투 혹은 시기라는 의미를 갖는다. 이 용어는 하나님의 이스라엘 백성들을 향한 특별한 관심과 열심을 표현한다. 하나님께서 이스라엘 백성들에게 특별한 사랑과 열심을 갖고 돌보셨던 것처럼, 그리스도인들에게 특별한 관심과 열심을 갖고 주목하신다는 뜻이다. 이스라엘 백성들과 그리스도인들에 대한 관심과 사랑을 나타내는 '하나님의 열심'은 이제 고린도 교회 성도들에게 향한다. 바울은 "너희를 정결한 처녀로 한 남편인 그리스도께 드리려고 중매함이로다"라고 강조한다. 그리스도를 남편으로, 고린도 교회 성도들을 정결한 처녀에 비유하면서 자신이 이 둘 사이를 중매하는 사람이라고 표현한다.

그리스도와 고린도 교회 성도들의 관계를 혼인 관계로 제시하는 것에 주목할 필요가 있다. 혼인 관계에 있어서 가장 중요한 것은 남편과 아내 사이의 신뢰와 믿음이다. 혼인을 위해서 바울은 '정결한 처녀'(파르테논 하그넨, parthenon hagneni)와 같은 고린도 교회 성도들을 '한 남편'(헤니 안드리, heni andri)인 예수 그리스도께 중매할 필요성이 있다고 주장한다. 구약성경에서 하나님과 이스라엘 백성 사이를 혼인 관계(호 1-3장 ; 사 50 : 1, 54 : 1-6 ; 시 45)로 설명했던 것처럼, 신약성경에서 그리스도와 그리스도인 사이를 혼인 관계(막 2 : 18-20 ; 요 3 : 29-30 ; 롬 7 : 4 ; 엡 5 : 22-23 ; 계 19 : 1-10, 21 : 1-9, 22 : 17)로 서술하는 것을 찾아볼 수 있다. 혼인 관계에 있어서 가장 중요한 것은 서로에 대한 신뢰와 사랑이다. 바울은 정결한 처녀와 같은 고린도 교회 성도들이 '한 남편'인 그리스도와 신뢰 관계를 유지해야 한다고 말한다. '한 남편'이라는 표현에서 오직 그리스도와 하나가 되어야 한다는 것이 강조되고 있음을 인식할 수 있다. 오직 남편인 그리스도에게만 신뢰를 보인다고 말하는 이유는 고린도 교회 성도들이 다른 정황에 처해 있다는 것을 간접적으로 비판하는 것이다. 바울은 고린도 교회 성도들에게 처음으로 예수 그리스도의 복음을 전한 사도로서 그들이 오직 그리스도께 진실하고 순결한 믿음과 충성을 보여 주길 기대한다.

3절에서 바울은 창세기 3장의 하와와 뱀의 이야기를 인용하면서 고린도 교회 성도들이 갖추어야 할 혼인 관계의 중요성을 강조한다. 고린도 교회 성도들에게 전한 예수 그리스도의 복음과 진리가 훼손되지 않는 것에 주목하는 바울의 모습을 찾아볼 수 있다. 바울은 창세기 3장을 인용하면서 '뱀이 그 간계로 하와를 미혹한 것'을 인식해야 한다고 말한다. 하나님의 명령을 어기도록 뱀이 하와를 '미혹한 것'처럼 적대자들이 고린도 교회 성도들을 속이고 미혹하게 만드는 것에 대해서 염려하는 것이다. 여기에서 사용된 '미혹한 것'(엑세파테센, exepatesen)은 속여서 본질에서 벗어나도록 만든다는 뜻이다. 다시 말해서 올바른 방향으로 향하는 길을 잃고 하나님의 명령에 불순종하게 하는 것이다. 뱀이 간교함으로 하와를 속여 하나님처럼 되고 싶은 욕망을 자극했던 것처럼, 적대자들이 고린도 교회 성도들을 속여서 하나님과 예수 그리스도로부터 멀어지게 만드는 것이다.

적대자들이 고린도 교회 성도들을 미혹하고 속인 결과는 '너희 마음이 그리스도를 향하는 진실함과 깨끗함에서 떠나 부패'할 수 있는 가능성이다. '진실함과 깨끗함'(테스 하플로테토스 카이 테스 하그노테토스, tes haplotetos kai tes hagnotetos)은 혼인 관계를 유지하는 사람들에게 요청되는 덕목이다. 이것은 고린도 교회 성도들이 그리스도께 보여 드려야 할 태도라 할 수 있다. 바울은 자신이 고린도 교회 성도들에게 처음으로 전한 예수 그리스도의 복음과 진리를 기억하고 회복하길 기대한다. 그런가 하면 적대자들의 악한 영향력에 마음과 생각이 빼앗겨 예수 그리스도로부터 멀어지게 될 수 있다는 두려움을 나타낸다. 바울은 고린도 교회 성도들이 적대자들의 간계함과 속임수에 마음과 생각을 빼앗겨 잘못된 길로 가지 않도록 보호하려고 애쓰고 있다. 처음으로 고린도 교회에 예수 그리스도의 복음을 전한 사도로서 고린도 교회 성도들을 향한 바울의 애정과 관심을 엿볼 수 있다. 하와가 뱀의 간교함에 속아서 하나님께로부터 멀어졌던 불순종의 잘못을 되풀이하지 않고 그리스도와의 혼인 관계를 진실함과 깨끗함으로 유지하도록 권면하는 것이다.

[11 : 4] 4절에서 바울은 지금까지 구체적으로 언급하지 않았던 적대자들의 정체에 대해서 서술한다. 이 구절은 10~13장에 이르는 바울의 논지에 있어서 가장 중요하고 명시적이고 논란이 되는 내용을 담고 있다. 적대자들의 정체뿐만 아니라 그들이 고린도 교회 성도들을 교란시키고 미혹하는 내용이 무엇인지 구체적으로 서술하기 때문이다. 우선 적대자들을 언급하면서 바울은 '만일'(에이, ei)이라는 가정법을 사용한다. 이것은 가상적 상황을 상정하는 것이 아니라 실제적인 상황을 서술하는 표현법이다. 적대자들은 이미 고린도 교회에 찾아왔으며 성도들을 미혹하는 상황인 것을 지적하는 것이다.

"누가 가서"(호 에르코메노스, ho erchomenos)라는 표현에서 적대자들을 지칭하는 것을 찾아볼 수 있다. 바울이 염려할 만한 상황이 고린도 교회 성도들에게 벌어진 것이 분명하다. 그러한 상황은 "우리가 전파하지 아니한 다른 예수를 전파하거나 혹은 너희가 받지 아니한 다른 영을 받게 하거나 혹은 너희가 받지 아니한 다른 복음을 받게 할 때"와 같은 상황이다. 적대자들은 바울과 그의 동료가 전한 것과는 '다른 예수'(알론 예순, allon Iesoun), '다른 영'(프뉴마 헤테론, pneuma heteron), '다른 복음'(유앙겔리온 헬테론, euaggelion heteron)을 전하는 사람들이다. 적대자들이 전파했던 다른 예수, 다른 영, 다른 복음이 무엇인지 규정하는 것은 쉽지 않다. 분명한 것은 바울과 그의 동료가 전파한 것과는 다른 가르침과 교훈이라는 것이다.

바울이 사용한 '다른'에 해당하는 두 용어, 알론(allon)과 헤테론(heteron)은 특별한 차이가 있는 것이 아니라 서술에 변화를 주기 위한 것이라고 보는 것이 타당하다(Barrett 1986, 346). 적대자들이 전파한 다른 예수, 다른 영, 다른 복음이 구체적으로 어떤 내용인지 규정하거나 확인할 수는 없다. 하지만 분명한 것은 바울이 전파한 것과는 전혀 다른 내용이었다는 것이다. 적대자들이 말하는 바울이 전파한 예수 그리스도의 복음과 다른 내용은 무엇을 말하는가? 바울과 그의 동료가 잘못된 방향을 제시하며, 옳지 않은 길로 나아가고 있다고 비난하는 것이었다. 이와 같은 비난과 깎아내림은 바울의 사도로서의 권위에 커다란 타격을 가할 수 있다. 결국 적대자들이 고린도 교회 성도들을 미혹시켜 속이려는 주된 의도는 사도의 직분을 상실시키려는 것이다.

바울은 고린도 교회 성도들에게 화가 나 있는 것처럼 보인다. 낯선 복음 전도자가 교회에 찾아와서 바울이 전파하지 않은 복음을 전파했는데 쉽게 그것을 받아들였기 때문이다. 그래서 바울은 "너희가 잘 용납하는구나"(칼로스 아네케스테, kalos anachesthe)라고 조소하고 질책한다. 1절과 4절에서 '용납하라'는 용어를 반복해서 사용함으로써 고린도 교회 성도들이 이중적인 태도를 보여 주고 있다고 비판하는 것이다(최승락 2007, 203). 교회와 신앙공동체 안에 들어와서 거짓 복음을 전파하는 거짓 사도는 쉽게 용납하면서 복음을 처음으로 전해 준 바울을 용납하지 않는 고린도 교회 성도들에 대한 서운함이 묻어난다.

[11 : 5-6] 그래서 바울은 5절에서 자신이 사도로서의 권위와 자격이 부족하지 않다고 선언한다. 바울은 "나는 지극히 크다는 사도들보다 부족한 것이 조금도 없는 줄로 생각하노라"라고 말한다. 사도로서의 권위와 직분을 변호하면서 바울이 언급하는 '지극히 크다는 사도들'(톤 휘페르리안 아포스톨론, ton hyperlian apostolon)은 예루살렘에 있는 사도들을 가리킨다고 할 수 있다. 바울과 경쟁적 위치에 있었던 예루살렘의 사도들로부터 추천장을 받아 가지고 온 적대자들은 바울을 비난하고 험담하려는 많은 시도를 했을 것이다. 이와 같은 가능성이 있다고 해서 바울과 예루살렘에 있는 사도들이 관계가 나쁘다고 단정해서는 안 된다. 오히려 예루살렘에 있는 사도들로부터 보냄을 받았던 사람들이 바울의 사도로서의 권위를 깎아내리는 행동을 했다고 말하는 것이 더 옳다. 바울을 반대하는 적대자들의 전략은 예루살렘에 있는 사도

들을 '지극히 크다는 사도들'이라고 높이는 동시에 바울의 단점을 노출시킴으로써 사도로서의 권위를 비교하고 의심하도록 만드는 것이다.

이와 같은 전략이 고린도 교회 성도들에게 영향을 준 것처럼 보인다. 왜냐하면 바울 자신은 사도로서 결코 지극히 크다는 사도들과 비교해서 열등하지 않다고 말하고 있기 때문이다. 그는 "부족한 것이 조금도 없다."고 강조한다. '부족한 것'(휘스테레케나이, hysterekenai)으로 번역한 이 용어는 열등하지 않다는 뜻이다. 이것은 바울이 지극히 크다고 불리는 사도들과 비교해서 부족하지 않다고 주장하는 것이다. 바울은 '생각하노라'(로기조마이, logi-zomai)라는 전문용어를 사용함으로써 사도로서의 권위와 자격을 변호한다. 고린도 교회 성도들에게 예수 그리스도의 복음을 전했던 바울이 사도로서의 권위와 자격이 적절한 것인지 스스로 점검했다는 것이다. 바울 자신은 지극히 크다는 사도들과 비교해서 결코 열등하거나 부족하지 않다고 스스로를 평가한다.

6절에서 바울은 사도로서의 자격을 강조하면서 자신만의 약점과 장점을 모두 제시한다. 사도로서의 권위를 깎아내리기 위해서 받았던 지적 가운데 하나는 '말에는 부족하다'(이디오테스 토 로고, idiotes to logo)는 것이다. 적대자들이 비난하고 험담을 늘어놓았던 바울의 약점 가운데 하나는 10 : 10에서 언급했던 것처럼, '말이 시원하지 않다'는 것이다. 여기에서 언급된 '말에는 부족하다'는 것은 무엇을 의미하는가? '부족하다'(이디오테스, idiotes)라는 용어는 훈련이나 전문적 교육을 받지 못한 것을 뜻한다. 수사학적인 기교나 화술을 제대로 훈련을 받지 못했다는 지적이다. 적대자들은 오히려 화려한 화법과 기술 그리고 수사학적 기교를 많이 사용하며 언변이 뛰어난 모습을 보였을 것이다. 비록 바울은 그처럼 전문적인 수사학적 기교나 화법을 가지고 있지는 않지만 예수 그리스도의 사도로서의 충분한 자격이 있다고 주장한다. 더구나 '지식'(테 그노세이, te gnosei)에 있어서는 결코 부족함이 없다고 말한다. 여기에서 말하는 지식은 하나님에 대한 지식과 그리스도에 대한 지식을 가리킨다. 하나님과 그리스도에 대한 지식에 있어서 바울과 그의 동료는 지극히 크다는 사도들과 비교해도 조금도 부족함이 없다고 강조한다.

바울을 비난하고 헐뜯는 적대자들이 깎아내리거나 무시할 수 없는 사도로서의 권위는 결국 하나님과 그리스도에 대한 지식에서 비롯된다. 바울이 '말과 지식'이라는 단어를 사용하는 까닭은 고린도 교회 성도들이 익숙하게 사용하는 용어이기 때문이다. 화려한 화법이나 말의 기술 혹은 수사학적 기교를 가져야 사도로서 권위와 자격이 있다고 주장하는 사람들에게 바울은 인정을 받을 수 없었을 것이다. 하지만 외모나 겉모습이 아니라 복음의 내용인 하나님과 그리스도에 대한 지식은 바울을 따라올 사람이 없었을 것이다. 바울은 외모에 미혹되지 말라고 권면한다. 그리고 복음의 본질에 주목해야 한다고 강조하는 것이다. 바울은 고린도 교회 성도들로 하여금 적대자들이 들고 나오는 육신적이고 외면적인 평가의 기준에 미혹되지 말라고 권면한다. 그리고 그들에게 전해진 복음의 본질에 합당한 가르침과 삶의 방식에 근거하여 올바른 판단을 할 것을 촉구한다. 고린도 교회 성도들을 현혹시키고 속이는 적대자들은 지금 외적인 측면으로 설득하고 좋은 평가를 받고 있는 것처럼 보이지만, 실상은 가장 중요한 것을 소홀하게 여긴다. 그것은 바로 하나님과 그리스도에 대한 지식이다. 따라서 바울과 그의 동료는 "모든 사람 가운데서 모든 일로 너희에게 나타내었다."고 강조할 수 있는 것이다. 사도로서 갖추어야 할 자격은 외모나 수사학적 기교 또는 지극히 크다는 사도로부터 부여받은 추천서가 아니라 하나님과 그리스도를 아는 지식과 복음과 진리를 아는 지식인 것이다.

2. 재정적 지원을 받지 않고 사역하는 이유(11 : 7-11)

7내가 너희를 높이려고 나를 낮추어 하나님의 복음을 값없이 너희에게 전함
으로 죄를 지었느냐 8내가 너희를 섬기기 위하여 다른 여러 교회에서 비용을

받은 것은 탈취한 것이라 [9]또 내가 너희와 함께 있을 때 비용이 부족하였으되 아무에게도 누를 끼치지 아니하였음은 마게도냐에서 온 형제들이 나의 부족한 것을 보충하였음이라 내가 모든 일에 너희에게 폐를 끼치지 않기 위하여 스스로 조심하였고 또 조심하리라 [10]그리스도의 진리가 내 속에 있으니 아가야 지방에서 나의 이 자랑이 막히지 아니하리라 [11]어떠한 까닭이냐 내가 너희를 사랑하지 아니함이냐 하나님이 아시느니라

적대자들은 바울과 그의 동료가 복음을 전하는 사역을 수행하면서 고린도 교회 성도들로부터 재정적 지원을 받지 않는 것을 비난하고 깎아내린다. 이 단락은 재정적 지원에 대한 논의가 주된 내용이지만 바울과 적대자들이 사도로서의 권위와 자격에서 분명하게 구별되는 이유를 소개한다.

[11 : 7] 7절에서 바울은 그 자신이 자비량 선교 사역을 수행한다고 서술한다. 그 이유가 모두 고린도 교회 성도들을 높이기 위한 의도라고 말한다. 바울은 고린도 교회 성도들에게 "하나님의 복음을 값없이 전했다."고 말한다. '값없이'(도레안, dorean)라는 용어를 사용하며 재정적 지원을 받지 않고 하나님의 복음을 전했던 바울의 행동을 강조한다. 대부분의 그리스도인은 하나님의 복음을 값없이 전했다는 말을 당연한 것으로 여길 것이다. 하지만 바울이 고린도 교회 성도들에게 복음을 전파할 당시에는 재정적 대가나 보수를 받지 않는 것을 더 이상하게 여겼다.

복음을 전하는 교회로부터 재정적 지원을 받지 않고 선교 사역을 수행하기 위해서 바울이 선택한 방법은 육체노동을 통해서 재정을 스스로 마련하는 것이다(행 18 : 3). 바울서신에는 자신의 직업에 대한 암시나 구체적인 언급은 없지만, 분명히 천막을 만들어서 생계를 유지했을 것이다. 헬라-로마 시대에 육체노동으로 생계비를 마련하고 생업을 유지하는 것은 사회적 존경을 상실할 뿐만 아니라 경멸을 받기도 했다. 재정적 지원을 받지 않은 것과 함께

육체노동에 대한 부정적인 시각을 갖는 당시의 시대적 정황이 문제가 되었던 것이다. 적대자들은 하나님의 복음을 전하면서 당당하게 금품을 요구하였고 보수를 받은 것을 당연하게 여기며 그것이 합법적 사도로서의 표시로 주장했을 것이다. 복음과 진리를 전하는 소중한 사역을 담당하면서 자신을 위해서 아무것도 요구하지 않는 것을 오히려 지위나 능력이 모자란 것이라고 비판을 받았던 것이다.

하나님의 복음을 값없이 전했던 바울은 결국 고린도 교회 성도들에게 세상의 방식으로부터 하나님 중심의 사고로 전환할 것을 요청한다. 하나님의 복음을 받고 있는 고린도 교회 성도들을 높이는 동시에 바울 스스로를 낮추려는 겸손함 태도에 주목하라는 뜻이다. 그래서 바울은 값없이 복음을 전파하는 자신의 노력에 대해서 강한 자신감을 나타내며 "죄를 지었느냐"(에 하마르티안 에포이에사, e hamartian epoiesa)라고 반어법을 사용해 말한다. 이와 같은 수사학적 질문을 통해서 바울이 듣고 싶은 답변은 부정적 응답이다. 예수 그리스도의 사도로서 하나님의 복음을 값없이 전하는 것이 결코 죄가 될 수 없다는 뜻이다.

[11 : 8–9] 8절에서 바울은 고린도 교회 성도들로부터 재정적 도움이나 지원을 받지 않았지만 다른 여러 교회에서 비용을 받았다고 말한다. 바울은 왜 고린도 교회 성도들의 도움을 받지 않으면서 '다른 여러 교회'(알라스 에클레시아스, allas ekklesias)의 지원은 받고 있는 것일까? 사도로서의 사역을 담당하기 위해서 육체노동으로 자신의 생계를 책임져 왔지만 고린도에서 복음을 전할 때는 다른 교회의 도움을 받았다. 왜냐하면 '너희(고린도 교회 성도들)를 섬기기 위해서'(프로스 텐 휘몬 디아코니안, pros ten hymon diakonian)이다. 복음을 처음 받아들이는 교회와 성도들에게 짐을 지우거나 폐를 끼치지 않기 위해서 바울은 최대한 재정적인 도움을 받지 않고 독립적으로 선교 사역을 담당하고자 한 것이다.

바울은 “내가 너희(고린도 교회 성도들)를 섬기기 위해서 다른 여러 교회로부터 ‘비용을 받은 것은 탈취한 것이라”(에쉴레사 라본 오포니온, esylesa labon ophonion)라고 서술한다. 여기에서 사용된 비용과 탈취한 것이라는 용어는 모두 군사적 용어라는 것에 주목할 필요가 있다. ‘비용’은 군인에게 지불되는 급료나 임금을 뜻하며, ‘탈취한 것’은 전쟁터에서 죽은 병사의 갑옷을 벗기는 것을 가리킨다. 바울이 사도로서 사역을 수행할 때 필요한 비용은 군인에게 지불되는 당연한 급료와 같은 것이다. 바울은 그것을 처음 믿은 고린도 교회 성도들에게 부과하지 않고, 먼저 믿었던 다른 여러 교회의 도움을 받았다는 것이다. 바울은 다른 여러 교회로부터 재정적 지원을 받은 것을 인정하지만 그것은 전적으로 고린도 교회 성도들을 섬기기 위한 목적이었다고 밝힌다.

9절에서 바울은 재정적 지원을 받은 교회를 구체적으로 밝히지는 않지만 도움을 받는 이유를 보다 더 분명하게 소개한다. 고린도 교회 성도들과 함께 있을 때 “비용이 부족했다.”(휘스테레테이스, hysteretheis)고 말한다. 육체노동으로 생계비를 마련하는 데 한계가 있을 뿐만 아니라 고린도에서 복음을 전파하는 동안에 경제적으로 어려움에 직면했다고 서술하는 것이다. 바울은 재정적인 도움이 필요했을 때 마게도냐에서 온 형제들이 “자신의 부족한 것을 보충해 주었다.”(휘스테레마 무 프로사네플레로산, hysterema mou prosane-plerosan)고 말한다. 바울을 재정적으로 도와주었던 마게도냐에서 온 형제들이 누구인지 분명하게 언급하지는 않지만, 빌립보 교회라고 추정해 볼 수 있다(빌 4 : 15).

바울이 고린도 교회 성도들에게 도움을 받지 않는 까닭은 ‘아무에게도 누를 끼치지 아니하려고’(우 카테나르케사 우테노스, ou katenarkesa outhenos) 하기 때문이다. 누를 끼치지 않는다거나 짐을 지우지 않는다는 표현은 압력을 가해서 재정적인 목적을 달성하고자 시도하지 않는다는 뜻이다(Martin 2007, 672). 이와 같은 표현은 바울이 마게도냐에서 온 형제들로부터 재정적 지원과 도움을 받아서 고린도 교회 성도들에게 짐을 지우지 않았다는 서술이다. 하지만 적대자들이 압력으로 재정적인 목적을 달성하려고 애썼다는 것을 나타내는 것이기도 하다. 그래서 바울은 복음을 전하면서 재정적 독립을 하려는 이유에 관해서 "내가 모든 일에 너희에게 폐를 끼치지 않기 위하여 스스로 조심하였고 또 조심하리라"라고 말하는 것이다. 바울을 비난하고 헐뜯는 적대자들과 그 자신을 구분하는 동시에 사도로서 처음부터 지녔던 기본자세를 변치 않으려는 선언이기도 하다. 하나님의 말씀을 전파하면서 복음을 처음으로 받아들이는 고린도 교회 성도들에게 부담을 주거나 짐을 지우지 않으려는 바울의 세심함 배려를 찾아볼 수 있다.

[11 : 10-11] 10~11절에서 바울은 고린도 교회 성도들을 향한 멈추지 않는 그의 사랑에 대해서 언급한다. 바울은 "그리스도의 진리가 내 속에 있다."(에스틴 알레테이아 크리스투 엔 에모이, estin aletheia Xristou en emoi)고 강조한다. 그 자신이 진실을 말한다고 맹세하고 있는 것이다. 복음을 전파하면서 대가나 보수를 위해서 압력을 행사하고 부담을 안겨 주지도 않았다. 자신의 사리사욕을 채우고 착복하기 위해서 복음을 전하는 사역을 악용하지도 않았다. 사도로서의 권위와 자격을 유지하기 위해서 그 어떤 사람에게도 짐을 지우거나 강탈하려고 시도하지도 않았다. 바울 안에는 그리스도의 진리가 있어서 진실을 말하는 것이다. 이렇게 진리를 말하고 있기 때문에 아가야 지방에서 바울의 '자랑'(카우케시스, kauchesis)이 막히지 아니할 것이다. 물질적 대가나 재정적 도움을 목적으로 복음을 전하는 것이 아니라 자신을 헌신하고 하나님의 복음을 값없이 전하고 있기 때문에 그의 자랑은 빼앗기거나 멈춰지지 않을 것이라는 고백이다. 다시 말해 아가야 지방, 즉 고린도 교회 성도들과 적대자라고 할지라도 바울의 진심 어린 복음 전파 사역을 비난하거나 헐뜯을 수 없다는 뜻이다.

11절은 계속해서 바울에 본심을 깎아내리는 악선전을 서술한다. 바울이 "너희(고린도 교회 성도들)를 사랑하지 않는다."(욱 아가포 휘마스, ouk agapo hymas)라고 소문을 내는 적대자들이 있는 것을 발견하게 된다. 바울은 적대자들과 분명히 구별된다. 정당한 대가와 보수를 요구하는 것이 사도로서의 권위와 자격을 지니는 것이라고 주장하는 적대자들과는 달리, 바울은 자기 자신을 희생시키면서 고린도 교회 성도들을 높이기 위해서 노력한다. 비록 그 자신은 육체노동으로 생계를 유지하면서도 고린도 교회 성도들에게 재정적인 부담을 지우지 않는다. 이 모습은 전적으로 그들을 깊이 사랑하기 때문에 할 수 있는 행위이다. 바울은 "하나님이 아시느니라"(호 테오스 오이덴, ho theos oiden)라는 표현을 사용함으로써 적대자들의 악선전은 험담이고 비난이라는 것을 강조한다. 고린도 교회 성도들에게 처음으로 복음을 전했던 바울이 지금도 그들을 사랑하고 있다는 것을 증언해 줄 분이 하나님이시라고 주장한다. 이와 같은 모습에서 고린도 교회의 상황을 파악하게 된다. 사도로서의 권위와 자격에 흠집을 내려는 적대자들의 시도에도 불구하고, 바울은 하나님께서 증언해 주시는 것에 힘입어 고린도 교회 성도들을 향한 진심과 애정을 표현하는 것이다.

3. 바울의 적대자들의 정체(11 : 12-15)

> 12나는 내가 해 온 그대로 앞으로도 하리니 기회를 찾는 자들이 그 자랑하는
> 일로 우리와 같이 인정받으려는 그 기회를 끊으려 함이라 13그런 사람들은 거
> 짓 사도요 속이는 일꾼이니 자기를 그리스도의 사도로 가장하는 자들이니라
> 14이것은 이상한 일이 아니니라 사탄도 자기를 광명의 천사로 가장하나니 15그
> 러므로 사탄의 일꾼들도 자기를 의의 일꾼으로 가장하는 것이 또한 대단한
> 일이 아니니라 그들의 마지막은 그 행위대로 되리라

[11 : 12] 바울을 반대하는 사람들에 대해서 암시했던 것과는 달리 12절부터는 적대자들의 정체를 구체적으로 밝힌다. 또한 격렬한 어조로 공격한다. 그리

고 바울이 왜 재정적 지원과 보수나 대가에 대한 주제를 언급했는지를 분명하게 알 수 있도록 제시하고 있다. 이 단락은 바울서신 가운데 가장 강한 어조로 적대자들을 비난하고 힐난한다. 바울은 "내가 해 온 그대로 앞으로도 할 것"(호 데 포이오 카이 포이에소, ho de poio kai poieso)이라고 말한다. 바울이 해 온 것을 앞으로도 한다는 것은 지금까지 고린도 교회 성도들로부터 아무것도 받지 않고 값없이 복음을 전했던 것처럼 계속해서 대가나 보수를 받지 않고 복음을 전파하겠다는 것이다. 적대자들이 재정적 지원이나 도움을 받지 않는 바울의 행동을 비판하고 헐뜯는다고 할지라도 지금까지 해 온 그대로 앞으로도 해 나갈 것이라는 단호한 결단을 반영한다. 하지만 바울의 적대자들은 다른 선택을 해 왔던 것을 알 수 있다. 그들은 복음을 전파하면서 보수나 대가를 받는 것을 당연하게 여기거나 오히려 그것이 참된 사도의 표시라고 주장했을 것이다. 그래서 바울은 그와 그의 동료가 값없이 복음을 전파하는 자기희생적 사역을 지속하겠다고 강조하는 것이다.

바울이 그의 사역에 반대하는 적대자들을 다양한 호칭으로 부르고 있는 것을 발견하게 된다. 그 가운데 '기회를 찾는 자들'이라는 호칭이 지닌 의미는 바울의 사역을 비난하고 험담하는 사람들이 자신들의 방식이 옳다고 주장하며 정당성을 찾으려고 시도한다는 것이다. 이와 같은 시도를 "그 자랑하는 일로 우리와 같이 인정받으려는 그 기회"(엔 호 카우콘타이 유레토신 카토스 카이 헤메이스, en ho kauchontai eurethosin kathos kai hemeis)라고 말한다. 적대자들은 복음을 전파하면서 당당하게 대가를 받는 것을 자랑하려고 기회를 삼고 있다는 뜻이다. 바울은 이런 적대자들의 시도를 '끊으려고 한다'(엑콥소, ekkopso)고 지적한다. 이 용어는 가지치기를 하는 원예용어 또는 손과 발을 절단하는 의학용어로 사용된다. 바울은 적대자들의 사역이 정당하지 않기 때문에 그와 같은 행위를 자랑하려는 시도를 절단해야 한다고 말하는 것이다.

[11 : 13] 13절에서 적대자들의 정체는 보다 구체적으로 언급된다. 바울은 그

들은 '그와 같은 사람'(토이우토이, toioutoi)이라고 지칭하면서 3가지의 경멸적인 뉘앙스를 지닌 호칭으로 강력하게 비판한다. 가장 먼저 적대자들을 '거짓 사도'(프슈다포스톨로이, pseudapostoloi)라고 부른다. 거짓이라는 용어와 사도라는 용어가 양립할 수 없는 것처럼, '거짓 사도'라는 표현에서 이미 적대자들의 정체는 밝히 드러난다. 이러한 표현은 노골적이고 격렬하게 그들을 비난하는 것이다(이상근 1969, 355). 거짓이란 단어는 참 혹은 진실한 사도와 문자 그대로 구별된다. 적대자들은 사도로서의 권위와 자격이 없다는 뜻이다. 이와 같은 비판은 주로 바울이 적대자들로부터 받았던 험담과 비슷하다. 사도는 보냄을 받은 사람이라는 뜻인데, 거짓 사도라는 용어에서 알 수 있는 것처럼 아무도 그들을 보낸 적이 없다. 따라서 사도로서 적절하지 않으며 단지 흉내 내는 것에 불과하다 뜻이다. 바울과 적대자들을 구별해 주는 가장 중요한 잣대 가운데 하나는 바로 누구에게 보냄을 받는지를 깨닫는 정체성과 연관된다. 바울은 하나님의 뜻대로 부름 받은 예수 그리스도의 사도라는 분명한 자의식이 있다. 고린도 교회 성도들에게 복음을 전파하고자 처음으로 찾아갈 때도 이와 같은 사도로서의 권위와 자격을 가지고 있었음을 거듭 강조하는 것이다.

바울은 적대자들을 두 번째 호칭인 '속이는 일꾼'(에르가타이 돌리오이, ergatai dolioi)이라고 부른다. 여기에서 사용된 '일꾼'이라는 단어는 선교 사역에 참여하는 사람들을 가리키는 용어이기 때문에 아주 중요한 용어이다. 그런데 속이는 일꾼이라는 표현에서 알 수 있는 것처럼, 선교 사역을 담당하는 사람들이 속이는 사람 혹은 부정직한 사람이기 때문에 적절하지 않다는 것이다. 바울이 이렇게 표현하는 까닭은 이들이 정직하지 않고 자신들이 원하는 것만 이루려는 목적을 갖고 속임수를 부리는 사람들이기 때문이다. 복음 전도의 사역을 자신들의 경제적 이득이나 재정적 이익을 위해서 부당하고 부정직한 방식으로 이용하는 것을 비판하는 것이다.

마지막으로 바울은 적대자들을 '그리스도의 사도로 가장하는 자들'(메타스케마티조메노이 에이스 아포스톨루스 크리스투, metaschematizomenoi eis apostlolous Xristou)이라고 말한다. '가장한다'는 단어는 변장해서 속이는 것을 뜻한다. 따라서 적대자들은 사도처럼 변장하고 가장하지만 진실한 사도는 아니라는 뜻이다. 분명히 이들은 다른 예수, 다른 영, 다른 복음을 전하는 사람들로 바울의 적대자들이다. 바울이 고린도 교회 성도들에게 처음으로 복음을 전하고 떠난 이후에 그들에게 찾아와 사도라고 속인 사람들이다. 바울의 적대자들은 결국 그들 스스로 사도로서의 권위와 자격을 주장하지만 가짜이며, 부정직하여 진실하지 않고, 변장하여 다른 복음을 전하는 사람들이다.

[11 : 14-15] 14절에서 바울은 적대자들이 거짓 사도, 속이는 일꾼, 그리스도의 사도로 가장하는 자들이라고 불리는 것이 "이상한 일이 아니라"(우 타우마 아우토스, ou thauma autos)라고 말한다. 반어법을 사용하여 귀에 거슬리는 경고를 하고 있는 것이다. 적대자들이 그리스도의 복음을 전파하는 사도라고 자처하지만 실상은 복음의 본질을 훼손하는 자들이다.

바울은 "사탄도 자기를 광명의 천사로 가장한다."(호 사타나스 메타스케마티제타이 에이스 앙겔론 포토스, ho Sanatas metaschematizetai eis anggelon photos)라고 표현한다. 빛과는 조금도 관련이 없는 존재이지만 광명의 천사로 변장하여 속이는 모습은 11 : 3에서 뱀이 하와를 간계로 속였던 것을 연상시킨다. 뱀이 하와를 속여서 하나님께 불순종하고 대적하도록 만들었던 것처럼, 사탄도 고린도 교회 성도들을 속여서 예수 그리스도의 복음을 제대로 듣지 못하도록 현혹한다는 뜻이다. 적대자들을 향해서 이와 같은 표현을 사용하는 것은 그들이 사탄에게 기원하고 있으며, 그 결과는 하나님을 대적하는 일을 하고 있다는 점을 지적하려는 것이다. 바울의 사역을 반대하고 비난하고 헐뜯는 이유는 그들이 하나님께로부터 보냄을 받은 사도들이 아니기 때문이다.

그래서 바울은 15절에서 "그러므로 사탄의 일꾼들도 자기를 의의 일꾼으로 가장하는 것이 또한 대단한 일이 아니니라"라고 말하는 것이다. '사탄의 일꾼'(호이 디아코노이 아우투, hoi diakonoi autou)이 '의의 일꾼'(디아코노이 디카이오쉬네스, diakonoi dikaiosynes)으로 '가장하는 것'(메타스케마티존타이, metaschematizontai)은 놀랄 만한 것이 아니다. 사탄의 속성은 부정직하게 속이는 것이기 때문이다. 그들 스스로가 아무리 그리스도의 사도라고 주장한다고 할지라도 결코 속이고 변장한 모습을 완전히 감출 수는 없다. 이처럼 속이는 사람들에게 그리스도의 종과 사도에게 요구되는 자격을 찾을 수는 없는 것이다. 위선의 가면을 쓰고 사도처럼 행동하지만 결국 그 정체가 드러날 것이다. 바울은 "그들의 마지막은 그 행위대로 되리라"라고 말한다. '행위대로'(카타 타 에르가 아우톤, kata ta erga auton)는 마지막 심판 때에 심판 기준을 말하고 있는 것이다. 적대자들이 아무리 위장하고 속이려는 위선적인 모습을 감추고자 할지라도, 그들의 마지막은 심판 기준에 따라서 엄벌을 받을 것이라는 강력한 경고다. 바울은 적대자들을 향해서 맹렬하게 공격하고 있지만 또한 고린도 교회 성도들을 향한 경고를 내포한다(Best 2005, 167). 예수 그리스도의 복음과 하나님의 말씀을 전하는 사도들은 언제나 스스로를 성찰하고 돌아볼 필요가 있다. 고린도 교회 성도들 또한 올바르게 복음을 전하는 사도나 일꾼이 누구인지 알 수 있는 분별력이 요구된다. 지금 고린도 교회에서 사도라고 자처하는 사람들이 정말로 하나님과 예수 그리스도로부터 보내심을 받고 복음을 전파하기 위해서 얼마나 헌신적으로 사역하고 있는가를 진지하게 질문해야 하는 것이다.

설교를 위한 묵상

거짓 사도를 경계함

자기 자랑이나 칭찬을 비판했던 바울은 이제 스스로를 자랑하고 변호해야 할 상황에 직면했다고 인식한다. 바울이 그 자신을 자랑하지만 스스로를 높이거나 드러내기 위한 것이 아니라 고린도 교회 성도들에게 전한 예수 그리스도의 복음을 유지하기 위한 것이다. 적대자들과의 차별성을 비교하면서 자신이 가진 중요한 본질에 주목하는 모습에서 사도로서 특별한 자격을 발견하게 된다. 자기 자랑이나 스스로를 칭찬하는 것을 적절하지 않다고 여기고 비판을 해 왔던 바울은 이제 스스로를 변호하고 사도로서 자신의 권위를 강조해야 할 때라고 판단하고 있다. 바울 그 자신이 어리석게 될지라도 고린도 교회 성도들이 예수 그리스도의 복음과 진리로 나아갈 수 있다면, 어리석은 사람으로 판단되는 것을 감수하겠다는 뜻이다. 자기를 자랑하고 스스로를 칭찬하는 목적이 자신들을 드러내려는 것인 적대자들과는 달리, 바울은 예수 그리스도의 복음과 하나님의 말씀이 주목을 받도록 자랑한다. 바울의 목적은 언제나 하나님의 말씀과 복음이 온전히 전파되는 것과 교회가 든든하게 세워지는 것이다. 이것을 위해서는 어리석지만 자랑할 수 있다고 말한다. 오늘날 목회자와 사역자 그리고 그리스도인은 무엇을 자랑하는지 질문해야 한다. 오직 복음을 위한 자랑이 되어야 함을 다시 한 번 더 강조하는 바이다.

적대자들이 전파했던 다른 예수, 다른 영, 다른 복음이 무엇인지 규정하는 것은 쉽지 않다. 분명한 것은 바울과 그의 동료가 전파한 것과는 다른 가르침과 다른 교훈이었을 것이다. 교회와 신앙공동체에 들어와서 그리스도인이 사용하는 언어와 개념을 사용하지만 그리스도인으로서의 본질에 거리가 먼 사람들이 분명히 존재한다는 것을 인식하게 된다. 따라서 복음과 진리를 전파한다고 말하는 사람들이 올바른 방향으로 나아가고 있는가를 질문하는 것은 중요하다. 복음과 진리를 받아들이는 교회와 성도들 또한 하나님의 말씀이라는 잣대에 비추어 바라보는 지혜가 요청된다. 적대자들이 전파한 다른 예수, 다른 영, 다른 복음이 구체적으로 어떤 내용인지 규정하거나 확인할 수는 없지만, 분명한 것은 바울이 전파한 것과는 전혀 다른 내용이었다는 것이다. 바울이 전파한 예수 그리스도의 복음과 다른 내용을 전하면서 적대자들이 얻고자 했던 것을 무엇인가? 바울과 그의 동료가 잘못된 방향을 제시하며, 옳지 않은 길로 나아가고 있다고 비난하는 것이었다. 이와 같은 비난과 깎아내림은 바울의 사도로서의 권위에 커다란 타격을 가할 수 있다. 결국 적대자들이 고린도 교회 성도들을 미혹시켜 속이려는 주된 의도는 사도의 직분을 상실시키려는 것이다. 예수 그리스도의 복음과 하나님의 말씀을 전하는 사도들은 언제나 스스로를 성찰하고 돌아볼 필요가 있다. 고린도 교회 성도들 또한 올바르게 복음을 전하는 사도나 일꾼이 누구인지 분별할 수 있는 관점도 요구된다. 지금 고린도 교회에서 사도라고 자처하는 사람들이 정말로 하나님과 예수 그리스도로부터 보내심을 받고 복음을 전파하기 위해서 얼마나 헌신적으로 사역하고 있는가를 진지하게 질문해야 하는 것이다. 거짓 사도를 경계하라고 말하는 바울의 태도에서 진정한 사도와 일꾼이 누구인지 질문하게 된다.

C. 바울의 참된 자랑(11 : 16 – 33)

1. 자기 자랑의 이유(11 : 16 – 21a)

> [16]내가 다시 말하노니 누구든지 나를 어리석은 자로 여기지 말라 만일 그러하더
> 라도 내가 조금 자랑할 수 있도록 어리석은 자로 받으라 [17]내가 말하는 것은 주
> 를 따라 하는 말이 아니요 오직 어리석은 자와 같이 기탄없이 자랑하노라 [18]여
> 러 사람이 육신을 따라 자랑하니 나도 자랑하겠노라 [19]너희는 지혜로운 자로서
> 어리석은 자들을 기쁘게 용납하는구나 [20]누가 너희를 종으로 삼거나 잡아먹거
> 나 빼앗거나 스스로 높이거나 뺨을 칠지라도 너희가 용납하는도다 [21a]나는 우리
> 가 약한 것같이 욕되게 말하노라

[11 : 16] 이 단락에서 자랑이라는 용어를 사용하면서 자기 자랑을 시작하는 이유를 설명한다. 물론 자신이 스스로 자랑하는 일이 어리석은 일이라는 것을 모르는 것이 아니지만, 바울을 반대하는 적대자들을 대항하는 방식으로 자랑을 사용하고 있음을 분명하게 밝힌다. 16절에서 바울은 "내가 다시 말하노니"(팔린 레고, palin lego)라고 강조하면서 자기 자랑을 시작할 여지를 마련

한다. 이와 같은 표현은 11 : 1을 회상시키면서 자랑하는 일이 어리석은 일이지만 용납하고 자랑할 수 있는 기회를 허락하도록 요청하는 것이라고 볼 수 있다.

여기에서 핵심적 용어는 자랑이라는 단어와 함께 '어리석은 자'(아프로나, aphrona)이다. 그리스-로마 세계에서 어리석은 자는 자기 자신과 자기 주변의 세계에 대한 올바른 판단의 척도를 잃어버린 사람을 지칭하는 전문용어다. 자기 자랑을 하고 있는 자신이 하나님께서 제시한 올바른 척도에 적절하지 않기 때문에 스스로를 어리석은 사람이라고 부른다. 그럼에도 불구하고 바울은 이유가 있기 때문에 자기 자랑을 할 것이라고 말하는 것이다. 자기 자랑을 부정적으로 생각하는 바울에게 있어서 지금 고린도 교회 성도들을 향해서 자랑을 용납해 달라고 요청하는 것은 쑥스러운 일이다. 하지만 그는 거듭 자랑할 수 있도록 받아 달라고 말한다. 불쑥 찾아와서 온갖 자랑을 늘어놓았던 적대자들을 용납하는 고린도 교회 성도들을 설득하고 적대자들에게 대항하기 위해서 자랑하는 방법을 사용하려는 것이다. 결국 바울이 자랑하려는 의도가 스스로를 칭찬하거나 자기를 높이기 위한 것이 아니라 고린도 교회 성도들을 향한 깊은 애정에서 비롯한 것임을 알 수 있다. 바울은 자랑하는 자신이 '어리석은 자'처럼 보이지만 조금 자랑하려는 자신을 받아 달라고 말한다. '조금'(미크론, mikron)이라는 단어를 이용해서 적대자들이 늘어놓았던 거창한 자랑과 주장을 폄하하고 놀리고 있는 것이다. 자랑하는 것에 조금 참여해서 적대자들을 비판하는 동시에 바울 자신의 진정성을 보이려는 것이다.

[11 : 17-18] 17~18절에서 바울은 근본적으로 자랑하는 것이 어리석다고 말하는 이유를 설명한다. '주를 따라' 자랑해야 하지만(17절) '육신을 따라' 자랑하니(18절) 어리석다는 것이다. '주를 따라'(카타 퀴리온, kata kyrion)라는 표현은 주의 뜻대로 자랑하는 것이다. 자신을 높이거나 드러내는 것이 아니라 주의 뜻을 실천함으로써 자랑하라는 표현이다. 하지만 바울은 지금 고린도 교

회 성도들을 향해서 자랑하는 것이 주를 따라 하는 행동이 아니라고 말한다. 왜냐하면 고린도 교회 성도들에게 나쁜 영향을 끼치고 있는 적대자들을 대항하기 위해서 자랑의 방식을 사용하는 것이기 때문이다.

18절에서 언급하는 '육신을 따라'(카타 사르카, kata sarka)라는 표현은 민족, 문벌, 지위 등 육적인 조건을 자랑하는 것을 가리킨다. 적대자들은 고린도 교회 성도들을 간계로 미혹하게 만들고 겉모습과 출신배경을 포함한 외적인 조건으로 자랑한다. 바울은 '여러 사람'(폴로이, polloi)이라고 언급하면서 적대자들이 많다는 것을 강조하는데, 그들이 상당한 세력을 이루고 있는 것을 알 수 있다. 적대자들이 상당한 영향력으로 고린도 교회 성도들을 속여 주의 뜻대로 살아가지 못하도록 하기 때문에 어리석지만 자랑하는 방법을 선택한다는 뜻이다.

[11 : 19] 19절에서 바울은 '어리석은 자'에 관한 논의를 심화시킨다. 자기 자신을 어리석은 자라고 서술했던 바울은 이제 누가 정말로 어리석은 자인지 지적하며 강조한다. 고린도 교회 성도들을 '지혜로운 자'(프로니모이, phronimoi)라고 부르면서 풍자적으로 비판하는 것에 주목해야 한다(박수암 2007, 396). 지혜롭기 때문에 이렇게 부르는 것이 아니라 지혜롭다고 말하면서 쉽게 미혹되고 중요한 본질을 잃어버리는 것을 풍자하며 반어법으로 표현하는 것이다. 고린도 교회 성도들이 지혜를 최고의 가치로 인정하면서 정작 '어리석은 자'(아프로논, aphronon)라고 지칭할 수 있는 적대자들을 쉽게 용납하고 있다는 비판이다. 고린도 교회 성도들은 적대자들을 '기쁘게'(헤데오스, hedeos) 받아들였다고 표현하는 바울은 냉소적인 반어법을 강화하는 기능을 수행한다. 지혜로운 사람이라고 자처하며 바울을 어리석다고 비판하는 적대자들을 기쁘게 용납하는 고린도 교회 성도들을 강하게 비판하는 것이다. 어리석은 자라는 표현을 거듭 사용하면서 바울 자신이 어리석은 자가 아니라 과도하게 자랑하며 그들의 권위를 강조하는 적대자들이 어리석은 자라고 말하

고 있는 것이다. 스스로를 어리석은 자라고 언급하는 바울의 겸손한 태도를 찾아볼 수 있다. 또한 어리석은 자로 지칭되는 적대자를 기쁘게 용납하는 고린도 교회 성도들을 향해서 지혜로운 자라고 신랄하게 비판하는 서술방식이 놀랍다. 지혜로운 자라면 적대자들이 어리석은 자라는 것을 인식해야 한다. 하지만 고린도 교회 성도들은 그들을 기쁘게 받아들이는 것을 조롱하고 풍자하는 것이다.

[11 : 20] 20절에서 바울은 적대자들이 고린도 교회 성도들을 얼마나 심하게 대하고 있는가를 서술한다. 고린도 교회 성도들이 바울의 적대자들을 감내하는 방식은 참으로 놀랍다. 바울은 5가지 어휘로 적대자들의 행위를 서술하며 비판한다. 여기에서 5번 언급된 '누가'(티스, tis)라는 용어는 적대자들을 가리킨다. 적대자들이 고린도 교회 성도들을 얼마나 포악하게 대했는지 보여 준다. 그들은 고린도 교회 성도들을 '종으로 삼았다'(에이 티스 휘마스 카타둘로이, ei tis hymas katadouloi). 종으로 삼으려고 했다는 말은 권위와 지도력 아래에 묶어 두어 지배하고 다스리는 것을 뜻한다. 고린도 교회 성도들이 이미 받아들였던 예수 그리스도의 복음에 근거해서 판단할 수 있는 힘을 상실하게 만들었다.

적대자들은 또한 '잡아먹었다'(에이 티스 카테스티에이, ei tis katesthiei)고 비판을 받는데, 그들이 얻을 수 있는 것 이상의 재정적 지원을 요구했다는 뜻이다. 적대자들이 경제적인 이득을 위해서 고린도 교회 성도들을 착취했다는 것을 의미한다. 적대자들 또한 '빼앗았다'(에이 티스 람바네이, ei tis lam-banei)고 서술되는데, 이것은 고린도 교회 성도들을 사로잡았다는 뜻이다. 적대자들은 '스스로 높이는'(에이 티스 에파이레타이, ei tis epairetai) 사람이라고 비판을 받는다. 자기 자신을 높이는 태도는 결국 고린도 교회 성도들을 무례하고 오만하게 대하는 모습을 나타내는 것이다. 자신들을 함부로 대하고 자유를 억압하는 적대자들을 받아들이고 있는 모습이 참으로 어이가 없다.

마지막으로 바울은 적대자들이 고린도 교회 성도들의 '뺨을 칠지라도'(에이 티스 에이스 프로소폰 휘마스 데레이, ei tis eis prosopon hymas derei) 용납한다고 표현한다. 적대자들이 의도적으로 모욕을 주고 굴욕감을 줄지라도 참고 있는 모습은 고린도 교회 성도들과 적대자들의 비정상적인 관계를 결정적으로 표현해 주는 것이다.

온갖 자기 자랑과 칭찬을 늘어놓는 적대자들이 실상은 고린도 교회 성도들 스스로 판단하고 행동하지 못하도록 만들었다. 그럼에도 고린도 교회 성도들이 적대자들을 기쁘게 용납하는 어리석음을 비판하는 것이다. 이와 같은 서술을 통해서 바울은 고린도 교회 안에 들어와서 성도들을 속이고 있는 적대자들의 정체에 대하여 적나라하게 밝히고 있다. 이제 고린도 교회 성도들은 올바른 판단을 할 수 있도록 바울이 전했던 복음으로 돌아서야 한다.

[11 : 21a] 21절 상반절에서 "나는 우리가 약한 것같이 욕되게 말하노라"(카타 아티미안 레고 호스 호티 헤메이스 에스테네카멘, kata atimian lego hos hoti hemeis esthenekamen)라고 이 단락을 요약하고 결론을 내린다. 적대자들이 온갖 자랑과 칭찬을 늘어놓으며 고린도 교회 성도들을 현혹하고 미혹시켰지만, 자신은 다른 방식으로 말할 것을 강조하는 것이다. 바울은 약한 것에 대해서 말하는 것이 부끄럽다고 말하지만 이것은 하나의 아이러니한 표현이다. 다시 말해서 바울은 부끄러울 것이 없는 것이다. 주의 뜻대로 자랑하게 된다면 약한 것은 더 이상 부끄러운 것이 아니다. 바울은 약한 것을 자랑하게 될 것이며, 이와 같은 자랑은 분명히 주 안에서 하는 자랑이 될 것이다.

2. 그리스도의 일꾼으로 겪었던 고난의 목록들(11 : 21b – 29)

21b그러나 누가 무슨 일에 담대하면 어리석은 말이나마 나도 담대하리라 22그
들이 히브리인이냐 나도 그러하며 그들이 이스라엘인이냐 나도 그러하며 그

들이 아브라함의 후손이냐 나도 그러하며 [23]그들이 그리스도의 일꾼이냐 정
신없는 말을 하거니와 나는 더욱 그러하도다 내가 수고를 넘치도록 하고 옥
에 갇히기도 더 많이 하고 매도 수없이 맞고 여러 번 죽을 뻔하였으니 [24]유대
인들에게 사십에서 하나 감한 매를 다섯 번 맞았으며 [25]세 번 태장으로 맞고
한 번 돌로 맞고 세 번 파선하고 일주야를 깊은 바다에서 지냈으며 [26]여러 번
여행하면서 강의 위험과 강도의 위험과 동족의 위험과 이방인의 위험과 시내
의 위험과 광야의 위험과 바다의 위험과 거짓 형제 중의 위험을 당하고 [27]또
수고하며 애쓰고 여러 번 자지 못하고 주리며 목마르고 여러 번 굶고 춥고
헐벗었노라 [28]이 외의 일은 고사하고 아직도 날마다 내 속에 눌리는 일이 있
으니 곧 모든 교회를 위하여 염려하는 것이라 [29]누가 약하면 내가 약하지 아
니하며 누가 실족하게 되면 내가 애타지 아니하더냐

[11 : 21b] 이 단락에서 바울은 자신이 자랑하려는 것이 무엇인지 밝힌다. 예수 그리스도의 사도로서 선교 사역을 담당하면서 경험했던 온갖 고난에 대한 목록을 열거하며 이와 같은 고난이 모두 주의 뜻대로 자랑하는 것임을 강조한다. 21절 하반절에서 바울은 이제 본격적으로 자신이 하려는 자랑을 시작한다. 그는 "그러나 누가 무슨 일에 담대하면 어리석은 말이나마 나도 담대하리라"라고 말한다. '누가'(티스, tis)는 적대자들을 지칭한다. 적대자들이 '무슨 일에 담대하면'(티스 톨마, tis tolma) 바울도 '담대할 것이다'(톨모 카고, tolmo kago)라고 말한다. 이러한 표현은 적대자들이 용감하게 자랑한다면 자신도 용감하게 자랑할 것이라는 뜻이다. 자랑하는 것이 어리석은 일이라는 것을 거듭 강조하지만 고린도 교회 성도들을 설득하고 올바른 길을 제시하기 위해서 용기를 내서 자랑하겠다는 것이다. 이 단락에서 삽입된 '어리석은 말이나마'(엔 아프로쉬네, en aphrosyne)라는 표현은 어리석은 사람으로서의 역할을 계속하겠다는 의지를 나타낸다. 어리석다고 비판을 받을지도 모르지만 고린도 교회 성도들을 깊은 애정을 갖고 대하는 모습을 발견하게 된다.

[11 : 22−23a] 22절에서 바울은 적대자들이 자랑했던 내용을 각각 서술하면서 반박한다. 적대자들은 '히브리인'(헤브라이오이, Hebraioi), '이스라엘인'(이스라엘리타이, Israelitai) 그리고 '아브라함의 후손'(스페르마 아브라암, sperma Abraam)이라고 자랑을 늘어놓았다. 히브리인이라는 용어는 일반적으로 유대인을 지칭하는 용어이며, 이스라엘인은 여호와 하나님으로부터 선택받은 하나님의 백성이란 의미에서 사용된 유대인들의 자기표현이며, 아브라함의 후손은 하나님과 언약을 통해서 하나님의 백성이 된 것을 총체적으로 나타내는 용어다. 이와 같은 3가지의 호칭과 용어는 모두 유대인으로서의 자의식을 강조하는 표현들이다. 적대자들이 고린도 교회 성도들을 향해서 이와 같은 용어들을 가지고 자랑했다는 뜻이다. 바울은 수사의문문을 통해서 히브리인, 이스라엘인, 아브라함의 후손이라고 주장하는 적대자들에 뒤지지 않게 그 자신도 유대인으로서의 정체성을 지니고 있다고 강조한다.

23절 상반절에서 바울은 적대자들의 자랑과 주장에 정면으로 반박한다. 적대자들은 스스로 '그리스도의 일꾼'(디아코노이 크리스투, diakonoi Xristou)이라고 주장하고 자랑했다. 고린도 교회에 들어와서 성도들을 미혹하고 속이며 다른 복음, 다른 영, 다른 예수를 전하던 사람들이 스스로를 그리스도의 일꾼이라고 말한 것이다. 분명히 이와 같은 주장과 자랑이 바울과 적대자들 사이에 가장 근본적인 문제였고, 바울은 이 호칭을 적대자들에게 적용하기를 거부한다. 바울이 사도로서의 권위와 자격을 갖추지 못했다고 비판하고 험담을 늘어놓았던 적대자들이 그들 스스로 그리스도의 일꾼이라고 자랑하는 것은 결코 어울리지 않는다. 그래서 유대인으로서의 자격에 대해서 반박했던 바울이 이제는 그리스도의 사도로서의 자격에 있어서 자신과 적대자들이 비교가 되지 않는다고 반박하는 것이다. 그래서 바울은 "정신없는 말을 하거니와 나는 더욱 그러하도다"(파라프로논 랄로 휘페르 에고, paraphronon lalo hyper ego)라고 강하게 표현하며 자신이 온갖 어려움에도 불구하고 그리스도의 일꾼으로서 최선을 다하고 있다고 강조한다.

[11 : 23b-27] 23절 하반절부터 바울은 예수 그리스도의 사도로서 온갖 고난을 당했던 목록을 나열하면서 본격적인 자랑을 시작한다. 그가 서술하는 자랑이 어떻게 적대자들의 자랑과 다른지는 분명하게 밝혀진다. 고난의 목록을 소개하면서 그리스도의 사도로서 경험한 고난이 자랑이라고 강조하는 것이다. 이와 같은 고난의 목록은 첫째로 23절 하반절부터 25절까지 온갖 수고, 투옥, 매 맞음과 죽을 고비로 언급된다. "수고를 넘치도록 하고"(엔 코포이스 페리소테로스, en kopois perissoteros)라는 표현은 생계유지를 위한 수고와 함께 전도 사역으로 말미암은 수고를 가리킨다. "옥에 갇히기도 더 많이 하고"(엔 퓔라카이스 페리소테로스, en phylakais perissoteros)라고 언급하는 것에 대한 역사적 사실을 증명하는 것은 쉽지 않지만 여러 번 옥에 감금되고 투옥되었던 것은 분명할 것이다.

"매도 수없이 맞고"(엔 플레가이스 휘페르발론토스, en plegais hyper-ballontos)라는 표현은 24절과 25절에서 구체적으로 더 설명한다. 24절에서는 유대인의 처벌에 의한 매 맞음을 표현하는 것으로 "유대인들에게 사십에서 하나 감한 매를 다섯 번 맞았다."고 말한다. 유대인으로서는 해서는 안 될 일을 한 경우 40번을 넘기지 않는 매를 때릴 수 있도록 정해 놓은 율법 규정(신 25 : 2-3)을 가리킨다. 유대인으로부터 가해진 형벌이라는 측면에서 바울은 분명히 유대인으로서 자의식뿐만 아니라 유대인으로 인정을 받고 있었다. 25절에서는 "세 번 태장으로 맞고"(트리스 에라브디스텐, tris erabdisthen)라고 언급하고 있는 것을 볼 때 로마인에게도 처벌을 당한 것으로 추정해 볼 수 있다. 로마인은 태장이라는 매 맞음에서 면제가 되었음에도 불구하고 그와 같은 매 맞음을 세 번 맞았다는 것은 사회의 암적 존재로 취급받았다는 것을 추정할 수 있다. 유대인의 처벌이든 로마인의 형벌이든 매 맞음은 가혹한 것이어서 매를 맞는 도중에 죽는 경우도 있었기 때문에 정말로 엄청난 고난을 받은 것은 사실이다. 그래서 23절에서 "여러 번 죽을 뻔하였다."(엔 타나토이스 폴라키스, en thanatois pollakis)고 바울은 말하고 있는 것이다. 25절에서 바울은 계속해서 "한 번 돌로 맞고 세 번 파선하고 일주야를 깊은 바다에서 지냈다."고 강조한다. 이와 같은 고난의 목록에서 바울이 복음을 전하기 위해서 온갖 수고와 고난을 받았으며 죽음의 위기에 직면했던 것을 알 수 있다.

26~27절은 육로로 여행하면서 겪었던 고난에 대한 서술이다. 26절에서는 "강의 위험과 강도의 위험과 동족의 위험과 이방인의 위험과 시내의 위험과 광야의 위험과 바다의 위험과 거짓 형제 중의 위험을 당했다."고 반복해서 진술한다. 복음을 전파하기 위한 육로 여행 중에 만난 '위험'(킨뒤노이스, kindynois)을 8회에 걸쳐 강조하여 표현한다. 27절에서 바울은 "또 수고하며 애쓰고 여러 번 자지 못하고 주리며 목마르고 여러 번 굶고 춥고 헐벗었노라"라고 강조한다. 예수 그리스도의 사도로서 복음을 전하는 사역이 생활고에 시달리는 것뿐만 아니라 육체의 기본적 욕구도 충족시킬 수 없는 험난한 것이었음을 나타내는 것이다. 이와 같은 고난의 목록에서 알 수 있는 것처럼 바울은 자신이 누구보다 복음을 위해 고난 받고 수고한 사람이라는 것을 자랑하고 있는 것이다(최승락 2007, 208). 어리석은 사람이 될지도 모른다는 염려에 직면하면서도 바울이 자랑하려는 것은 그 자신을 드러내거나 높이려는 것이 아니었다. 오로지 복음을 전파하기 위한 사도로서의 사역을 올바로 감당하기 위해서 피할 수 없는 고난을 자랑하는 것이다.

[11 : 28–29] 28~29절에서 바울은 이제 사도로서 고린도 교회 성도들을 향한 열정과 관심을 갖는 것을 표현한다. 28절에서 "이외의 일은 고사하고"(코리스 톤 파레크토스, choris ton parektos)라는 표현은 위에서 열거한 고난들에 대한 언급으로부터 벗어나서 신속하게 다른 주제로 넘어가는 기능을 수행한다. 바울은 고난의 목록을 소개하면서 진정한 그리스도의 일꾼으로 살아간다는 의미를 서술한다. 그리고 곧바로 고린도 교회 성도들을 위한 깊은 애정을 묘사한다. 바울은 "아직도 날마다 내 속에 눌리는 일이 있으니 곧 모든 교회를 위하여 염려하는 것이라"라고 말한다. 모든 교회를 생각할 때마다 갖게 되는

'눌리는 일'(에피스타시스, epistasis)과 '염려'(메림나, merimna)라는 내적 수고에 대해서 언급한다. 고린도 교회 성도들에게 처음으로 예수 그리스도의 복음을 전했던 바울은 사도로서의 목회적인 관심과 책임감을 갖고 있는 것이다. 다른 복음, 다른 영, 다른 예수를 전하는 적대자들의 간계에 미혹되고 속아서 예수 그리스도의 복음으로부터 멀어진 고린도 교회 성도들을 돌이킬 필요를 느낀 것이다.

29절에서 바울은 신앙공동체 구성원 가운데 '누가 약하면'(티스 아스테네이, tis asthenei) 자신도 '약해진다'고 말한다. 또한 신앙공동체 가운데 '누가 실족하게 되면'(티스 스칸달리제타이, tis skandalizetai) '자신은 애탄다'(에고 퓌루마이, ego pyroumai)고 말한다. 실족하다는 단어는 죄에 빠져서 걸려 넘어지는 것을 뜻한다. 고린도 교회 성도들이 적대자들에게 미혹되고 실족하여 잘못된 길로 들어서 있는 것을 목격한 바울은 불타는 심정으로 교회를 돌보려는 목회적 관심을 갖게 된 것이다.

> 그것은 이곳에 드러나는 바울에 대한 놀라운 묘사다. 우리가 그에 관해 정말로 알고 있는 것이 얼마나 적은가! 이 목록에 나타나지 않은, 이야기되지 않은 용기와 깊은 연민과 인내가 얼마나 많은가! 그리고 이 사건들 모두 단지 10여 년 정도의 기간 안에 일어났음에 틀림없다. 더구나 이런 묘사들은 그의 외부적인 삶만을 나타낼 뿐이다. 우리가 알고 있는 바울의 속성들, 특히 그의 믿음에 대한 그의 표현과 이해는 전혀 이곳에 나타나고 있지 않다(Best 2005, 175)

예수 그리스도의 사도로서 사역을 수행하는 것은 결코 쉬운 일이 아니다. 적대자들이 그리스도의 일꾼으로 혹은 그리스도의 사도로서 권위와 자격을 자랑하지만, 바울이 경험하고 직면했던 온갖 종류의 고난과는 거리가 멀다. 생활고와 생계유지를 위한 수고와 애씀뿐만 아니라 죽을 고비를 넘기면서 사도로서 사역을 담당한 가장 중요한 이유는 고린도 교회 성도들을 위한 목회적 관심과 애정 때문이다.

3. 다메섹에서 고난의 경험(11 : 30 – 33)

> 30내가 부득불 자랑할진대 내가 약한 것을 자랑하리라 31주 예수의 아버지 영원히 찬송할 하나님이 내가 거짓말 아니하는 것을 아시느니라 32다메섹에서 아레다 왕의 고관이 나를 잡으려고 다메섹 성을 지켰으나 33나는 광주리를 타고 들창문으로 성벽을 내려가 그 손에서 벗어났노라

[11 : 30] 바울은 이제 자랑의 주제로 다시 돌아온다. 자신이 자랑하려는 것의 내용과 이유를 설명하면서 약함이 목적이라고 말한다. 30절에서 바울은 "내가 부득불 자랑할진대"(에이 카우카스타이 데이, ei kauchasthai dei)라고 표현하면서 자랑하려는 것이 목적이 아니라는 점을 분명하게 밝힌다. 하지만 바울은 자랑을 해야 한다면 "약한 것을 자랑하겠다."(테스 아스테네이아스 무 카우케소마이, tes astheneias mou kauchesomai)라고 말한다. 고난의 목록을 소개하는 것도 약한 것을 자랑한 것이었지만 32~33절에서 소개하는 이야기는 가장 약하고 수치스러운 일화를 가지고 자랑하려고 하는 것이다. 자랑하는 것이 어리석은 일이며 지혜로운 일이 아니지만 적대자들에 대항하기 위해서 자랑하는 방식을 선택한다. 바울이 자랑하면서 가장 중요하게 여기는 부분은 자신의 약함이며 약함 중에서도 가장 약하고 수치스러운 부분이다.

[11 : 31] 31절은 일종의 맹세문으로 30절과 32절을 연결하는 역할을 수행한다. 바울은 이 맹세문에서 "주 예수의 아버지 영원히 찬송할 하나님이 내가 거짓말 아니 하는 것을 아시느니라"라고 말하며 자신의 진실을 증언한다. '주 예수의 아버지 영원히 찬송할 하나님'(호 테오스 카이 파테르 투 퀴리우 예수 오 이뎬 호 온 율로게토스 에이스 투스 아이오나스, ho theos kai pater tou kyriou

Iesou oiden ho on eulogetos eis tous aionas)이라는 표현은 하나님께 대한 장엄한 칭호이다. 이와 같은 장엄한 이름을 가진 하나님께서 바울이 거짓말을 하는 것이 아니라고 보증해 주신다는 뜻이다. 지금까지 고난의 목록에서 열거했던 온갖 어려움과 죽을 고비를 넘기기까지 겪었던 사도로서의 사역을 보증해 줄 분이 하나님이시라고 말하는 것이다. 바울은 '거짓말 아니 하는 것'(호티 우 프슈도마이, hoti ou pseudomai)이라고 표현하면서 부정적인 용어를 부정함으로써 강한 긍정을 이끌어 낸다. 하나님의 이름을 보증으로 내세워서 바울의 사도로서의 자격이 참되다고 단언하는 것이다.

[11 : 32-33] 32~33절에서 바울은 그의 인생에서 수치스러운 일화를 소개한다. 다메섹 성에서 아레다 왕의 고관으로부터 탈출했던 이야기를 있는 그대로 서술한다. '다메섹'(다마스코, Damasko), '아레다 왕'(아레타 투 바실류스, Areta tou Basileus), '고관'(호 에트나르케스, ho ethnarches)이라는 구체적인 명칭이 많이 언급되는 것은 바울에게 일어난 일이 역사적으로 신빙성이 있음을 보여 주는 기능을 한다. 다메섹에서 탈출하는 일화는 또한 사도행전 9 : 23~25에서 소개된다.

> 아레다 왕이란 기원전 9년부터 기원후 39년까지 중심 도시 페트라에서부터 요르단 동쪽 나타테아 왕국을 통치하던 아레다 4세이다. 다메섹 자체는 로마의 통치하에 있었지만 사업지역으로서 나바테아 사람들이 자체 내의 수호병까지 두고 지키던 장소였다(김판임 1999, 276).

바울이 다메섹에 있을 때 죽음의 위협을 피해서 탈출했던 이야기를 소개한다. 33절에서 그는 "광주리를 타고 들창문으로 성벽을 내려가 그 손에서 벗어났노라"라고 말한다. 바울이 도망칠 때 사용했던 '광주리'(사르가네, sargane)는 일상생활에서 떡이나 생선 같은 것을 담는 도구이다. 음식을 담던 광주리를 타고 성을 탈출했다는 것을 상상하는 것만으로도 바울이 얼마나 허둥대며 도망쳤을지, 그리고 얼마나 죽음의 위협에 직면했는지를 알 수 있다. 이와 같은 볼품이 없는 모습으로 성을 탈출했던 이야기를 소개하는 것은 그 자신이 겁쟁이라는 것을 보여 줄 뿐만 아니라 음식을 담는 광주리 안에 들어갔다는 것 또한 그 자신을 웃음거리로 만들 수 있는 행동이었다. 그럼에도 바울은 이 이야기를 소개하면서 자신의 약함을 자랑하고 싶다는 의지를 나타낸다. 고난과 어려움, 죽음의 위협에 직면하는 상황을 솔직하게 서술하는 것이 놀랍다. 자신의 수치스러운 이야기를 고린도 교회 성도들에게 소개함으로써 자신이 진정으로 자랑하려는 것은 약함이라고 말한다. 대부분의 사람들, 특히 바울의 적대자들은 어두웠던 과거나 고생했던 일, 또는 부끄러운 과거의 일을 이야기하기 꺼렸을 것이다. 자기를 드러내고 높이려는 적대자들의 자랑과는 달리 바울은 겸손하고 약한 모습을 있는 그대로 보여 줌으로써 자랑하고 있는 것이다. 이것이 바로 육체를 따라 자랑하는 것이 아니라 주를 따라 자랑하는 것이다.

설교를 위한 묵상

약함을 자랑하라

스스로 자신을 자랑하는 일이 어리석은 일이라는 것을 잘 알고 있지만, 바울을 반대하는 적대자들을 대항하는 방식으로 자랑을 사용하고 있음을 분명하게 밝힌다. 스스로를 칭찬하거나 자기 자랑을 부정적으로 생각하는 바울에게 있어서 지금 고린도 교회 성도들을 향해서 자랑을 용납해 달라고 요청하는 것은 쑥스러운 일이다. 하지만 바울은 거듭 자랑할 수 있도록 받아 달라고 말한다. 불쑥 찾아와서 온갖 자랑을 늘어놓았던 적대자들을 용납하는 고린도 교회 성도들을 설득하고 적대자들에게 대항하는 방법으로 자랑하는 방법을 사용하려는 것이다. 결국 바울이 자랑하려는 의도는 스스로를 칭찬하거나 높이기 위한 것이 아니라 고린도 교회 성도들을 향한 깊은 애정에서 비롯한 것이다.

바울은 약한 것을 자랑하게 될 것이며, 이와 같은 자랑은 분명히 주 안에서 하는 자랑이 될 것이다. 예수 그리스도의 사도로 선교 사역을 담당하면서 경험했던 온갖 고난에 대한 목록을 열거하며 이와 같은 고난이 모두 주의 뜻대로 자랑하는 것임을 강조한다. 바울은 예수 그리스도의 사도로서 온갖 고난을 당했던 목록을 나열하면서 본격적인 자랑을 시작한다. 바울이 서술하는 자랑이 적대자들의 자랑과 어떻게 다른지는 분명하게 밝혀진다. 고난의 목록을 소개하면서 그리스도의 사도로서 경험한 고난이 자랑이라고 강조한다. 예수 그리스도의 사도로서 사역을 수행한다는 것이 결코 쉬운 일이 아니다. 바울은 자신이 자랑하려는 것의 내용과 이유를 설명하면서 강함이 아니라 약함이 목적이라고 말한다. 바울이 자랑하면서 가장 중요하게 여기는 부분은 자신의 약함이며 약함 중에서도 가장 약하고 수치스러운 일이다. 바울은 자기를 드러내고 높이려는 적대자들의 자랑과는 달리 겸손하고 약한 모습을 있는 그대로 보여 주는 자랑이다. 이것이 바로 육체를 따라 자랑하는 것이 아니라 주를 따라 자랑하는 것이다.

약함을 자랑할 수 있는가? 자신의 가장 수치스럽고 나약하고 볼품없는 모습을 드러내는 것이 자랑이라고 말하는 바울의 태도를 본받을 수 있을까? 목회자와 사역자 그리고 그리스도인으로 살아가는 이 시대의 성도들에게 바울은 약함 속에 역사하시는 하나님의 능력을 의지하라고 권면한다. 바로 지금 한국 교회에 필요한 것은 이와 같이 겸허하고 낮은 태도로 하나님의 능력을 의지하는 것이다.

D. 바울의 신비한 체험과 약한 것을 자랑함(12 : 1–10)

1. 바울의 신비한 체험(12 : 1–6)

[1]무익하나마 내가 부득불 자랑하노니 주의 환상과 계시를 말하리라 [2]내가 그
리스도 안에 있는 한 사람을 아노니 그는 십사 년 전에 셋째 하늘에 이끌려
간 자라 (그가 몸 안에 있었는지 몸 밖에 있었는지 나는 모르거니와 하나님은
아시느니라) [3]내가 이런 사람을 아노니 (그가 몸 안에 있었는지 몸 밖에 있었
는지 나는 모르거니와 하나님은 아시느니라) [4]그가 낙원으로 이끌려 가서 말
로 표현할 수 없는 말을 들었으니 사람이 가히 이르지 못할 말이로다 [5]내가
이런 사람을 위하여 자랑하겠으나 나를 위하여는 약한 것들 외에 자랑하지
아니하리라 [6]내가 만일 자랑하고자 하여도 어리석은 자가 되지 아니할 것은
내가 참말을 함이라 그러나 누가 나를 보는 바와 내게 듣는 바에 지나치게
생각할까 두려워하여 그만두노라

12장에서도 바울은 계속해서 자랑의 주제에 대해서 논한다. 스스로를 칭찬하고 자기 자랑을 늘어놓는 것이 어리석은 일이라고 거듭 강조해 온 바울은 진정한 자랑이 무엇인지 구체적으로 밝힌다. 자랑이 필요가 없고 유익한 것은 아니지만 어쩔 수 없이 자랑을 해야 한다면 자기 자신을 드러내고 높이는 일이 아니라 하나님의 영광을 위해서 자랑할 것이라고 말하고 있다. 이 단락에서 바울은 오랫동안 가슴 깊이 간직하고 있던 신비한 체험, 즉 주의 환상과 계시에 대해서 소개한다. 아마도 적대자들은 온갖 종류의 환상과 계시를 말하며 자신들의 사도로서의 권위와 자격을 강조하며 자기 자랑을 늘어놓았을지도 모른다. 거짓 사도가 전하는 다른 복음, 다른 영, 다른 예수에 현혹되고 속아서 고린도 교회 성도들이 처음으로 전해 주었던 예수 그리스도의 복음을 멀리하는 모습은 바울에게 커다란 상처가 되었을 것이다. 이제 바울

은 오랜 기간 그 누구에게도 밝히지 않았던 신비한 체험을 소개하면서 자랑의 진정한 의미를 제시한다.

[12 : 1] 1절은 "무익하나마 내가 부득불 자랑하노니 주의 환상과 계시를 말하리라"라고 시작한다. 이 구절은 바울이 가장 수치스러운 일화를 소개하면서 자신의 약함을 자랑하겠다고 말했던 이전 단락(11 : 30 – 33)과 셋째 하늘에서 경험했던 신비한 체험을 서술하는 단락(12 : 2 – 4)을 연결하는 역할을 수행한다. 자신을 드러내는 자랑이 어리석은 일이기 때문에 바울이 약함을 자랑하며 신비한 체험에 대해서 말하는 것에 대해 설명이 필요했다는 뜻이다. 그래서 바울은 '무익하나마'(우 쉼페론, ou sympheron)라는 표현을 사용한다. 자랑이 이로울 게 없다는 말이다. 유익한 것을 뜻하는 헬라어 '쉼페론'을 부정을 의미하는 헬라어 '우'와 함께 사용하여 유익하지 않다는 의미로 쓰였다. 유익한 것을 의미하는 단어 '쉼페론'은 일반적으로 기독교 신앙공동체의 유익을 가리키는 경우에 사용한다(고전 6 : 12 ; 10 : 23 ; 12 : 7 ; 고후 8 : 10). 여기에서 사용된 유익하지 않다는 이 표현은 결국 자신들의 주장을 관철하기 위해서 자랑을 일삼았던 바울의 적대자들에 대한 논쟁적인 진술을 드러내는 것이다. 자랑하는 것은 어리석은 일이며, 특히 자기 자신을 높이거나 드러내는 것은 옳지 않다.

자랑이 유익하기 위해서는 자신이 아니라 주를 위한 자랑이 되어야 한다. 자랑하는 것을 원치 않는 바울이지만 고린도 교회의 상황이 자랑에 대해서 서술할 수밖에 없는 급박한 것이다. 그래서 "내가 부득불 자랑하노니"(카우카스타이 데이, kauchasthai dei)라고 말한다. 자신을 높이거나 드러내기 위한 자랑이 아니라 어쩔 수 없이 자랑할 수밖에 없다는 뜻이다. '부득불'(데이, dei)이라는 표현은 꼭 해야만 하는 의무를 내포한다. 고린도 교회의 상황은 바울로 하여금 반드시 자랑을 해야만 하도록 만들었다.

바울은 지금부터 자신이 오랫동안 간직하고 있던 신비한 체험을 이야기하려고 한다. 놀랍게도 바울은 "주의 환상과 계시를 말하리라"라고 서술한다. '주의 환상과 계시'(옵타시아스 카이 아포칼륍세이스 퀴리우, optasias kai apokalypseis kyriou)는 바울의 신비한 체험을 가리킨다. 환상과 계시라는 용어는 거의 동일한 의미를 지니고 있어서 차이가 없고, 자신이 경험한 신비한 체험을 나타내는 것이다.

[12 : 2-3] 2절에서 바울은 신비한 체험을 한 자신을 '그리스도 안에 있는 한 사람'(안트로폰 엔 크리스토, anthropon en Xristo)이라고 지칭한다. 3인칭으로 자기 자신을 부르고 있는 것에 대해서 많은 논의가 있지만 자신을 자랑하고 드러내는 것을 꺼리는 바울의 태도를 보여 준다고 할 수 있다. 이처럼 3인칭으로 자기 자신을 지칭하는 표현은 '그'(톤 토이우톤, ton toiuton) 또는 '이런 사람'(톤 토이우톤 안트로폰, ton toiouton anthropon)으로 언급되면서 계속되는 것을 알 수 있다. 자신이 아니라 다른 사람에 관해서 언급하는 것처럼 표현하는 모습에서 자랑하는 것을 조심하는 바울의 태도를 발견하게 된다.

바울의 신비한 체험은 '십사 년 전'(프로 에톤 데카테사론, pro eton dekatessaron)에 일어난 일이다. 신비한 체험을 경험한 이 사건은 분명히 바울에게 있어서 그의 삶 전체에 생생하게 기억될 것이었지만 자주 언급하지 않았다는 사실에 주목해야 한다. 주의 환상과 계시에 관해서 말하지 않는 이유에 대해서 밝히고 있는 것처럼, 말로 표현할 수 없을 정도로 놀라운 체험인 것은 분명하다. 십사 년 전에 일어난 이 사건에 대해서 아주 간략하게 표현하지만 그것은 아주 대단하고 신비스러운 체험이다. "그는 십사 년 전에 셋째 하늘에 이끌려 간 자라"(하파게논타 톤 토이우톤 헤오스 트리투 우라누, hapagenonta ton toiouton heos tritou ouranou)라고 간략하게 서술된다. 바울은 여기에서 자신을 '그'라고 지칭하고 십사 년 전에 셋째 하늘에 이끌려 갔었다고 말한다. 유대인들에게 친숙했을 '셋째 하늘'(트리투 우라누, tritou ouranou)이란 우주관은 신약성경에서는 생소한 표현으로 유일하게 여기에만 나타난다. 바울은 하늘을 첫째 하늘, 둘째 하늘, 셋째 하늘로 구분하면서 셋째 하늘이 하나님께 더 가까운 곳이라는 의미로 사용한 것처럼 보인다. 셋째 하늘이라는 이 용어가 4절에서 '낙원'이라고 표현되는 것을 주목해 볼 때 하나님께서 계시는 곳을 가리킨다고 할 수 있다.

하나님께서 계시는 곳으로 바울이 어떻게 갔다는 것인가? 그는 '이끌려 갔다'(하르파겐타, harpagenta)고 표현하면서 자신의 의지나 힘과는 관계가 없이 그곳에 갔다고 말한다. 전적으로 모두 다 하나님께서 행동의 주체가 되는 것을 발견하게 된다. 바울이 셋째 하늘에 어떤 방식으로 간 것인가? 2~3절에서 바울은 "그가 몸 안에 있었는지 몸 밖에 있었는지 나는 모르거니와 하나님은 아시느니라"라고 표현한다. 이와 같은 고백을 통해서 바울은 이 계시와 환상이 전적으로 하나님께서 주관하신 사건인 것을 서술한다. 육신의 몸을 가지고 갔는지 혹은 육신의 몸을 떠나서 영의 상태로 갔는지 바울 자신은 '모른다'(욱 오이다, ouk oida)고 말한다. 하나님께서 계신 셋째 하늘에 어떤 몸으로 갔는지 구별할 수 없다고 말하는 바울의 고백은 그 자신이 신비한 체험을 했다는 것을 반영한다. 바울은 "하나님은 아시느니라"(호 테오스 오이덴, ho theos oiden)라고 지적하면서 이 신비한 체험을 경험했다는 것을 증언해 줄 분이 하나님이시라는 점을 분명하게 밝힌다. 바울이 2~3절을 거듭 반복하면서 신비한 체험을 경험한 상태에 대해서 모른다고 말하는 것은 결국 환상이나 계시를 지나치게 자랑하는 적대자들을 반박하기 위한 표현일 수도 있다. 적대자들이 경험한 신비한 체험을 지나치게 자랑함으로써 자신들을 높이고 드러내려는 의도와는 달리 바울은 매우 조심스럽게 신비한 체험을 언급하고 있음에 주목해야 한다.

[12 : 4] 4절에서 바울은 '셋째 하늘'을 '낙원'(톤 파라데이손, ton paradeison)이라는 용어로 바꾸어서 표현하는데, 셋째 하늘과 낙원은 동일한 의미로 사용되고 있다. 신약성경에서 낙원이라는 용어가 사용된 경우는 단 세 번밖에 없

다(눅 23 : 43 ; 고후 12 : 4 ; 계 2 : 7). 3인칭으로 지칭했던 바울은 그 자신이 낙원으로 '이끌려 갔다'(헤르파게, herpage)고 말한다. 이와 같은 수동태의 표현을 신성 수동태라고 부른다. 이 표현은 행동의 주체가 하나님이시라는 것을 나타낸다. 하나님께서 바울을 이끌고 셋째 하늘과 낙원으로 가셨다는 뜻이다. 바울의 의지와는 전혀 상관이 없이 전적으로 하나님께서 행동하셨다는 것을 보여 줌으로써 숨겨진 행위의 주체가 하나님이시라는 점을 부각시킨다. 신비한 체험을 경험하도록 기회를 제공해 주시는 분도 하나님이시며, 신비한 체험을 하고 있는 몸의 상태를 알고 계신 분도 하나님이시라는 점을 고백한다. 이러한 모습에서 바울의 겸손한 태도를 찾아볼 수 있다. 바울은 낙원에서의 경험을 "말로 표현할 수 없는 말을 들었으니 사람이 가히 이르지 못할 말이로다"라고 서술한다. 이와 같은 표현은 매우 역설적이다. 신비스럽고 놀라운 말을 들었지만 말로 표현할 수 없는 것이기에 함부로 말하지 않겠다는 뜻이다. 낙원에 있을 때 보았거나 들었던 것에 관해서 아무것도 말하지 않는 바울의 모습에서 하나님께서 주신 신비한 체험을 소중하게 여기는 태도를 발견하게 된다.

[12 : 5] 5절에서 바울은 계속해서 3인칭으로 자신을 지칭하면서 "내가 이런 사람을 위하여 자랑하겠으나"(휘페르 투 토이우투 카우케소마이, hyper tou toioutou kauchesomai)라고 표현한다. 계속해서 그는 자신의 신비한 체험을 드러내거나 자랑하는 것이 옳지 않다고 말한다. 오히려 그 자신이 주 안에서 자랑할 것은 "오직 나를 위하여는 약한 것들 외에 자랑하지 아니하리라"라고 말하며 자랑의 주제에 대한 자신의 견해를 밝힌다. 바울 자신을 위해서 자랑한다면 '약한 것'(아스테네이아이스, astheneiais)만을 자랑하겠다고 말한다. 예수 그리스도의 사도로서 사역을 수행하면서 겪었던 온갖 고난의 목록(11 : 21-29)과 가장 수치스러운 일화(11 : 32-33)를 소개하면서 약함을 언급했던 바울은 계속해서 약함의 주제에 주목한다. 바울이 스스로 염두에 두었던 사

도로서의 유일하고 타당한 권위와 자격은 그리스도의 능력이 그 자신 안에서 온전히 나타날 수 있도록 약함을 자랑하는 것이다. 바울은 고린도 교회에 보낸 이 서신을 통해서 지속적으로 약함의 주제를 강조해 왔다. 바울의 약함은 곧 그리스도의 능력으로 이어진다는 다음 단락의 논의에 주목하게 된다면, 바울이 예수 그리스도의 사도로서 적절한 자격을 지니고 있음을 발견하게 된다.

[12 : 6] 6절에서 바울은 자랑과 어리석은 자에 논의를 반복해서 언급하며 자신이 경험한 신비한 체험을 과도하게 자랑하지 않는 이유를 설명한다. 바울은 "내가 만일 자랑하고자 하여도 어리석은 자가 되지 아니할 것은 내가 참말을 함이라"라고 말한다. 자랑하는 것을 원하지 않지만 만약에 자랑한다고 할지라도 '참말'(알레테이안, aletheian)을 할 것이기 때문에 어리석은 사람이 되지 않을 것이라는 뜻이다. 왜냐하면 바울 자신은 과장하여 포장하거나 과도하게 드러내는 자랑을 하지 않기 때문이다. 바울이 스스로를 자랑하지 않는 이유를 "누가 나를 보는 바와 내게 듣는 바에 지나치게 생각할까 두려워하여 그만두노라"라고 밝힌다. 바울에게서 보고 듣는 것 이상으로 그를 평가하고 판단하는 것을 염려한다는 뜻이다. 적대자들이 지나치게 자랑하고 과도하게 포장하는 것과는 사뭇 비교가 된다.

신비한 체험을 언급하면서 자랑할 것처럼 보였던 바울은 고린도 교회 성도들이나 적대자들이 예상하는 것과는 달리 전혀 다른 길을 선택한다. 자기 자랑이나 스스로를 칭찬함으로써 사도로서의 권위나 자격을 강화하려고 시도하지 않는다. 대신에 전적으로 하나님과 예수 그리스도를 자랑하는 것을 선택했다는 뜻이다. 고린도 교회 성도들이 바울 자신을 '지나치게 생각할까'(에메 로기세타이 휘페르, eme logisetai hyper)를 염려하고 있다. 자기를 지나치게 높이고 과도하게 평가하는 것을 경계하는 동시에 자기 자랑을 상당히 조심하고 있는 바울의 태도를 발견하게 된다. 이와 같은 표현을 통해서 바울은 적대자들이 고린도 교회 성도들에게 내세웠던 사도로서의 권위와 자격에 관해서 대항한다. 또한 고린도 교회 성도들이 진정한 사도의 본질을 발견할 수 있도록 제시한다. 예수 그리스도의 사도는 오로지 하나님의 영광을 높이고 주를 자랑해야 한다는 바울의 사도로서의 지향점을 보여 주는 것이다.

2. 육체의 약함을 자랑(12 : 7-10)

> 7여러 계시를 받은 것이 지극히 크므로 너무 자만하지 않게 하시려고 내 육체
> 에 가시 곧 사탄의 사자를 주셨으니 이는 나를 쳐서 너무 자만하지 않게 하려
> 하심이라 8이것이 내게서 떠나가게 하기 위하여 내가 세 번 주께 간구하였더
> 니 9나에게 이르시기를 내 은혜가 네게 족하도다 이는 내 능력이 약한 데서
> 온전하여짐이라 하신지라 그러므로 도리어 크게 기뻐함으로 나의 여러 약한
> 것들에 대하여 자랑하리니 이는 그리스도의 능력이 내게 머물게 하려 함이라
> 10그러므로 내가 그리스도를 위하여 약한 것들과 능욕과 궁핍과 박해와 곤고
> 를 기뻐하노니 이는 내가 약한 그때에 강함이라

[12 : 7] 이 단락에서 바울은 약함의 주제에 주목한다. 주의 환상과 계시를 보고 들었던 바울의 신비한 체험보다 더 중요한 사도로서의 본질은 약함이라고 선언한다. 7절의 "여러 계시를 받은 것이 지극히 크므로"(카이 테 휘페르볼레 톤 아포칼륍세온, kai te hyperbole ton apokalypseon)라는 표현은 여러 가지 계시를 받았다는 것보다 더 놀랍고 위대하다는 의미를 갖는다. 다시 말해서 바울의 신비한 체험은 귀중하고 소중한 체험이라는 뜻이다. 분명히 이처럼 엄청난 계시를 경험했다면 커다란 자랑거리가 되겠지만 바울은 자랑하지 않는다고 말한다. 왜냐하면 자랑은 어리석은 일이라는 것을 알 뿐 아니라 진정한 자랑은 주와 하나님을 자랑하는 것임을 알고 있기 때문이다. 7절에서 바울은 신비한 체험을 자랑하지 않는 이유에 대해서 "너무 자만하지 않게 하심이라"(메 휘페르아이로마이, me hyperairomai)라고 두 번이나 반복해서 언급한

다. 바울이 경험한 엄청나고 놀라운 계시로 인해서 스스로를 높이려는 잘못을 저지르지 않겠다는 뜻이다. 하나님께서 바울로 하여금 자만하지 않도록 하셨기 때문에 이러한 결심을 할 수 있는 것이다. 이와 같은 표현을 통해서 바울의 적대자들이 과도하게 교만한 모습을 과시하는 것을 비판적으로 표현한 것이기도 하다.

바울은 하나님께서 자신을 너무 자만하지 않도록 하시는 방법으로 "내 육체에 가시 곧 사탄의 사자를 주셨다"라고 고백한다. 여기에서 말하는 육체의 가시가 무엇인지에 대해서 많은 논란이 있다. '육체의 가시'(스콜롭스 테 사르키, skolops te sarki)라는 용어는 신약성경에서 유일하게 이곳에만 나타난다. 이것은 바울이 고통스러워했던 육체의 질병이나 고통을 의미하는 것으로 간질, 말라리아, 안질이라고 제안된다. 바울을 괴롭혔던 육체의 질병에 관해서 신약성경, 특히 바울서신 가운데 하나인 갈라디아서에 언급된 다양한 표현을 통해서 눈과 관련된 질병인 것을 추정할 수 있다(갈 4 : 14-15 ; 6 : 11).

바울이 여기에서 사용한 '가시'(스콜롭스, skolops)는 고통스럽지만 치명적이지 않는 고통을 뜻한다. 이것은 그를 겸손하도록 하시려는 하나님의 은혜를 뜻한다. 바울은 이와 같은 육체의 고통을 '사탄의 사자'(앙겔로스 사타나, aggelos Satana)라고 표현한다. 이것은 심한 고통으로부터 사람이 스스로 벗어날 수 없다는 것을 나타내는 것이다. 바울이 너무 자만하지 않게 하도록 하나님께서 육체의 가시를 '주셨다'(에도데, edothe)고 말하는 것에 주목해야 한다. 이 용어는 일반적으로 하나님의 은혜가 수여될 때 사용되는 신성 수동태의 형태를 보인다. 인간의 삶 속에 일어난 사건이나 경험들의 배후에 숨겨진 행위의 주체가 하나님인 것을 보여 준다. 이와 같은 표현을 통해서 계시와 가시가 모두 하나님으로부터 온 것임을 강조하고 있다. 바울은 하나님께서 보여 주시고 들려주셨던 신비한 체험을 경험했고, 또한 육체의 가시를 통해서 신체적인 질병으로 고통에 시달렸지만 이것이 모두 다 하나님께로부터 온 것이라고 고백한다. 바울이 너무 과도하게 자신을 자랑하고 드러내는 것을 자제하도록 하나님께서 수여하신 은혜라는 뜻이다.

[12 : 8-9] 바울이 8절에서 언급한 '이것이'(휘페르 투투, hyper toutou)는 앞에서 언급했던 육체에 가시, 곧 사탄의 사자를 가리킨다. 바울은 신체적 질병이나 고통을 암시하는 육체에 가시를 제거해 달라고 "세 번 주께 간구했다"(트리스 톤 퀴리온 파레칼레사, tris ton kyrion parekalesa)고 말한다. 세 번 간구했다는 표현은 예수께서 겟세마네 동산에서 기도하신 모습을 연상시킨다(막 14 : 32-42). 세 번 간구했다는 것은 간절하고 절박하게 기도했다는 것을 나타내는 일반적인 표현이다. 십자가의 고난을 앞두고 간절하게 기도했던 예수님처럼, 바울도 육체에 가시를 제거해 주시도록 절박하게 기도했음을 알 수 있다.

9절은 바울이 간구한 기도에 대한 응답을 소개한다. 바울은 "나에게 이르시기를"(카이 에이레켄, kai eireken)이라고 서술하면서 단번에 올바른 결단을 하고 대답을 하고 있음을 보여 준다. 하나님께서 바울에게 말씀하셨다는 뜻을 지닌 이 완료형은 전혀 주저함이 없이 올바르고 적절하게 결정했음을 나타낸다. 바울이 간절하고 절박하게 간구했고, 하나님께서는 바울에게 "내 은혜가 네게 족하도다 이는 내 능력이 약한 데서 온전하여짐이라"라고 응답하신다. 하나님의 은혜가 바울에게 이미 충분하다는 뜻이다.

> 바울에게 '은혜'를 넘치게 주셨다는 것이다. '하나님의 은혜'는 바울의 사상 중에 가장 중요한 사상이다. 바울의 신학의 심장부가 된다. 은혜(카리스)는 고린도후서에만 하더라도 바울이 여러 번 이야기하는 주제이다(1 : 2, 12 ; 4 : 15 ; 8 : 1, 2, 4, 6, 7, 9, 19 ; 9 : 8, 14). 그리고 특별히 사도가 된 자신의 사도의 자격에 관련된 이야기를 할 때에 하나님의 은혜를 언급한다(김판임 1999, 294).

바울에게 있어서 은혜라는 용어가 얼마나 중요한 개념인지 주목할 필요가 있다. 사도로서의 권위와 자격이 하나님의 은혜로부터 주어졌다는 것을 고린도후서 서신의 처음부터 고백해 왔다. 적대자들의 비난과 험담에 대항하고 고린도 교회 성도들에게 올바른 길을 제시하기 위해서 신비한 체험을 소개하는 순간에도 바울은 하나님의 은혜를 언급한다. 모든 것이 다 하나님께로부터 온 것이라고 진술하고 선언하는 바울의 태도에서 전적으로 주를 자랑하고 하나님을 높이려는 겸손하고 헌신적인 모습을 찾아볼 수 있다.

바울은 하나님의 은혜를 그리스도의 능력과 연관해서 소개하면서 "내 능력이 약한 데서 온전하여짐이라"고 진술한다. 바울에 주셨던 육체에 가시와 같은 약함이 그리스도의 능력이 온전하게 나타나도록 하는 통로라는 뜻이다. 전적으로 그리스도의 능력을 의지하여 하나님께서 원하시는 사도로서 사명과 역할을 수행한다는 뜻이다. '능력'(뒤나미스, dynamis)은 '은혜'(카리스, charis)와 동의어로 볼 수 있다. 하나님의 은혜로 인해서 가장 심한 고통이나 비천한 삶을 견딜 수 있는 힘이 생겨나는 것처럼, 그리스도의 능력은 인간의 약함이라는 곳에서 가장 적절하게 나타날 수 있는 것이다. 육체에 가시라는 고통과 아픔을 몸에 짊어지는 것도 은혜라고 고백하고, 약함이 능력이 나타나는 통로라고 말하고 있는 바울은 결국 적대자들의 잘못된 가르침을 전면으로 부정한다. 바울이 처음으로 고린도 교회 성도들에게 전해 주었던 복음은 이와 같은 하나님의 은혜에 근거한 것이며, 전적으로 그리스도의 능력을 온전하도록 하기 위한 가르침인 것을 거듭 강조하는 것이다. 약함이 그리스도의 능력이 나타나는 통로라는 것을 깨달은 바울은 "그러므로 도리어 크게 기뻐함으로 나의 여러 약한 것들에 대하여 자랑하리니 이는 그리스도의 능력이 내게 머물게 하려 함이라"라고 말한다. 견딜 수 없는 상처와 아픔을 주었던 육체에 가시를 제거해 달라고 간구했던 바울이 이제는 '약한 것'(아스테네이아, astheneia)을 자랑한다. 왜냐하면 약한 것이 그리스도의 능력이 나타날 수 있는 가장 좋은 자리라는 것을 깨닫게 되었기 때문이다.

고린도 교회 성도들에게 보낸 서신에서 지속적으로 강조해 온 자랑의 주제를 다시 주목한다. 자랑은 자기 자신을 높이는 것이 아니라 전적으로 하나님을 높이는 것이라는 바울의 주장이 확인되는 순간이다. 온갖 비난과 험담으로 사도의 권위와 자격이 부정당하는 순간에도 결코 자기 자랑이나 스스로를 칭찬하는 행위를 하지 않았던 바울의 선택이 옳았다는 뜻이다. 바울의 간구는 하나님의 은혜로 응답을 받았다. 그의 약함은 이제 그리스도의 능력이 머물도록 하는 자리가 된다. '머물다'(에피스케노세, episkenose)라는 용어는 신약성경에서 유일하게 여기에만 나타나는 용어로 장막을 펴고 확고하게 머무는 것을 뜻한다. 이와 같은 표현을 통해서 바울은 그리스도의 능력이 그의 약한 곳에 계속해서 머물러 있기를 갈구하는 것이다.

[12 : 10] 10절에서 '그러므로'(디오, dio)라고 시작하면서 바울은 약함의 주제에 관한 결론을 내린다. 약함이라는 주제에 주목하면서 고난의 목록(11 : 23~33)을 간략하게 요약하며 '약한 것들'(엔 아스테네이아이스, en astheneiais)과 '능욕'(엔 휘브레신, en hybresin)과 '궁핍'(엔 아낭카이스, en anagkais)과 '박해'(엔 디오그모이스, en diogmois)와 '곤고'(엔 스테노코리아이스, en stenochoriais)를 겪는 것을 기쁘다고 말한다. 왜냐하면 이와 같은 고난은 모두 '그리스도를 위한 것'(휘페르 크리스투, hyper Xristou)이기 때문이다. 바울에게 있어서 그리스도를 위한 것이라는 이와 같은 표현은 가장 중요한 삶의 원칙일 뿐만 아니라 사도로서의 가장 중요한 자격이다. 예수 그리스도의 사도로서 올바른 권위와 자격을 부여받기 위해서는 언제나 그리스도를 위한 결단과 행동이 요청된다. 비록 온갖 능욕, 궁핍, 박해, 곤고 그리고 약한 것으로 인한 고통이 뒤따른다고 해도 그와 같은 고난을 기쁘게 받아들일 수 있는 근거는 바로 그리스도를 위한 것이기 때문이다.

이제 바울은 사도의 본질에 대해서 매우 중요한 고백, 즉 "이는 내가 약한 그때에 강함이라"라고 끝맺는다. 예수 그리스도의 사도라고 고백하는 사람은 자기 자랑이나 칭찬을 늘어놓은 대신에 그리스도의 능력을 의지해야 한다는 뜻이다. 바울의 신비한 체험과 육체에 가시를 소개하는 12 : 1~10의 단락 가운데 절정을 이루는 고백으로 사도의 본질을 표현하는 것이다. 바울이 이와 같은 역설적 고백을 할 수 있었던 까닭은 사도로서의 삶으로부터 온 체험에 근거한 것이다. 자신의 능력이나 힘을 의지하지 않고 오로지 그리스도의 능력을 의지하고 하나님의 은혜로 만족할 수 있는 비결을 깨달은 것이다.

설교를 위한 묵상

약할 때 능력이 되시는 주를 고백함

스스로를 칭찬하고 자기 자랑을 늘어놓는 것이 어리석은 일이라고 거듭 강조해 온 바울은 진정한 자랑이 무엇인지 구체적으로 밝힌다. 자랑이 필요가 없고 유익한 것은 아니지만 어쩔 수 없이 자랑을 해야 한다면 하나님의 영광을 위해서 자랑할 것이라고 말하고 있다. 바울은 오랫동안 가슴 깊이 간직하고 있던 신비한 체험, 주의 환상과 계시에 대해서 소개한다. 아마도 적대자들은 온갖 종류의 환상과 계시를 말하며 자신들의 사도의 권위와 자격을 강조하면서 자기 자랑을 늘어놓았을지도 모른다. 거짓 사도가 전하는 다른 복음, 다른 영, 다른 예수에 현혹되고 속아서 처음으로 전해 주었던 예수 그리스도의 복음을 멀리하는 고린도 교회 성도들의 모습은 바울에게 커다란 상처가 되었을 것이다. 이제 바울은 오랜 기간 동안 그 누구에게도 밝히지 않았던 신비한 체험을 소개하면서 자랑의 진정한 의미를 제시한다. 바울이 주의 환상과 계시에 관해서 말하지 않는 이유에 대해서 밝히고 있는 것처럼, 바울의 경험은 말로 표현할 수 없을 정도로 놀라운 체험인 것은 분명하다. 십사 년 전에 일어난 이 사건에 대해서 아주 간략하게 표현하지만 그것은 아주 대단하고 신비스러운 체험이다. 하나님께서 바울을 이끌고 셋째 하늘과 낙원으로 가셨다는 뜻이다. 바울의 의지와는 전혀 상관이 없이 전적으로 하나님께서 행동하셨다는 것을 보여 줌으로써 숨겨진 행위의 주체가 하나님이시라는 점을 부각시킨다. 신비한 체험을 경험하도록 기회를 제공해 주시는 분도 하나님이시며, 신비한 체험을 하고 있는 몸의 상태를 알고 계신 분도 하나님이시라는 점을 고백하는 바울의 겸손한 태도를 찾아볼 수 있다. 만약 한국 교회의 목회자나 사역자가 셋째 하늘이나 낙원에 다녀온 신비한 체험을 했다면 어떻게 했을까? 분명히 환상과 계시를 자랑하면서 하나님과 자신과의 특별한 관계를 강조하며 자신을 드러내고 높이려고 시도했을 것이다. 하지만 바울은 14년 동안이나 그와 같은 신비한 체험을 언급하지 않았다. 그 체험을 이야기하는 순간에도 오직 하나님의 능력과 인도하심을 자랑한다.

바울이 스스로 염두에 두었던 사도로서의 유일하고 타당한 권위와 자격은 그리스도의 능력이 그 자신 안에서 온전히 나타날 수 있도록 약함을 자랑하는 것이다. 바울은 고린도 교회에 보낸 이 서신을 통해서 지속적으로 약함의 주제를 강조해 왔다. 바울의 약함은 곧 그리스도의 능력으로 이어진다는 다음 단락의 논의에 주목하게 된다면, 바울이 예수 그리스도의 사도로서 적절한 자격을 지니고 있음을 발견하게 된다. 자기를 지나치게 높이고 과도하게 평가하는 것을 경계하는 동시에 자기 자랑을 상당히 조심하고 있는 바울의 태도를 발견하게 된다. 이와 같은 표현을 통해서 적대자들의 사도로서의 권위와 자격에 관해서 대항할 뿐만 아니라 고린도 교회 성도들이 진정한 사도의 본질을 발견할 수 있도록 제시한다. 예수 그리스도의 사도는 오로지 하나님의 영광을 높이고 주를 자랑해야 한다는 바울의 사도로서의 지향점을 보여 주는 것이다. 주의 환상과 계시를 보고 들었던 바울의 신비한 체험보다 더 중요한 사도로서의 본질은 '약함'이라고 선언한다. 바울이 이와 같은 역설적 고백을 할 수 있었던 까닭은 사도의 삶을 살아온 체험에 근거한 것이다. 자신의 능력이나 힘을 의지하지 않고 오로지 그리스도의 능력을 의지하고 하나님의 은혜로 만족할 수 있는 비결을 깨달은 것이다. 그리스도의 능력을 전적으로 의지할 수 있는 사람만이 약함 속에 역사하시는 하나님의 능력을 강조할 수 있다. 약할 때 능력되시는 하나님을 고백하는가?

E. 고린도 교회에 대한 염려(12 : 11 – 21)

1. 진정한 사도의 표(12 : 11 – 13)

[11]내가 어리석은 자가 되었으나 너희가 억지로 시킨 것이니 나는 너희에게 칭
찬을 받아야 마땅하도다 내가 아무것도 아니나 지극히 크다는 사도들보다 조
금도 부족하지 아니하니라 [12]사도의 표가 된 것은 내가 너희 가운데서 모든
참음과 표적과 기사와 능력을 행한 것이라 [13]내 자신이 너희에게 폐를 끼치지
아니한 일밖에 다른 교회보다 부족하게 한 것이 무엇이 있느냐 너희는 나의
이 공평하지 못한 것을 용서하라

[12 : 11] 11절에서 바울은 자랑의 주제를 거듭 서술하면서 고린도 교회에 대한 자신의 염려를 언급한다. 11절에서 "내가 어리석은 자가 되었다."(게고나 아프론, gegona aphron)라고 말하면서 자신의 의도와는 상관없이 자기 자랑을 해야 하는 정황을 설명한다. 고린도 교회 성도들에게 처음에 전했던 예수 그리스도의 복음을 수호하기 위해서 어쩔 수 없이 자랑했다는 뜻이다. 그러나 바울은 자기 자신을 자랑하는 일이 어리석은 일이라는 것을 또한 알고 있다는 말이다. 자랑의 목적은 자신을 높이거나 드러내는 것이 아니라 오직 하나님의 영광을 높이고 주를 자랑하는 것이라고 계속 강조해 왔기 때문이다. 그럼에도 바울이 자기 자신을 자랑한 이유는 전적으로 고린도 교회 성도들을 위한 목회적 관심 때문이다.

그래서 바울은 "너희가 억지로 시킨 것이라."(휘메이스 메 에낭카사테, hy-meis me enagkasate)라고 말한다. '억지로 시킨 것'(에낭카사테, enagkasate)이라는 용어는 강제, 압박, 어쩔 수 없음이라는 의미를 지닌다. 바울이 어리석은 자가 된 까닭은 고린도 교회 성도들이 자기 자랑을 강요했기 때문이다. 자신이 어쩔 수 없이 자랑하고 있지만 그것은 전적으로 고린도 교회 성도들

의 요구를 충족시키기 위한 것이다. 바울은 "나는 너희에게 칭찬을 받아야 마땅하도다"(에고 가르 오페일론 휘프 휘몬 쉬니스타스타이, ego gar opheilon hyph hymon synistasthai)라고 말한다. 칭찬을 받는다는 뜻은 고린도 교회 성도들로부터 바울이 환영받고, 바울이 전한 예수 그리스도의 복음이 환영받는 것을 의미한다. 하나님의 뜻대로 예수 그리스도의 사도로 부르심을 받았고 고린도 교회 성도들에게 처음으로 예수 그리스도의 복음을 전했다는 것을 당연히 인정해야 한다. 그럼에도 고린도 교회 성도들은 쉽게 속아 넘어갔을 뿐만 아니라 바울의 사도로서의 자격을 의심한다. 따라서 바울은 고린도 교회 성도들을 향해서 그 자신을 받아들이는 것이 동시에 그가 전한 예수 그리스도의 복음이 받아들이는 것이라고 말한다.

바울은 "지극히 크다는 사도들보다 조금도 부족하지 아니하니라"라고 다시 한 번 더 사도의 권위와 자격을 강조한다. '지극히 크다는 사도들'(톤 휘페르리안 아포스톨론, ton hyperlian apostolon)은 11 : 5에서 이미 언급되었던 것처럼, 예루살렘의 베드로, 요한, 야고보와 같은 사도들을 가리킨다. 여기에서 바울이 '지극히 크다는 사도들'을 비판하는 것이라고 보는 것은 옳지 않다. 오히려 적대자들이 예루살렘 사도들의 권위에 의존해서 바울을 비난하고 험담을 했고 그로 인해서 받았던 상처나 고통을 비판하는 것이다.

사도의 권위와 자격을 강조하는 바울은 예루살렘의 사도들과 비교해서 "조금도 부족하지 아니하니라"(우덴 휘스테레사, ouden hysteresa)라고 말한다. 이러한 표현은 단 하나의 점에서도 열등하지 않다는 뜻이다(Martin 2007, 816). 바울이 지극히 크다는 사도들과 비교해서 조금도 부족하거나 열등하지 않다고 말하는 것은 이렇게 비난하고 험담하는 적대자들이 있음을 추정할 수 있게 한다. 고린도 교회 성도들 가운데 일부는 이와 같은 주장에 동조하는 사람들이 있었음을 또한 생각해 볼 수 있다. 이렇게 말하고 있는 바울이지만 자기 스스로를 "내가 아무것도 아니다."(에이 카이 우덴 에이미, ei kai ouden eimi)라고 인식한다. 아마도 적대자들이 바울을 향해서 보잘것없는 사람 혹은 고려할 가치가 없는 사람이라고 비난했을 것이다. 그런데 바울은 그 비난을 그대로 받아들여서 자신이 아무것도 아니고 보잘것없는 사람이라고 인정한다. 왜냐하면 바울은 하나님 앞에서 아무것도 아니라고 이미 고백했기 때문이다.

[12 : 12] 그래서 바울은 12절에서 진정한 사도의 자격에 관해서 서술한다. '사도의 표'(세메이아 투 아포스톨루, semeia tou apostolou)는 진정한 사도임을 나타내는 표적이라는 뜻이다. 아마도 적대자들이 '사도의 표'라는 표현을 사용하면서 사도의 권위와 자격에 대한 논란을 일으켰을 것이다. 그래서 바울은 '표적과 기사와 능력'(세메이오이스 테 카이 테라신 카이 뒤나메신, semeiois te kai terasin kai dynamesin)을 행하는 것에 주목한다. 이와 같은 세 가지 용어는 이적을 행하는 것을 나타내는 용어들이다. 바울은 하나님의 말씀과 복음을 전하는 사역자들이 이러한 이적을 행하는 능력을 가졌다고 인정할 뿐만 아니라 바울 자신도 그러한 이적들을 행할 수 있다고 말하는 것이다. 표적과 기사와 능력을 행하는 능력을 가지고 있기 때문에 자신들이 진정한 사도라고 주장했던 적대자들에 대한 바울의 대응이다. 하나님의 사역을 수행하는 사람들이 표적과 기사와 능력을 가지고 있는 것은 가능하며, 바울 자신도 분명히 이러한 이적을 행했다는 것을 거듭 강조한다. 이와 같은 표현을 통해 바울은 자신이 진정한 사도의 표를 가지고 있음을 주장하는 것이다.

[12 : 13] 진정한 사도의 표를 지니고 있는 바울은 고린도 교회 성도들이 서운하게 생각하는 주제를 거듭 반복한다. 13절에서 바울은 "내 자신이 너희에게 폐를 끼치지 아니한 일밖에 다른 교회보다 부족하게 한 것이 무엇이 있느냐"라고 반문하면서 재정적 지원과 연관된 주제를 언급한다. 복음을 전하는 사도로서의 사역을 수행했을 때 대가나 보수를 받는 것은 관행과도 같은 당연한 것이었지만 바울은 고린도 교회 성도들로부터 아무런 재정적 도움을 받지

않았다. 왜냐하면 바울은 고린도 교회 성도들에게 '폐를 끼치지 않으려 했기' (우 카테나르케사, ou katenarkesa) 때문이다. 고린도 교회와 다른 교회의 차이는 오직 재정적 지원을 받지 않는 것 외에는 없다는 뜻이다.

적대자들은 이와 같이 바울이 고린도 교회 성도들로부터 재정적 도움을 받지 않기 때문에 진정한 사도로서의 자격이 없다고 비난했을 것이다. 경제적 지원을 받지 않는 것은 폐를 끼치고 부담을 주지 않으려는 의도이다. 이와 같은 행동이 결코 고린도 교회 성도들을 경시하거나 무시한 행동이 아니라는 점을 강조한다. 그래서 바울은 "너희는 나의 이 공평하지 못한 것을 용서하라"라고 말한다. 바울이 고린도 교회 성도들로부터 생활비와 보수를 포함해서 재정적인 지원을 받지 않고 다른 교회, 즉 마게도냐 지방의 교회로부터 후원을 받은 것을 용서해 달라고 말한다. 분명히 바울에게 있어서 재정적 도움의 문제는 고린도 교회 성도들과의 올바른 관계를 유지하기 위해서 해결해야 할 과제 가운데 하나였다. 공평하지 못한 것이라는 표현은 바울이 고린도 교회를 다른 교회와 다르게 대우했던 것처럼, 바울은 적대자들의 처신과는 구별되게 행동했다는 것이다. 따라서 바울이 고린도 교회 성도들을 공평하지 않게 대했다는 표현은 반어법적이다. 비록 바울이 고린도 교회 성도들로부터 경제적 지원을 받지 않았지만 그것이 사도로서의 권위와 자격과는 무관하다는 주장이다. 따라서 보수를 받지 않는 것이 문제가 된다면 너그럽게 받아달라는 요청이다.

2. 고린도 교회 방문 계획과 끝없는 사랑 표현(12 : 14－18)

14보라 내가 이제 세 번째 너희에게 가기를 준비하였으나 너희에게 폐를 끼치
지 아니하리라 내가 구하는 것은 너희의 재물이 아니요 오직 너희니라 어린
아이가 부모를 위하여 재물을 저축하는 것이 아니요 부모가 어린아이를 위하
여 하느니라 15내가 너희 영혼을 위하여 크게 기뻐하므로 재물을 사용하고 또

내 자신까지도 내어 주리니 너희를 더욱 사랑할수록 나는 사랑을 덜 받겠느냐 [16]하여간 어떤 이의 말이 내가 너희에게 짐을 지우지는 아니하였을지라도 교활한 자가 되어 너희를 속임수로 취하였다 하니 [17]내가 너희에게 보낸 자 중에 누구로 너희의 이득을 취하더냐 [18]내가 디도를 권하고 함께한 형제를 보내었으니 디도가 너희의 이득을 취하더냐 우리가 동일한 성령으로 행하지 아니하더냐 동일한 보조로 하지 아니하더냐

[12 : 14] 바울은 고린도 교회 성도들을 방문할 계획을 언급하면서 재정적 도움과 관련된 주제를 강조한다. 바울은 고린도 교회를 다시 방문하게 될 때도 고린도 교회 성도들로부터 경제적 지원을 받지 않을 것이라는 원칙을 거듭 진술한다. 14절에서 바울은 "보라 내가 이제 세 번째 너희에게 가기를 준비하였다."라고 말하면서 고린도 교회를 방문할 계획에 대해서 서술한다. 세 번째 방문 계획이라는 말을 통해서 바울은 이미 고린도 교회를 두 번 방문했다는 것을 알 수 있다. 바울이 고린도를 방문하고 그들에게 처음으로 복음을 전하고 교회를 세운 것(행 18 : 1-17)이 첫 번째 방문이고, 그 후 고린도 교회에 문제를 해결하기 위해서 에베소로부터 고린도를 두 번째로 방문한 고통스러운 방문(고후 2 : 1)이 그것이다(박익수 1999, 388).

이제 바울은 세 번째 방문을 계획하면서 지금까지 지켜 왔던 원칙을 바꾸지 않겠다고 단언한다. 복음을 전한 대가로 생계비와 같은 재정적 도움을 받지 않겠다는 것이다. 세 번째 고린도 교회 방문을 준비하는 바울에게 가장 마음에 걸리는 것은 경제적 지원을 받지 않는다는 원칙을 유지하는 일이다. 그래서 바울은 "너희에게 폐를 끼치지 아니하리라"라고 말한다. '폐를 끼친다'(카타나르케소, katanarkeso)는 말은 경제적 부담을 준다는 뜻으로 바울은 결코 고린도 교회 성도들에게 경제적으로 짐을 지울 의사가 없다는 것이다.

바울은 지금까지 고린도 교회 성도들로부터 재정적 지원을 받지 않았고 따라서 경제적 부담을 주지 않았다. 이와 같은 개인적 소신과 원칙을 계속적

으로 유지하겠다는 뜻이다. 복음을 전하는 교회와 성도들에게 폐를 끼치지 않겠다는 의미도 있지만 이후에 논의가 될 가난한 예루살렘 성도들을 위한 헌금을 모금하는 일과도 관련이 있다. 바울은 "내가 구하는 것은 너희의 재물이 아니요 오직 너희니라"(우 가르 제토 타 휘몬 알라 휘마스, ou gar zeto ta hymon alla hymas)라고 서술함으로써 고린도 교회 성도들에게 요구하는 것이 경제적 지원이 아니라는 것을 분명하게 강조한다. 적대자들뿐만 아니라 고린도 교회 성도들이 중요하게 여기는 재물, 돈, 보수와 같은 경제적 측면과는 전혀 다른 측면에 주목한다. 바울이 고린도 교회 성도들에게 요구하는 것은 바로 고린도 교회 성도들(휘마스, hymas)이다. 복음을 전하고 그에 상응하는 대가를 받는 것을 진정한 사도의 표라고 주장했던 거짓 사도들과 적대자들과는 달리 바울은 전혀 다른 것을 주장한다. 고린도 교회 성도들에게 경제적 부담을 주지 않으면서 전심으로 그들을 사랑하고 있음을 보이는 차별성을 발견할 수 있다. 사도의 사역을 수행하는 중요한 목적이 돈이나 재물이 아니라 복음을 받아들이는 교회와 성도들이라는 점을 주목하는 것이다.

바울이 얼마나 고린도 교회 성도들에게 애정이 있는가를 보여 주는 표현 가운데 하나가 바로 부모와 자녀의 관계로 서술하는 것이다. 고린도 교회 성도들에게 재정적 도움을 받지 않는 이유는 "어린아이가 부모를 위하여 재물을 저축하는 것이 아니요 부모가 어린아이를 위하여 하느니라"라는 표현에서 나타난다. 바울은 고린도 교회 성도들을 부모와 같은 심정으로 대한다. 자녀가 부모를 돌보는 것이 아니라 부모가 자녀를 돌보는 것이 옳기 때문에 바울은 고린도 교회 성도들로부터 경제적 지원을 받지 않아도 된다는 것이다. 여기에서 사용된 '저축한다'(테사우리제인, thesaurizein)는 단어는 단순한 도움이나 자원을 넘어서 돈을 모아 놓는다는 뜻이다. 돈을 모아 놓는다는 의미의 저축하는 것은 예루살렘 교회를 위한 헌금을 모금하는 것을 상기시킨다. 적대자들은 바울을 돈과 재물에 탐욕적이라고 비난하고 험담했을 가능성을 보여 주는 논쟁적 표현이다.

[12 : 15–16] 15절에서 바울은 부모의 심정으로 고린도 교회 성도들을 어떻게 사랑하는지 표현한다. 바울은 "내가 너희 영혼을 위하여 크게 기뻐하므로 재물을 사용하고 또 내 자신까지도 내어 줄 것이라"라고 말한다. 바울은 '내가'(에고, ego)라는 용어로 표현하면서 그 자신을 강조한다. 그와 같은 강조는 바울이 고린도 교회 성도들에게 폐를 끼치거나 해를 입히는 사람이 아니라 오히려 사랑과 헌신을 위한 사도라는 것을 주장하는 것이다. '너희 영혼'(톤 프쉬콘 헤몬, ton psychon hymon)은 고린도 교회 성도들을 가리킨다. 바울은 고린도 교회 성도들을 위해서 "크게 기뻐하므로 재물을 사용하고 또 내 자신까지도 내어 줄 것이라"(헤디스타 다파네소 카이 에크다파네테소마이, hedista dapaneso kai ekdapanethesomai)라고 서술한다. 여기에서 사용된 '사용하다'(다파네소, dapaneso)와 '내어 주다'(에크다파네테소마이, ekdapanethesomai)라는 미래시제 동사로 물질을 포함한 자원 그리고 자기 자신까지 아끼지 않고 내어 줄 것이라고 말하는 것이다. 이와 같은 주장을 통해서 바울은 자신이 진정으로 원하는 것이 돈이나 재물이 아니라는 점을 분명하게 지적한다.

모든 정성을 다해서 고린도 교회 성도들을 사랑하고 헌신을 보여 주었는데 고린도 교회 성도들은 어떤 반응은 보이는지 질문한다. 바울은 그들에게 "너희를 더욱 사랑할수록 나는 사랑을 덜 받겠느냐"고 반문한다. 바울이 왜 이렇게 반문하는지에 대한 이유는 16절에서 찾아볼 수 있다. 고린도 교회 성도들에게 폐를 끼치지 않고 경제적 부담을 주지 않았던 이유가 다른 속셈이 있기 때문이라는 아주 심각한 비난을 인용한다. "하여간 어떤 이의 말이"(에스토 데, esto de)라는 표현에서 짐작할 수 있는 것처럼, 바울을 반대하는 몇몇 사람들이 있어서 전혀 상상할 수 없는 비난과 험담을 퍼뜨린다. 이에 대해 바울은 "너희에게 짐을 지우지는 아니하였을지라도 교활한 자가 되어 너희를 속임수로 취하였다"라고 한다.

적대자들이 바울의 사도로서의 권위와 자격에 타격을 주기 위해서는 고린도 교회 성도들이 완전하게 미혹되어서 바울을 등지도록 만들어야 했다.

왜냐하면 적대자들은 바울이 복음을 전파하는 사도의 사역을 수행하면서 보수나 대가를 받지 않는 것에 몹시 당황했을 뿐만 아니라 진정한 사도라면 재정적 도움을 받는 것이 당연한 것이라는 자신들의 주장과 다른 것을 받아들일 수 없었기 때문이다. 따라서 그들은 바울이 고린도 교회 성도들에게 경제적 부담을 주지 않았을지라도 다른 속셈이 있었다고 비난하고 험담을 해야만 했을 것이다. 적대자들은 바울을 "교활한 자가 되어 너희를 속임수로 취하였다"(알라 휘파르콘 파누르고스 돌로 휘마스 엘라본, alla hyparchon panourgos dolo hymas elabon)고 비난한다. 여기에서 사용된 '교활한'(파누르고스, pan-ourgos)이라는 단어와 '취하다'(엘라본, elabon)라는 용어는 논쟁적 의도를 담고 있다. 고린도 교회 성도들로부터 착취하고 빼앗기 위해서 속임수로 위험에 빠뜨렸다는 뜻이다. 바울이 겉으로는 고린도 교회 성도들로부터 경제적 지원을 받지 않는 것처럼 보이지만 실상은 탐욕과 도둑질을 일삼는 사람이라고 깎아내리는 것이다.

[12 : 17-18] 바울은 17~18절에서 4개의 수사의문문을 제시하면서 사도로서의 자신의 순수성과 정직 그리고 성실성을 강조한다. 17절에서 바울은 첫째 수사의문문을 소개하는데, "내가 너희에게 보낸 자 중에 누구로 너희의 이득을 취하더냐"는 것이다. 둘째 수사의문문은 18절에서 "내가 디도를 권하고 함께한 형제를 보내었으니 디도가 너희의 이득을 취하더냐"는 것이다. 이러한 두 개의 수사의문문은 질문에 부정적 답변, 즉 아니라는 대답을 유도하는 질문이다. 고린도 교회 성도들에게 디도는 신실한 사람으로 신임을 얻고 있었다. 예루살렘 교회의 가난한 성도들을 위해 구제헌금 하는 일을 성실하게 수행했던 것을 인정했기 때문이다. 바울은 자신을 디도와 관련시키면서 자신과 동료들이 완전히 결백하게 행동했다고 주장할 뿐만 아니라 고린도 교회 성도들은 이러한 사실을 인정해야 한다고 촉구한다. 바울에 대한 비난과 험담이 전적으로 조작되고 날조된 것이라는 것을 지적하는 동시에 자신의 결백을 강

조하는 것이다.

18절 하반절에서 바울은 계속 수사의문문을 제시한다. 바울은 "우리가 동일한 성령으로 행하지 아니하더냐"는 것과 "동일한 보조로 하지 아니하더냐"고 묻는다. 이러한 두 개의 수사의문문은 긍정적 답변, 즉 그렇다는 대답을 기대하는 질문이다. 고린도 교회 성도들이 신임하는 디도와 마찬가지로 '동일한 성령'(아우토 프뉴마티. auto pneumati)과 '동일한 보조'(아우토이스 이크네신, autois ichnesin)로 행했다고 주장한다. 바울은 적대자들이 험담하는 것처럼 다른 속셈이나 탐욕이 있는 것이 아니라 오로지 고린도 교회 성도들을 위한 사랑과 헌신으로 행동해 왔다는 것을 분명하게 말하고 있다.

3. 고린도 교회 방문 계획과 진심 어린 권면(12 : 19－21)

> [19]너희는 이때까지 우리가 자기변명을 하는 줄로 생각하는구나 우리는 그리
> 스도 안에서 하나님 앞에 말하노라 사랑하는 자들아 이 모든 것은 너희의 덕
> 을 세우기 위함이니라 [20]내가 갈 때에 너희를 내가 원하는 것과 같이 보지 못
> 하고 또 내가 너희에게 너희가 원하지 않는 것과 같이 보일까 두려워하며 또
> 다툼과 시기와 분냄과 당 짓는 것과 비방과 수군거림과 거만함과 혼란이 있
> 을까 두려워하고 [21]또 내가 다시 갈 때에 내 하나님이 나를 너희 앞에서 낮추
> 실까 두려워하고 또 내가 전에 죄를 지은 여러 사람의 그 행한 바 더러움과
> 음란함과 호색함을 회개하지 아니함 때문에 슬퍼할까 두려워하노라

[12 : 19] 바울은 고린도 교회에 세 번째 방문을 할 계획하고 진심 어린 권면을 통해서 고린도 교회 성도들과 기쁜 만남을 갖길 기대한다. 하지만 고린도 교회의 상황은 바울이 기대하는 것처럼 원만한 상황은 아니었다. 그래서 바울은 고린도 교회를 방문하게 될 때 염려하고 걱정하는 상황이 생기지 않기를 원한다. 19절에서 바울은 "너희는 이때까지 우리가 자기변명을 하는 줄로 생

각하는구나"라고 말한다. 자기 자랑에 대해서 논하면서 변호하고 또한 변명하는 것처럼 보였던 것이 전적으로 자신의 유익을 위한 것이라고 그들이 오해할지도 모른다고 염려한다. "우리가 자기변명을 한다."(아폴로구메타, apologoumetha)는 말은 자기 자신을 위해서 글을 쓰고, 자신의 이익을 증진시키는 것을 뜻한다(Barrett 1986, 409). 바울이 고린도 교회 성도들에게 보낸 편지나 권면들이 바울 자신의 유익을 위해서 설득하려는 것이었다고 생각할 것에 대해서 염려하는 것이다.

하지만 바울은 두 가지의 표현을 통해서 자기 유익을 위한 것이 아니라고 분명하게 밝힌다. 우선 바울은 "우리는 그리스도 안에서 하나님 앞에 말하노라"라고 서술한다. 바울은 자신의 삶이 언제나 '그리스도 안에서'(엔 크리스토, en Christo) 진행된 것이라고 강조하는 동시에 '하나님 앞에'(카테난티 테오, katenanti theo)라는 표현을 통해서 자신의 사역을 항상 하나님의 심판과 연관시킨다. 바울이 자기 자신의 유익을 구하지 않으며 언제나 하나님의 뜻에 민감하게 사역했음을 반영한다.

둘째로 바울은 "사랑하는 자들아 이 모든 것은 너희의 덕을 세우기 위함이니라"라고 주장한다. '사랑하는 자들아'(아가페토이, agapetoi)라는 용어는 고린도 교회 성도들을 향한 사랑스러운 마음이 묻어난다. 이러한 호칭은 결국 바울이 그들을 향한 목회적 사역이 '너희의 덕을 세우기 위함'(테스 휘몬 오이코도메스, tes hymon oikodomes)이라는 것을 보여 준다. 사도로서의 바울이 고린도 교회 성도들을 향한 애정과 관심을 보인 이유를 반영한다. 교회를 세우고, 그리스도인을 바로 세우는 것이 사도로서의 권위를 올바로 사용하는 것이다. 지금까지 바울이 고린도 교회 성도들을 바로 세워서 교회다운 교회를 만들 뿐만 아니라 하나님의 표준에 맞추어 살아갈 수 있는 그리스도인을 세우도록 제안하기 위함이다.

[12 : 20-21] 20~21절에서 바울은 자신이 고린도 교회를 방문했을 때 그가 기

대하는 것과 다른 모습으로 대할 것을 염려한다. 다시 말해서 이전에 방문했을 때와 같은 불편한 태도를 갖지 않기를 원하는 것이다(Bruce 1980, 252). 20절에서 바울은 "내가 두려워한다."(포부마이, phoboumai)고 시작한다. 바울이 고린도 교회를 방문했을 때 두려워했던 것은 바울의 눈에 비추어진 고린도 교회 성도들의 모습이며, 또한 고린도 교회 성도들의 눈에 비추어진 바울의 모습이다. "너희를 내가 원하는 것과 같이 보지 못하다."는 것은 고린도 교회 성도들이 바울의 기대에 어긋나지 않을까 하는 것이다. 또한 "내가 너희에게 너희가 원하지 않는 것과 같이 보인다."는 것은 바울 자신이 고린도 교회 성도들의 기대에 어긋나지 않을까 하는 것이다. 바울은 고린도 교회 성도들과 완전한 화해를 기대하지만, 서로에 대한 불만으로 화해가 제대로 이루어지지 않을 것을 염려하고 두려워한다. 하나님의 말씀과 예수 그리스도의 복음을 처음으로 고린도 교회에 전파했을 때 회심하고 돌아왔던 고린도 교회 성도들이 바로 세워지고 회복되기를 기대하지만 고린도 교회의 상황은 좋아 보이지 않는다. 그래서 바울은 서로의 모습을 보는 것이 두렵다고 말하고 있는 것이다.

고린도 교회의 상황을 보여 주는 8가지 악덕을 소개하면서 "다툼과 시기와 분냄과 당 짓는 것과 비방과 수군거림과 거만함과 혼란이 있을까 두려워한다."고 말한다. '다툼'(에리스, eris)은 분쟁을 뜻하며, '시기'(젤로스, zelos)는 경쟁심을 의미하며, '분냄'(튀모이, thymoi)은 화를 내는 것이며, '당 짓는 것'(에리테이아이, eritheiai)은 이기적인 야심을 가리키고, '비방'(카타랄리아이, katalaliai)은 험담을 뜻하며, '수군거림'(프시튀리스모이, psithirismoi)은 흉을 보는 것이며, '거만함'(퓌시오세이스, physioseis)은 우쭐함을 가리키고, '혼란'(아카타스타시아이, akatastasiai)은 소란을 뜻한다. 수군거림과 거만함이라는 단어는 신약성경에서 유일하게 여기에만 나타나는 용어들(hapax legomenon)이다. 바울은 이처럼 신약성경의 다른 곳에서 별로 나오지 않거나 찾아볼 수 없는 용어들을 사용해서 고린도 교회의 상황을 표현한다.

바울은 8가지의 악덕 목록이 소개하는 상황이 고린도 교회에서 일어나지 않기를 기대한다. 21절에서 바울은 고린도 교회를 방문하게 될 때 직면하게 될 또 다른 상황에 대한 두려움을 표현한다. “내가 다시 갈 때에”(팔린 엘톤토스 무, palin elthontos mou)라는 표현을 통해서 바울은 분명히 고린도 교회에 세 번째 방문을 계획하고 있다. 방문할 때에 바울은 ‘내 하나님이 나를 너희 앞에서 낮추실까’ 두려워한다. ‘전에 죄를 지은 여러 사람(폴루스 톤 프로에마르테코톤, pollous ton proemartekoton)의 더러움과 음란함과 호색함을 회개하지 아니함’으로 인해서 바울 자신이 하나님께 부끄러움을 당할 것을 두려워한다는 것이다. 회개를 한다는 것은 이전의 잘못을 청산하고 방향을 전환한다는 것인데 이전에 범했던 죄악들을 계속해서 저지른다면 회개한 것이 아니다. 바울은 세 번째로 고린도 교회를 방문하게 될 때 고린도 교회 성도들이 회심하고 이전과는 다른 삶을 보여 주길 기대하는 것이다.

설교를 위한 묵상

교회를 진심으로 생각함

바울은 고린도 교회에 세 번째 방문을 할 계획하고 진심 어린 권면을 통해서 고린도 교회 성도들과 기쁜 만남을 갖기를 기대한다. 하지만 고린도 교회의 상황은 바울이 기대하는 것처럼 원만하고 회복된 상태는 아니었다. 그래서 바울은 고린도 교회를 방문하게 될 때 자신이 염려하고 걱정하는 상황이 생기지 않기를 원한다. 바울이 고린도 교회 성도들에게 보낸 편지나 권면들이 바울 자신의 유익을 위해서 설득하려는 것이었다고 생각할 것에 대해서 염려하는 것이다. 하지만 바울은 두 가지의 표현을 통해서 자기 유익을 위한 것이 아니라고 분명하게 밝힌다. 사도로서의 바울이 고린도 교회 성도들을 향한 애정과 관심을 보인 이유를 반영한다. 교회와 그리스도인을 바로 세우는 것이 사도로서의 권위를 올바로 사용하는 것이다. 지금까지 바울이 고린도 교회 성도들을 가르친 것은 교회다운 교회를 만들 뿐만 아니라 하나님의 표준에 맞추어 살아갈 수 있는 그리스도인을 세우도록 제안하기 위함이다. 언제나 교회를 바로 세우고, 그리스도인을 올바른 길로 이끌려는 바울의 애정과 사랑을 확인할 수 있다. 교회를 진심으로 아끼고 사랑하는 목회자와 사역자 그리고 그리스도인이라면 언제나 교회가 올바로 세워지고 있는가에 관심을 가져야 한다.

바울은 고린도 교회 성도들과 완전한 화해를 기대하지만, 서로에 대한 불만으로 화해가 제대로 이루어지지 않을 것을 염려하고 두려워한다. 하나님의 말씀과 예수 그리스도의 복음을 처음으로 고린도 교회에 전파했을 때 회심하고 돌아왔던 고린도 교회 성도들이 다시금 바로 세워지고 회복되기를 기대하지만 고린도 교회의 상황은 좋아 보이지 않는다. 그래서 바울은 서로의 모습을 보는 것이 두렵다고 말하고 있는 것이다. 회개를 한다는 것은 이전의 잘못을 청산하고 방향을 전환한다는 것인데 이전에 범했던 죄악들을 계속해서 저지른다면 회개한 것이 아니다. 바울은 세 번째로 고린도 교회를 방문하게 될 때 고린도 교회 성도들이 회심하고 이전과는 다른 삶을 보여 주길 기대하는 것이다. 회개하고 돌아와서 하나님께 올바로 설 수 있도록 끊임없는 관심과 애정을 보이는 바울의 태도는 이 시대의 목회자와 사역자에게 매우 큰 의미를 제공한다.

F. 권면과 마지막 인사(13 : 1 – 13)

1. 고린도 교회 방문 계획과 바울의 소망(13 : 1 – 4)

1내가 이제 세 번째 너희에게 가리니 두세 증인의 입으로 말마다 확정하리라
2내가 이미 말하였거니와 지금 떠나 있으나 두 번째 대면하였을 때와 같이
전에 죄 지은 자들과 그 남은 모든 사람에게 미리 말하노니 내가 다시 가면
용서하지 아니하리라 3이는 그리스도께서 내 안에서 말씀하시는 증거를 너희

가 구함이니 그는 너희에게 대하여 약하지 않고 도리어 너희 안에서 강하시니라 [4]그리스도께서 약하심으로 십자가에 못 박히셨으나 하나님의 능력으로 살아 계시니 우리도 그 안에서 약하나 너희에게 대하여 하나님의 능력으로 그와 함께 살리라

[13 : 1] 이제 고린도 교회에 보낸 둘째 편지를 마무리하는 13장에서 다시 고린도 교회의 세 번째 방문에 대해서 강조한다. 1절에서 바울은 "내가 이제 세 번째 너희에게 가리니"(트리톤 투토 에르코마이 프로스 휘마스, triton touto erchomai pros hymas)라고 말한다. 고린도 교회를 방문하겠다는 계획을 반복해서 언급하는 바울의 단호한 모습을 확인할 수 있다. 바울이 고린도 교회를 방문하게 될 때에 그의 복음과 가르침을 반대하거나 대적하는 사람들에게 엄중하게 대할 것임을 추정해 볼 수 있다. 바울은 그 자신뿐만 아니라 "두세 증인의 입으로 말마다 확정하리라"(에피 스토마토스 뒤오 마르튀론 카이 트리온 스타테세타이 판 레마, epi stomatos dyo martyron kai trion stathesetai pan rhema)라고 말한다. 두 명 혹은 세 명의 증인을 세워서 범죄 사실을 증언하도록 했던 신명기 19 : 15의 말씀을 인용한 것이다. 이와 같이 구약성경의 말씀을 인용해서 증인을 세우고 증언하겠다고까지 이야기하는 까닭은 고린도 교회 성도들이 죄를 떠나서 회심하고 바울의 가르침으로 돌아올 것을 바라고 있기 때문이다.

[13 : 2] 2절에서 바울은 "내가 이미 말하였거니와"(프로에이레카, proeireka)와 "미리 말하노니"(프로레고, prolego)라고 서술하는데, 이와 같은 반복적인 진술은 경고한다는 의미를 갖는다(Barrett 1986, 416). 고린도 교회를 방문하게 될 때 계속해서 충분한 경고를 했던 것처럼, 고린도 교회 성도들이 올바로 설 수 있도록 엄중한 조치를 취하겠다는 의지가 담겨 있다. 고린도 교회에 두 번째로 방문했을 때 죄를 범한 성도들이 회심하고 돌아오도록 경고하고

권면을 했지만 반성하지 않은 것으로 이해할 수 있다.

"지금 떠나 있으나 두 번째 대면하였을 때"(호스 파론 토 듀테론 카이 아폰 뉜, hos paron to deuteron kai apon nyn)라는 표현은 고린도 교회를 두 번째 방문하고 지금은 떨어져 있다는 것을 의미한다. 두 번째 방문이 회상하는 바울의 마음은 불편해 보인다. 지난 방문처럼 세 번째 방문이 결코 공연한 위협이나 경고에 머무르지 않을 것이라는 결단도 보인다. 그래서 바울은 '전에 죄 지은 자들과 그 남은 모든 사람'(토이스 프로에마르테코신 카이 토이스 로이포이스 파신, tois proemartekosin kai tois loipois pasin)에게 미리 경고한다. 부도덕한 생활과 성적인 문란을 포함한 죄악들뿐만 아니라 바울의 복음과 가르침에 대적하는 행위까지 엄중하게 대처할 것이라고 경고한다. 바울의 결연한 의지는 "내가 다시 가면 용서하지 아니하리라"(호티 에안 엘토 에이스 토 팔린 우 페이소마이, hoti ean eltho eis to palin ou pheisomai)라는 표현에서 나타난다. '용서하다'(페이소마이, pheisomai)라는 용어는 군사 용어로 적군을 죽일 기회가 있지만 그렇게 하지 않고 살려 준다는 의미를 지닌다. 따라서 이 용어를 사용하는 것은 전쟁터에서 적군을 살려 주는 자비를 베푸는 행위 따위는 결코 기대하지 말라는 엄중한 경고이다. 바울이 고린도 교회 성도들을 향해서 이와 같이 경고를 하는 까닭은 고린도 교회를 올바로 세우려는 사도로서의 마음을 지니고 있기 때문이다.

[13 : 3-4] 3절은 고린도 교회 성도들이 바울에게 증거를 요구하는 것에 대해 "이는 그리스도께서 내 안에서 말씀하시는 증거를 너희가 구함이니"(에페이 도키멘 제테이테 투 엔 에모이 랄룬토스 크리스투, epei dokimen zeteite tou en emoi lalountos Christou)라고 서술한다. 고린도 교회 성도들은 그리스도께서 바울 안에서 말씀하는 증거를 요구한다는 것이다. '증거'(도키멘, dokimen)라는 단어는 그리스도의 진정한 사도를 보여 주는 증거를 뜻한다. 그리스도께서 바울 안에서 말씀하시는 증거를 제시하라고 고린도 교회 성도들이 요구하

는 것은 사도의 권위와 자격에 대한 도전이다(김판임 1999, 318). 바울에게 그리스도를 "그는 너희에게 대하여 약하지 않고 도리어 너희 안에서 강하시니라"(호스 에이스 휘마스 우크 아스테네이 알라 뒤나테이 엔 휘민, hos eis hymas ouk asthenei alla dynatei en hymin)라고 말하며 진정한 사도의 자격에 대해서 논한다. 약함과 강함이라는 주제는 고린도후서에서 계속해서 중요하게 다루어지는 주제 가운데 하나이다. '강하다'(뒤나테이, dynatei)라는 용어는 신약성경 가운데 바울서신에만 소개되고(고후 9 : 8 ; 13 : 3 ; 롬 14 : 4) 언제나 하나님의 능력에 대해서 말할 때 사용된다는 것에 주목해야 한다. 바울 안에서 말씀하시는 그리스도께서 약해 보이지만 결코 약하지 않으며 하나님의 능력으로 강하게 나타난다고 주장한다. 만약에 그리스도 안에서 역사하시는 하나님의 능력을 인정한다면, 당연하게 바울 안에서 역사하시는 하나님의 능력을 또한 인정해야 한다는 것이다.

4절은 앞의 3절의 주장에 대한 근거가 된다. 바울은 "그리스도께서 약하심으로 십자가에 못 박히셨으나 하나님의 능력으로 살아 계시니 우리도 그 안에서 약하나 너희에게 대하여 하나님의 능력으로 그와 함께 살리라"라고 고백한다. 바울은 약함과 강함, 약함과 능력, 십자가와 부활이라는 주제에 대해서 거듭 강조하며 서술한다. '약하심'(아스테네이아스, astheneias)과 '하나님의 능력'(뒤나메오스 테우, dynameous theou)은 그리스도 안에 모두 나타난다. 마찬가지로 바울과 그의 동료들 안에도 이 약하심과 하나님의 능력이 나타나며 그로 인해서 살아간다. 바울을 반대하는 적대자들이 주장하는 능력은 이와 같은 능력과는 거리가 멀다. 적대자들의 주장에 동조하는 일부의 고린도 교회 성도들 또한 사도로서의 권위와 자격을 논하면서 다른 능력을 주장할지도 모른다. 분명한 것은 바울에게 있어서 그의 강함과 능력은 전적으로 약함으로부터 비롯된다. 그 약함은 항상 그리스도께서 역사하시는 하나님의 능력이 머무는 장소이다. 바울은 예수 그리스도의 사도로서 그리스도의 약함과 하나님의 능력에 의지한다(Pickett 1997, 211). 바울이 전한 복음을 믿고 그리스도인 되었다고 고백하는 고린도 교회 성도들 또한 이와 같은 약함과 능력의 관계에 동참하는 삶을 살아야 한다. 바울이 고린도 교회를 세 번째 방문하게 될 때 이와 같은 바울의 복음과 가르침을 전적으로 수용하고 받아들이는 교회의 상황이 되기를 기대하고 소망하고 있는 것이다.

2. 선을 행하고 온전하게 되기를 간구하고 권면(13 : 5-10)

> [5]너희는 믿음 안에 있는가 너희 자신을 시험하고 너희 자신을 확증하라 예수 그리스도께서 너희 안에 계신 줄을 너희가 스스로 알지 못하느냐 그렇지 않으면 너희는 버림받은 자니라 [6]우리가 버림받은 자 되지 아니한 것을 너희가 알기를 내가 바라고 [7]우리가 하나님께서 너희로 악을 조금도 행하지 않게 하시기를 구하노니 이는 우리가 옳은 자임을 나타내고자 함이 아니라 오직 우리는 버림받은 자 같을지라도 너희는 선을 행하게 하고자 함이라 [8]우리는 진리를 거슬러 아무것도 할 수 없고 오직 진리를 위할 뿐이니 [9]우리가 약할 때에 너희가 강한 것을 기뻐하고 또 이것을 위하여 구하니 곧 너희가 온전하게 되는 것이라 [10]그러므로 내가 떠나 있을 때에 이렇게 쓰는 것은 대면할 때에 주께서 너희를 넘어뜨리려 하지 않고 세우려 하여 내게 주신 그 권한을 따라 엄하지 않게 하려 함이라

[13 : 5-6] 이 단락에서 바울은 새로운 주제를 논하기 시작한다. 교회를 방문하기 전에 고린도 교회 성도들이 스스로를 성찰하고 바울을 사도로서 적절하게 평가해 주길 기대하며 요청한다. 5절에서 바울은 "너희는 믿음 안에 있는가 너희 자신을 시험하고 너희 자신을 확증하라 예수 그리스도께서 너희 안에 계신 줄을 너희가 스스로 알지 못하느냐"라고 질문한다. 고린도 교회 성도들이 '믿음 안에 있는가'(에이 에스테 엔 테 피스테이, ei este en te pistei)를 '너희 스스로 시험하라'(헤아우투스 페이라제테, heautous peirazete)고 말한다. 그리스도인이라는 자의식을 갖고 살아가는 고린도 교회 성도들이 과연 진정

한 그리스도인인지 스스로 돌아보고 성찰할 필요를 요청한다. 바울은 고린도 교회에 처음으로 예수 그리스도의 복음을 전하면서 성도들이 모두 그리스도를 본받는 삶을 살아갈 것을 기대하고 소망했다. 이제 바울은 고린도 교회를 방문할 계획 앞에 다시 고린도 교회 성도들이 믿음과 복음 앞에서 어떤 삶을 살고 있는지를 묻고 성찰할 시간이 필요하다고 판단한다.

바울이 여기에서 사용하는 '시험하다'(페이라제테, peirazete)라는 용어는 어떤 사람이 어떤 유형의 사람인가를 분별하라는 뜻이다. 믿음 안에서 살고 있는지 스스로 질문하고 누가 진정한 그리스도인가를 진지하게 돌아보고 성찰해 보라고 권면한다. 그리고 '예수 그리스도께서 너희 안에 계신 것'(예수스 크리스토스 엔 휘민, Iesous Christos en hymin)을 확인해 보라고 질문한다. "믿음 안에 있는가"를 질문하는 것과 "예수 그리스도께서 너희(고린도 교회 성도들) 안에 계신가"를 질문하는 것은 동일한 의미이다. 이와 같은 질문에 자신 있게 답변할 수 있는 사람들이 성도이며 그리스도인이다. 고린도 교회 성도들은 이와 같은 질문들에 적절하게 답변해야 하며 '그렇지 않으면 너희는 버림받은 자'(에이 메티 아도키모이 에스테, ei meti adokimoi este)가 된다. '버림받은 자'(아토키모이, adokimoi)는 자신을 시험하라는 질문에 적합하게 대답하지 못하는 사람들을 뜻한다. 다시 말해서 하나님께서 고린도 교회 성도들에게 요구하는 성도와 그리스도인의 유형에 들어맞지 않는다는 것이다. 그래서 바울은 6절에서 "우리가 버림받은 자 되지 아니한 것을 너희가 알기를 내가 바란다."라고 말한다. 바울과 그의 동료들이 '버림받은 자'(아토키모이, adokimoi)가 아니라는 것을 고린도 교회 성도들이 '알기를'(그노세스테, gnosesthe) 기대한다. 바울은 고린도 교회 성도들이 스스로를 성찰하고 돌아보며 진정한 그리스도인이 누구인지 적절하게 평가하게 된다면, 바울과 그의 동료들 또한 시험에 통과한 사람들이라는 것을 인정하게 될 것이라고 말한다.

[13 : 7-8] 7절에서 바울은 하나님께 고린도 교회 성도들을 위해서 기도한다

고 말한다. 바울이 간구하는 기도는 '하나님께서 너희로 악을 조금도 행하지 않게 하시기를 간구하는 것'이다. 바울이 고린도 교회 성도들 위해서 간구하고 기도하는 이유는 자신의 의로움이나 정당성을 드러내기 위한 것이 아니라 전적으로 고린도 교회 성도들이 '선을 행하게 하고자 하려는 것'(휘메이스 토 칼론 포이에테, hymeis to kalon poiete)이다. 바울이 고린도 교회 성도들 위해서 기도하는 목적이 교회를 올바로 세우기 위한 것이라는 표현에서 교회를 향한 바울의 진심 어린 마음을 찾아볼 수 있다.

8절에서 바울은 '그러므로'(가르, gar)라는 표현으로 자신이 주장하는 근거를 "우리는 진리를 거슬러 아무것도 할 수 없고 오직 진리를 위할 뿐이라."라고 분명하게 밝힌다. 바울과 그의 동료들은 '오직 진리를 위해서'(휘페르 테스 알레테이아스, hyper tes aletheias) 사역할 뿐이다. 여기에서 말하는 진리는 복음의 진리이다. 바울이 자신의 모든 것을 다 바쳐서 고린도 교회 성도들에게 전했던 복음의 진리가 사도로서 사역할 수 있는 행동의 근거였다. 고린도 교회가 악을 행하지 않고 선을 행하도록 하나님께 간구한 중요한 이유 가운데 하나는 바로 교회가 진리 가운데 올바로 세워지기를 바라기 때문이다.

[13 : 9] 9절에서 바울은 약함과 강함의 주제를 다시 언급하면서 자신의 신학적 의도를 설명한다. 바울은 "우리가 약할 때에 너희가 강한 것을 기뻐하고 또 이것을 위하여 구하니 곧 너희가 온전하게 되는 것이라"라고 말한다. 바울과 그의 동료가 '약할 때'(호탄 헤메이스 아스테노멘, hotan hemeis asthenomen) 기뻐한다는 것은 고린도 교회 성도들을 책망할 일이 없어졌다는 것이다. 그것은 또한 고린도 교회 성도들이 '강한 것'(휘메이스 데 뒤나토이, hymeis de dynatoi)을 의미해서 성도와 그리스도인으로서 적절하게 살아가게 되었다는 것이다. 바울은 여기에서 "이것을 위하여 구하니 곧 너희가 온전하게 되는 것이라"(투토 카이 유코메타 텐 휘몬 카타르티신, touto kai euchometha ten hymon katartisin)라고 고린도 교회 성도들을 위해서 기도한다. 바울이 원하는

기도의 제목은 고린도 교회 성도들이 '온전하게 되는 것'(카타르티신, katartisin)이다. 온전하게 되는 것이라는 단어는 신약성경에서 여기에만 나타나며(hapax legomenon) 탈골된 뼈를 제자리에 맞추어 넣는다는 뜻이다. 즉, 잘못된 것을 바로잡는다는 의미를 갖는다(Martin 2007, 904). 바울이 기도하는 것은 고린도 교회가 제자리를 잡아서 온전하게 회복되는 것이다. 교회가 설립되었을 당시에 들었던 예수 그리스도의 복음을 회복하고, 깨어진 관계를 회복하고, 바울과의 관계도 회복되길 기대하는 기도이다. 바울이 진정으로 고린도 교회 성도들에게 원하는 것은 바로 교회의 덕을 세우는 것이며, 교회가 올바로 세워져 가는 것이다.

[13 : 10] 10절에서 바울은 고린도 교회에 방문하기 전에 편지를 쓰는 이유를 다시 설명한다. "그러므로 내가 떠나 있을 때에 이렇게 쓰는 것은 대면할 때에 주께서 너희를 넘어뜨리려 하지 않고 세우려 하여 내게 주신 그 권한을 따라 엄하지 않게 하려 함이라"라고 말한다. 바울이 편지를 '쓰는'(그라포, grapho) 이유는 고린도 교회 성도들을 엄하게 징계하고 책망하기 위한 것이 아니다. 여기에서 바울은 '넘어뜨림'(에이스 카타이레신, eis katharesin)과 '세움'(에이스 아이코도멘, eis oikodomen)이라는 용어를 사용하면서 고린도 교회를 향한 그의 마음을 다시 표현한다. 교회의 덕을 위해서 신앙공동체를 세우는 것이 사도로서의 권한이라고 바울은 믿는다. 바울은 이 편지를 쓰기 시작한 처음부터 마무리할 때까지 화해의 수사학을 표현하고 있는 것이다(Witherington Ⅲ 1995, 472). 고린도 교회에 보낸 편지를 읽은 성도들이 스스로 돌아보고, 성찰하고, 회심하고, 돌아서서 선을 행함으로 처음 복음을 접했을 때의 신앙을 회복하길 기대하는 것을 알 수 있다.

3. 마무리 인사와 축복(13 : 11 – 13)

> 11마지막으로 말하노니 형제들아 기뻐하라 온전하게 되며 위로를 받으며 마음
> 을 같이하며 평안할지어다 또 사랑과 평강의 하나님이 너희와 함께 계시리라
> 거룩하게 입맞춤으로 서로 문안하라 12모든 성도가 너희에게 문안하느니라
> 13주 예수 그리스도의 은혜와 하나님의 사랑과 성령의 교통하심이 너희 무리
> 와 함께 있을지어다

[13 : 11 – 12] 바울은 이제 고린도 교회 성도들에게 보내는 두 번째 편지를 마무리한다. 11절의 '마지막으로'(로이폰, loipon)라는 표현은 바울의 이러한 태도를 보여 준다. 고린도 교회 성도들을 향해서 '형제들'(아델포이, adelphoi)이라고 부르면서 그들에 대한 애정과 사랑의 마음을 표현한다. 이와 같은 호칭은 고린도후서에서 많이 사용되지 않는데 1 : 8과 8 : 1, 13 : 11에서 나타나는 것이 고작이다. 사도의 권위와 자격에 대한 논란과 의심에 대한 서운함 마음이 있었음을 추정해 볼 수 있다. 하지만 편지를 끝맺으면서 고린도 교회 성도들을 향한 바울의 진심 어린 마음을 확인하게 된다.

고린도 교회를 향한 바울의 권면과 사랑은 5가지의 명령형 동사들에서 찾아볼 수 있다. '기뻐하라'(카이레테, chairete), '온전하게 하라'(카타르티제스테, katartizesthe), '위로하라'(파라칼레이스테, parakaleisthe), '마음을 같이 하라'(토 아우토 프로네이테, to auto phroneite), '평안하라'(에이레뉴에테, eir-eneuete)라는 권면이 그것이다. 분열되고, 서로 헐뜯고, 험담하고, 의심하던 고린도 교회 성도들에게 바울은 서로 하나가 되어서 화목하게 지내라고 호소하는 것이다. 기뻐할 수 없는 상황이고, 관계가 회복되지 않았고, 서로 반목하며, 분열되어 있는 상황이라고 할지라도 평화의 마음을 가지도록 권면하는 바울에게서 고린도 교회 성도들을 향한 그의 사랑을 엿볼 수 있다. 그래서 바울은 "사랑과 평강의 하나님이 너희와 함께 계시리라"고 축복한다. '평강의

하나님'이라는 표현은 비교적 자주 나타나는 표현이지만, '사랑의 하나님'은 신약성경에서 드물게 나타낸다. 바울은 사랑의 하나님과 평강의 하나님이라는 표현을 사용함으로써 지금 고린도 교회의 어려운 상황에 대한 특별한 관심을 나타낸다. 마음을 같이하며 서로 회복하게 된 성도라면 당연하게 해야 하는 인사를 권면한다. 바울은 그들에게 "거룩하게 입맞춤으로 서로 문안하라"라고 제안한다. 거룩한 입맞춤은 애정을 나타내는 거룩한 표시이다(Danker 1989, 213). 평화와 사랑과 화해를 확인하는 방법으로 '거룩하게 입맞춤'(하기오 필레마티, hagio philemati) 하는 것이 가장 적절하다. 더 이상의 다툼이나 의심이나 분열이 없이 오로지 하나님께서 주시는 사랑과 평화로 서로 인사하고 문안한다면 바울이 처음에 고린도 교회에 전했던 예수 그리스도의 복음이 회복될 것이다.

12절에서 바울은 "모든 성도가 너희에게 문안하느니라"라고 말하면서 편지를 쓰고 있을 당시에 함께 있는 성도들의 문안도 전해 준다. 예수 그리스도의 복음을 듣고 하나님의 은혜로 그리스도인이 된 성도들은 지역이나 인종, 성별이나 신분에 상관이 없이 그리스도 안에서 하나라는 것을 보여 준다. 고린도 교회 성도들에게 문안 인사를 전하는 다른 지역의 성도들의 사랑과 관심은 바울을 지지하고 응원하고 있는 것에서 비롯된다.

[13 : 13] 13절에서 바울은 마지막 축복으로 편지를 마무리한다. 바울서신의 다른 편지들과는 달리 고린도후서는 하나님, 예수 그리스도, 성령이 모두 언급되는 가장 완전한 형태의 축복문을 담고 있다. 바울은 "주 예수 그리스도의 은혜와 하나님의 사랑과 성령의 교통하심이 너희 무리와 함께 있을지어다"라고 축복한다. '주 예수 그리스도의 은혜'(헤 카리스 투 퀴리우 예수 크리스투, he charis tou kyriou Iesou Christou)라는 표현은 바울이 일반적으로 편지를 마무리할 때 사용하던 것이다(롬 16 : 20 ; 고전 16 : 23 ; 갈 6 : 18 ; 빌 4 : 23 ; 살전 5 : 28). '하나님의 사랑'(헤 아가페 투 테우, he agape tou theou)은 구원과

은혜가 가능하도록 만드는 근원이다. 마지막으로 '성령의 교통하심'(헤 코이노니아 투 하기우 프뉴마토스, he koinonia tou hagiou pneumatos)은 교제를 뜻하는 것으로 서로 화해하고 회복하길 기대하는 권면이다.

이와 같은 축복문의 핵심은 '은혜'(카리스, charis), '사랑'(아가페, agape), '교제'(코이노니아, koinonia)가 고린도 교회 성도들에게 필요한 것임을 강조하는 것이다. 그리스도인이며 성도라고 고백하는 사람들은 언제나 은혜를 간구해야 한다. 그 은혜가 예수 그리스도 안에서 살아갈 수 있는 힘의 원천이기 때문이다. 고린도 교회 성도들이 은혜를 경험하기 위해서 필요한 것은 무한한 하나님의 사랑이다. 하나님께서 긍휼하게 여기시는 사랑으로 인해서 고린도 교회 성도들은 은혜를 풍성하게 누린다. 하나님의 은혜와 사랑을 누리게 된 성도들은 이제 깊은 사귐과 교제를 나누게 되는 것은 당연하다. 바울은 주 예수 그리스도의 은혜와 하나님의 사랑과 성령의 교제가 고린도 교회 성도들에게 언제나 함께 있기를 간구하며 마친다.

설교를 위한 묵상

은혜, 사랑, 교제에 근거한 신앙공동체

바울은 고린도 교회를 방문하기 전에 고린도 교회 성도들이 스스로를 성찰하고 자신을 사도로서 적절하게 평가해 주길 기대하며 요청한다. 그리스도인이라는 자의식을 갖고 살아가는 고린도 교회 성도들이 과연 진정한 그리스도인인지 스스로 돌아볼 것을 요청하는 것이다. 바울은 고린도 교회에 처음으로 예수 그리스도의 복음을 전하면서 성도들이 모두 그리스도를 본받는 삶을 살아갈 것을 기대하고 소망했다. 이제 고린도 교회를 방문할 계획 앞에 다시 고린도 교회 성도들이 믿음과 복음 앞에서 어떤 삶을 살고 있는지를 묻고 성찰할 시간이 필요하다고 판단한다. 이와 같은 질문에 자신 있게 답변할 수 있는 사람들이 성도이며 그리스도인이다. 한국 교회의 목회자와 사역자 그리고 그리스도인은 스스로를 성찰하고 반성하는 시간이 필요하다.

하나님 안에서 진정한 그리스도인과 성도답게 살고 있는가를 묻고 성찰하는 것은 매우 중요하기 때문이다.

바울은 고린도 교회를 위해서 기도한다. 그가 기도하는 목적이 교회를 올바로 세우기 위한 것이라는 표현에서 교회를 향한 바울의 진심 어린 마음을 찾아볼 수 있다. 바울이 자신의 모든 것을 다 바쳐서 고린도 교회 성도들에게 전했던 복음의 진리가 사도로서의 사역할 수 있는 행동의 근거였다. 고린도 교회가 악을 행하지 않고 선을 행하도록 하나님께 간구한 중요한 이유 가운데 하나는 바로 교회가 진리 가운데 올바로 세워지기를 바라기 때문이다. 바울이 기도하는 것은 고린도 교회가 제자리를 잡고 온전하게 회복되는 것이다. 교회가 설립되었을 당시에 전해 들었던 예수 그리스도의 복음을 회복하고, 깨어진 관계를 회복하고, 바울과의 관계도 회복되길 기대하는 기도이다. 바울이 진정으로 고린도 교회 성도들에게 원하는 것은 바로 교회의 덕을 세움으로 올바로 세워져가는 것이다. 한국 교회의 목회자와 사역자는 교회의 덕을 세우는 것을 위해서 기도해야 한다. 하나님께서 세워 주신 신앙공동체와 교회가 하나님께서 원하시는 방향과 목적대로 든든하게 설 수 있도록 기도하고 간구해야 한다.

그래서 바울은 고린도 교회를 위해서 서로 기뻐하라, 온전하게 하라, 위로하라, 마음을 같이하라, 평안하라는 5개의 동사를 통해서 권면하고 사랑과 애정을 보여 준다. 분열되고, 서로 헐뜯고, 험담하고, 의심하던 고린도 교회 성도들에게 바울은 서로 하나가 되어서 화목하게 지내라고 호소하는 것이다. 기뻐할 수 없는 상황이고, 관계가 회복되지 않았고, 서로 반목하며, 분열되어 있는 상황이라고 할지라도 평화의 마음을 가지도록 권면하는 바울은 끝없이 고린도 교회 성도들을 사랑하고 있는 것이다. 한국 교회의 성도와 그리스도인은 이와 같은 명령에 전적으로 순종하고 적극적으로 실천하는 삶을 살 필요가 있다.

마지막으로 바울은 고린도 교회 성도들에게 아주 특별한 축복을 하며 편지를 마친다. "주 예수 그리스도의 은혜와 하나님의 사랑과 성령의 교통(교제)하심이 너희 무리와 함께 있을지어다." 모든 그리스도인은 언제나 은혜를 간구해야 한다. 그 은혜가 예수 그리스도 안에서 살아갈 수 있는 힘의 원천이기 때문이다. 고린도 교회 성도들이 은혜를 경험하기 위해서 필요한 것은 무한한 하나님의 사랑이다. 하나님께서 긍휼하게 여기시는 사랑으로 인해서 고린도 교회 성도들은 은혜를 풍성하게 누린다.

은혜와 사랑을 누리게 된 성도들은 이제 깊은 사귐과 교제를 나누게 되는 것은 당연하다. 바울은 주 예수 그리스도의 은혜와 하나님의 사랑과 성령의 교제가 고린도 교회 성도들에게 언제나 함께 있기를 간구하며 마친다. 이제 한국 교회도 은혜와 사랑과 교제를 함께 이야기해야 한다. 은혜와 사랑과 교제가 가득한 신앙공동체가 된다면 하나님께서 원하시는 교회를 세우고 하나님의 뜻에 합당한 그리스도인으로 살아갈 수 있게 될 것이다.

| 참고문헌 |

김광수. 「고린도후서 어떻게 설교할 것인가」 "참된 사도의 표시". 목회와신학 편집부 편. 서울 : 두란노아카데미, 2007. pp. 49－69.

_____. 「바울서신 다시 읽기. 고린도후서」. 서울 : 은성, 1999.

김병모. 「고린도후서 어떻게 설교할 것인가」 "구제사역을 어떻게 추진할까? : 고린도후서 8~9장의 주해와 적용". 목회와신학 편집부 편. 서울 : 두란노아카데미, 2007. pp. 181－191.

김판임. 「고린도후서. 대한기독교서회 창립 100주년 기념 성서주석」. 서울 : 대한기독교서회, 1999.

박수암. 「고린도전후서」. 서울 : 대한기독교서회, 2007.

박익수. 「고린도후서 주석. 누가 과연 그리스도의 참 사도인가」. 서울 : 대한기독교서회, 1999.

_____. 「바울의 서신들과 신학 Ⅱ」. 서울 : 대한기독교서회, 2001.

유승원. 「고린도후서 어떻게 설교할 것인가」 "고진감래의 마음으로 쓰는 글 : 고린도후서 1 : 1~2 : 11의 주해와 적용". 목회와신학 편집부 편. 서울 : 두란노아카데미, 2007. pp. 135－146.

이상근. 「고린도후서」. 서울 : 기독교문사, 1969.

이승호. 「고린도후서 어떻게 설교할 것인가」 "새 언약의 일꾼 : 고린도후서 2 : 14~4 : 6의 주해와 적용". 목회와신학 편집부 편. 서울 : 두란노아카데미, 2007, pp. 147-156.

전경연. 「고린도후서」. 서울 : 성서교재간행사, 1990.

정양모. 「바울로 친서 이야기」. 서울 : 성서와 함께, 1997.

______. 「사도 바울로의 발자취를 따라 위대한 여행」. 서울 : 생활성서사, 1997.

최승락. 「고린도후서 어떻게 설교할 것인가」 "교회의 덕 세움을 위한 바울의 사도권 변호 : 고린도후서 10 : 1~12 : 13의 주해와 적용". 목회와 신학 편집부 편. 서울 : 두란노아카데미, 2007. pp. 193-212.

최원준. 「고린도후서 어떻게 설교할 것인가」 "축도의 손으로 쓴 편지 : 고린도후서 12 : 14~13 : 13의 주해와 적용". 목회와신학 편집부 편. 서울 : 두란노아카데미, 2007. pp. 213-224.

최홍식. 「고린도후서 어떻게 설교할 것인가」 "고린도후서의 구조와 신학적 주제들". 목회와신학 편집부 편. 서울 : 두란노아카데미, 2007. pp. 11-25.

Achtemeier, Paul J. · Gree, Joel B. · Thompson, Marianne Meye. 소기천 · 윤철원 · 이달 역. 「현대적인 방법을 적용한 새로운 신약성서 개론」. 서울 : 대한기독교서회, 2004.

Barrett, C. K. 한국신학연구소번역실 역. 「고린도후서」. 서울 : 한국신학연구소, 1986.

Best, Ernest. 노승환 역. 「현대성서주석 고린도후서」. 서울 : 한국장로교출판사, 2005.

Bruce Frederick Fyvie. *New Century Bible Commentary. 1 and 2 Corinthians*. Grand Rapids : William B. Eerdmans Publishing Company, 1980.

Conzelmann, Hans · Lindemann, Andreas. 박두환 역. 「신약성서신학」. 서울 : 한국신학연구소, 2001.

Danker, Frederick. *Augsburg Commentary on the New Testament. 2 Corinthians*. Minneapolis : Augsburg Publishing House, 1989.

Dunn, James D. G. 박문재 역. 「바울신학」. 고양 : 크리스찬 다이제스트, 2003.

Kee, Howard Clark. 서중석 역. 「신약성서의 이해」. 천안 : 한국신학연구소, 1990.

Kistemaker, Simon J. *New Testament Commentary. Exposition of the Second Epistle to the Corinthians*. Grand Rapids : Baker Books, 1997.

Kreitzer, Larry. 김병국 역. 「고린도후서」. 서울 : 이레서원, 2000.

Long Adrian. *Paul and Human Right. A Dialogue with the Father of the Corinthian Community*. Sheffield : Sheffield Phoenix Press, 2009.

Marrow, Stanley B. 안소근 역. 「바오로 서간 입문」. 서울 : 바오로딸, 2000.

Marshall, I. Howard. 박문재 · 정용신 역. 「신약성서신학」. 고양 : 크리스찬 다이제스트, 2006.

Martin, Ralph P. 김철 역. 「WBC 성경주석 고린도후서」. 서울 : 도서출판 솔로몬, 2007.

Perrin, Norman · Duling, Dennis C. 박익수 역. 「새로운 신약성서개론 상」 천안 : 한국신학연소, 1991.

Pickett, Raymond. *The Cross in Corinth. The Social Significance of the Death of Jesus*. Sheffield : Sheffield Academic Press, 1997.

Roetzel, Calving J. *2 Corinthians*. Abingdon New Testament Comm－entaries. Nashville, Abingdon Press, 2007.

Scott, James M. *New International Biblical Commentary. 2 Corinthians.* Peabody : Hendrickson Publishers, 1998.

Talbert, Charles H. *Reading Corinthians. A Literary and Theological Commentary on 1 and 2 Corinthians.* New York : The Crossroad Publishing Company, 1987.

Wire, Antoinette. 조태연 역. 「원시 그리스도교의 잊혀진 여성들」. 서울 : 대한기독교서회, 2001.

Witherington Ⅲ, Ben. *Conflict & Community in Corinth. A Socio-Rhetorical Commentary on 1 and 2 Corinthians.* Grand Rapids : William B. Eerdmands Publishing Company, 1995.

100

| 한국장로교총회창립 100주년기념 표준주석 |

고린도후서

초판인쇄 2016년 12월 15일
초판발행 2016년 12월 25일

기획·편찬 표준주석편찬위원회 박흥순
편 집 인 대한예수교장로회총회교육자원부
발 행 인 채형욱
발 행 소 한국장로교출판사
주 소 03128 / 서울 종로구 대학로3길 29 한국교회100주년기념관 별관
전 화 (02)741－4381 / 팩스 741－7886
영 업 국 (031)944－4340 / 팩스 944－2623
등 록 No. 1－84(1951. 8. 3.)

ISBN 978－89－398－9988－9 / 978－89－398－0681－8(세트)
Printed in Korea

값 18,000원

편 집 장 정현선
교정·편집 김은희, 이우진
표지디자인 남충우
업무부장 박호애
영업부장 박창원

| 한국장로교총회창립 100주년기념 표준주석 |

구약

집필부분	집필자
창세기	김중은 박사
출애굽기	이종록 박사
레위기	정중호 박사
민수기	김진명 박사
신명기	김회권 박사
여호수아	강사문 박사
사사기/룻기	허성군 박사
사무엘상·하	김선종 박사
열왕기상·하	김태훈 박사
역대상	배희숙 박사
역대하	함 택 박사
에스라/느헤미야	민경진 박사
에스더	이미숙 박사
욥기	하경택 박사
시편	이승현 박사
잠언	천사무엘 박사
전도서	채은하 박사
아가	강승일 박사
이사야	조성욱 박사
예레미야	강성열 박사
예레미야애가	박동현 박사
에스겔	이은우 박사
다니엘	배정훈 박사
호세아/요엘	김정철 박사
아모스	최인기 박사
오바댜/요나	김유기 박사
미가	오택현 박사
나훔/하박국/스바냐	윤동녕 박사
학개/스가랴/말라기	김근주 박사

신약

집필부분	집필자
마태복음	최재덕 박사
마가복음	차정식 박사
누가복음	오덕호 박사
요한복음	김문경 박사
사도행전	이 달 박사
로마서	장흥길 박사
고린도전서	조광호 박사
고린도후서	박흥순 박사
갈라디아서	이종윤 박사
에베소서	석원식 박사
빌립보서/빌레몬서	김덕기 박사
골로새서	김철홍 박사
데살로니가전·후서	김형동 박사
디모데전·후서/디도서	박종기 박사
히브리서	소기천 박사
야고보서	이승호 박사
베드로전·후서	왕인성 박사
요한 1·2·3서/유다서	최흥진 박사
요한계시록	김춘기 박사

Presbyterian Church of Korea Standard Commentary

100
| 한국장로교총회창립 100주년기념 표준주석 |

고린도후서

초판인쇄 2016년 12월 15일
초판발행 2016년 12월 25일

기획·편찬 표준주석편찬위원회 박흥순
편 집 인 대한예수교장로회총회교육자원부
발 행 인 채형욱
발 행 소 한국장로교출판사
주 소 03128 / 서울 종로구 대학로3길 29 한국교회100주년기념관 별관
전 화 (02)741-4381 / 팩스 741-7886
영 업 국 (031)944-4340 / 팩스 944-2623
등 록 No. 1-84(1951. 8. 3.)

ISBN 978-89-398-9988-9 / 978-89-398-0681-8(세트)
Printed in Korea

값 18,000원

편 집 장 정현선
교정·편집 김은희, 이우진
업무부장 박호애
표지디자인 남충우
영업부장 박창원

| 한국장로교총회창립 100주년기념 표준주석 |

구약

집필부분	집필자
창세기	김중은 박사
출애굽기	이종록 박사
레위기	정중호 박사
민수기	김진명 박사
신명기	김회권 박사
여호수아	강사문 박사
사사기/룻기	허성군 박사
사무엘상·하	김선종 박사
열왕기상·하	김태훈 박사
역대상	배희숙 박사
역대하	함　택 박사
에스라/느헤미야	민경진 박사
에스더	이미숙 박사
욥기	하경택 박사
시편	이승현 박사
잠언	천사무엘 박사
전도서	채은하 박사
아가	강승일 박사
이사야	조성욱 박사
예레미야	강성열 박사
예레미야애가	박동현 박사
에스겔	이은우 박사
다니엘	배정훈 박사
호세아/요엘	김정철 박사
아모스	최인기 박사
오바댜/요나	김유기 박사
미가	오택현 박사
나훔/하박국/스바냐	윤동녕 박사
학개/스가랴/말라기	김근주 박사

신약

집필부분	집필자
마태복음	최재덕 박사
마가복음	차정식 박사
누가복음	오덕호 박사
요한복음	김문경 박사
사도행전	이　달 박사
로마서	장흥길 박사
고린도전서	조광호 박사
고린도후서	박흥순 박사
갈라디아서	이종윤 박사
에베소서	석원식 박사
빌립보서/빌레몬서	김덕기 박사
골로새서	김철홍 박사
데살로니가전·후서	김형동 박사
디모데전·후서/디도서	박종기 박사
히브리서	소기천 박사
야고보서	이승호 박사
베드로전·후서	왕인성 박사
요한 1·2·3서/유다서	최흥진 박사
요한계시록	김춘기 박사

Presbyterian Church of Korea Standard Commentary

Danker, Frederick. *Augsburg Commentary on the New Testament. 2 Corinthians*. Minneapolis : Augsburg Publishing House, 1989.

Dunn, James D. G. 박문재 역. 「바울신학」. 고양 : 크리스찬 다이제스트, 2003.

Kee, Howard Clark. 서중석 역. 「신약성서의 이해」. 천안 : 한국신학연구소, 1990.

Kistemaker, Simon J. *New Testament Commentary. Exposition of the Second Epistle to the Corinthians*. Grand Rapids : Baker Books, 1997.

Kreitzer, Larry. 김병국 역. 「고린도후서」. 서울 : 이레서원, 2000.

Long Adrian. *Paul and Human Right. A Dialogue with the Father of the Corinthian Community*. Sheffield : Sheffield Phoenix Press, 2009.

Marrow, Stanley B. 안소근 역. 「바오로 서간 입문」. 서울 : 바오로딸, 2000.

Marshall, I. Howard. 박문재 · 정용신 역. 「신약성서신학」. 고양 : 크리스찬 다이제스트, 2006.

Martin, Ralph P. 김철 역. 「WBC 성경주석 고린도후서」. 서울 : 도서출판 솔로몬, 2007.

Perrin, Norman · Duling, Dennis C. 박익수 역. 「새로운 신약성서개론 상」 천안 : 한국신학연소, 1991.

Pickett, Raymond. *The Cross in Corinth. The Social Significance of the Death of Jesus*. Sheffield : Sheffield Academic Press, 1997.

Roetzel, Calving J. *2 Corinthians*. Abingdon New Testament Commentaries. Nashville, Abingdon Press, 2007.

Scott, James M. *New International Biblical Commentary. 2 Corinthians.* Peabody : Hendrickson Publishers, 1998.

Talbert, Charles H. *Reading Corinthians. A Literary and Theological Commentary on 1 and 2 Corinthians.* New York : The Crossroad Publishing Company, 1987.

Wire, Antoinette. 조태연 역. 「원시 그리스도교의 잊혀진 여성들」. 서울 : 대한기독교서회, 2001.

Witherington Ⅲ, Ben. *Conflict & Community in Corinth. A Socio-Rhetorical Commentary on 1 and 2 Corinthians.* Grand Rapids : William B. Eerdmands Publishing Company, 1995.